本书由安徽大学创新发展战略研究院、合肥区域经济与城市发展研究院、合肥市人民政府政策研究室资助出版

QUYU JINGJI YU
CHENGSHI FAZHAN YANJIU BAOGAO
2022-2023

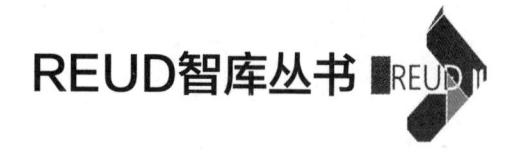

REUD智库丛书

区域经济与城市发展研究报告
2022~2023
—— 服务地方的路径与策略研究

胡 艳 黄传霞 主编

经济管理出版社
ECONOMY & MANAGEMENT PUBLISHING HOUSE

图书在版编目（CIP）数据

区域经济与城市发展研究报告.2022~2023：服务地方的路径与策略研究/胡艳，黄传霞主编.—北京：经济管理出版社，2023.9

ISBN 978-7-5096-9307-0

Ⅰ.①区… Ⅱ.①胡…②黄… Ⅲ.①区域经济发展—研究报告—合肥—2022-2023②城市建设—研究报告—合肥市—2022-2023 Ⅳ.①F127.541②F299.275.41

中国国家版本馆CIP数据核字（2023）第183977号

组稿编辑：张巧梅
责任编辑：张巧梅
责任印制：黄章平
责任校对：张晓燕

出版发行：经济管理出版社
（北京市海淀区北蜂窝8号中雅大厦A座11层　100038）

网　　址：www.E-mp.com.cn
电　　话：（010）51915602
印　　刷：唐山昊达印刷有限公司
经　　销：新华书店
开　　本：787mm×1092mm/16
印　　张：21.5
字　　数：523千字
版　　次：2023年10月第1版　2023年10月第1次印刷
书　　号：ISBN 978-7-5096-9307-0
定　　价：98.00元

·版权所有　翻印必究·
凡购本社图书，如有印装错误，由本社发行部负责调换。
联系地址：北京市海淀区北蜂窝8号中雅大厦11层
电话：（010）68022974　邮编：100038

序 言

合肥，一座值得期待的城市

安徽大学与合肥市人民政府共建的合肥区域经济与城市发展研究院2022年研究成果已于近日新鲜出炉。胡艳院长、黄传霞主任邀请我为她们主编的《区域经济与城市发展研究报告（2022~2023）》写一篇序言，我曾先后以《合肥，一座值得研究的城市》《合肥，一座值得点赞的城市》为题写过两篇序言，似乎想说的话都已经说过，但意犹未尽且盛情难却。

4月的合肥，草长莺飞，春意盎然。有几则新闻引起媒体和社会的广泛关注：一是4月初住建部统计公布了2022年106个最新大城市名单，合肥首次被列为特大城市。数据显示，2022年合肥市常住人口比上年增加16.9万人，新增人口仅次于杭州，超过南京、宁波、苏州等城市人口增量10万左右。二是4月12日合肥"科学岛"上的"人造太阳"全超导托卡马克核聚变实验装置（EAST）创造了新的世界纪录，成功实现稳态高约束模式等离子体运行403秒，这是目前世界上最长时间的高约束模式等离子体运行，一时全球聚焦。三是4月24日合肥深空科学城第一批启动项目正式签约，产业方向重点聚焦商业航天卫星星座建设、卫星载荷等航空核心关键部件研产等领域。根据规划，深空科学城将重点布局大科学装置等，搭建科技成果落地和新兴产业发展平台，建设具有国际影响力的科创中心和人才高地。这几则新闻触发了我的思绪，也勾起了我的遐想，"合肥，一座值得期待的城市"标题悄然而生。

如果说前两篇序言主要说的是合肥曾经的辉煌和荣耀，现在这篇要说的则是合肥今天的光荣与梦想。如今的合肥已经跻身更高的平台：GDP万亿城市、人口近千万城市、国家综合性科学中心城市、全球科研城市榜前20城市、世界区域创新集群百强城市、数字经济新一线城市、国际湿地城市、国家"无废城市"等。一切过往，皆为序章。新时代，新征程，合肥正瞄准更高的目标踔厉奋进。

具有划时代意义的党的二十大拉开了全面建设社会主义现代化国家的序幕，奋力谱写中国式现代化合肥篇章是当前乃至今后很长一段时间合肥的中心任务。合肥的目标就是打造一个创新技术顶尖、产业体系完备、城乡协调发展、自然环境优美、人民安居乐业的高质量发展的新合肥，争做中国式现代化城市实践引领者。

中流击水，奋楫者先。合肥这样想，也是这样做的。

1. 高质量发展是推进中国式现代化的必由之路

高质量发展为中国式现代化奠定坚实的物质基础，物质财富是建设现代化国家的重要基础和前提。

合肥把高质量发展放在一切工作的首位，进一步构建高水平的社会主义市场经济体制，大力支持国有经济做优做强，全力促进民营经济加快发展，2023年要实现国有资产证券化率提高5个百分点以上，全年新登记市场主体25万户。力争引进世界500强10家左右，招引50亿以上重大项目25个。加快建设科创金融改革试验区，力争新增上市企业16家。

建设现代产业体系是高质量发展题中应有之意。合肥市坚定"产业强市"不动摇，聚焦短板产业补链、优势产业延链、传统产业升链、新兴产业建链，不断推动战略性新兴产业融合集群发展。2021年共安排重点项目2852个，总投资33311.5亿元，提出电子信息产业迈上3000亿，新能源汽车产业跨上2000亿，光伏产业突破1500亿，装备制造产业实现1200亿，节能环保、集成电路、生物和大健康产业突破500亿的新台阶。

高质量发展离不开更高水平的开放。合肥市将参与上海全球服务商行动计划，开展安徽自贸试验区合肥片区提升行动，力争合肥市营商环境的所有指标进入全国先进行列。

2. 科技创新是推进中国式现代化的核心支撑

科技创新驱动高质量发展，是中国式现代化的内在要求。合肥将进一步加快综合性国家科学中心建设，提升能源、人工智能等六大研究院运行效能，开工建设先进光源、量子精密测量等大科学装置，全力打造未来科学城。启动建设合肥国际先进技术应用推进中心、加快建设量子信息未来产业园，打造"世界量子中心"。科技创新离不开高质量人才，2023年合肥将引进扶持"高精尖"人才100名、高水平创新创业团队100个、高层次产业人才1000名，争创国家高水平人才平台。2023年合肥市将锚定目标转化科技成果3500项以上，技术合同交易额突破1100亿元。

3. 绿色发展是推进中国式现代化的内在要求

尊重自然、顺应自然、保护自然是中国式现代化的内在要求。合肥将持续实施巢湖综合治理、深入推进环境污染防治，明确提出空气质量稳定达到国家二级标准；巢湖水质稳定保持Ⅳ类；国考断面水质优良率达85%，县级以上饮用水源水质全部达标，农村黑臭水体消除比例达45%。

推窗可见绿，出门即入园。合肥市将高标准提升城市园林绿化品质，新建改造绿地600万平方米，新增公园游园60个以上、绿道100千米以上。争创国家生态工业示范园区、绿色产业示范基地。

4. 协调发展是推进中国式现代化的重要导向

协调既是推进中国式现代化的目标，也是评价现代化的标准。对于特大城市来说，现代化建设不仅取决于中心城区高端要素的集聚能力，更体现在各个区块的协调发展水平；不仅取决于城市的兴旺发达，更体现在乡村的全面振兴。

合肥将更加系统地推进乡村振兴，建设耕地数字化监管平台。2023年，将新增3万亩耕地，建成30万亩高标准农田，完成30万亩"小田变大田"；促进农业提质增效，农业科技进步贡献率达70%；农村居民人均可支配收入增长7%；土地流转率65%以上，农业亩均产出提高 10%;完成 140 个村庄规划编制,建设省级美丽乡村 30 个、美丽宜居自然村 700 个;壮大村集体经济,拓宽农民增收渠道,70%以上村建成经济强村、"百万元村"突破 300 个。

5. 人民至上是推进中国式现代化的根本立场

现代化的核心是人的现代化,推进现代化建设必须主动回应人民群众对更满意的收入、更好的教育、更高水平的医疗卫生服务、更可靠的社会保障、更舒适的居住条件等美好生活的期盼。

2023 年,合肥将打造宜居、韧性、智慧城市,实施大建设重点项目 1800 个、投资超 1100 亿元。强力实施城市更新,精细推动城市治理。建成"城市大脑",推进城市生命线向消防、电梯、建筑安全、地下空间多方面拓展。此外,合肥还将新建中小学 28 所、幼儿园 52 所,争创全国学前教育普及普惠示范区、全国义务教育优质均衡区。支持科研人员、高校毕业生、退役军人积极创业,培育高技能人才 2.5 万人,引进大学生 30 万人。开工建设国家心血管、中医区域医疗中心,积极争创国家卫生城市和健康城市。

一幅幅宏伟画卷,一个个庄严承诺,一项项实际行动,一件件政策保障,全方位构筑了推进中国式现代化合肥篇章的基本框架。因为看见,所以相信;因为相信,所以期待!

是为序。

韦 伟

中国区域经济学会副会长

安徽大学合肥区域经济与城市发展研究院学术顾问

安徽大学长三角一体化发展研究院/创研院专委会主任

2023 年 4 月 28 日

目 录

第一篇 重点课题研究报告

合肥加快数字化转型发展研究 …………………………………………………… 3
长三角世界500强、中国民营500强企业分布和合肥行动计划研究 …………… 24
合肥深入实施城市更新行动研究 ………………………………………………… 40
合肥开发区职住平衡研究 ………………………………………………………… 86
合肥市打造特色街区研究 ………………………………………………………… 107
培育壮大农业产业化龙头企业研究 ……………………………………………… 156
合肥科技支撑农业高质量发展研究 ……………………………………………… 186
合肥都市圈高质量发展思路和行动计划研究 …………………………………… 201
长三角主要城市经济外向度比较研究 …………………………………………… 238

第二篇 储备性课题研究报告

合肥传统家电产业转型升级路径研究 …………………………………………… 249
合肥市打造15分钟生活圈研究 …………………………………………………… 269

第三篇 合肥科技创新赋能高质量发展名家论坛报告

育人才 争先进 创一流 …………………………………………………………… 295
集思广益 思维碰撞 建言献策 …………………………………………………… 297
深耕"耐心资本" 培育"创新雨林" …………………………………………… 299

科创金融如何助力科技创新 …………………………………………… 305
四业融合与可持续创新 ……………………………………………… 307
小分子创新药物研发的机遇与挑战 ………………………………… 311
科技创新与合肥高质量发展 ………………………………………… 314
加快构建合肥市科技成果产业化创新生态的调研思考 …………… 318
勇当科技成果转化的开路先锋 ……………………………………… 323
促进合肥市外贸出口的政策创新建议 ……………………………… 326
强化打造合肥"科里科气"城市气质的思考 ……………………… 328

后　记 ……………………………………………………………… 335

第一篇

重点课题研究报告

- 合肥加快数字化转型发展研究
- 长三角世界500强、中国民营500强企业分布和合肥行动计划研究
- 合肥深入实施城市更新行动研究
- 合肥开发区职住平衡研究
- 合肥市打造特色街区研究
- 培育壮大农业产业化龙头企业研究
- 合肥科技支撑农业高质量发展研究
- 合肥都市圈高质量发展思路和行动计划研究
- 长三角主要城市经济外向度比较研究

合肥加快数字化转型发展研究

安徽建筑大学课题组

党的二十大报告提出，加快建设制造强国、质量强国、航天强国、交通强国、网络强国、数字中国；加快数字经济发展，促进数字经济和实体经济深度融合，这为数字经济发展确定了发展目标与路径。数字经济已成为高质量发展的新动能，合肥要牢牢把握数字经济发展机遇，抢抓数字化转型窗口期，全力跑出数字化转型"加速度"。数字经济发展给合肥城市发展带来新机遇，提出新要求。根据赛迪顾问发布的《2021年中国城市数字化转型竞争力》评估结果，合肥城市数字化转型竞争力居全国第25位，长三角城市群第5位，与上海、杭州、南京等城市相比还存在一定差距。本课题按照"破题（现状与趋势）—立论（内涵与基本架构）—求解（路径体系）—创新（对策建议）"的逻辑思路展开研究。立足于合肥数字经济发展以及数字化转型发展现状，结合国内沪宁杭数字化转型经验，分析新时期城市数字化转型的基本框架，构建数字基建、数字经济、数字生活、数字治理"3+1"的"环环相扣"式立体化推进路径体系，最后提出加快合肥数字化转型的对策建议。

一、合肥数字化转型发展的基础

（一）全球数字经济发展态势

各国经济发展的实践经验表明，数字经济是经济增长的重要方式，对于国民经济、行政治理、社会数字化转型有着全方位的促进作用，各国均给予数字经济发展高度关注与政策支持。

1. 发展数字经济成为全球共识

当今世界，各主要经济体纷纷加强数字经济战略布局，将发展数字经济提升至国家战略高度。

（1）美国：从20世纪90年代起，美国政府就开始关注数字经济发展问题。1998年7月，美国商务部发布《浮现中的数字经济》报告，正式揭开数字经济发展帷幕。之后相继提出建设"数字国家"、《数字经济议程》、《在数字经济中实现增长与创新》、《数字经济的定义与衡量》等数字经济发展战略，以保证美国数字经济发展的长期领先。

（2）欧盟：数字化战略以打通各成员国之间数字壁垒和实现区域内部全面数字化转型为主旨，2015年提出执行《数字化单一市场战略》，2017年欧盟颁布《打造欧盟数据经济》

以及2020年的《欧洲数据战略》，提出"数字欧洲计划"，保障数字技术的广泛应用，增强了欧洲数字技术的竞争力。与此同时，2022年《数字市场法》以及将在未来几年生效的《数字服务法案》体现了欧盟对平台企业数据开放和监管的关注。

（3）英国：强化战略引领作用，把数字经济提升为国家战略，先后制定《数字经济战略（2015—2018）》《英国数字战略（2017）》《国家数据战略（2020）》《数字服务标准》（2019）等诸多战略规划，为建设世界一流数字经济、全面推动数字化转型做出全面细致部署。

（4）日本：为适应数字时代发展，于2017年提出生产制造领域的"互联工业"。为推动产业数字化，先后出台了《日本制造业白皮书》《综合创新战略》《集成创新战略》等战略规划，推动社会数字化和智能化的转型。

2. 全球数字经济全方位发展

（1）全球数字经济规模不断扩大。大数据、人工智能、云计算等新一代信息技术促使传统产业加速向数字化、智能化转型升级。据中国信息通信研究院统计，2021年47个主要国家数字经济增加值规模达到38.1万亿美元，成为推动经济增长的主力军。

（2）数字经济贡献能力持续增强。2021年，全球数字经济占GDP的比例达到45.0%，比上年增长了1.3个百分点，数字经济在国民经济中的核心地位不断巩固。

（3）数字经济结构不断优化升级。工业互联网、智能制造、先进制造等领域成为全球产业升级和产业优势重塑的关键。2021年，全球数字产业化、产业数字化分别占数字经济比重的15%、85%。

（4）三大产业数字化渗透加深。新冠肺炎疫情使得新的数字化服务模式兴起，同时催生出无人工厂、工业机器人等制造业数字化生产新方式，全球产业数字化转型加速推进。

3. 数字经济国际合作深化

全球各经济体数字经济合作不断深化，携手推进数字经济发展。2019年，首届全球数字经济联盟峰会正式发布了《全球数字经济联盟（D50）未来三年发展行动计划（2020—2022年）》。2021年11月，习近平主席在APEC第二十八次领导人非正式会议上提出，贯彻实施《APEC互联网和数字经济路线图》，消除各成员国之间的"数字鸿沟"，促进数字经济整体发展。金砖国家在数字经济合作领域不断推进，《金砖国家经济伙伴战略2025》中把数字经济作为合作的重点领域之一，并提出加强数字治理合作以及消除数字鸿沟。

（二）中国数字经济发展现状

1. 数字经济规模持续增加

根据《中国数字经济发展白皮书（2022）》，2021年我国数字经济规模保持蓬勃发展之势，从2005年的2.6万亿元扩大到45.5万亿元，其中，数字产业化规模达到8.4万亿元，产业数字化规模达37.2万亿元。数字经济名义增长16.2%，远高于同期GDP名义增速。数字经济已成为最具活力、最具创新力、辐射范围最广以及促进经济持续发展的动力来源。

2. 数字经济贡献显著提升

数字经济占 GDP 比重持续上升，对国民经济的促进作用越来越突出。2005~2021 年我国数字经济在 GDP 中的占比从 14.2%上升到 39.8%，三大产业数字化进一步发展，服务业、工业、农业等数字经济在三次产业增加值中的占比由 2016 年的 29.6%、16.8%和 6.2%增加到 2021 的 40.7%、21.0%和 8.9%。

3. 数字经济结构不断优化

产业数字化转型加速，工业互联网和智能制造全面提速，成为数字经济发展的主要动力。2021 年产业数字化规模达 37.18 万亿元，占 GDP 比重为 32.5%，同比名义增长 17.2%，占数字经济比重由 2015 年的 74.3%提升至 2021 年的 81.7%。服务业数字化升级稳步提升，为服务数字化转型提供了广阔增长空间，融合发展不断走向深层次。

4. 数字经济区域发展百花齐放

从数字经济规模总量上看，2021 年全国有 16 个省市的数字经济规模突破万亿元。从占比来看，北京、上海数字经济占 GDP 比重全国领先，天津、广东、浙江、福建、江苏、山东、湖北、重庆等省市这一比重均高于全国整体水平，贵州、重庆数字经济发展同比增长超过 20%。

（三）合肥数字经济发展概况

合肥市深入实施国家大数据战略，落实安徽省委省政府关于"数字江淮"建设的部署，着力建设数据为关键要素、创新为主导、融合为重要特色的"数字经济"，加快数字产业化与产业数字化建设，促进数字基础设施建设与数字治理。

2019 年以来，大力实施数字经济"一号工程"，在全国率先编制数字经济发展规划、率先开展市级数字经济创新试验区建设。2021 年，安徽合肥数字经济创新发展试验区获批省内唯一，探索"合肥经验"，争创国家数字经济创新发展试验区，并连续 3 年入选安徽省数字经济发展成效显著区域。

1. 位居全国城市靠前

从全国看，根据赛迪发布的《2022 年中国城市数字化转型竞争力》显示，合肥城市数字化转型竞争力居全国第 28 位、长三角第 8 位，处于效能驱动阶段。尤其是在城市治理方面，合肥处于全国前列，居第 11 位，在长三角居第 5 位。2021 年 9 月赛迪顾问发布《2021 中国数字经济城市发展白皮书》，合肥市获评数字经济发展新一线城市。

2. 位居长三角城市前列

从长三角看，依据赛迪工业和信息化研究院集团（苏州）联合赛迪数字经济研究中心共同发布的《长三角城市数字经济发展水平评估评价白皮书（2022 年）》，合肥市数字经济指数列第 5 位，较 2021 年提升 3 位，在协同指数方面表现突出，且在长三角 27 个中心区城市中居第 3 位，与上海、杭州同属第一梯队。在产业指数、科创指数和环境指数排名中位于第二梯队。

通过对合肥市数字经济发展现状的分析可知，合肥数字经济发展取得显著成效，但对标上海、杭州、南京、苏州等重点城市，合肥数字经济总量相对偏低。根据 2022 年发布的《中国城市数字经济指数蓝皮书（2021）》中各城市数字经济规模情况，合肥排名全国第 19

位，数字经济规模为 4867 亿元，与上海、苏州、杭州、南京等城市相比差距仍较大。

（四）合肥数字化转型主要成效

10 年来，合肥正在经历全面数字化转型，着力打造具有国内比较优势的数字经济高地。产业数字化加速推进，"数字+"正成为解锁产业转型升级的"密码"，与"智慧场景"不断汇聚，建设更加智能的"城市大脑"。

1. 产业数字化加速推进

（1）在农业数字化方面，合肥促进数字技术、智能装备和农业深度融合的农业数字化发展。推进合肥"智慧农业谷"、庐江县农村产业融合发展示范园、包河区大圩农业物联网小镇等一批数字农业的试点示范建设，并与中科院合肥物质科学院合作共建合肥"智慧农业谷"。庐江县全国农村产业融合发展示范园进入第一批全国农村产业融合示范园行列。

（2）在工业数字化方面，合肥市以智能家电、智能网联、生物医药、光伏与新能源、高端装备和新材料为主要产业方向，培育了超过 30 个各类工业互联网平台，完成了 41 项国家级工业互联网和大数据示范试点工程。"万家企业登云"数量超过 11000 家，345 家企业通过全国两化融合管理体系贯标考核，共建设智能工厂 117 座，数字化车间 1107 座。

（3）在服务业数字化方面，合肥市电子商务、科技金融和数字医疗等产业规模快速增长。①在电子商务领域，集聚发展成效显著，已拥有蜀山电商园、安徽青年电商园、中国（肥东）互联网生态产业园 3 个国家级电子商务示范基地，合肥荣电实业、家家购物等 5 家国家级电子商务示范企业，电子商务龙头企业持续壮大。②在科技金融领域，合肥市是全国第一批科技金融试点单位，拥有包河区和庐阳区两大科技金融集聚区。包河区金融板块有各类金融机构 500 余家，产业产值过亿；庐阳区聚集正奇金融、瓜子金融等 18 个在国内或区域内有影响力的金融科技总部和区域总部，营业收入规模突破 100 亿元，领先省内金融科技产业。③在数字医疗领域，高新区已被批准为全国卫生医疗大数据中部中心、省级生物医药和高端医疗器械集聚发展基地和市级卫生医疗小镇等，整体上大健康产业保持快速增长。

2. 数字产业跨越式发展

合肥市数字产业实现跨越式发展，以人工智能为代表的数字产业蓬勃发展，已经形成龙头有效引领、科研强力支撑的产业生态体系。

（1）人工智能产业全国领先。合肥已成为全国人工智能产业开放性创新平台最密集的区域之一，先后获批国家人工智能战略性新兴产业集群、新一代人工智能创新发展试验区。《2020 年全球人工智能最具创新力城市榜单》中，合肥市排名全国第四。2021 年，合肥人工智能集群集聚企业达 846 家，同比增长 23.2%；人工智能产业规模突破 815 亿元，增速 21.1%，其中智能语音产业规模突破 185 亿元，占全国总产值的 64.9%。合肥还拥有全国首个国家级 AI 产业基地——中国声谷。此外，安徽推想智能科技有限公司成为首个拥有国内外四大市场认证的 AI 医疗公司。

（2）大数据产业集聚效应显著。合肥市创新出台了《合肥市大数据企业认定管理办法》，大数据企业规模快速增长，自 2021 年 9 月开展大数据企业认定工作以来，合肥共认定774家企业为大数据企业，认定数量较2020年增长108%，目前有效期内大数据企业已超千家，拥有科大讯飞、科大国创、新华三、华米科技等行业领军企业。已建立合肥市大数据产业示范园、高新区大数据产业园、庐阳大数据产业园、蜀山区大数据小镇等示范园区。正在建设合肥市云计算大数据应用中心，打造长三角数据资源汇聚应用中心。

（3）区块链产业发展迅速。2020年《合肥市区块链产业发展报告》显示，合肥市区块链产业规模达到7000亿元左右，5G产业规模达300亿元，拉动电子信息产业等关联产业产值1000亿元。国家知识产权数据显示，2021年，合肥为全国区块链相关专利申请总数大于500的12个城市之一。

（4）网络与信息安全产业已具规模。合肥市网络与信息安全产业的企业超过150家，产值约350亿元。行业龙头企业迅速发展，领军企业高频出现，创新型中小企业快速成长，形成"基础设施层—产品服务层—新兴应用层"的网络安全产业链条。企业技术标准行业领先，合肥量子城域网成为目前规模最大、用户最多、应用最全的量子保密通信城域网。

3. 数字化治理不断强化

根据《中国城市数字治理报告（2020）》，合肥借助数字化实现弯道超车，从众多城市中脱颖而出，位列新一线城市前十。近年来，合肥加快推进"数字政府"建设，统筹搭建国内首个城市中台，率先实现政务数据全覆盖，在纵向上全面打通，在横向上全面覆盖，打破传统自上而下的部门间信息化系统相对割裂的信息化建设模式，全面赋能政务服务，向全市政务部门直接共享数据资源3494类、1860亿条次，通过数据资源开发，向不动产登记、住房保障审核、中小学报名等457个业务应用场景提供数据服务，有效助推政务服务事项实现"一网通办""指尖办"。"互联网+政务服务"实现市县乡村四级政务服务"全程网办"事项13.8万个、占比99.79%，"最多跑一次"事项14.4万个、占比99.9%，实现长三角41个城市、65个事项异地通办。

4. 数字基础设施建设提质

合肥以新基建为政策导向，聚焦短板需求，投资规模不断扩大。根据《中国城市数字经济指数蓝皮书（2021）》统计，合肥市"新基建"总投资额超过2万亿元，主要重点项目超过千项。《合肥市数字经济产业发展白皮书（2021）》显示，合肥市5G基站数量超过0.8万座，已完成0.5万多个NB-IoT物理站点的布点，城区物联网已全面建成。合肥量子通信基础设施项目（一期）完成前期工作，量子产业示范工程启动开工建设。涉及感知、传输、网络、平台、应用多个物联网技术层，覆盖智慧城市、公共安全、智慧安防、智慧消防、大数据云平台、人工智能等多个领域技术应用的城市安全风险综合监测预警平台被誉为城市生命线"合肥模式"，在全省乃至全国得到推广复制。

（五）合肥数字化转型瓶颈难点

根据合肥数字化转型发展现状，本课题组采取网上问卷调查、座谈会和个别深度访谈的方式，对合肥数字化转型瓶颈难点进行梳理，主要体现在以下几方面：

1. 转型思维认知和主动意愿不足

对数字化转型内涵理解不准确现象较为普遍。调研发现，城市数字化转型的真正内涵和意义还未普及到位，不少企业以及居民认为城市数字化转型主要是政府管理与治理的转型，也不理解数字化转型带来的创新机遇，且对数字化转型关键词理解不深。中小微企业自有资金少、筹资能力弱，数字化转型意愿弱、投入低，因而普遍认为数字化转型主要靠大企业和政府推进，思维方式有待整体性转变。另外，基层推进数字化转型动力不足。相较于市级层面大力推动数字化转型，基层推进数字化转型的动力不足，主动性不够。调研发现，一些政府部门、企业等数字化转型主要满足于线上办公、业务大数据平台建设等，停留在信息化的认识层面上，对于数字化与信息化的本质区别认识不够，缺乏数字共享、开放、融合以及数据挖掘和场景运用的积极性。

2. 数字化转型体系推进不够完善

合肥数字化转型主要有《合肥市"十四五"数字合肥发展规划》《合肥市支持工业互联网发展若干政策》《合肥市大数据企业认定管理办法》等政策。上海、南京已出台了《上海市全面推进城市数字化转型"十四五"规划》《南京市整体推进城市数字化转型"十四五"规划》，合肥还没有制定推进城市数字化转型的专门实施方案或规划，这就容易使得合肥数字化转型没有形成统一的体系，对数字化转型的定位、目标等不明确。调研发现，各区县数字化转型的定位、着力点和方向不够清晰或没有体现优势与特色。

3. 数据的"跨""融"存在障碍

数字化转型强调"跨层级、跨部门、跨领域"的数字化思维及"融业务、融数据"的新市场思维。调研发现，目前的数字化转型工作更多的是涉及本部门范围内的数字化应用，与其他部门之间"跨"和"融"的应用场景涉及很少，各部门数据融合度、信息交流和共享程度不高，跨部门、跨层级、跨领域深度不够。同时，市—区（县）—街道（镇）—居村的城市数字化转型的集约化融合度弱，跨界联动较弱。

4. 数字经济人才相对短缺

数字经济尤其是数字技术人才总量偏少，与上海、南京和杭州相比，2020年，上海市信息传输、计算机服务和软件业从业人数是58.65万人，杭州和南京分别为27.6万人和18.31万人，而合肥仅为7.18万人。"数字+"领域中的跨领域复合型人才紧缺，在大数据、云计算、人工智能等领域，具备产业化条件和关键技术的高层次人才和技术团队相对较少。根据《安徽日报》报道，"大数据企业聚集地"的高新区，有550家大数据相关企业，占到全市大数据企业总量的84%，但区人事局统计数据显示，各数据企业人才缺口累计约12000人，同时每年会流失大量有经验人才。

二、长三角重点城市数字化转型分析

为加快数字化转型和数字中国建设，各级政府制定了相关政策促进数字经济发展以及数字化转型。本部分重点分析上海、杭州、南京城市数字化转型所采取的政策措施与路径，以期对合肥数字化转型提供借鉴。

（一）沪宁杭数字化转型政策比较

从数字产业化、产业数字化、数字治理与数字基础设施四方面梳理上海、杭州、南京在城市数字化转型建设中的相关政策,总结各城市政策发展特点,以他山之石攻已之玉。

1. 数字产业化相关政策

(1) 上海市:注重专项领域政策部署,打造国家级示范平台,提升数字产业化引领作用。①人工智能领域。2019 年制定《关于建设人工智能上海高地 构建一流创新生态的行动方案(2019—2021)》,打造一流的人工智能创新生态,重点构建复合融合创新载体,搭建开放前沿共性创新平台,深度构建世界级场景应用。②5G 产业领域。2019 年《上海市人民政府关于加快推进本市 5G 网络建设和应用的实施意见》明确提出,以 5G 网络柔性化、个性化、云化布局为主线,赋能各类产业深度应用、融合发展,充分激发市场主体活力和完善制度保障等,加快提升 5G 产业能级。③数字产业化政策。2021 年发布《推进上海经济数字化转型 赋能高质量发展行动方案(2021—2023 年)》,提出探索一条经济数字化转型的"四量"改造示范之路,向融合化方向推进数字产业化。

(2) 杭州市:超前布局数字产业,打造数字产业化发展引领区。①人工智能领域。2019 年浙江省印发《浙江省促进新一代人工智能发展行动计划(2019—2022 年)》,提出开发人工智能软硬件和智能终端产品、推动新一代人工智能的高质量发展。②5G 产业发展。2019 年发布《杭州市 5G 产业发展规划纲要(2019—2022 年)》,提出聚焦"四大任务"。③区块链产业领域。2021 年发布的《浙江省区块链技术和产业发展"十四五"规划》要求在区块链技术和平台应用方面取得创新突破,形成区块链产业和规模并重的发展模式,并形成拥有国际话语权的技术标准规范。

(3) 南京市:注重融合发展,重点发展软件与信息服务等产业,打造数据驱动实体经济转型的"南京方案"。①软件和信息服务产业领域。2019 年提出以创建软件与信息服务业地标为抓手,培育骨干企业优化产业生态,深化融合应用发展。2020 提出建设国家级软件与信息服务先进制造集群。②数据驱动实体经济转型发展"南京方案"。2021 年发布的《南京市"十四五"数字经济发展规划》提出催生一批价值倍增、效率提升的融合型新产业新业态新模式,打造数据驱动实体经济转型发展"南京方案"(见表1)。

表 1 数字产业化涉及相关政策

地区	时间	文件名称
上海	2019 年 6 月	《上海市人民政府关于加快推进本市 5G 网络建设和应用的实施意见》
	2019 年 9 月	《关于建设人工智能上海高地 构建一流创新生态的行动方案(2019—2021)》
	2021 年 6 月	《上海市战略性新兴产业和先导产业发展"十四五"规划》
	2021 年 8 月	《推进上海经济数字化转型 赋能高质量发展行动方案(2021—2023 年)》
杭州	2019 年 1 月	《浙江省促进新一代人工智能发展行动计划(2019—2022 年)》
	2019 年 4 月	《杭州市 5G 产业发展规划纲要(2019—2022 年)》
	2021 年 4 月	《浙江省区块链技术和产业发展"十四五"规划》
	2021 年 6 月	《浙江省数字经济发展"十四五"规划》
南京	2019 年 11 月	《南京市打造软件和信息服务产业地标行动计划》
	2020 年 4 月	《南京市数字经济发展三年行动计划(2020—2022 年)》
	2021 年 9 月	《南京市"十四五"数字经济发展规划》

2. 产业数字化相关政策

（1）上海市：注重制造业与服务业数字化转型，坚持融合发展。①数字贸易领域。2019年发布《上海市数字贸易发展行动方案（2019—2021年）》，提出利用先进技术促进数字技术在交通、旅游、专业服务、文化创意、医疗、金融等领域的应用，提高服务外包、技术贸易等数字化业务的比重。②在线新经济。2020年发布《促进在线新经济发展行动方案（2020—2022年）》，聚焦重点领域创建4个"100+"①，促进上海经济在质、效、动等方面率先转型。2021年发布《推进上海生活数字化转型 构建高品质数字生活行动方案（2021—2023年）》，促进生活数字化转型。③先进制造业转型。2021年发布《先进制造业发展"十四五"规划》，提出加快产业数字化转型，推动数字经济和实体经济深度融合，提升制造业数字化竞争力。④经济数字化转型。2021年发布《推进上海经济数字化转型 赋能高质量发展行动方案（2021—2023年）》，推动数字技术与一二三产业深度融合，深化"一业一策"，推动商务、金融、科技、航运、农业等行业向更深层面的数字化转型。

（2）杭州市：立足电子商务、互联网金融等产业优势，建设多元数据融合应用的"产业大脑"，推动产业数字化转型。①跨境电子商务。2019年发布《关于加快推进跨境电子商务发展的实施意见》，提出促进传统外贸及制造企业利用数字贸易平台促进数字化转型，支持生产企业、商贸流通企业以跨境电子商务方式开展国际贸易，实现数字化转型。②高端装备制造业。2021年发布《浙江省高端装备制造业发展"十四五"规划》，提出促进制造过程数字化，装备产品数字化，加快产业数字化转型。③产业数字化转型示范区。2021年发布《浙江省数字经济发展"十四五"规划》，提出建设国家产业数字化转型示范区，打造多元数据，融合运用"产业大脑"。④中小企业数字化。2022年发布《关于推进细分行业中小企业数字化改造的行动方案》，加快行业工业互联网平台和行业产业大脑建设应用，培育数字化服务商，实现中小企业数字化的全面普及。

（3）南京市：探索先进制造业和现代服务业深度融合发展路径，打造数字化发展样板区。①制造业数字化。2021年发布《南京市制造业数字化转型实施方案（2021—2023）》，主要围绕软件和信息服务、新能源汽车、新医药和生命健康、集成电路、人工智能、智能电网、轨道交通和智能制造装备8条产业和钢铁、石化、汽车、电子等主要传统产业进行全方位、全链条的转型，推动制造业数字化转型。②现代服务业数字化。2021年发布《南京市生产性服务业高质量发展三年行动计划（2021—2023年）》，提出以提升产业创新能力、提升要素配置效率和增强全产业链优势为核心，加快构建优质高效、融合发展、富有活力的生产性服务业新体系。③农业数字化。2022年发布《关于"十四五"深入推进农业数字化建设的实施方案》，聚焦两大载体，推动四项数字化，打造农业数字化发展样板区，提升数字乡村建设水平（见表2）。

---

① 即"100+"创新型企业、发布"100+"应用场景、创建"100+"品牌产品、突破"100+"关键技术。

表 2 产业数字化相关政策

地区	时间	文件名称
上海	2019 年 7 月	《上海市数字贸易发展行动方案（2019—2021 年）》
	2020 年 4 月	《上海市促进在线新经济发展行动方案（2020—2022 年）》
	2021 年 7 月	《上海市先进制造业发展"十四五"规划》
	2021 年 8 月	《推进上海经济数字化转型 赋能高质量发展行动方案（2021—2023 年）》
杭州	2019 年 10 月	《杭州市人民政府关于加快推进跨境电子商务发展的实施意见》
	2021 年 4 月	《浙江省高端装备制造业发展"十四五"规划》
	2021 年 6 月	《浙江省数字经济发展"十四五"规划》
	2022 年 7 月	《关于推进细分行业中小企业数字化改造的行动方案》
南京	2021 年 11 月	《南京市制造业数字化转型实施方案（2021—2023 年）》
	2021 年 11 月	《南京市生产性服务业高质量发展三年行动计划（2021—2023 年）》
	2022 年 6 月	《关于"十四五"深入推进农业数字化建设的实施方案》

3. 数字治理相关政策

（1）上海市：以治理数字化转型为主线，推动数字政府建设，重点建设城市之眼、道路交通管理、公共卫生等系统，实现"高效办成一件事""高效处置一件事"。①数字政府建设。在构建"一网通办"和城市运行"一网统管"两大网络体系的基础上，以"两网"并轨的方式推动数字政府的建设。2020 年发布《关于进一步加快智慧城市建设的若干意见》《上海市城市运行"一网统管"建设三年行动计划》，以"高效处理一件事情"为核心，加快推进系统整合。②以治理数字化转型为主线。2021 年发布《推进治理数字化转型 实现高效能治理行动方案（2021—2023 年）》，全面推进治理数字化转型。2022 年发布《上海市政务云管理暂行办法》，进一步规范上海市政务云管理，提升政务云服务能力，支撑上海城市数字化转型。

（2）杭州市：以政府数字化转型为先导，深化"数智杭州"建设，推进城市治理数字化转型。①政府数字化转型。2019 年发布《杭州市深化"最多跑一次"改革 推进政府数字化转型实施方案》，要求在经济调节、市场监管、公共服务、社会管理、生态环境保护与政府运行 6 方面全面开展政府数字化转型。2021 年发布《浙江省数字化改革总体方案》，以政府数字化转型为先导，推动经济和社会各领域数字化转型。②"数智杭州"。2021 年发布《关于"数智杭州"建设的总体方案》，聚焦"七个两"①，实现"数智杭州"高水平发展。

（3）南京市：树立政务转型标杆，全面推进数字化智能化城市治理，构建高效能的数字政府。①高效推进公共数据汇聚治理，树立政务转型标杆。2020 年发布《关于促进平台经济规范健康发展的实施意见》，提出推动"互联网+监管"。②探索制定数据资源规则与程序，强化数据隐私保护与安全管理。2021 年发布《南京市整体推进城市数字化转

---

① 即强调赋能治理和赋能发展"两个赋能"、政府端和社会端"两个端口"、加强顶层设计和激励基层创新"两个层面"、场景变风景和场景变全景"两个转变"、有形之手和无形之手"两个推手"、数据共享协同和数据优质安全"两个保障"、理论体系和制度体系"两个体系"。

型"十四五"规划》,提出创建城市数字化治理中心,全面推进数字化、智能化城市治理,构建高效能的数字政府(见表3)。

表3 数字治理相关政策

地区	时间	文件名称
上海	2020年2月	《关于进一步加快智慧城市建设的若干意见》
	2020年4月	《上海市城市运行"一网统管"建设三年行动计划》
	2021年12月	《推进治理数字化转型实现高效能治理行动方案(2021—2023年)》
	2022年1月	《2022年上海市全面深化"一网通办"改革工作要点》
	2022年3月	《2022年上海市深化"放管服"改革工作要点》
	2022年4月	《上海市政务云管理暂行办法》
杭州	2019年4月	《杭州市深化"最多跑一次"改革 推进政府数字化转型实施方案》
	2021年3月	《关于"数智杭州"建设的总体方案》
	2021年3月	《浙江省数字化改革总体方案》
	2022年2月	《浙江省公共数据条例》
南京	2020年3月	《关于促进平台经济规范健康发展的实施意见》
	2021年12月	《南京市整体推进城市数字化转型"十四五"规划》
	2022年5月	《江苏省数字经济促进条例》

4. 数字基础设施政策

(1) 上海市:高度重视新型基础设施,推动科技与信息化由局部点状支撑服务向全方位赋能的转换。2018年发布《上海市推进新一代信息基础设施建设 助力提升城市能级和核心竞争力三年行动计划(2018—2020年)》,提出建设新一代信息基础设施,创建新型智慧城市应用标杆。2020年印发《上海市推进新型基础设施建设行动方案(2020—2022年)》,提出要打造世界上规模最大、类型最齐全、综合服务功能最强大的大科学设施群原型,建设世界一流城市智能化终端设施网络和国际影响力超大规模城市公共数字底座。

(2) 杭州市:构建新型基础设施体系,助力全面推进数字化改革。2020年发布《杭州市5G通信设施布局规划(2020—2022年)》,提出大力推进5G网络建设,高标准、严要求做好相应基础设施的建设和布局,将杭州打造成为具有全球影响力的5G第一城、全国5G网络建设的示范区。2021年发布《杭州市新型基础设施建设"十四五"规划》,提出基本建成高速、泛在、融合、智慧、绿色的现代化新型基础设施体系,数字基础设施更加完备,数智基础设施更加智慧,数创基础设施更加健全,输出一批新基建"杭州方案"。

(3) 南京市:以资源集约服务共享为重点,推动政务服务增速提效和公共服务体验改善。2020年发布《南京市数字经济发展三年行动计划(2020—2022年)》,提出要打造全国一流水准的新型基础设施和"数字土壤"。2021年发布《南京市整体推进城市数字化转型"十四五"规划》,提出加快建设IPv6等基础设施,建立"国家(南京)新型互联网交换中心"、国家健康医疗大数据中心、国家先进计算中心南京基地,形成安全、泛在、高效的新型基础设施体系,实现新型城市重点领域基础设施数字化改造(见表4)。

表4 数字基础设施相关政策

地区	时间	文件名称
上海	2018年10月	《上海市推进新一代信息基础设施建设 助力提升城市能级和核心竞争力三年行动计划(2018—2020年)》
	2020年5月	《上海市推进新型基础设施建设行动方案(2020—2022年)》
	2021年6月	《上海市综合交通发展"十四五"规划》
	2021年8月	《推进上海生活数字化转型构建高品质数字生活行动方案(2021—2023年)》
杭州	2020年2月	《杭州市5G通信设施布局规划(2020—2022年)》
	2021年5月	《浙江省数字基础设施发展"十四五"规划》
	2021年6月	《杭州市新型基础设施建设"十四五"规划》
南京	2020年4月	《南京市数字经济发展三年行动计划(2020—2022年)》
	2021年10月	《江苏省"十四五"新型基础设施建设规划》
	2021年12月	《南京市整体推进城市数字化转型"十四五"规划》

(二)沪宁杭数字化转型经验总结

上海、杭州、南京等地率先开展数字化转型,在经济、生活和治理领域成效显著,总结其经验与做法对于合肥具有重要借鉴意义。

1. 上海数字化转型主要经验

上海将生活与经济、治理数字化转型作为整体,统筹部署、统一推进,以生活数字化产生的"牵引力",激发经济数字化"推动力",强化治理数字化"保障力"。

(1)深化数字化转型顶层设计。①建立组织架构,落实推进责任体系。成立上海市城市数字化转型工作领导小组、市级城市数字化转型示范区工作专班。各部门"管行业也要管行业数字化"。②制定《上海市全面推进城市数字化转型"十四五"规划》,明确"十四五"时期上海城市数字化转型的"1+4"目标体系。

(2)构建完善的政策支撑体系。出台《上海市促进城市数字化转型的若干政策措施》《关于全面推进上海城市数字化转型的意见》等系列文件。值得注意的是,上海市委市政府部署了《上海市全面推进城市数字化转型调研工作方案》进行全市大调研,方便摸清家底现状。

(3)注重数字化场景应用。场景应用是上海城市数字化转型的一个显著特征。在教育信息化、智能网联汽车、智慧社区、医疗卫生、公共交通等方面注重数字化场景应用。

(4)建立数据开放服务机制。探索公共数据授权运营机制,建立数据要素交易流通体系,健全公共数据标准和共享交换机制、探索公共数据分级分类开放制度,探索普惠金融公共数据开放试点。

(5)坚持技术与人才优先理念。实施积极开放的数字化转型人才政策,部门和国有企事业单位试点"首席数字官"制度；广泛开展对专业技术人员、公务人员等进行数字化培训；以领军企业为主体，建立领军企业和高校、科研院所深度合作的协同攻关机制。

2. 杭州数字化转型主要经验

杭州数字化转型在全国处于领先地位，在不断推进数字化转型的进程中积极探索，提出了"1+5+2"的工作体系①。

（1）构建顶层制度体系。市级层面成立"数智杭州"建设领导小组，设立"1+5"工作专班。

（2）重视基层创新。在实施数字化转型整体框架的前提下，发挥基层干部主动创新，大胆探索具有地方特色、符合群众需求的特色应用。

（3）打造政企合作共赢新模式。围绕大企业大集团战略合作，强化创新创业，推动一批场景开放应用，以"应用带动产业发展"。

（4）建构一体化治理界面。将"城市大脑"建设成为数字政府建设的重要举措，为城市治理提供了一个新范例。

3. 南京数字化转型主要经验

作为首个"中国软件名城"，通过借力软件产业优势基础，进一步聚焦特色产业，推动数字经济与实体经济融合。

（1）注重规划引导与政策支持。先后发布了《南京市制造业数字化转型实施方案（2021—2023年）》《南京市整体推进城市数字化转型"十四五"规划》《南京市制造业智能化改造和数字化转型实施方案（2022—2024年）》《南京文化和旅游领域数字化转型工作方案（2022—2025）》等规划与实施方案，全面推进城市数字化转型。

（2）以"智改数转"为关键抓手。聚焦全市重点产业链以及传统产业，以行业龙头骨干企业、中小型制造企业、产业链和产业园区数字化转型为切入点，全面推进"智改数转"。

（3）瞄准重点行业做大做强。作为首个国家级软件和信息服务先进制造业集群，在全国形成示范带动效应，已形成以中国（南京）软件谷、南京软件园等重点产业集聚区。

（三）对合肥数字化转型的借鉴启示

1. 顶层设计与城市实践相结合

根据合肥发展实际和数字化转型最新理念，进一步更新完善合肥数字化转型的顶层设计。在顶层设计的大框架下借鉴先发城市的先进经验，因地制宜探索数字化转型路径，抓好数字化转型的地方实践，形成具有区域特色的数字化转型模式。

2. 政策完善与制度建设相结合

重点完善数字化专业人才的培养和激励政策、数字产业发展政策、智慧社区建设政策以及数据安全政策。

3. 政府主导与多方参与相结合

政府发挥主导作用，推动各级政府、各部门间的有效领导和协同联动。强调政府、居

---

① "1"代表建立一个一体化、智能化的公共数据平台；"5"表示覆盖党政机关、政府、社会、法治以及经济五个方面的综合应用；"2"表示不断完善数字化相关理论及制度规范体系。

民、企业及各方组织共同参与数字化转型，优化多元主体共同发力的治理模式。

4. 技术应用与突出重点相结合

注重研发数字共享技术、数据采集技术、数据安全技术的同时，结合优势产业，突出重点发展，促进城市数字化转型。

三、新时期合肥数字化转型基本架构

（一）合肥数字化转型的总体思想

坚持以习近平新时代中国特色社会主义思想为指导，深入贯彻党的二十大报告精神，按照关于建设制造强国、网络强国、数字中国的战略部署，坚持数字技术和数据要素的全方位赋能，推动"经济、生活、治理"领域全面的数字化转型，大力提升数字产业能级，全面推进产业数字化转型，广泛推广数字化治理成果，实现数字经济"跨界融合"的跃升、数字生活"以人为本"的体验、数字治理"高效协同"的变革，探索具有合肥特色的城市数字化转型新路径，为合肥建成"数字中国"领先城市提供有力支撑。

（二）合肥数字化转型的基本原则

1. 坚持技术与制度同步驱动

按照"数字化转型推进到哪里，技术制度同步驱动到哪里"的原则，鼓励前沿技术和应用的创新实践，加快消除数字化转型的制度门槛，完善包容开放的发展环境，建立适应数字化转型的技术体系、规范体系和政策体系。

2. 坚持政府引导和市场主导

加强政府引导，以企业为主体，在政府引导下，调动市场主体的积极性，鼓励市场力量参与和支持数字化转型创新应用，扶持数字化转型领域创新创业。

3. 坚持协同发展和突出特色

立足国家、省战略要求，结合合肥资源禀赋和比较优势，聚焦重点领域和优势产业，统筹推进经济、生活、治理数字化转型协同发展。

4. 坚持共建共享和安全可控

落实网络安全与信息化"四个统一"要求，推动全方位数字化转型的同时，加快构建数字安全保障体系，运用数字化技术进一步提升城市安全风险防控水平，形成与城市数字化转型相适应的大安全格局。

（三）合肥数字化转型的架构设计

合肥数字化转型的总体架构为"1331"，即：

"1"是指建设成为全国城市数字化转型标杆城市。

"3"是指建设成为全国数字产业化核心区、产业数字化转型示范区、城市数字化治理样板区。

"3"是指聚力"经济、生活、治理"三个领域数字化转型。

"1"是指一个底座，即打造布局优化、数据融通、智能感知、安全可控的高水平数字底座。

四、加快合肥数字化转型的路径体系

根据合肥城市数字化转型目标，结合总体基本架构内容，围绕合肥数字化转型的经济、生活、治理数字化"三位一体"，做到经济、生活、治理领域数字化转型相互促进、相互赋能，构建数字经济、数字生活、数字治理、数字基建"3+1"的"环环相扣"式立体化推进路径体系。

（一）加速经济数字化转型，推动高质量发展

紧紧围绕合肥打造"七城"，激活数字产业化引擎动力，激发产业数字化创新活力，分类发展数字产业化，大力发展关键基础产业、做大做强优势产业、加快布局未来产业。聚焦发展产业数字化，在制造业、商贸流通、农业、航运物流等重点领域推进数字化转型升级。聚焦"点上突破和面上带动"，做深、做细、做实数字化项目，打造一批数字化应用场景，推动数字经济与实体经济融合发展，推动经济实现质的有效提升和量的合理增长。

1. 数字产业化

实施强链、延链、补链行动，围绕"芯屏汽合""急终生智"，强基固优拓未来，发展融合型新产品、新业态、新模式，提升产业链供应链韧性和安全水平。

（1）大力发展关键基础产业。①做强集成电路产业：充分发挥集成电路入选第一批国家战略性新兴产业集群优势，聚焦集成电路制造环节，向产业链上下游延伸，推动集成电路全产业链发展。发展驱动芯片、存储器芯片、汽车电子芯片等重点领域，打造"中国IC之都"。②着力发展量子信息产业：发挥合肥在量子计算、量子通信、量子精密测量方面的先发优势，进一步加快前沿技术布局，加速发展量子信息产业，建设量子信息产业园和集聚发展基地。③大力提升网络与信息安全：加快建设省级网络与信息安全重大新兴产业基地，争创全国网络安全教育技术产业融合发展试验区，打造全国网络安全产业高地。

（2）做大做强优势产业。①做大新型显示产业。依托京东方、维信诺等新型显示龙头企业，加快完善配套产业链，带动产业链上下游集聚，重点发展关键配套材料和设备。深挖智能家电、智能网联汽车等新一代工业产品的新型显示应用场景。②做强人工智能产业。依托国家人工智能战略性新兴产业集群、合肥国家新一代人工智能创新发展试验区建设，围绕数据、算法、芯片等人工智能核心技术，做大做强智能语音，延伸带动智能相关产业发展。做强"中国声谷"品牌。③做优软件与信息服务业。瞄准重大战略需求，聚焦工业新兴优势产业链，着力突破关键基础软件、大型工业软件、核心应用软件、信息安全软件等核心技术的研发和应用。大力发展服务企业数字化改造、网络化协同、智能化升级的嵌入式软件、管理控制软件等行业应用软件。培育软件名企名品，争创中国软件名城。支持高新、包河、庐阳等区域整合要素资源，打造一批高水平特色软件园区，争创中国软件名园。

（3）加快布局未来产业。①空天信息产业。抢抓空天信息产业发展战略机遇，积极对接航天科技集团、航天科工集团、中电科 38 所等大型龙头企业，打造卫星制造、发射、运营、应用服务全产业链，促进形成应用示范效应。定期组织举办空天信息产业高峰论坛、产业发展大会，扩大空天信息产业影响力。②大数据产业。优化大数据产业布局，推动 5G 全产业链发展，开展"5G+智慧教育""5G+远程医疗""5G+无人驾驶"等应用项目建设。③物联网产业。加大智能机器人、智能家用设备等高端物联网产品供给。高标准推进长三角 G60 科创走廊产业合作示范园（物联网）建设。

2. 产业数字化

推进数字技术与制造业深度融合，打造制造业高质量发展新引擎，推动制造业高端化、智能化、绿色化新发展，提升服务业数字化转型新优势。

（1）制造业数字化转型。①实施"新制造业计划"，打造支撑制造业高质量发展的"未来工厂"，培育一定数量的"聚能工厂""链主工厂"和"智能工厂"，培育千个以上"数字化车间"，探索发布一批"云端工厂"。②依托合肥综合性国家科学中心人工智能研究院、量子信息与量子科技创新研究院、类脑智能技术及应用国家工程实验室、智能语音国家新一代人工智能开放创新平台建设，聚焦科技创新过程中的设计、检测、实验、分析等环节数字化需求，聚焦制造业与数字化深度融合，实施"一业一策"，促进电子信息、汽车、高端制造等重点产业的数字化深度转型。③深入实施"工业互联网"专项行动，构建完善的工业互联网平台体系，即建设一个覆盖全市的工业互联网数据平台，围绕电子信息、智能家电、新能源汽车、先进材料、高端装备等打造一批行业级工业互联网平台，建成一大批企业级重点工业互联网平台和一定数量的区域级工业互联网平台。聚焦主导产业发展，打造具有合肥特色的汽车云、家电云等行业级平台。支持行业龙头企业、互联网企业、金融服务企业、第三方机构等跨行业联合，打造数字化转型服务平台。④建设数字化转型促进中心。依托各开发区等产业集群集聚明显、转型需求旺盛的产业园区，以及合肥人工智能产业园、"中国声谷"、"中国网谷"、中安创谷等数字经济重点园区，数字经济产业园和集聚区等建立区域型数字化转型促进中心。

（2）商贸数字化转型。聚焦商贸流通新技术、新业态发展和消费升级趋势，以数字化推动商贸服务优化提升，释放数字化赋能效应。①推进智慧零售、智慧供应链、直播电商、线上会展等数字化发展，支撑实体商业线上化、生活服务数字化、物流配送即时化和零售终端智能化，推动数字技术在商业场景的深度应用，塑造商业数字化转型标杆。②推动传统商贸企业和专业市场数字化转型。加快发展线上经济、共享经济、平台经济，建设安徽合肥线上经济创新发展试验区。推动安徽白马等专业市场通过引导商户开设网店、直播带货、自建电商平台、开展网上现货交易和发展电商园区等方式，实现专业市场和电子商务的融合发展，实现"买全省、卖全国"。③加快数字贸易建设，培育具有竞争力的数字贸易重点企业。充分利用安徽自贸区合肥片区蜀山区块跨境电商总部基地，以安徽（蜀山）跨境电子商务产业园等国家和省级跨境电商产业园为依托，构建跨境电商产业集群，加快"海外仓"共建共享步伐，打响"出海名优"品牌。

3. 农业数字化转型

聚焦农业生产数字化、标准化，推动农业生产更加智慧精准。推进物联网、大数据、云计算等信息技术与合肥特色产业深度融合，建设一批数字农业示范园区、数字农业工厂；加快重点特色产业生产数字化建设，加快农业物联网示范点建设，探索构建数字农业管理服务平台，利用大数据进行农业管理科学决策，推进农业经营管理数字化升级；深入实施电子商务进农村综合示范工程和"互联网+"农产品出村进城工程，培育一批数字乡村新业态和新零售品牌；运用区块链等数字技术，强化农业科技创新供给、提升农产品质量安全追溯数字化水平。

4. 航运物流数字化转型

根据《合肥市"十四五"现代物流业发展规划》提出的"三核一极主枢纽"[①]，加强物流信息资源跨地区、跨行业互联共享，建设物流大数据中心；将大数据与商贸物流深度融合，通过将大数据分析与挖掘、人工智能、区块链、物联网等新技术应用到物流行业，搭建物流大数据应用场景；聚焦航运新枢纽建设需求，重点推进江淮运河建设，以数字化推动现代航运服务业加速发展，强化对内集聚和对外辐射能力，深化江海联运。

（二）深化生活数字化转型，引领高品质生活

以公共服务智能化为导向，以数字化提升市民服务体验为切入口，以弥合数字鸿沟为着力点，以民生多领域协同应用为重点，聚焦实施消费、健康、教育、居住、出行、文旅等数字化转型任务，打造一批数字化示范场景，全面推进生活数字化转型。

1. 消费数字化转型

围绕"购物"数字化提升，推动传统商业服务转型升级，加快发展消费新业态、新模式。深化三里庵商圈、天鹅湖商圈、滨湖商圈等重点商圈数字化转型建设，改造提升数字化水平，建设一批具有示范引领作用的数字商圈商街；以合肥2022年入选全国第二批城市一刻钟便民生活圈试点为契机，将一刻钟便民生活圈建设和暖民心行动深度融合，建立市、区、街道、社区联动机制，推动打造数字化的本地生活服务圈，深入推进便利店品牌连锁化发展，构建社区生活圈末端15分钟智能配送体系；推进实体商业企业数字化创新，拓展基于数据的精准化、个性化服务。支持电商平台整合网络直播、社交媒体、产品供应链等资源，培育具有特色和影响力的网络新消费品牌。

2. 健康数字化转型

聚焦就医、公共卫生、体育运动等健康服务，以数字化助力打造更有温度的健康合肥，聚焦就医便捷化需求，构建全流程的数字化医疗标准体系；以患者为中心，打造精准预约、智能预问诊、疫苗接种、智慧急救、医疗信息互联互通互认等重点应用场景，构建涵盖诊前、诊中、诊后全流程数字化医疗新流程；发展"互联网+医疗健康"，推进全民健康信息平台建设，实现公共卫生数据和医疗等外部数据联动，开展疫情预测预警等公共卫生事件智能化处置；积极对接异地结算平台，优化完善以长三角地区为重点的跨省异地就医直接结算工作；建立全域协同的智慧医疗应急体系，试点打造数字健康城区和未来医院。推进体育场馆和设施数字化升级，提供更多数字化体育服务。

---

① "三核"为合肥陆港型国家物流枢纽、合肥生产服务型国家物流枢纽、合肥商贸服务型国家物流枢纽；"一极"为合肥国际航空货运集散中心。

3. 教育数字化转型

推进"互联网+教育"大平台建设，建立集教育资源公共服务与教育管理公共服务于一体，横向融合教学、学习、评价、管理，纵向贯穿市、县、校三级应用的本地化服务体系；统筹推进智慧学校建设。强化技能认定、技能培训、个人创业、灵活就业等领域数字化赋能，提供低成本、便利化、全要素、开放式的数字化服务；推进人工智能、5G、区块链、大数据等技术与智慧教育深度融合，构建区域新型教育治理体系，为教育管理、决策和公共服务提供支撑，实现教育治理动态化、数据化、精准化。

4. 文旅数字化转型

聚焦文旅资源和服务数字化需求，推进各类景区、酒店等领域数字化应用，支持场景化、沉浸式、互动性文旅体验营造；构建文旅公共服务体系数字化改造，实现吃、住、行、游、购、娱等相关文旅活动的网络化、信息化和数字化管理；推进合肥市图书馆、博物馆、美术馆、渡江战役纪念馆等各类场馆数字化改造升级，推进文化大数据体系建设，推进文化资源数字化应用平台建设；重点推动机场、地铁等重点领域数字化转型升级，推进"一部手机游合肥"建设。

5. 居住出行数字化转型

聚焦数字家园建设需求，推进数字社区建设，营造数字化的居住新环境，适应消费升级趋势和疫情防控常态化要求；完善智慧交通管理平台，持续提升城市交通运行智能化管控水平，推动交通领域"一屏统管"；建立轨道交通、公交车、出租车等领域物联网平台，推动出行模式多样化发展，不断优化出行体验；推进智能停车收费、停车诱导、泊位共享等平台建设，加快打造"全市一个停车场"的便捷泊车体验。

（三）聚力治理数字化转型，提升治理新能级

以数字化改革为引领，基于统筹化、集约化、精细化、智慧化原则，着力于体制创新、流程再造、效能提升，进一步推动治理手段、模式、理念创新，探索完善多元共治的数字经济治理体系，把制度优势转化为治理效能，不断提高城市的治理能力和治理水平。

1. 做强做优"城市大脑"

借鉴杭州经验做法，注重"城市大脑"赋能城市治理。加强"城市大脑"数据资源整合能力，支持全量城市多源异构数据即时连接、调度、处理，打造一体化、智能化公共数据平台。深度挖掘各类数据，提升数据处理能力，推动大数据、云计算、区块链等新技术的融合应用，完善中枢"系统接入、数据融合、反馈执行"闭环系统建设，形成城市运行状态的整体感知、全局分析、智能处置的有机闭环。高质量推进机关内部"一件事"集成改革，完善移动办事终端建设，实现线下办事"最多跑一次"，以数字化技术手段促进服务理念升级。适度超前探索城市信息模型建设，提升城建数字化治理能力；根据上海等重点城市经验，深化"城市大脑"应用场景。以"城市大脑"的深化应用为突破口，不断拓展"便捷泊车""欢乐旅游"等应用场景；加快行政服务中心去中心化改革步伐，高水平打造"一站通办、一键直达、一次不跑"线上政务服务。加快整合线下行政服务中心和线上政务服务资源，打造更为精细化、优质化的政务服务；聚焦城市宜商环境改善提升，推进普惠金融、综合纳税、专项资金、用工就业等建设，整合优化各类应用场景，

打造全市一体化移动协同办公平台,全面提升城市治理和公共服务水平。

2. **综合监管数字化转型**

深入推进"互联网+监管",建立全方位、多层次、立体化监管体系,推广远程监管、移动监管、预防监管等智慧化监管手段,加强监管数据归集共享和有效利用,推动跨区域、跨部门、跨层级协同监管;深化"双随机,一公开"监管,梳理各区以及各部门动态维护监管事项目录清单和检查实施清单,对市场主体进行动态监控、对重点企业进行定向监管,探索进行信用分类分级监管,全面提升监管工作质效和智能化水平;推动市场监管数据资源体系化、业务运行协同化、业务模式智能化,实现市场风险实时预警与防范、重大事件及时发现处置。

3. **社会治理数字化转型**

推动治理主体多元化。以党建为统领,以社区云为依托,丰富市、区、街镇、网格、社区五级治理应用,形成系统融合、数据融通、多方参与的基层治理体系;构建扁平化治理模式。利用数字化技术,推进治理资源和治理重心的下移,以数据为纽带,建立扁平化组织机构,打造覆盖基层的全方位网络型治理模式。深入推进基层社会治理网格化管理,深化社区网格建设,结合合肥实际,借鉴江苏推广的"大数据+网格化+铁脚板"模式。充分运用"大数据"分析,条目式列举网格巡查任务,由"等服务"向"送上门"转变。

4. **公共安全数字化转型**

聚焦风险发现、智能分析和协同处置需求,完善公共安全、安全生产、消防和大客流监测、危化品全过程监管、自然灾害风险综合监测预警、公共卫生突发事件应急处置等数字化建设;推动公安数字化转型、法院数字化转型、检察院数字化转型,构建公安、检察院、法院、看守所、监狱和社区矫正机构等单位间的网上业务办理闭环;加快推动法治数字化,建设互联网公证、互联网仲裁等新模式,提升司法业务智能化水平。

(四)夯实数字化转型基建,筑牢发展新底座

面向数字时代的城市功能定位,聚焦5G、大数据中心、人工智能、工业互联网等新基建,加快通信网络基础设施建设,优化布局基础设施,推动城乡基础设施融合升级,为各行各业智能化发展提供基础支持,构筑城市数字化转型"新底座"。

1. **集成发展数字基础设施**

超前布局物联感知体系,系统规划"城市神经元系统",加大物联网布局,推进窄带物联网(NB-IoT)/5G移动物联网部署,构建全域覆盖的物联感知网络体系;加快构建开放共享的城市能源互联网体系,推动能源物联网建设,完善城市用能"一张网",建设滨湖智慧能源综合服务示范区,新建骆岗生态公园能源互联网示范区;加快建设未来网络试验设施(合肥分中心)、高精度地基授时系统(合肥一级核心站)。加快建设天地一体化信息网络合肥中心,建成合肥地面信息港,形成天地一体化信息服务能力,打造国家级卫星通信创新基地、国家级信息服务产业基地;夯实工业互联网基础设施。加快推进工业互联网基础设施升级改造和标识解析体系建设,引导并推动建立工业互联网标识解析二级节点,深化标识在设计、生产、服务等各个环节的应用。

2. 构建分布式、多中心的城市数据中枢体系

以"分布式建设、协议互联、协同运营"为原则，构建分布式、多中心的城市数据中枢体系，实现跨行业、跨层级、跨系统数据互联互通；建设一批大型企业大数据中心。坚持集中布局、规模适度、绿色集约的原则，重点建设一批面向公共服务、互联网应用、重点行业和大型企业的大数据中心；支持建设行业数据综合运营中心。围绕合肥优势以及重点行业数据汇聚整合，推动建设行业数据综合运营中心。鼓励医疗、交通等数据密集型行业和领域先行先试；建设公共数据开发利用平台。建设市、区（县）统筹的大数据资源平台体系，实现数据横向协同、纵向赋能。构建数据服务工具箱，实现公共数据及时、完整归集共享。建设长三角地区政务数据共享平台，支撑长三角跨省通办业务办理。

3. 打造城市共性技术赋能平台

围绕城市数字化转型的公共服务需求，打造各类自主调用、灵活配置的公共应用工具和公共技术工具，强化基本共性技术支撑。强化数字城市公共技术供给。面向数字城市不同场景的应用功能开发，集约提供大数据、数字孪生等通用技术组件，降低技术开发成本。搭建城市智算公共平台，支持区块链底层平台建设部署，打造一批区块链开放服务平台；健全城市数字安全防护体系。探索构建弹性主动的数字城市安全防护体系，构建"一个中心、三重防护"的网络安全体系架构，实现业务系统的安全可视、持续检测和协同防御；开展信息系统商用密码应用安全建设工作，满足信息系统密码应用基本要求。落实国家数据分类分级保护制度，加强数据资源安全保护，建立健全数据安全保障体系，形成数据"汇治用"和"管看评"全周期管理。

4. 统筹部署存储计算设施

积极参与长三角地区数据中心和存算资源协同布局，有序推进绿色数据中心、智能数据中心建设；面向合肥综合性国家科学中心建设需求，加快合肥先进计算中心建设，积极争创国家超算中心；完善"物理分散、逻辑一体"的"全市一朵政务云"体系架构，全面推进政务信息系统整合上云。推动全市政务云、行业云、边缘云等云平台统筹管理，促进"多云"协同发展。

五、加快合肥数字化转型的对策建议

（一）深化数字化转型思想认识

1. 提高基层领导以及公务人员的数字素养和思维

依托中共安徽省委党校、安徽大学等高校，以干部专题培训、党校培训、专题讲座、高峰论坛等多方式加强数字化转型培训。

2. 提高公众的数字化转型参与度

通过各类传统媒体和新媒体，普及城市数字化转型的功能与作用。建立面向公众的城市数字化转型展示体验厅，打造公众参与的品牌活动，让公众直观感受数字化转型带来的城市变化。

3. 提高企业尤其是中小微企业的数字化转型渗透度

发挥"政策+制度"牵引作用，激发企业的数字化转型原动力，加强对重点企业数字化转型的指导与监督，探索利用数字化转型真正增强经济效益的路径，从而引导、鼓励中小微企业积极开展数字化转型。

（二）构建数字化转型规划体系

1. 通过深度调研做好顶层规划

借鉴上海市委、市政府部署的《上海市全面推进城市数字化转型调研工作方案》以及一系列发展规划的经验，做深大调研，做好顶层规划，形成"一张蓝图干到底"。

2. 重点领域数字化转型实施方案

借鉴沪宁杭转型经验[①]，在制定"整体推进城市数字化转型规划"基础上，制定制造业、文化旅游等重点领域数字化转型实施方案。

（三）提升各层级主体协同水平

1. 强化市、区两级联动机制

加强跨区域、跨部门、跨层级的组织联动。加强对多层级、多部门联合承担智慧应用项目的统筹规划、建设实施、政策指导和重大问题协调，形成全市层面推进城市数字化转型的合力。

2. 提高主体协同能力

借鉴贵州、广东、浙江等省份的做法，发挥数据运营公司在地方数字化建设中的重要作用，充分调动国有企业、民营企业、外资企业等市场主体共同参与。充分发挥数字经济协会等社会组织本身具有的专业优势，将其作为政府与公众之间的链接纽带。

（四）健全数字化转型体制机制

1. 完善政策与制度保障

进一步完善城市数字化转型相关政策文件，确定经济、生活、治理领域的数字化转型发展目标和行动方案，整合完善各类政府规划、管理方法，配套公共数据资源、信息安全、政务云平台、资金使用等管理制度，健全场景开发、市场参与、公众使用的规则体系。

2. 完善监管制度

监管制度是城市数字化转型的支撑体系。在监管体系设计方面，需要出台系统开发、平台建设、服务内容的监管政策，出台包容审慎的监管制度，由相应职能部门负责监管。完善数据分类分级保护制度，加强涉及国家利益、商业秘密、个人隐私的数据保护，强化数据资源全生命周期安全保护。

[①] 例如，南京先后出台《南京市整体推进城市数字化转型"十四五"规划》（宁政办发〔2021〕74号）、《南京市制造业数字化转型实施方案（2021—2023年）》、《南京市制造业智能化改造和数字化转型实施方案（2022—2024年）》、《南京文化和旅游领域数字化转型工作方案（2022—2025年）》、《南京交通运输数字化转型发展实施方案（2022—2025年）》。

3. 健全评估机制

城市数字化转型的总体业务架构、应用架构、基础设施架构、建设成效等都需要评估考核。可建立第三方评估机制，发挥第三方评估的专业优势，发现问题症结，对症下药。同时，人民群众是城市数字化转型的受益者，在具体的数字化应用场景实施中，鼓励公众评估和反馈意见，增强人民群众的参与感和获得感。

（五）持续优化导向性政策环境

1. 优化政策支持

针对数字化转型发展，加大产业政策和资源的倾斜力度，提高政策支持精准度，推进试点示范建设，探索构建市级"数字化转型资源池"。

2. 拓展投资渠道

建立健全政府投入为引导、企业投入为主体、社会资金广泛参与的多元化投资体系。鼓励社会资本和专业机构探索市场化经营，拓展投资渠道，创新投资模式，加快推进"一网统管"相关应用项目建设和技术研发产业化。

3. 强化人才培养

根据城市数字化转型人才需求现状，建立高端技术人才、管理人才队伍和跨学科、跨领域的复合型人才队伍。强化全民"数字素养"教育，鼓励高校、社会机构等面向各类群体建立数字化技术学习平台和培训体系。培育数字化转型相关高端研究机构，提供高水平咨询服务。

本课题组参与人员名单：黄　琼　杨　燕　崔子怡　程村聪

长三角世界 500 强、中国民营 500 强企业分布和合肥行动计划研究

合肥区域经济与城市发展研究院课题组

一、研究背景与研究意义

世界 500 强企业是全球各行业中最具竞争力的企业,在产业链、供应链的资源整合生态中处于主导和支配地位。《合肥市国民经济和社会发展第十四个五年规划和 2035 年远景目标纲要》中明确指出,壮大企业整体实力,形成一批具有生态主导力的产业链"链主"企业,打造"大而强""中而优""小而美"的竞争力企业梯队。

中国民营 500 强企业是活跃的经济增长点,随着产业链细分领域快速发展,成为提高合肥市产业链供应链稳定性和竞争力的重要基石。《合肥市国民经济和社会发展第十四个五年规划和 2035 年远景目标纲要》中也提出,激励民营企业发挥体制机制优势,积极引进和扶持一批中国 500 强龙头民营企业,建立完善企业全生命周期培育体系,保障民营企业平等使用资源要素,推动民营企业改革创新、转型升级、健康发展。

推动合肥建设世界 500 强和中国民营 500 强企业集聚地,不仅是提升创新策源能力和全球资源配置能力、开拓高质量发展动力的有效途径和建设国家中心城市的现实需要,也是在全球不确定背景下增强产业链、供应链稳定性与竞争力的重要保障,有助于加快形成以先进制造和现代服务为主的现代产业体系,对于巩固和提升合肥在长三角一体化高质量发展格局中的战略地位、建设国内大循环重要节点和国内国际双循环战略衔接核心具有重要的现实意义。

二、长三角世界 500 强和中国民营 500 强企业分布特征

(一)长三角世界 500 强企业分布特征

1. 区域分布特征

中国世界 500 强企业主要分布在东南沿海的中心城市,包括北京(59 家)、上海(9 家)、深圳(8 家)、杭州(7 家)、广州(5 家),企业数占入榜中国企业总数的比重之和

为 61.54%①。另外，香港和台北分别有 9 家和 5 家。相比较而言，中国 500 强企业营业收入和利润总额在"北上深杭广"的分布更为集中，营业收入占入榜中国企业营业收入的比重之和为 71.88%，利润总额占入榜中国企业利润总额的比重之和甚至达到 80.24%。其中，北京和深圳在经营规模和市场盈利方面具有双重优势，平均营业收入和平均营业利润显著高于中国入榜企业的平均水平（见表 1）。

表 1　2021 年中国世界 500 强企业城市分布及占全国比重

城市	企业数（家）	营业收入占比（%）	营业利润占比（%）	平均营业收入（亿美元）	平均营业利润（亿美元）
北京	59	52.04	52.48	826.22	45.01
上海	9	6.00	6.88	624.50	38.65
香港	9	4.54	5.17	472.10	29.07
深圳	8	7.65	15.43	895.84	97.59
杭州	7	3.75	5.05	502.18	36.54
台北	5	1.91	1.36	357.59	13.79
广州	5	2.43	0.41	456.02	4.10
其他城市	41	21.68	13.22	495.18	16.32
合计	143	100	100	655.03	35.38
长三角	23	13.22	13.19	538.56	29.03

长三角世界 500 强企业共 23 家，相比 2020 年新增 3 家，占入榜中国企业数的比重为 16.08%。营业收入为 12386.96 亿美元，占入榜中国企业的比重为 13.22%。营业利润为 667.64 亿美元，占入榜中国企业的比重为 13.19%。长三角世界 500 强企业的平均营业收入为 538.56 亿美元，平均营业利润为 29.03 亿美元，两项数据均低于入榜中国企业的平均水平。

从城市分布看，长三角 23 家世界 500 强企业分布在上海（9 家）、杭州（7 家）、苏州（3 家）、南京（1 家）、温州（1 家）、芜湖（1 家）、铜陵（1 家）。与企业数相比，长三角世界 500 强企业营业收入和营业利润的城市集中度更高，上海、杭州、苏州的营业收入和营业利润在长三角世界 500 强企业中排名前三，营业收入占长三角入榜企业营业收入的比重之和接近 90%（88.11%），营业利润占长三角入榜企业的比重之和甚至达到 95.54%。

2. 行业分布特征

中国世界 500 强企业分布在 33 个行业，企业数的行业分布相对均衡，营业收入和营业利润的行业分布则较为集中。从营业收入看，排名前十的行业营业收入占比累计为 65.69%，包括：商业银行储蓄（10.45%），工程与建筑（9.45%），金属产品（8.33%），炼油（6.06%），人寿与健康保险（5.81%），采矿、原有生产（5.43%），车辆与零部件

---

① 主要分析中国的世界 500 强企业分布特征。

(5.39%)、公用设施（5.39%）、贸易行业（4.97%）、房地产（4.40%）。从营业利润看，排名前五的行业营业利润占比累计为66.52%，包括商业银行储蓄（38.63%）、互联网服务和零售（10.39%）、人寿与健康保险（股份）（8.38%）、房地产（5.69%）、半导体、电子元件（3.43%）。

与全国相比，长三角世界500强企业更为集中分布在15个行业。企业营业收入占比排名前五的行业分别是金属产品（16.88%）、车辆与零部件（12.49%）、化学品（9.83%）、商业银行储蓄（9.71%）、互联网服务和零售（8.55%）。营业利润占比排名前五的行业是互联网服务和零售（33.29%）、商业银行储蓄（29.74%）、金属产品（8.80%）、车辆与零部件（6.46%）、人寿与健康保险（5.34%）（见表2）。

长三角世界500强企业在互联网服务和零售、商业银行储蓄、人寿与健康保险、纺织、房地产业、车辆与零部件6个行业具有较强竞争力（营业收入和营业利润排名所有行业的前六位）。在全国范围，长三角世界500强企业在互联网服务和零售、纺织、车辆与零部件、金属产品4个行业的平均营业收入和平均营业利润占优，具有明显的竞争优势，在房地产行业的平均营收占优，但平均营业利润不占优。

表2　2021年长三角世界500强企业行业分布情况

行业	企业数（家，%）	营业收入占比（%）	营业利润占比（%）	平均营业收入（百万美元）	平均营业利润（百万美元）
金属产品	4（17.39）	16.88	8.80	522.64（7）	14.69（9）
化学品	3（13.04）	9.83	1.94	405.76（10）	4.33（13）
车辆与零部件	2（8.70）	12.49	6.46	773.73（3）	21.57（6）
商业银行储蓄	2（8.70）	9.71	29.74	601.17（6）	99.26（2）
贸易	2（8.70）	7.02	0.77	435.06（9）	2.58（14）
专业零售	1（4.35）	2.95	0	365.65（12）	-6.20（15）
运输及物流	1（4.35）	2.27	1.06	281.68（14）	7.07（10）
人寿与健康保险（股份）	1（4.35）	4.94	5.34	611.86（5）	35.63（3）
批发：保健	1（4.35）	2.25	0.98	278.13（15）	6.52（11）
建材、玻璃	1（4.35）	3.06	2.81	379.30（11）	18.78（7）
互联网服务和零售	1（4.35）	8.55	33.29	1058.66（1）	222.24（1）
工程与建筑	1（4.35）	2.71	0.73	335.26（13）	4.86（12）
纺织	1（4.35）	8.14	3.55	1007.73（2）	23.73（4）
房地产	1（4.35）	5.34	3.26	660.96（4）	21.74（5）
船务	1（4.35）	3.87	2.20	479.98（8）	14.71（8）

注：营业利润占比为0，表明该行业年度营业利润为负，括号内为行业名次。

（二）长三角中国民营500强企业分布特征

1. 区域分布特征

2021年中国民营企业500强入榜企业营业收入为35.12万亿元，相比2020年增长

16.39%。入榜企业竞争力呈现增强趋势，入围门槛由202.04亿元上升到235.01亿元。长三角中国民营500强企业共有214家，占入榜企业数的比重为42.80%，营业收入为13.52万亿元，占入榜企业的比重接近40%（38.49%）。

与世界500强城市分布特征相同，长三角中国民营500强企业也集中分布在发达城市，但分布范围更广。从企业数看，杭州、无锡、苏州、上海、宁波、南通、温州、绍兴、南京、常州排名前十，其中除常州市外，其他9市的中国民营500强企业营业收入也排名前十。杭州、苏州、无锡、上海集中程度更高，企业数占长三角的比重之和为50.9%，企业营业收入占长三角的比重之和为57.5%。此外，杭州、苏州、南京、盐城4市的中国民营500强企业规模优势明显，平均营业收入均超过800亿元，无锡、绍兴、常州3市的中国民营500强企业平均营业收入低于500亿元，民营企业规模相对较小（见表3）。

表3　2021年长三角25市的GDP和中国民营500强企业分布情况

城市	地区生产总值/亿元	中国民营500强企业 企业数（家）	中国民营500强企业 营业收入（亿元）	中国民营500强企业 平均营业收入（亿元）
杭州市	18109.0	37	31903.2	862.25
无锡市	14003.2	25	9466.4	378.66
苏州市	22718.3	25	21442.3	857.69
上海市	43214.9	22	13666.8	621.22
宁波市	14594.9	15	8021.9	534.79
南通市	11026.9	14	10761.4	768.67
温州市	7585.0	12	8885.2	740.44
绍兴市	6795.0	10	3544.5	354.45
南京市	16355.3	9	7603.8	844.86
常州市	8807.6	7	3263.9	466.28
嘉兴市	6355.3	6	3185.4	530.89
湖州市	3644.9	5	3817.1	763.42
连云港市	3727.9	4	1024.2	256.06
镇江市	4763.4	4	1323.0	330.75
舟山市	1703.6	3	763.8	254.61
台州市	5786.2	3	900.1	300.03
泰州市	6025.3	2	1408.9	704.43
金华市	5355.4	2	876.5	438.27
丽水市	1710.0	2	560.2	280.12
合肥市	11412.8	2	590.3	295.16
盐城市	6617.4	1	822.7	822.70
扬州市	6696.4	1	304.6	304.62
马鞍山市	2439.3	1	249.7	249.69

续表

城市	地区生产总值/亿元	中国民营500强企业		
		企业数（家）	营业收入（亿元）	平均营业收入（亿元）
滁州市	3362.1	1	289.1	289.12
六安市	1923.5	1	499.0	499.00

注：表中仅呈现长三角有中国民营500强企业的25个城市。

2. 行业分布特征

长三角中国民营500强企业分布在38个行业，其中原材料工业和房地产相关行业是主要分布领域，信息服务、零售服务、房地产服务是民营资本集中的服务行业。

从企业数看，排名前五的行业为房屋建筑业（10.28%）[1]，综合（10.28%），黑色金属冶炼和压延加工业（7.94%），批发业（7.48%），电气机械和器材制造业（7.01%），制造业企业数占比（61.68%）明显高于服务业（38.32%）。从营业收入看，排名前十的行业为黑色金属冶炼和压延加工业（10.42%），综合（9.05%），房屋建筑业（8.18%），电气机械和器材制造业（7.17%），互联网和相关服务（6.73%），化学原料和化学制品制造业（5.84%），房地产业（5.52%），石油、煤炭及其他燃料加工业（5.14%），批发业（4.97%）和有色金属冶炼和压延加工业（4.36%），企业营业收入占比累计为67.39%，制造企业营业收入占比（63.14%）明显高于服务业（36.86%）（见表4）。

表4　2021年长三角中国民营500强企业行业分布特征　　　　单位：%

产业类别	企业数	营业收入	主要行业	企业数	营业收入占比
原材料工业	23.83	32.80	黑色金属冶炼和压延加工业	7.94	10.42
			化学原料和化学制品制造业	4.21	5.84
			金属制品业	3.74	—
			石油、煤炭及其他燃料加工业	—	5.14
			有色金属冶炼和压延加工业	—	4.36
消费品工业	15.42	9.28	纺织服装、服饰业	4.67	3.65
装备制造业	13.55	13.61	电气机械和器材制造业	7.01	7.17
			汽车制造业	—	3.92
生活性服务业	9.81	8.40	批发业	7.48	4.97
生产性服务业	5.14	2.64	邮政业	2.34	1.28
房地产相关行业	15.42	14.38	房屋建筑业	10.28	8.18
			房地产业	3.74	5.52
现代信息产业	6.54	9.84	计算机、通信和其他电子设备制造业	3.74	2.92
			互联网和相关服务	2.34	6.73

注：主要行业仅展示企业数和营业收入占比最高的行业，"—"表示产业占比较低。

---

[1] 括号内为对应行业在长三角的比重，下同。

原材料工业民营企业规模优势明显，包括石油、煤炭及其他燃料加工业（6953.36亿元），有色金属冶炼和压延加工业（982.62亿元），化学原料和化学制品制造业（877.50亿元），化学纤维制造业（832.26亿元），黑色金属冶炼和压延加工业（828.39亿元），平均营业收入均位居长三角前十。汽车制造业是装备制造业民营企业规模最大的行业，平均营业收入达到1325.91亿元。互联网和相关服务、零售业、房地产业是服务业企业平均营业收入最高的行业，随着城镇化的快速推进和居民收入水平的提升，信息服务、零售服务、房产服务等成为民营资本集聚的主要行业，企业平均营业收入均超过900亿元，互联网和相关服务企业平均营业收入近2000亿元（1818.42亿元），是长三角中国民营500强企业平均营业收入排名第二的行业（见表5）。

表5 2021年长三角中国民营500强企业行业分布情况

行业/类别		营业收入占比（%）	企业数占比（%）	平均营业收入（亿元）
黑色金属冶炼和压延加工业	制造业	10.42	7.94	828.39
综合	制造业/服务业	9.05	10.28	556.36
房屋建筑业	服务业	8.18	10.28	502.39
电气机械和器材制造业	制造业	7.17	7.01	646.55
互联网和相关服务	服务业	6.73	2.34	1818.42
化学原料和化学制品制造业	制造业	5.84	4.21	877.50
房地产业	服务业	5.52	3.74	932.73
石油、煤炭及其他燃料加工业	制造业	5.14	0.47	6953.36
批发业	服务业	4.97	7.48	420.24
有色金属冶炼和压延加工业	制造业	4.36	2.80	982.62
汽车制造业	制造业	3.92	1.87	1325.91
化学纤维制造业	制造业	3.69	2.80	832.26
纺织服装、服饰业	制造业	3.65	4.67	492.75
计算机、通信和其他电子设备制造业	制造业	2.92	3.74	493.16
零售业	服务业	2.42	1.40	1088.26
金属制品业	制造业	1.96	3.74	331.50
其他制造业	制造业	1.88	2.80	424.41
医药制造业	制造业	1.38	1.87	466.93
邮政业	服务业	1.28	2.34	346.19
纺织业	制造业	1.21	2.34	326.75
通用设备制造业	制造业	1.19	2.34	322.23
商务服务业	服务业	0.99	1.87	333.23
专用设备制造业	制造业	0.73	1.40	329.62
橡胶和塑料制品业	制造业	0.72	0.93	486.01
非金属矿物制品业	制造业	0.66	0.93	445.29

续表

行业/类别		营业收入占比（%）	企业数占比（%）	平均营业收入（亿元）
铁路、船舶、航空航天和其他运输设备制造业	制造业	0.59	0.93	398.03
建筑装饰、装修和其他建筑业	服务业	0.46	0.93	313.00
废弃资源综合利用业	制造业	0.41	0.93	278.41
木材加工和木、竹、藤、棕、草制品业	制造业	0.38	0.93	259.72
造纸和纸制品业	制造业	0.38	0.93	253.93
酒、饮料和精制茶制造业	制造业	0.33	0.47	439.82
文教、工美、体育和娱乐用品制造业	制造业	0.28	0.47	380.49
建筑安装业	服务业	0.22	0.47	299.03
农副食品加工业	制造业	0.21	0.47	282.76
装卸搬运和仓储业	服务业	0.20	0.47	265.36
软件和信息技术服务业	服务业	0.20	0.47	264.66
皮革、毛皮、羽毛及其制品和制鞋业	制造业	0.18	0.47	241.03
多式联动和运输代理业	服务业	0.17	0.47	236.05

（三）合肥市世界500强和中国民营500强企业分布特征

1. 世界500强本土企业亟待"破零"

当前，合肥市尚无世界500强本土企业。安徽省共有世界500强企业2家，即安徽海螺集团有限责任公司和铜陵有色金属集团控股有限公司，两家企业均属于原材料工业，排名相对靠后，亟需突破发展原材料工业的价值链低端锁定困境和路径依赖。同时，对外开放水平较低，导致龙头企业国际化普遍不高，难以从国际化扩张中获益。合肥市企业整体上处于国际化成本高于收益的初级阶段，需要克服和降低国际化初期的高成本压力和高经营风险等不利因素，跨越国际化绩效由负转正的门槛。

2. 中国民营500强本土企业竞争力亟待提升

合肥市中国民营500强企业数量少、规模小，重点产业领域缺少具有竞争力和影响力的民营企业。2021年合肥市共有2家中国民营500强企业，企业营业收入为590.3亿元，分别居长三角第17位和第20位。合肥市作为长三角城市群副中心城市，中国民营500强的企业数远低于杭州、苏州、无锡、上海、宁波、南京等重点城市，在省内也仅略高于马鞍山（1家）、滁州（1家）、六安（1家），企业平均营业收入（295.16亿元）甚至低于六安市（499亿元）。

合肥市拥有的2家中国民营500强企业分别为"文一投资控股集团"和"合肥维天运通信息科技股份有限公司"，均为服务业企业。其中，文一投资控股集团排名榜单第

314名，主营业务为房地产业，企业营业收入为332.71亿元，远低于长三角房地产业平均营业收入932.73亿元，仅达到平均水平的35.7%。合肥维天运通信息科技股份有限公司排名榜单第432名，主营业务为互联网和相关服务业，企业营业收入为257.62亿元，同样远低于长三角互联网和相关服务业的平均营业收入1818.42亿元，仅达到平均水平的14.2%。

合肥市服务行业民营企业竞争力不高，制造业领域缺少中国民营500强企业，尤其是计算机、通信和其他电子设备制造业，电气机械和器材制造业，化学原料和化学制品制造业，汽车制造业等重点产业领域尚无企业入围中国民营500强，互联网服务等现代服务行业有待进一步挖掘上升空间和增长潜力。

三、合肥市世界500强和中国民营500强目标企业选择

合肥市培育世界500强和中国民营500强企业的难度较大，仅有少数企业具有入榜的潜力，更多则是需要通过"招商引资、招大引强"的方式推动重点产业的发展。

（一）重点培育的本土目标企业选择

1. 世界500强本土目标企业选择

2021年世界500强企业入榜门槛约为1551.1亿元，其中，联宝（合肥）电子科技有限公司、中铁四局集团有限公司的营业收入超过1000亿元，分别达到入榜门槛的82.53%和65.13%，已具备建设世界500强企业的潜力。然而，联宝（合肥）电子科技有限公司是由联想集团和仁宝电脑两家世界500强企业合资建设，而中铁四局集团有限公司为中国中铁股份有限公司的控股企业，因此两家企业不具备独立申报世界500强榜单的条件。

安徽建工集团控股有限公司和安徽江淮汽车集团控股有限公司具备独立申报条件，营业收入分别达到入门槛的46%和40%，可作为合肥市培育世界500强的本土目标企业。其中，随着大众汽车（中国）投资有限公司入股江淮汽车集团，与华为签署全面合作框架协议暨MDC平台项目合作协议，江淮汽车深耕新能源汽车领域，未来发展具有较大潜力和上升空间。安徽建工集团控股有限公司是中国500强企业和中国承包商80强企业，产业发展基础扎实，其他企业入榜难度较大（见表6）。

表6 合肥市培育世界500强本土企业的可能性分析

企业名称	营业收入（万元）	城市	上榜信息
安徽海螺集团有限责任公司	26171587	芜湖	世界500强企业 中国制造业企业500强 安徽省百强企业
铜陵有色金属集团控股有限公司	20907830	铜陵	世界500强企业 中国制造业企业500强 安徽省百强企业

续表

企业名称	营业收入（万元）	城市	上榜信息
2021年世界500强企业入榜门槛为1551.13亿元（第500位企业营业收入为240.43亿美元，按照6.4515的年平均汇率折算）			
联宝（合肥）电子科技有限公司	12802129	合肥	世界500强企业（未上榜） 中国民营企业500强（未上榜） 安徽省百强企业 安徽省民营企业百强
中铁四局集团有限公司	10101299	合肥	世界500强企业（未上榜） 安徽省百强企业
安徽建工集团控股有限公司	6220401	合肥	安徽省百强企业
安徽江淮汽车集团控股有限公司	5825477	合肥	中国制造业企业500强 安徽省百强企业
合肥百货大楼集团股份有限公司	5658549	合肥	安徽省百强企业
美的集团合肥公司	4471282	合肥	安徽省百强企业
中石化销售股份有限公司安徽石油分公司	3928779	合肥	安徽省百强企业
安徽省交通控股集团有限公司	3614277	合肥	安徽省百强企业

资料来源：《2021世界500强企业排行榜》《2021安徽省百强企业榜单》。

2. 中国民营500强本土目标企业选择

合肥市中国民营500强的本土目标企业相对较少。2021年中国民营企业500强入榜门槛为235.01亿元，联宝（合肥）电子科技有限公司营业收入为1280.21亿元，远高于入榜门槛，但不具备独立申报条件。通威太阳能（合肥）有限公司和合肥晶澳太阳能科技有限公司虽然具有较大的发展潜力，营业收入分别达到入榜门槛的66.3%和62.3%，但同样不具备独立申报条件。文一投资控股集团、合肥维天运通信息科技股份有限公司已进入中国民营企业500强榜单。

此外，阳光电源股份有限公司、安徽鸿路钢结构（集团）股份有限公司、科大讯飞股份有限公司、安徽三巽投资集团有限公司、中安华力建设集团有限公司共5家企业营业收入达到入榜门槛55%以上，具有较大的发展潜力，已成为未来5年合肥市重点发展的民营企业，其他企业入榜难度较大（见表7）。

表7 合肥市培育中国民营500强本土企业的可能性分析

企业名称	营业收入（万元）	城市	上榜信息
联宝（合肥）电子科技有限公司	12802129	合肥	世界500强企业（未上榜） 中国民营企业500强（未上榜） 安徽省百强企业 安徽省民营企业百强

续表

企业名称	营业收入（万元）	城市	上榜信息
文一投资控股集团	3327056	合肥	中国民营企业500强 安徽省百强企业 安徽省民营企业百强
合肥维天运通信息科技股份有限公司	2576226	合肥	中国民营企业500强 安徽省百强企业 安徽省民营企业百强
2021年中国民营企业500强入榜门槛为235.01万元			
安徽省恒泰房地产开发有限责任公司	—	—	中国民营企业500强（未上榜） 安徽省民营企业百强
阳光电源股份有限公司	1928564	合肥	中国民营企业500强（未上榜） 安徽省百强企业 安徽省民营企业百强
通威太阳能（合肥）有限公司	1557981	合肥	中国民营企业500强（未上榜） 安徽省百强企业 安徽省民营企业百强
中安华力建设集团有限公司	1501030	合肥	中国民营企业500强（未上榜） 安徽省百强企业 安徽省民营企业百强

资料来源：《2021中国民营500强企业榜单》《2021年安徽民企100强名单》。

（二）重点招商的目标企业选择

1. 合肥市重点产业与招商目标企业的契合度分析

根据《国民经济行业分类》对合肥市16个重点产业包含的行业门类进行分析，通过词频分析明确重点招商的世界500强和中国民营500强目标企业。结果显示，合肥市16个重点产业包含的主要行业有23个，其中，有5个行业词频数较高，是合肥市重点招商的目标行业，按词频数依次为计算机、通信和其他电子设备制造业（11次），专用设备制造业（7次），互联网和相关服务（6次），软件和信息技术服务业（5次），电气机械和器材制造业（4次），其他行业的词频数均不超过3次（见图1）。

2. 世界500强招商目标企业选择

（1）内资目标企业。在合肥投资的世界500强和中国民营500强企业较少，多数企业与房地产行业相关，与合肥市16个重点产业的契合度不高，招商引资的精准性有待提升。长三角23家世界500强企业中，仅4家企业在肥投资（包括2家省内企业，海螺集团和铜陵有色），占比为17.4%，3家企业与合肥市重点产业相契合，但契合度较高的企业仅1家。在合肥拥有控股公司的企业共有13家，占比为56.5%，其中，8家企业与合肥市重点产业相契合，契合度较高的企业仅1家，房地产企业和建筑行业企业投资分布密集。

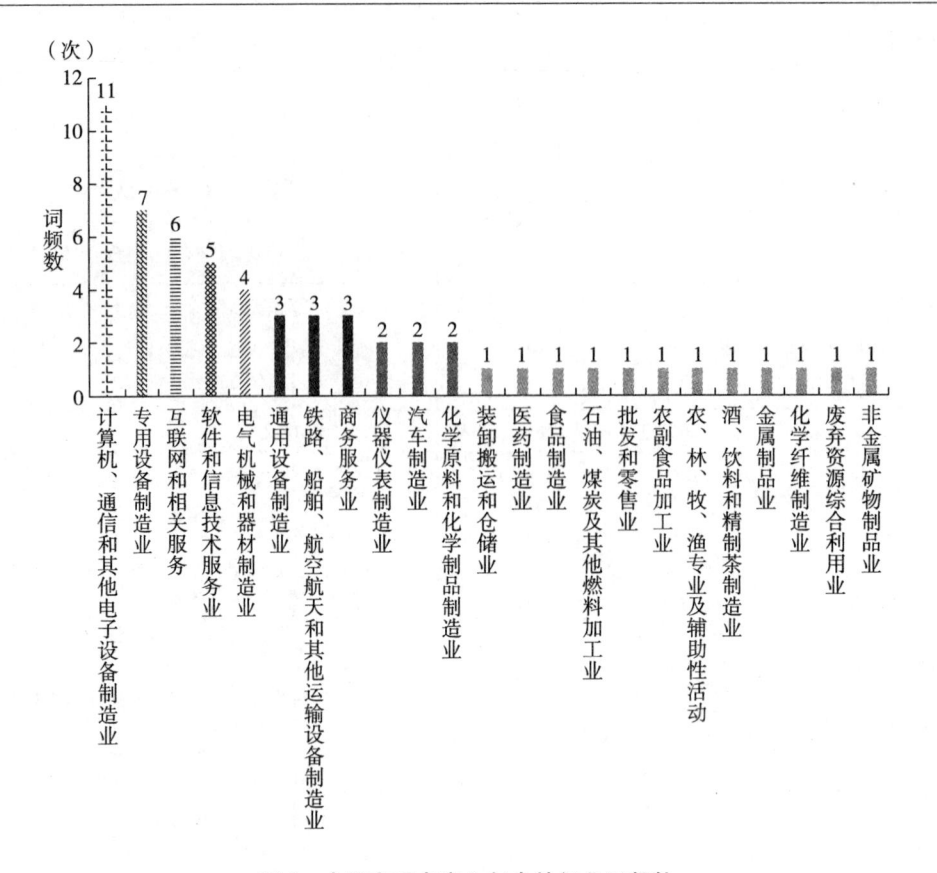

图1　合肥市重点产业包含的行业词频数

招商目标选择上，建议优先选择与合肥市16个重点产业契合度较高的企业。一方面，推动在合肥尚无投资控股的企业落户，包括浙江荣盛、浙江恒逸、盛虹集团等；另一方面，通过战略合资、兼并重组、承接服务外包等方式扩大已落户企业投资规模和领域，包括上海汽车、阿里巴巴、浙江吉利、上海医药等。

（2）外资目标企业。与合肥市重点产业契合的世界500强外资企业有136家，已在长三角投资设立685家企业。按城市主要分布在上海（364家）、苏州（93家）、无锡（49家）、杭州（40家），按行业主要分布在批发和零售业（136家）、租赁和商务服务业（95家）、科学研究和技术服务业（88家）、汽车制造业（58家）、电气机械和器材制造业（38家）、计算机、通信和其他电子设备制造业（32家）。投资合肥18家企业，位居长三角第7位，主要分布在批发和零售业（5家），汽车制造业（3家），计算机、通信和其他电子设备制造业（2家），电气机械和器材制造业（1家）。招商目标选择上，建议在长三角多个城市投资但在合肥尚无投资的外资企业加快在合肥落户，包括沃尔沃、松下、英特尔、捷普公司、西门子等企业。

3. 中国民营500强招商目标企业选择

长三角214家中国民营500强企业中，仅19家企业在合肥投资，占比为8.88%，主要集中在邮政业（3家）、房屋建筑业（3家）、通用设备制造业（2家）、互联网和相关服务（2家）、房地产业（2家）等5个行业，软件和信息技术服务业和汽车制造业仅1

家企业在合肥投资。49家企业在合肥拥有控股公司,占比为22.43%,主要为在租赁和商务服务业(7家),房屋建筑业(5家),房地产业(5家),邮政业(4家),批发和零售业(4家),汽车制造业(3家),纺织服装、服饰业(3家),电气机械和器材制造业(3家)(见表8)。

表8 世界500强和中国民营500强在合肥投资和控股企业

	世界500强企业	中国民营500强企业
在合肥投资	共4家: 阿里巴巴集团控股有限公司 安徽海螺集团有限责任公司 苏宁易购集团股份有限公司 铜陵有色金属集团控股有限公司	共8家: 阿里巴巴(中国)、苏宁易购、佳源创盛、汇通达、均胜电子、远景能源、三花控股、浙江大华
在合肥拥有控股公司	共13家: 上海汽车集团股份有限公司 阿里巴巴集团控股有限公司 中国宝武钢铁集团有限公司 绿地控股集团股份有限公司 中国远洋海运集团有限公司 浙江吉利控股集团有限公司 安徽海螺集团有限责任公司 苏宁易购集团股份有限公司 上海建工集团股份有限公司 铜陵有色金属集团控股有限公司 海亮集团有限公司 浙江省交通投资集团有限公司 上海医药集团股份有限公司	共24家: 浙江吉利控股集团有限公司 苏宁易购集团股份有限公司 复星国际有限公司 万向集团公司 亨通集团有限公司 传化集团有限公司 扬子江药业集团有限公司 正泰集团股份有限公司 五星控股集团有限公司 中国佳源控股集团有限公司 中天科技集团有限公司 桐昆控股集团有限公司 汇通达网络股份有限公司 宁波均胜电子股份有限公司 远景能源有限公司 上海均瑶(集团)有限公司 月星集团有限公司 天合光能股份有限公司 金鹏控股集团有限公司 源山投资控股有限公司 浙江方远控股集团有限公司 红星美凯龙控股集团有限公司 浙江大华技术股份有限公司 浙江建华集团有限公司

中国民营500强与合肥市16个重点产业相契合的企业有126家,契合度较高的企业有31家。其中,与合肥市16个重点产业链相契合的126家企业中,在合肥投资企业仅8家,占比为6.35%,契合度较高的在合肥投资企业仅3家,占比9.68%(在31家企业中),包括互联网和相关服务(2家)、软件和信息技术服务业(1家),计算机、通信和其他电子设备制造业、专用设备制造业、电气机械和器材制造业等重点领域无投资企业。

在与合肥市重点产业链相契合的126家企业中，有24家企业在合肥拥有控股公司，占比为19.05%，契合度较高在合肥拥有控股公司的企业仅6家，占比为19.35%，包括电气机械和器材制造业（3家），软件和信息技术服务业、计算机、通信和其他电子设备制造业，互联网和相关服务3个行业各有1家企业在合肥拥有控股企业（见表8）。

招商目标选择上，头部企业建议重点关注天能控股、超威电源、上海找钢网等；腰部企业和尾部企业建议重点关注奥克斯、德力西、杉杉控股、富通集团、人民电器、通鼎集团、双良集团、卧龙控股、江苏中利、舜宇集团、永鼎集团、西子联合、万丰奥特、东山精密、天洁集团、富春江集团、中超投资集团、阿特斯阳光、江苏江南商贸集团等。

（三）企业合作模式分析

企业合作的一般模式包括业务外包、资产收购、战略联盟等方式。合肥市重点产业链的"链主"企业竞争力不强，企业规模较低，产业链的上下游各环节企业集聚水平不高，因此不同企业需要通过差异化合作模式提高资源配置能力。

1. 资产合作

推动合肥市重点产业的龙头企业与世界500强和中国民营500强在合肥投资或控股企业通过股权置换、共同建立生产、研发、销售等环节企业，建立长期经济战略合作关系，增强产业链各环节的资源配置能力。

2. 业务外包

受制于产业链各环节资源有限，对在产业链细分行业具有核心竞争力的企业通过业务外包提高企业核心业务市场竞争力，尤其是对专精特新企业、行业隐形冠军企业、独角兽企业，围绕推动市内企业建立合作，并进行政策辅导。

3. 资产收（并）购

由于合肥市企业平均规模较小，资产扩张成本较高，因此鼓励本地企业通过兼并重组的方式实现低成本企业扩张。同时，引导世界500强企业和中国民营500强企业并购合肥重点行业发展困难的中小企业，扩大500强企业在合肥投资规模。

4. 战略联盟

企业合作的高级形式，通常由大企业主导形成企业间合作模式，因此做大做强重点产业的龙头企业和"链主"企业，对于实现大企业间的强强联合，发挥大企业引领带动作用非常重要。

5. 产业链合作

基于产业分工形成的上下游企业合作关系，产业链合作能够提高资源配置效率和范围，有助于提高企业业务专业化水平，同时提高技术溢出效应。建立产业链合作关系关键在于"链主"企业的建设，因此需要集中资源打造合肥市重点产业链上的"链主"企业，发挥对产业链上下游资源的配置优化和管理，进一步提高效益、降低生产成本和管理成本。

表9 各类企业合作模式特征

合作模式	合作特点	合作方式
资产合作	企业间通过共同出资打造"合资体"（利益共同体），建立长期共赢关系，由于双方共同投资、相互持股，收益按股份分配，企业可以同时获取本企业业务收益和持股企业的业务收益	共同出资建立制造、销售等公司，或股权置换等
业务外包	企业将非核心业务外包转交给其他专业化企业，把企业内部的智能和资源集中在具有核心竞争优势的业务上	研发、设计、销售、资产管理等业务外包
资产收购	企业得以支付现金、实物、有价证券、劳务或以债务免除的方式，有选择性地收购对方公司的全部或一部分资产	现金收购、实物收购、劳务收购、有价证券收购等
战略联盟	两个至多个企业之间为了达到某种战略目标，通过某种契约或部分股权关系形成的一种合作形式	研发合作、市场开拓合作、联合生产合作等
产业链合作	基于产业链上下游关联整合产业链资源，不断提升产业链上下游环节生产效率，降低产业链运营成本	供应链合作、企业合作网络等

注：根据相关资料整理。

四、合肥市行动计划

（一）行动目标

1."十四五"时期目标

到2025年，力争培育至少1家本土企业进入世界500强榜单，签约3~5家世界500强非本土企业落户合肥。

重点培育3~5家本土企业进入中国民营企业500强榜单，签约5~10家中国民营500强非本土企业落户合肥（见表10）。

2. 2035年远景目标

到2035年，力争培育至少3家本土企业进入世界500强榜单，签约5~10家世界500强非本土企业落户合肥。

培育10~15家本土企业进入中国民营企业500强榜单，签约30家左右中国民营500强非本土企业落户合肥。

表10 "十四五"时期合肥市重点培育和招商目标企业

500强榜单	行动目标	重点企业
世界500强	培育至少1家	安徽建工集团控股有限公司 安徽江淮汽车集团控股有限公司
	签约3~5家	精准招商：名单详见世界500强招商目标企业选择

续表

500强榜单	行动目标	重点企业
中国民营500强	培育3~5家	阳光电源股份有限公司 安徽鸿路钢结构（集团）股份有限公司 科大讯飞股份有限公司 安徽三巽投资集团有限公司 中安华力建设集团有限公司
	签约5~10家	梯度招商：名单详见中国民营500强招商目标企业选择

（二）行动思路

1. 采用集群化招商推动重点产业全链条建设

一是"补链"，围绕16个重点产业链精准定位和识别堵点和断点，研判产业链断裂风险，明确重点招商企业。二是"延链"，围绕重点产业链开展集群化招商，按照主机厂、OEM、零部件配套企业和研发、结算、销售、物流等生产性服务企业一体化招商推进。三是"强链"。持续壮大"链主"和"群主"企业规模，推动产业链中小微企业招商集聚和"专精特新"发展，培育一批隐形冠军企业。

2. 以产业地产开发为契机实现集约高效招商

一是建立"区管委会+地产开发运营商"的产业链招商管理模式，围绕16个重点产业链引进一批专业化的地产开发运营商落户，投资建设标准化厂房或为重点项目定制厂房，综合考虑企业的用地规模、与重点产业匹配度、产业链带动性、行业影响力、预期收益等因素，确定项目落地和入驻企业的优先级。二是建立合理化的招商考核机制，将项目推进绩效与主管部门给予开发商的优惠政策直接挂钩，对企业的政策宣传和业务对接指导纳入区管委会年度考核体系。对于落户的优质项目，鼓励和支持跨区域业务对接和联合招商等合作，推动形成资源共享的产业集群生态。

3. 贯彻产城融合发展理念推进服务领域招商

一是配套延伸现代生产性服务环节，大力引进研发、结算、销售、物流等功能性区域总部以及科研院所、专业孵化器、人力资本公司、行业公共检验、检测平台及技术平台、软件信息技术服务、金融资本服务等项目，推动与辖区内商务楼宇资源的对接落地。二是完善提升生活性服务品质，推动国际学校、养老机构、医疗机构、现代商业等服务项目的招商引资，满足多层次、高品质、多元化服务需求。

4. 探索建立全过程标准化龙头企业培养体系

构建包括名单筛选、协议签订、项目支持、创新发展、人才培养、品牌培育等环节在内的龙头企业培养体系，明确培养计划、重点方向、目标路径、主要任务和政策措施，强化组织保障，完善优化政企联系制度、加大政策支持力度，建立跟踪服务和动态调度机制，推动培育工作的有力有序推进。

（三）行动举措

1. 借助国有资本带动战略合资做大"群主"企业

坚持"政府引导、企业参与、市场整合"的运作模式，逐步完善"国资带动、社资跟进、战略合资、项目落地、股权更替、循环投资"的资本招商机制。发挥国有资本在招商引资中的重要引领作用，加强民营资本、金融机构与基金公司、银行、券商、信托等投融资机构的对接与合作，推动资本与优质招商项目高效对接，进一步增强"链主"和"群主"企业的资产规模和盈利能力。

2. 鼓励和支持民营资本进入产业链细分领域

出台《民营资本准入清单制度》和《民营资本紧缺行业目录》等政策指南，完善产业链细分行业民营资本进入规则，鼓励民营资本、社会资本进入具有行业竞争力和影响力的细分领域企业。鼓励和支持民营资本加快向专用设备制造，计算机、通信和其他电子设备制造业，电气机械和器材制造业集聚，进一步提高在互联网和相关服务、软件和信息技术服务的投资比重。同时，利用数字化等信息手段提高资本市场的监管能力，降低民营资本准入门槛。

3. 分类推进行业和规模梯度精准差异化招商

围绕重点产业链加快建立"5+X"的行业梯度招商和"头—腰—尾"企业梯度招商体系。"5"是五大重点招商行业，包括计算机、通信和其他电子设备制造业，专用设备制造业，互联网服务业，软件和信息技术服务业，电气机械和器材制造业；"X"是与合肥16个重点产业链相契合的行业，包括通用设备制造、汽车制造、医药制造、运输设备制造等重点领域；头部企业为排名中国前100的民营企业，推动做强"头部"、做大"腰部"、做细"尾部"的精准化招商策略。

4. 强化本土龙头企业要素保障体系

引导企业对标国际一流、聚焦主导产业，充分发挥品牌、技术、资源、渠道等综合优势。围绕合肥市重点产业培育一批产业带动强和综合效益好的标志性项目，加大政策支持力度。鼓励企业培育高水平创新载体，加强与中央企业、高校、科研机构的深度合作。引导企业通过参股、并购、合作等方式拓展海外经营布局，提升国际化经营水平。支持培育企业举办或承办全国性重要活动，形成有国际影响力的知名企业和品牌。

5. 夯实和完善组织保障和顶层设计

编制"双500强"企业发展规划，明确培育计划和路线图。定期召开部门协调会，重点帮助企业解决投资、生产、经营等重大问题。由相关部门向培育企业选派工作专员，搭建培育企业与政府部门的直通交流平台，具体负责协调企业冲击"双500强"与政府部门相关的事项。

本课题组成员名单：杜　宇　李娜娜

合肥深入实施城市更新行动研究

安徽省城乡规划设计研究院有限公司课题组

1983年，合肥市率先在全国拉开了旧城改造的序幕，成立了老城更新工作指挥部，负责老城区的城市更新工作，这是合肥市委、市政府坚持改革开放顺应时代潮流的创举。从"投石问路"的长江路西段开始，继而在金寨路北段、城隍庙地区和其他地段进行成街成坊的改造和城市基础设施配套建设，走出了一条"统一规划、合理布局、因地制宜、综合开发、配套建设"的新路子。

1984年12月，国家城乡建设环境保护部在合肥召开全国旧城改造经验交流会，此会议是1949年以来我国专门研究旧城改造的第一次全国性会议，使合肥的经验走出安徽、传遍全国，并被写入1989年颁布的《中华人民共和国城市规划法》，在合肥城建史上写下了辉煌一页。自此之后，全国各大中城市均派代表来合肥参观取经，截至1998年底统计，已接待全国参观者达近900批次。北京、上海、石家庄、西安、太原以及全省许多城市纷纷参照合肥经验，开始了本市旧城区的改造。通过旧城改造，合肥改善了旧城区居民的居住环境和条件、缓和了商业网点紧张状况、拓宽了城市道路、完善了城市功能、提高了城市的整体环境，实现了社会效益、环境效益、经济效益的三个统一。同时，合肥旧城改造还带动了全省城市建设、综合开发事业的迅猛发展。

从合肥建城时代城市更新的起步，到环城时代城市更新的逐渐探索，再到拥湖时代合肥城市更新的快速拓展，经过40年的摸索，融城时代的合肥城市更新更加注重提质增效、内涵提升。本课题希望通过国内外案例分析，总结借鉴先行城市的更新策略和更新经验；全面回顾合肥市实施旧城改造与更新的历程，分析总结合肥市城市更新的成效与特点；通过开展合肥市城市体检，加强统筹谋划，坚持体检评估先行，查找"城市病"，探索以城市体检推动城市更新的长效机制；结合城市体检结果和现状调研，明确合肥市城市更新总体目标，进行分类施策和分区指引，提出针对合肥市城市更新的对策和建议，明确合肥深入实施城市更新行动的保障措施。

一、绪论

（一）研究背景

1. 贯彻习近平总书记关于城市更新的重要指示精神

2015年，习近平总书记在中央城市工作会议上提出"城市工作要把创造优良的人居环境作为中心目标，努力把城市建设成为人与人，人与自然和谐共处的美丽家园"，完善城市治理体系，提高城市治理能力，着力解决城市病等突出问题，不断提升城市环境质量、人民生活质量、城市竞争力，建设和谐宜居、富有活力、各具特色的现代化城市。会议要求建立常态化的城市体检评估机制。2017年，中共中央和国务院在批复北京市和上海市城市总体规划时，明确提出要建立城市体检评估机制，推动建设没有"城市病"的城市。

2019年，习近平总书记在上海考察时指出，城市治理是推进国际治理体系和治理能力现代化的重要内容，城市建设要走高质量发展的路子，努力创造良好的环境。2020年4月10日，习近平总书记在中央财经委员会第七次会议上发表重要讲话，"关键是要把人民生命安全和身体健康作为城市发展的基础目标"，"更好推进以人为核心的城镇化，使城市更健康、更安全、更宜居，成为人民群众高品质生活的空间"。2020年8月20日，习近平总书记在合肥主持召开扎实推进长三角一体化发展座谈会并发表重要讲话，提到长三角区域城市开发建设早、旧城区多，改造任务很重，这件事涉及群众切身利益和城市长远发展，再难也要想办法解决。同时，不能一律大拆大建，要注意保护好历史文化和城市风貌，避免"千城一面、万楼一貌"。

2021年，城市更新首次被写入政府工作报告，《中华人民共和国国民经济和社会发展第十四个五年规划和2035年远景目标纲要》中明确提出"实施城市更新行动"，更是将城市更新上升为国家战略，这是以习近平同志为核心的党中央站在全面建设社会主义现代化国家、实现中华民族伟大复兴中国梦的战略高度，准确研判我国城市发展新形势，对进一步提升城市发展质量作出的重大决策部署，为"十四五"乃至今后一个时期做好城市工作指明了方向，明确了目标任务。

2022年，在中国共产党第二十次全国代表大会上，习近平总书记提出，坚持人民城市人民建、人民城市为人民，提高城市规划、建设、治理水平，加快转变超大特大城市发展方式，实施城市更新行动，加强城市基础设施建设，打造宜居、韧性、智慧城市。

2. 落实住建部关于实施城市更新行动的相关工作要求

近年来，住建部积极稳步推进城市更新。2020年8月，住房和城乡建设部发布《关于在城市更新改造中切实加强历史文化保护坚决制止破坏行动的行为》。

2021年8月，住房和城乡建设部发布《关于在实施城市更新行动中防止大拆大建问题的通知》（以下简称"通知"）。通知要求，严格控制大规模搬迁，不大规模、强制性搬迁居民，不改变社会结构，不割断人、地和文化的关系。要尊重居民安置意愿，鼓励以就地、就近安置为主，改善居住条件，保持邻里关系和社会结构，城市更新单元（片区）或项目居民就地、就近安置率不宜低于50%。住房和城乡建设部党组书记、部长王蒙徽的署名文章《实施城市更新行动》，为进一步明确实施城市更新行动的重要意义、目标任务和工作要求指明了方向。

2021年9月，住建部在《关于在城乡建设中加强历史文化保护传承的意见》中强调，按照留改拆并举、以保留保护为主的原则，实施城市生态修复和功能完善工程，稳妥推进城市更新。2021年11月，住建部发布了《关于开展第一批城市更新试点工作的通知》，将在北京等21个市（区）开展第一批城市更新试点工作，探索建立城市更新配套制度政策。

2022年2月住建部强调，城市更新行动是一个系统工程，是以城市整体为对象，以新发展理念为引领，以城市体检评估为基础，以统筹城市规划建设管理为路径，顺应城市发展规律，推动城市高质量发展的综合性、系统性战略行动。城市更新要健全体系，加快构建国家城市体系，明确不同城市战略定位和核心功能，促进区域协调发展。

3. 规范指导合肥市全面系统推进城市更新行动

安徽省国民经济和社会发展"十四五"规划和2035年远景目标提出：加快推进以人为核心的新型城镇化。坚持人民城市人民建、人民城市为人民，实施城市更新行动。2021年10月8日，安徽省政府办公厅印发了《关于实施城市更新行动推动城市高质量发展的实施方案》（皖政办〔2021〕13号），按照"体检先行、示范引路、统筹推进"的基本思路，统筹推进城市体检与城市更新行动，系统推动城镇老旧小区改造工程等"十大工程"。合肥市为贯彻省"十四五"重要指示精神、规范城市更新活动，根据《国务院办公厅关于全面推进城镇老旧小区改造工作的指导意见》（国办发〔2020〕23号）、《安徽省人民政府办公厅印发关于实施城市更新行动推动城市高质量发展实施方案的通知》（皖政办〔2021〕13号）等有关规定，制定了《合肥市城市更新工作暂行办法》，对合肥市市区的城市空间形态和功能进行保护、整治、改善、优化，从而实现房屋使用、市政设施、公建配套等全面完善，产业结构、环境品质、文化传承等全面提升的建设活动。

（二）相关概念

1. 城市更新

城市更新这一概念最早出现的时间可以追溯到"二战"之后，始于西方的城市改造运动于1958年在城市更新研讨会上被首次明确提出。最初，城市更新更多地关注能够改善城市的建设建造活动："生活在这座城市里的人，对自己所居住的建筑物和周围的环境或是居住、工作、游憩、交通以及其他各类生活存在不同的需求和向往，从而对于住宅、街道、公共空间的修理改造等活动。特别是土地利用模式和地区制度的改善，创造舒适宜居化、风貌特色化的城市。而这些对于城市的改善、优化、提升都是城市更新"。20世纪50年代后，城市快速发展，城市更新的相关术语也经历了多次改变，包括"城市再开发""城市复兴""城市振兴"等。

吴良镛教授将更新定义，重点主要体现在以下三方面：一是针对现状利用率低下、用地数量较多、情况较为严重地区进行部分或整体的拆除重建，根据不同的现状情况及发展需求分点（局部节点的改造）、线（道路两侧的改建）、面（整体区域的再开发）的不同模式进行改造；二是针对现状利用率较高区域，在现状基础上进行小微调整，完善基础设施、优化人居条件；三是针对现状不需要进行改动区域，对现有城市格局、空间肌理进行保护和延续。如今，城市更新是对城市中已经不适应现代化城市社会生活的区域做出长远的、持续性的改善和提高。

2022年3月《安徽省合肥市城市更新工作暂行办法》（以下简称"办法"）出台，办法中明确，城市更新是指对本市市区城市空间形态和功能进行保护、整治、改善、优化，从而实现房屋使用、市政设施、公建配套等全面完善，产业结构、环境品质、文化传承等全面提升的建设活动。

2. 城市更新行动

2020年11月3日,《中共中央关于制定国民经济和社会发展第十四个五年规划和二〇三五年远景目标的建议》中,首次提出"推进以人为核心的新型城镇化。实施城市更新行动"。2020年11月17日,住建部发表了题为《实施城市更新行动》的文章,指出实施城市更新行动,是推动城市结构调整优化和品质提升,转变城市开发建设方式,对于全面提升城市发展质量、不断满足人民群众日益增长的美好生活需要、促进经济社会持续健康发展具有重要而深远的意义。实施城市更新行动,是适应城市发展新形势、推动城市高质量发展的必然要求,是坚定实施扩大内需战略、构建新发展格局的重要路径,是推动城市开发建设方式转型、促进经济发展方式转变的有效途径,是推动解决城市发展中的突出问题和短板、提升人民群众获得感幸福感安全感的重大举措。

2021年10月,安徽省人民政府办公厅印发《关于实施城市更新行动推动城市高质量发展实施方案的通知》,提出城市更新十大行动,城镇老旧小区改造、城镇棚户区改造、城市危旧房及老旧厂房改造提升、城市生态修复、城市功能完善、城市基础设施补短板、城市安全韧性建设、新城建提升、县城绿色低碳建设、城市风貌塑造和历史文化保护工程。

实施城市更新行动,主要包含统筹城市规划建设管理,推动城市空间结构优化和品质提升、改造提升老旧小区、老旧厂区、老旧街区和城中村等存量片区功能、保护和延续城市文脉,杜绝大拆大建,让城市留下记忆、让居民锁住乡愁。

(三)研究目的和意义

1. 是适应城市发展新形势、推动城市高质量发展的必然要求

本课题组开展合肥市城市更新行动课题研究,发现合肥城镇化过程中的问题和短板,走出一条内涵集约式高质量发展的新路,是促进城市高质量发展的新动力,也是塑造城市特色、凝聚城市精神的源泉,这是时代的要求、发展的必然,更是合肥把握战略主动、着眼长远未来的战略抉择。

2. 是坚定有效实施合肥市城市更新行动、塑造城市新风貌的重要路径

《实施城市更新行动》强调,要强化历史文化保护,塑造城市风貌。开展合肥市城市更新行动课题研究,加强片区统筹与连片改造进行城市更新的整体规划,保护和传承好历史文化,提升城市品质和生活品位,把文化强市建设推向新的高度,塑造合肥市城市时代特色风貌。

3. 是提升人民群众获得感幸福感安全感的重大举措

在经济高速发展和城镇化快速推进过程中,合肥市发展注重追求速度和规模,城市规划建设管理"碎片化"问题突出。通过开展合肥市城市更新行动课题研究,找出"城市病",对症下药,实施城市更新行动,及时回应群众关切,补齐基础设施和公共服务设施短板,推动城市结构调整优化,提升城市品质,让人民群众在城市生活得更方便、更舒心、更美好。

(四) 研究范围

以合肥市市辖区为规划研究范围，其中研究的重点范围是合肥市城市建成区 536 平方千米。

二、国内外城市更新案例研究综述

(一) 国外城市更新案例研究

1. 英国伦敦城市更新案例借鉴

（1）发展历程。英国的城市更新起源于 1950~1960 年"二战"后的重建，主要是贫民窟拆迁。在郊区建设的新城往往由于缺乏活力，很难吸引到居民。同时，内城建设的公屋区也出现了很大问题。20 世纪 70 年代，更新的规模开始扩展，英国开始对内城进行社区改造。这种改造同美国 60 年代的改造一样，对城市的居民生活和社区环境造成很大冲击，引发了很多社会抗议。并且，大规模的更新增加了政府的财力负担，政府没有能力持续地提供支撑。80 年代，保守党上台后强调城市更新不是福利开发，提出了城市再开发项目。主要是与大型的旗舰项目、房地产开发结合进行城市营销，从而增加就业、释放市场活力。例如加拿大开发商在伦敦金丝雀码头进行的再开发，将其打造为高端的金融区和购物区。90 年代末，工党上台后认为先前的城市开发没有达到社会效果，强调贫困社区更新，城市更新要针对贫困社区、解决社会排斥，使得居民能够就业并融入到社会的主流生活中。2000 年以后，工党执政末期把城市更新扩展到一个地区，不仅仅局限在一个社区，将英格兰西北部一系列的社区联合起来进行城市更新。同时进行主流化，即政府的各个部门协同完成社区服务与更新工作。2008 年，受全球金融危机的影响，英国政府财力大幅度缩减。因此，政府强调要把国家功能向地方转移，提出"大社会、小政府"与"地方主义"；强调"市民社会"，增加可负担的住房供给。城市更新要有市场参与而不是简单的旧城改建或拆迁，以可持续性的理念主导，把社会资源充分调动起来，鼓励企业、政府的联合及公私合作等形式。

当前的英国城市更新政策环境的特点延续了"地方主义"，强调私有部门、资金参与，使得公有部门的财政使用更有效、更透明化。动员社会及其企业参与，制定政府各部门的联合计划。

（2）英国城市更新模式。英国城市更新包括两个方面：一是起始于 20 世纪 80 年代以开发为导向的城市更新。开发导向的城市更新的一个典型案例便是金丝雀码头的改造，80 年代码头关闭后被填埋，形成荒废用地，经开发转变为伦敦的新金融中心。该项目由一家加拿大房地产商主导，由 SOM 进行整体的规划与设计，因此风貌和英国其他的街巷很不一样，更像美国的 CBD。开发商的底气来源于伦敦 80 年代的金融自由化，使得伦敦成为国际金融中心，作为欧洲与北美金融交流首选之地。伦敦城的办公空间狭小，拆迁改造的成本很大，因此选择在下游 2~3 英里打造新的金融城。该改造对环境比较重视，营造了公共艺术、绿地，使得办公人士能在午餐时间有休息空间；

同时在地下通过廊道连接并配备商贸空间；作为私有的开发空间，物业和安保服务较好，符合商务办公需求。对开发导向的城市更新存在一些批评：注重房地产开发而不是解决居住和就业问题、注重短期利润、带来强烈的社会冲击、承担房地产风险和过度开发。二是文化导向的城市更新。在英国传统制造业衰退与转型的背景下，出现了"后工业化"的情况。同时"欧洲文化之都"的评选促使每个城市都想参与到媲美中，树立新的城市形象，因此出现了与文化创意产业相结合的文化导向的城市更新。最典型的是伦敦国王十字街的改造，作为维多利亚时期的火车站，将仓储空间改造为伦敦艺术大学。从艺术大学引发创意环境、生活氛围，吸引了 Google 等互联网企业、医学研究院的入驻。这些使用者都来自创意和创新相关行业，对环境有着类似的需求。但是文化导向的城市更新同样存在一些批评，如采用大型旗舰式开发、高雅文化空间的形式，实际上是把文化做成了地产，没有带来真正的文化振兴，同时对文化振兴与经济增长的相互带动关系尚未清晰，遭到了相关研究的批评。

除金丝雀码头金融区和国王十字街两个案例外，老橡树地区的更新也比较典型。该项目位于英国高铁和新建的跨伦敦铁路交汇处，是一个重要的交通枢纽，老橡树地区的开发能有效缓解伦敦的空间紧张、用地短缺问题，为此 2014 年的伦敦规划中列出了一系列可开发宗地，老橡树地区便是其中之一。在规划中承担了提供 25000 套住房和 65000 个工作岗位的任务，其投资额预计高达 25 亿英镑。

（3）英国城市更新特点。一是英国城市更新的方式，从大规模以开发商为主导的剧烈推倒重建方式，逐渐转向小规模的、分段的、主要由社区自己组织的谨慎渐进式改造。城市更新的模式包括，全面调查，建立技术档案，编制旧城改造计划；对古迹和历史建筑进行登录注册；划分保护区；对旧城区进行改造规划设计，对旧城改造提出了如降低建筑密度、采取改建、扩建、部分拆除、维修养护、实施住宅内部设施现代化或公共服务设施完善化，改善环境和交通、增加绿化等具体要求。二是政府由原来的直接介入旧城改造转向间接引导，工作重心集中于维护社会稳定、促进住房保障、营造健康环境、建设公共设施、引导公众参与等方面，旧城改造的主体则主要由私人开发公司和社区团体组成。三是城市更新要明确目标，在综合考虑物质性、经济性和社会性要素的基础上，制定出目标广泛、内容丰富的城市更新战略，制定各种不可分割的政策纲领。英国城市更新的目标包括了改善居住和城市环境；解决社区的社会问题、增强社区的活力；增加就业机会和就业能力；提供能够承受得起的住房等。不仅局限于空间，还包括了社会、民生等方面。

2. 法国巴黎城市更新案例借鉴

（1）发展历程。巴黎是世界著名的历史城市，拥有 2000 多年建城史和 1300 多年建都史，是世界上最古老的城市之一，拥有许多像卢浮宫一样世界知名的名胜古迹，如埃菲尔铁塔、巴黎圣母院、香榭丽舍大街、巴士底广场，还有众多历史悠久的教堂、雕塑和花园。巴黎是在塞纳河主要渡口上建立起来的，许多历史建筑都沿河而建。长期以来，巴黎对历史文化和风貌遗迹的精心保护和合理利用，使其始终保持着其作为历史城市的独特魅力和氛围。

（2）法国城市更新模式。一是将历史建筑赋予现代功能，"活化"历史文化资源。对于巴黎这座历史悠久的城市而言，历史文化的遗迹无处不在。在现代巴黎城市发展的过程中，始终强调在保护城市宝贵历史文化的基础上将历史文化特色与现代城市设施相结合的发展模式，以实现历史文化与现代化空间的协调发展。一方面，对于不具有历史价值的地段采取重建的方式建设现代化的城市街区；另一方面，对具有历史价值的城市局部街区采取完整保留风貌，对重要历史建筑进行大规模修缮，并加以利用，融入现代元素。[①] 二是提升历史街区公共空间，恢复历史街区活力。除了对历史建筑的修缮和再利用，巴黎还采取了一系列措施对历史街区活力进行恢复，其中最有名的是香榭丽舍大道的再开发。三是实现城市历史街区更新升级。提升城市品质和吸引力。通过对历史文化元素的再开发利用，城市品质得到了极大提升，巴黎也成为世界上历史街区城市更新的典范。城市品质和吸引力的提升极大地促进了巴黎产业和经济的发展。作为世界城市，巴黎早在20世纪60年代就进入了第三产业比重持续提升的发展阶段。受到城市环境品质提升的影响，到20世纪90年代，服务业增加值平均每年增长35%。当前，巴黎服务业就业率占整个地区就业率的近80%。同时，第三产业的高速发展也促进了电子业、高级成衣制造业等高附加值工业的发展。虽然是一座历史城市，但通过历史街区城市更新计划的成功实施，使巴黎成为当前世界的经济、文化、时尚和创新中心。

（3）法国城市更新特点。从巴黎的经验中我们可以看到：首先，在理念上巴黎始终非常重视历史建筑的保护和合理利用；其次，对于历史文化资源，并不局限于单一的保护和观赏，而是利用和"活化"，将历史建筑赋予现代功能，真正实现让历史融入城市生活；同时，通过优化提升历史建筑外围公共空间恢复历史街区活力，提升城市内涵与品质。这些措施在提升城市品质、吸引力和城市活力的同时也促进了城市产业和经济的发展，值得学习与借鉴。

香榭丽舍大街是贯穿巴黎东西的主干道，长约2.5千米，是法国最知名的街道，与塞纳河平行。17世纪中后期，拿破仑三世主导的大规模巴黎扩建工程使香榭丽舍大街成为真正的"法兰西第一大道"。当时的香榭丽舍大道成为财富汇聚之地，社会名流和达官贵人们纷纷沿街建造官邸。此外，还汇集了银行、高档成衣店、高档会所等，成为法国主要的商业街。20世纪60年代后，随着法国城市化的推进和商业遍地式的快速发展，许多高档名店都陆续撤离香榭丽舍大街，取而代之的是快餐店、报亭，街头凌乱张贴着各种广告，香榭丽舍大街失去了原有的繁华和高雅。在这样的情况下，时任巴黎市长希拉克推动成立了"香榭丽舍委员会"，旨在捍卫世界上最美丽的大道。该委员会1989年提出了"复兴香榭丽舍计划"，采取的主要复兴措施包括：一是恢复原始的建筑外立面，划定建筑、城市和自然风景遗产保护区，加强对建筑改造的监管，将沿街几栋建筑列入历史保护建筑名单；二是优化公共空间，重新安置路灯、长椅、公共汽车候车亭等，对广告和店招的设置以及露台搭建方式制定新的规定；三是新建地下停车位，为地面步行道提供更广阔的空间。历时两年多时间完成了香榭丽舍大街复兴计划，耗资巨大，香榭丽舍大道又恢复了历史上典雅大气的形象。

---

① 所谓现代元素就是指其新的利用方式，即在历史建筑中融入现代功能，改造成博物馆、美术馆、影剧院、学校等公共服务设施。

(二) 国内城市更新案例研究

1. 深圳城市更新案例借鉴

(1) 深圳城市更新的发展历程可分为四个阶段：①旧城改造起步阶段（20 世纪 80 年代至 2003 年）：这一阶段主要开展旧城、旧村改造。1980 年深圳成立经济特区，现代化进程加速。在此阶段启动了原罗湖旧城区改造以改善旧城风貌。在城市快速扩张过程中产生的城中村常伴有建筑违建、居住空间分异、社会安全和公平等问题，因此深圳展开以拆除重建为主的旧村改造工作，泥岗村、赤尾村、上步旧村、渔民村、蔡屋围等村落被改造。②快速发展阶段（2004~2009 年）：城市更新快速发展，改造对象和方式逐渐丰富。2004 年深圳召开"全市城中村改造暨违法建筑清查工作动员大会"，印发《深圳市城中村（旧村）改造暂行规定》，制定 2005~2009 年改造计划 200 项，深圳城市更新快速发展。该阶段明确了改造对象包括城中村、旧城和旧工业三种类型，形成了全面改造（拆除重建）和综合整治两种改造方式，同时成立城中村改造工作办公室专职改造工作。③全面推进阶段（2010~2017 年）：城市更新全面推进，进入常态化、制度化阶段。2009 年末深圳施行《深圳市城市更新办法》（以下简称《办法》），2012 年颁布《深圳市城市更新办法实施细则》（以下简称《细则》），并从"法规—政策—技术标准—操作"四个层面不断完善和细化要求，全面推进更新工作制度化和常态化发展。该阶段通过政府引导、市政运作，允许自行改造等方式，盘活了大量存量用地，然而，快速推进的城市更新也出现了一系列问题。④反思阶段（2018 年至今）：根据相关数据评估，深圳城市更新规划建筑规模约为 12 亿平方米，在现状 9 亿平方米的基础上增加了 1/3。市场运作为主的高强度开发，导致了公共资源配置不均、城市风貌同质化、地价飞涨、社会不公等问题，由此，城市更新进入反思阶段。2018 年发布《深圳市城中村（旧村）总体规划（2018—2025）》（征求意见稿），将各区一定比例的城中村由拆除重建范围划入综合整治范围，部分核心行政区内调整比例高达 75%，调整城中村改造由拆除重建向有机更新转变。

(2) 深圳城市更新的工作路径。一是完善的政策和管理体系，支撑更新有序开展。为有序推进城市更新，深圳从"法规—政策—技术标准—操作"不同层面构建了完善的政策体系，建立三级专职管理机构，保障更新工作的有序推进。通过政策体系明确了更新对象、更新方式、土地管理、拆迁补偿、利益分配、实施保障等基础内容，相关规划编制、审批等技术内容，以及计划制定、常态申报、项目审批等操作流程。同时，建立三级管理机构，有效组织、协调、监督全市城市更新工作。二是高效率的操作模式，体现深圳速度。城市更新通过"规划+计划"进行统筹，有效实施城市更新。深圳市在《深圳市城市更新办法》中，确立深圳城市更新实行更新单元规划和年度计划管理制度，并严格规定了拆除重建类的城市更新活动必须以制定城市更新单元规划、纳入城市更新年度计划为前提条件。通过对台湾《台北更新自治条例》的借鉴，深圳创新性地提出了"城市更新单元"制度，以"城市更新单元"为新的组织对象，并以此作为城市更新活动的基本单位与操作平台来覆盖城市中对于更新有切实需要的特定地区。"城市更新规划"分为专项规划、更新单元规划和更新项目三个层级，专项规划明确全市城市更新的重点区域及其更新方向、目标、时序、总体规模和更新策略，并划定更新单元范围；更新单元规划明确设施、产业、用地功能，以及更新项目范围、控制指标等；更新项目即具体的修建性详细规划。"城市更新计划"指城市更新年度计划，由区政府向市规划国土主管部门申报，纳入年度计划的项目才能实施，年度计划可根据实际情况调整。为快速推进工作，深圳确定计划立项与项目方案一并的审批模式，通过计划掌握城市开发进程，同时一并审批项目方案确保了项目核查深度，避免立项时因缺乏前期研究或研究深度不足，导致立项后难以实施的情况发生，一并审批也有效地加快了更新项目审批速度。

（3）深圳城市更新的实施策略。一是城市体检先行，检查"城市病症"，城市更新赋能，主要通过拆除重建、综合整治和功能改变3种方式开展更新。二是综合整治类城市更新：主要包括改善消防设施、改善基础设施和公共服务设施、改善沿街立面、环境整治和既有建筑节能改造等内容，但不改变建筑主体结构和使用功能。三是功能改变类城市更新：改变部分或者全部建筑物使用功能，但不改变土地使用权的权利主体和使用期限，保留建筑物的原主体结构。

拆除重建类城市更新项目类型包括城中村改造、旧工业区改造、旧住宅区改造、旧商业区改造。拆除重建类城市更新是城市成熟片区增加公共服务设施的主要来源之一。

2. 广州城市更新案例借鉴

（1）广州城市更新的发展历程。从2009年开始，国家赋予广东省存量土地政策创新试点地区的角色，拉开了广州有组织的"三旧"改造城市更新的序幕。经过10余年的探索和实践，广州经历了四大历程，迈入了高质量城市更新的新阶段，并形成了四大特征。①初步探索阶段（2009年前）：主要是危破房改造、旧城改造等以个案方式缓慢推进（2009年56号文出台之前）。特点是没有形成系统性政策，严格限制市场等多元主体进入，选择单个项目，主要采取政府资金投入，改善城市环境面貌。②"三旧"改造阶段（2009~2014年）：以全省实施"三旧"改造为契机，出台56号文和20号文，创立"三旧"改造政策体系，稳步推进旧村庄、旧厂房、旧城镇改造。特点是在政府主导下，允许符合条件的项目自行改造，合理分配土地增值收益，以全面拆建模式为主，单个项目推进，侧重硬件设施改造。③"城市系统和谐更新"阶段（2015~2019年）：成立城市更新局，出台城市更新"1+3"政策和6号文，常态化有序推进更新改造。特点是以政府主导、市场运作、利益共享为原则，强调产业转型升级、历史文化保护和人居环境改善，创新性提出"微改造"更新方式，注重长期效益和可持续发展，确保产业和项目的有机融合，完善各利益主体土地增值收益共享机制。④"高质量有机更新"阶段（2020年至今）：迎来"1+1+N"的高质量城市更新时代。强调人居环境、历史文脉、城市治理等，并出台了《广州市城市更新条例》，推动立法工作（见图1）。

（2）广州城市更新的四大特征。①广州逐渐形成了"政府统筹+市场运作+社会治理"的有机更新模式。在城市更新治理制度方面，形成了专家论证制度、公共咨询委员机制和村民理事会等制度（见图2）。②推进"微改造+有机更新"的城市更新方式。微改造主要包括建筑保留修缮、功能的置换等。有机更新主要是以系统性的方式推进城市更新，以推进城市的功能完善为手段，推动城市各方面的发展（见图3）。③"公共利益"优先，兼顾"经济可行"。特别是近两年来，广州通过城市更新，已经累计新增4万多个公共服务设施及配套，新增绿地面积700多万平方米。④注重"空间品质提升"与"产城融合发展"。2015年以来,通过城市更新,推动了广州设计之都、华新科创岛等一批项目致力城市产业的提升。

阶段一 初步探索 2009年之前
城市更新主要以危破房改造、旧城改造等个案方式缓慢推进

阶段二 "三旧"改造(1.0) 2009~2015年
以全省实施"三旧"改造为契机,依据56号文件,成立"三旧"改造办,启动和推进"三旧"改造工作。强调政府的主导作用

阶段三 城市更新(2.0) 2015~2019年
成立首个市级城市更新机构——城市更新局,建立了较为完备的城市更新政策体系

阶段四 高质量有机更新(3.0) 2020年至今
迎来"1+1+N"的高质量城市更新时代。强调人居环境、历史文脉、城市治理等,并起草《广州市城市更新条例》,推动立法工作

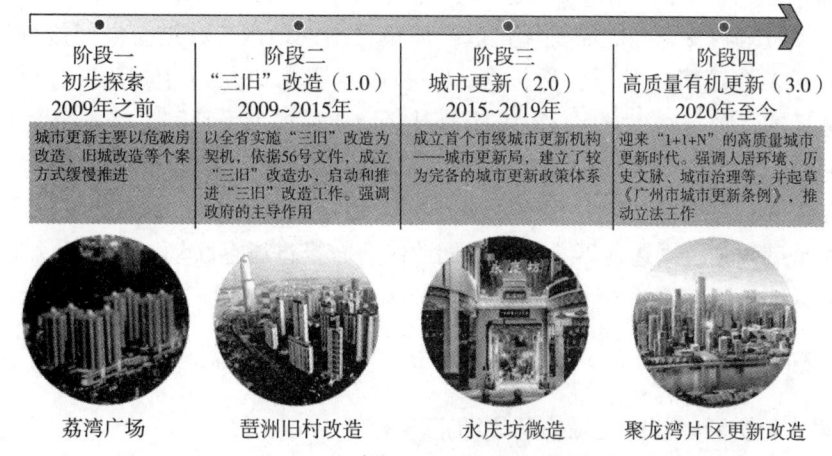

荔湾广场　　琶洲旧村改造　　永庆坊微造　　聚龙湾片区更新改造

图1 广州城市更新的发展历程

政府统筹 / 社会治理 / 市场运作

- 专家论证制度
- 公共咨询委员会机制
- 村民理事会制度

图2 广州"政府统筹+市场运作+社会治理"的有机更新模式

微改造 ＋ 有机更新

局部拆建/保留修缮/完善基础设施/建筑物功能置换　　系统推进城市有机更新,促进城市功能提升、产业转型升级、城市面貌改善

结合区域综合评估,确定合适的更新方式

图3 广州"微改造+有机更新"的城市更新方式

（3）广州城市更新的实施策略。在城市更新的策略方面，广州市坚持系统研究、分类施策，以"国土空间规划"+"城市体检"为基本依据，通过系统梳理研究，明确广州在"调整重构为主、结构性拓展为辅"的空间发展模式下，推动广州城市发展由外延扩张式向内涵提升式转变，确定需要优先进行城市更新的地区，并结合空间规划管控要求，制定差异化的发展策略。对历史保护区，要利用"绣花功夫"，传承文化，完善老城功能，实现地区的保护与永续发展；对城市修补区，要重视惠民利民，补齐民生短板，提升人居环境品质；对生态修复区，坚持生态优先，还绿于民、还景于城，重点保护名木古树、大树老树等；对重点功能片区和产业平台，倡导成片连片、集约开发，注重产业导入；对重大基础设施及周边地区，要促进储改结合，推进增存联动，保障重大基础设施落地和周边地区综合开发。

（三）研究小结

1. 体检先行更新赋能的更新机制逐渐完善

从案例分析可以看出，国内各大城市均在探索实施城市体检先行、城市更新赋能的工作机制，通过对城市体检为城市更新指明方向。目前，城市体检评估机制已初步建立，成为统筹城市规划建设管理的重要抓手。通过城市体检，可以了解城市人居环境的现状，也可梳理出存在的具体问题，这些问题将会成为各个城市开展城市更新的重点目标和对象。城市体检只是精准查找出城市建设和发展的短板与不足，应及时采取有针对性的措施加以解决。

2. 分类分区的更新引导策略逐渐形成

进行总体层面的更新引导，关键是对全域内的各种更新地区有序指引，因此基本所有的城市都采取了分区和分类的引导策略，只是结合各自不同的规划体系和城市特征，在分区分类方式上有所区别。如伦敦依据更新规划目标的不同，将整个伦敦地区未来有更新潜力的地区划分为机遇性增长地区、集约开发地区、待复兴地区，对未来更新进行分级分类策略引导，并且对发展目标、容量有一定指导，避免无序扩张。

深圳和广州则根据自身城市更新管理办法中确定的几种更新类型地区，以现状功能为主进行分类，如深圳分为城中村、旧工业区、旧工商住混合区、旧居住区，广州分为城中村、旧城和旧工业区进行具体的更新策略引导。巴黎也在总图中标注出需重点更新改造的新城、工业区和缺少设施的街区。

3. 完整系统的政策保障支撑体系逐渐完备

从案例分析可以看出，国内各大城市如今更加注重形成完整的政策体系。深圳是国内较早开始大规模城市更新的城市，"法规—政策—技术标准—操作"不同层面构建了完善的政策体系，建立三级专职管理机构，保障更新工作的有序推进。广州逐渐形成了"政府统筹+市场运作+社会治理"的更新模式，在城市更新治理制度方面，形成了专家论证制度、公共咨询委员机制和村民理事会等制度。

三、合肥市城市更新发展现状

(一) 合肥市实施城市更新的四大历程

以合肥市历轮城市总体规划为抓手来探寻合肥城市更新的历史演变规律,从城市总体规划引导空间形态演变的视角为标准,梳理出合肥实施城市更新的四大发展历程,分别是建城时代——城市更新起步阶段（1958~1977年）、环城时代——城市更新探索阶段（1978~2004年）、拥湖时代——城市更新快速拓展阶段（2005~2017年）、融城时代——城市更新内涵提升阶段（2018年至今）。

1. 建城时代——城市更新起步阶段（1958~1977年）

1958年合肥市第一轮总体规划,明确了"重点改造老城,逐年向外扩展的建设方针","风扇形"城市形态雏形初现。当年,从上海迁至合肥约有20多个项目,上马快、投产急,并逐渐形成了完善的交通基础设施和便利的商业文教设施。随之相继开辟了东郊工业区、北郊濉溪路工厂区和西南郊工业区,城市工业用地规模逐步增长（见图4）。

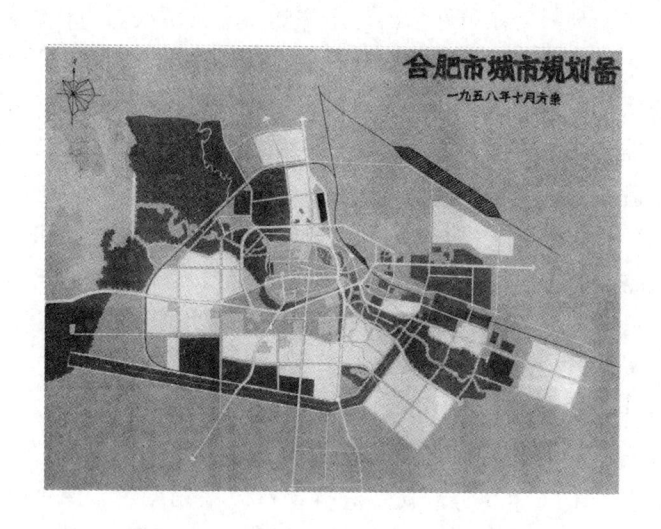

图4　合肥市1958年城市总体规划

此时的合肥城市更新,主要以生活条件的改善为重点,随着工业的建设推动趋向于人民生活条件的改善,居住小区的建设从1960年前兴建的一室一厨,到建设套型住房,独立厨卫。1958~1962年,合肥市区新建住房155.5万平方米,并在城东花冲、城西三里庵、城北钢铁新村各建一个新居民点,以三层以上的砖混结构楼房为主。

2. 环城时代——城市更新探索阶段（1978~2004年）

1978年合肥市开始修编合肥市城市总体规划,"环城公园"作为一个重要的规划项目,第一次提出并被纳入城市总体规划之中。在合肥市总体规划说明书《老城区改造规划初步意见》中明确提出"老城区绿化基本上是由'环一线'所组成"。"环"就是指"环城公园",它是合肥城市生态环境的营养床、合肥历史文化脉络的展示廊以及合肥市民精神生活的透气窗。当时提出的这一概念在全国非常有名,合肥与北京、珠海被评为国家首批"全国园林城市"。城市规划泰斗吴良镛院士称之为"合肥方式",使合肥在环城时代成为全国中小城市的规划样板。

1983年,合肥市率先在全国拉开了旧城改造的序幕,成立了老城更新工作指挥部,负责老城区的城市更新工作,这是合肥市委、市政府坚持改革开放顺应时代潮流的创举。从"投石问路"的长江路西段开始,继而在金寨路北段、城隍庙地区和其他地段进行成街成坊的改造和城市基础设施配套建设,走出了一条"统一规划、合理布局、因地制宜、综合开发、配套建设"的新路子。

1984年12月,国家城乡建设环境保护部在合肥召开全国旧城改造经验交流会,此会议是1949年以来我国专门研究旧城改造的第一次全国性的会议,使合肥的经验走出安徽、传遍全国,并被写入1989年颁布的《中华人民共和国城市规划法》,在合肥城建史上写下了辉煌一页。会议把合肥旧城改造经验归纳成以下两条:一是利用经营方式吸引社会资金,加快旧城改造与建设;二是按照城市规划成街成片地进行改造。自此之后,全国各大中城市均派代表来合肥参观取经,截至1998年底统计,已接待全国参观者达近900批次。北京、上海、石家庄、西安、太原以及全省许多城市纷纷参照合肥经验,开始了本市旧城区的改造。

为了满足城市居民改善居住条件、出行条件的需求,解决城市住房紧张等问题,偿还城市基础设施领域的欠债,合肥的旧城改造着力在住房建设方面,1979年合肥市投资210万元,先后改造和新建了太湖新村、钢铁新村、铜陵新村、梅山新村、三里庵住宅区和百花井住宅区;在基础公共设施提升方面,1984~1986年3年时间针对金寨路、长江路发基础设施进行全面改造,完善老城区的商业设施,形成以七桂塘、城隍庙为主的商业区。

通过旧城改造,合肥改善了旧城区居民的居住环境和条件、缓和了商业网点紧张状况、拓宽了城市道路、完善了城市功能、提高了城市的整体环境,实现了社会效益、环境效益、经济效益的三个统一。同时,合肥旧城改造还带动了全省城市建设、综合开发事业的迅猛发展。

3. 拥湖时代——城市更新快速拓展阶段(2005~2017年)

2006年11月正式启动滨湖新区规划,依托巢湖的生态资源,引湖入城,将滨湖新区打造为城市的副中心。2011年8月,安徽进行了行政区划调整,原地级巢湖市正式被撤销,居巢区和庐江县划归合肥管辖。通过这次区划调整,合肥真正实现了拥"湖"入城的目标,巢湖成了合肥的内湖,实现了由"沿河"向"滨湖""拥湖"的三晋级。该时段城市格局由原先以环城公园为核心的"环城时代",演变为以巢湖水域为依托的"拥湖时代",滨湖新区规划定位为安徽省级行政办公中心、科技展示交易中心、省级休闲旅游基地和合肥重要的生态调节地区。

合肥的城市更新进入快速拓展阶段,坚持旧城改造与新区建设并举,按照净地出让、市场运作、多种补偿、三方收益模式,城市向外快速拓展,多中心、组团式的城市格局逐步形成。老城区的行政功能开始逐渐向外围疏解,城市更新的重点从旧城逐渐往外围的新区拓展,随之各种医疗、教育等公共服务陆续疏解至各个城市新区,老城区通过功能疏解和转型为空间发展带来了新的动力。

2012年合肥市开始轨道交通建设,其中一号线、二号线、三号线、四号线、五号线均通过老城区或经过其外围区域，这为老城区更新发展带来了新的机遇。老城区内一些缺乏人气的空间结合轨道交通建设进行更新改造，带来了良好效果。同时，更新改造还注重城市历史文化保护和特色街区打造，形成了城隍庙、逍遥十八乡、七桂塘、女人街等一批历史文化和特色街区，有效提升了城市魅力和活力。

4. 融城时代——城市更新内涵提升阶段（2018年至今）

近年来，合肥坚持把绿色作为高质量发展的普遍形态，贯彻"绿水青山就是金山银山"理念，以生态文明建设引领城市发展，强化生态优先，突出绿色发展，构建蓝绿交织、城湖共兴、多组团集约式发展的生态城市布局，合肥也逐渐进入城湖共兴的生态融城时代。

城市更新也随着合肥城市的发展，更加强调以人为本，更加重视人居环境的改善、城市活力的提升和城市的高质量发展。2018年以来，合肥市正式采用"城市微更新改造计划"，深入推进城市更新行动，坚持"留改拆"并举，保留利用提升为主，科学确定改造内容。2022年出台了《合肥市城市更新工作暂行办法》，立法工作开始完善，城市更新迎来了新高度。

（二）合肥实施城市更新的成效

1. 实施一批城市更新精品工程

2018年以来，合肥市稳步推进城市更新行动，实施了一批城市更新精品工程，合肥市城市更新内涵不断丰富，类型不断完善扩展。一是实施精品街区建设工程。按照"一巷一品"的原则，对庐阳区全区范围内的老旧街巷进行了个性化改造，主要改造了撮造山巷、丁家巷、劳动巷、拱辰街等151条街巷，总长度约29千米，使得承载一代人记忆的老街老巷旧貌换新颜。自2020年以来，合肥市在修复破损路面、整治街道环境等方面已累计投入1.2亿元。二是启动老城减法专项行动。推动淮河路步行街创建国家级示范步行街"科创大街"，挖掘老城历史和文化，提升城区品质，完善城市功能，升华城市内涵，打造一批"精品庐阳"新地标；实施老城区"1210"计划，盘活闲置低效的省、市政府存量闲置资产，如原民政厅办公楼、警犬基地、省残联办公楼等。三是开展便民停车行动。针对群众反映强烈的断头路、拥堵点、停车难等问题精准施策，自2020年累计打通断头路37条，治理拥堵点53处，新建公共停车泊位5.5万个，合肥市交通拥堵指数从"名列前茅"下降到中等偏低。四是开展摸排市区供电自管小区、危房、消防无水小区、闲置低效用地等7项攻坚行动。拔除占道电杆，治理病害窨井，改造老旧铸铁管网，高强度推进雨污混接和黑臭水体整治。同时，合肥市积极谋划城市更新项目，重点推进园博小镇、老合钢片区、卫岗王卫片区、老城片区等"一镇三片+N点"城市更新计划。加快电机厂、大窑湾等片区整体更新改造，启动全民健身中心、市府广场区域、拱辰街三期、服装原创设计基地（五洲商城）等改造工作（见图5）。

2. 初步建立城市更新工作体系

2022年3月31日，合肥市成立了高规格的城市更新工作领导小组，搭建市级统筹、区级主体、部门协作、平台运作的工作组织体系，保障城市更新工作高效有序开展（见图6）。

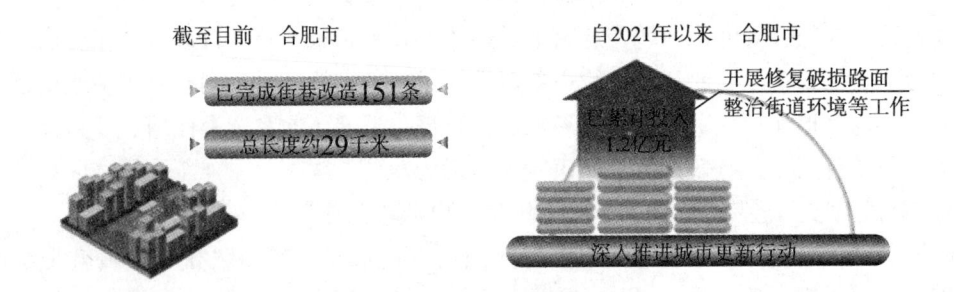

图 5　合肥市城市更新成效

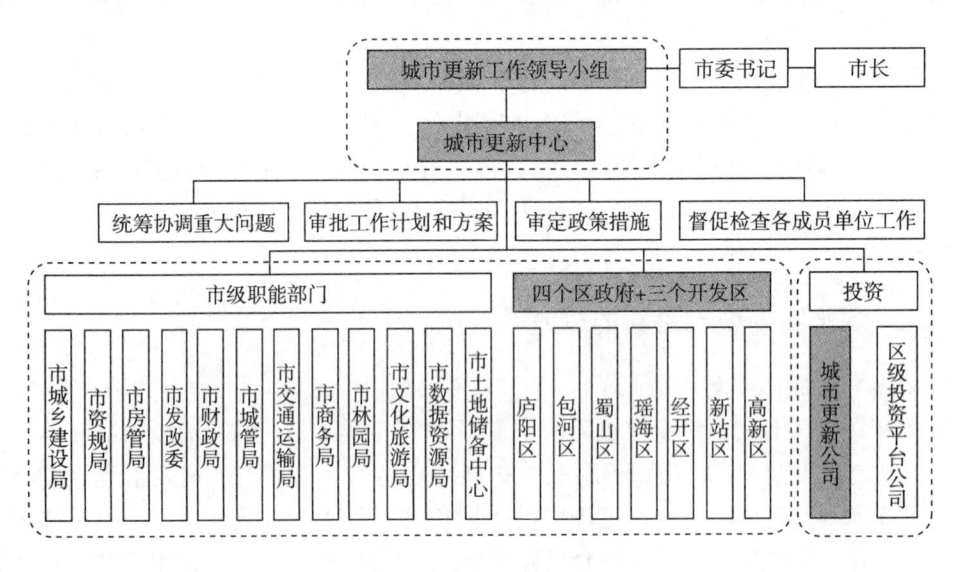

图 6　城市更新工作体系

3. 逐步构建起城市更新政策体系

2018年以后,合肥市聚焦民生关系最密切、更新需求最迫切的老旧小区、棚户区、危房改造,陆续出台相关政策。2022年3月,根据当前城市更新面临的新形势、新任务,在借鉴外地经验基础上,制定了《合肥市城市更新工作暂行办法》,为加快城市更新相关政策法规制定提供了依据、指明了方向（见图7）。

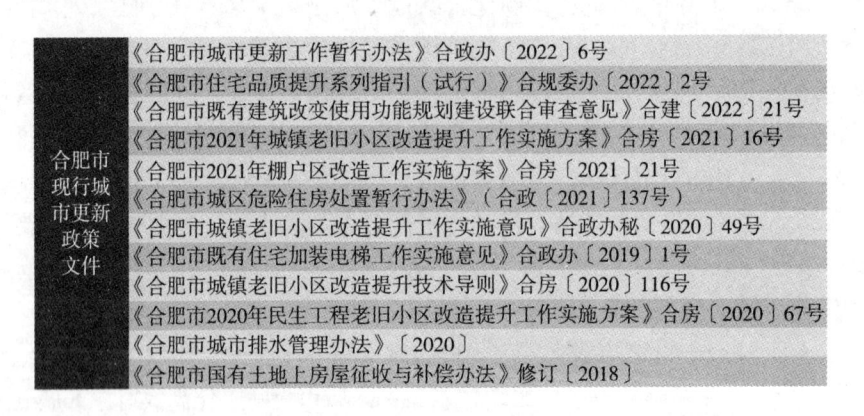

合肥市现行城市更新政策文件	《合肥市城市更新工作暂行办法》合政办〔2022〕6号
	《合肥市住宅品质提升系列指引（试行）》合规委办〔2022〕2号
	《合肥市既有建筑改变使用功能规划建设联合审查意见》合建〔2022〕21号
	《合肥市2021年城镇老旧小区改造提升工作实施方案》合房〔2021〕16号
	《合肥市2021年棚户区改造工作实施方案》合房〔2021〕21号
	《合肥市城区危险住房处置暂行办法》（合政〔2021〕137号）
	《合肥市城镇老旧小区改造提升工作实施意见》合政办秘〔2020〕49号
	《合肥市既有住宅加装电梯工作实施意见》合政办〔2019〕1号
	《合肥市城镇老旧小区改造提升技术导则》合房〔2020〕116号
	《合肥市2020年民生工程老旧小区改造提升工作实施方案》合房〔2020〕67号
	《合肥市城市排水管理办法》〔2020〕
	《合肥市国有土地上房屋征收与补偿办法》修订〔2018〕

图 7　城市更新相关政策

(三) 合肥市实施城市更新的特点

1. 先行先试全国典范

合肥市城市更新工作起步早,在1958年合肥市第一轮总体规划中就明确了"重点改造老城,逐年向外扩展的建设方针"。1983年,合肥市率先在全国拉开了旧城改造的序幕,成立了老城更新工作指挥部,从"投石问路"的长江路西段改造开始,继而在金寨路北段、城隍庙地区和其他地段进行成街成坊的改造和城市基础设施配套建设,走出了一条"统一规划、合理布局、因地制宜、综合开发、配套建设"的合肥之路,合肥旧城改造经验也推动了全国城市更新的发展。

2. 政府主导循序渐进

合肥主要是以政府为主导的城市更新,市政府财政支出是其重要的资金来源。城市更新主要包括轨道交通建设、滨水区开发以及特色街区的保护利用等公共类项目,或者是位于旧城区、城中村和低收入地区,如棚户区改造和老旧小区改造等项目。政府主导的城市更新有利于提供住房保障,改善生活环境,进而实现社会公平和融合,但此类更新在缺乏市场主体参与时较难激发区域自我更新能力,为政府带来较大负担,在经济方面具有不可持续性,在空间上难以大规模展开。

3. 综合整治与微改造并存

合肥市更新方式主要是综合整治与微改造并存,以连片开发、城市修补、有机更新为主流,其中精品街巷的改造较为突出,如更新改造后的淮河路步行街于2020年6月正式纳入第二批国家级改造提升试点名单,金大地东西街、罍街分别于2020年、2021年被中步委授予"全国夜间经济示范街"称号。城市更新对象主要是集中在老旧住宅区、厂房、商业街区、基础设施补短板等方面。

四、合肥市"城市体检"

(一) 统筹推进"城市体检"

"城市体检"是通过综合评价城市发展建设状况、有针对性制定对策措施,优化城市发展目标、补齐城市建设短板、解决"城市病"问题的一项基础性工作,是实施城市更新行动、统筹城市规划建设管理、推动城市人居环境高质量发展的重要抓手。2020年合肥市被纳入住建部城市体检国家样本城市,2021年合肥市被纳入安徽省城市体检试点城市。

本课题加强统筹谋划,将城市更新行动制定与"一年一体检,五年一评估"的体检工作机制相结合,坚持城市体检评估先行,探索以城市体检推动城市更新的长效机制。从安全、创新、协调、绿色、开放、共享等方面,查找合肥"城市病"和空间品质方面的短板。根据城市体检的结果,制定城市更新行动方案,让城市体检来引领和推动城市更新(见图8)。

北京总规批复提出要将"城市体检"相关内容纳入

2017年

2018年
北京完成"城市体检"

南京、厦门、广东等11个试点城市开展体检工作，形成了一批可复制、可推广的经验

2019年

2020年
以"防疫情、补短板"为重点，推动城市品质、治理和人居环境质量同步提升，明确了包括合肥在内的36个样本城市

2021年

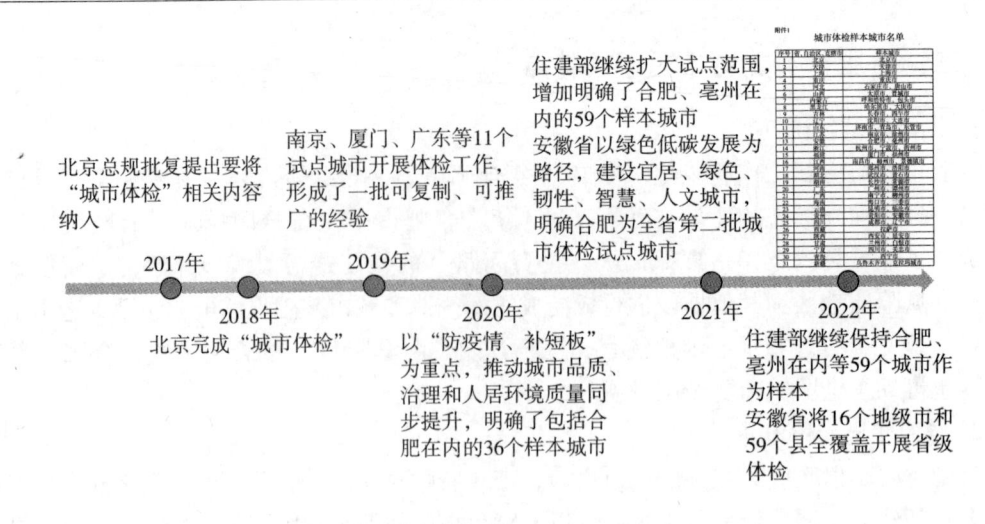

住建部继续扩大试点范围，增加明确了合肥、亳州在内的59个样本城市
安徽省以绿色低碳发展为路径，建设宜居、绿色、韧性、智慧、人文城市，明确合肥为全省第二批城市体检试点城市

2022年
住建部继续保持合肥、亳州在内等59个城市作为样本
安徽省将16个地级市和59个县全覆盖开展省级体检

图8　"城市体检"试点工作开展进度

（二）合肥市"城市体检"工作内容

1. 指标体系

"城市体检"指标体系主要包含宜居城市、绿色城市、韧性城市、智慧城市、人文城市5大维度，共88项指标（见图9）。

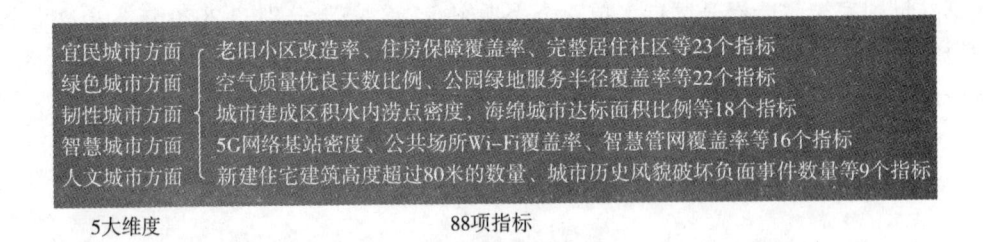

5大维度	88项指标
宜民城市方面	老旧小区改造率、住房保障覆盖率、完整居住社区等23个指标
绿色城市方面	空气质量优良天数比例、公园绿地服务半径覆盖率等22个指标
韧性城市方面	城市建成区积水内涝点密度、海绵城市达标面积比例等18个指标
智慧城市方面	5G网络基站密度、公共场所Wi-Fi覆盖率、智慧管网覆盖率等16个指标
人文城市方面	新建住宅建筑高度超过80米的数量、城市历史风貌破坏负面事件数量等9个指标

图9　省级"城市体检"指标体系

2. 体检诊断方法

（1）数据多元采集，综合校核。以部门数据、网络开源数据、政府公布数据、商业数据、线上线下调研等数据为基础，体检团队会先对数据进行预校对，删除明显错误的数据，将不能确定、可疑数据与相关部门进行多轮校对，确保数据来源的科学性和真实性（见图10）。

（2）全方位对比分析，科学评判。坚持横向和纵向相结合的分析。横向方面，选取"长三角城市群副中心城市"的南京、杭州等城市，按国家标准、行业规范、政策要求、相关规划等参考标准值进行横向对比。纵向方面，按与近年来历史数值、城市内部不同地区间对比等方法，精准研判，发现城市"病症"。

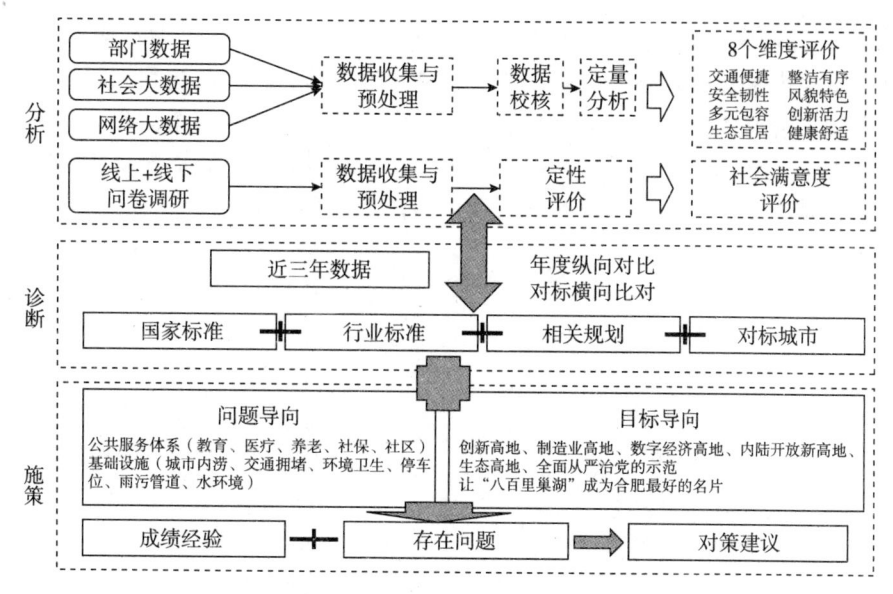

图 10　合肥体检技术路线图

（3）强化公共参与，体检为民。加强社会满意度调查，采用"线上+线下""居民+社区管理员"问卷调研等手段，对体检数据进行补充完善，多方面咨询专家、多维度了解民意，重点发掘百姓身边的"操心事""揪心事""烦心事"。

（三）合肥市"城市体检"把脉问诊

1. 城市既有住宅品质提升不足，危旧房普查力度有待提升

（1）老旧小区改造缺口大。当前合肥市老旧小区改造存在以下三方面问题：一是缺乏统一管理。大量老旧住区处于无管理或者低水平管理状态，住区内的自然环境衰败、基础设施破损无人问津，居民缺乏责任感，久而久之形成废弃空间。二是配套设施不健全。由于机动车的普及和旧住区缺乏停车位，导致大量机动车占用住区内的绿化和公共空间，低层居民私搭乱建、杂物堆放的现象也较为普遍。由于这些问题长期没有得到解决，所以逐渐形成了住区内公共空间脏乱差的现状。三是老旧小区改造缺口较大。根据项目组现状普查调研发现，2021~2025年，合肥市拟改造提升老旧小区项目800多个，截至目前仍存在400多个老旧小区亟待改造提升。根据问卷调查发现，近36%的受访人群对老旧小区改造不满意，其中杏林街道、铜陵路街道老旧小区改造满意度最低。

（2）危旧房和棚户区普查和改造有待加强。合肥市危旧房开展房屋安全隐患排查的认定工作较晚，仅消除改造具有安全隐患的危房7380套，约有10.7万人仍居住在棚户区与城中村中。2015~2020年共改造棚户区155262套，2021年改造44000套，年度任务完成较好。此外，合肥市在2019年全国棚户区改造工作中，获国务院真抓实干、成效明显督查激励。但项目组根据遥感影像和实地调研勘测发现，合肥市棚户区在城市二环路和一环路之间分布较多，主要集中在瑶海区和包河区，棚户区与城中村普查与改造工作量大而紧迫。

2. 城市水环境品质差，公园绿地覆盖面尚需提高

（1）城市地表水环境质量较差。合肥市辖区内国、省、市地表水监测断面共29个，

涉及南淝河、二十埠河、板桥河、四里河、十五里河、塘西河、董铺水库和派河8个水体，其中仅8个断面地表水达到或好于Ⅲ类水体。地表水监测断面达到或好于Ⅲ类水体的占比低，氨氮、化学需氧量和总磷超标，城区未实现雨污分流管网全面改造，使得初期雨水裹挟着少量生活污水流入河道，其夹带的泥沙、垃圾、尘埃、路面污染物等进入河道后直接对水体造成污染，并产生大量污泥造成内源污染（见表1）。

表1 地表水断面考核

序号	断面名称	断面类型	所在水体	断面级别	2020年
1	南淝河施口小学	河流	南淝河	国考	Ⅴ
2	希望桥	河流	十五里河	国考	Ⅲ
3	肥西化肥厂下游	河流	派河	国考	Ⅳ
4	靠近大坝	河流	董铺水库	国考	Ⅲ
5	南淝河与亳州路桥交叉口	河流	南淝河	市考	Ⅲ
6	合钢二厂下游	河流	南淝河	市考	劣Ⅴ
7	长江东大街与南淝河交叉口	河流	南淝河	市考	劣Ⅴ
8	关镇河	河流	南淝河	市考	Ⅴ
9	新站区与瑶海区交接处（包公大道）	河流	二十埠河	市考	Ⅴ
10	合马路桥（实为大兴塔桥）	河流	二十埠河	市考	劣Ⅴ
11	小板桥河新站	河流	二十埠河	市考	劣Ⅴ
12	小板桥河瑶海	河流	二十埠河	市考	劣Ⅴ
13	北二环与板桥河交叉口	河流	板桥河	市考	劣Ⅴ
14	鸳鸯路桥	河流	板桥河	市考	劣Ⅴ
15	濉溪路桥	河流	四里河	市考	Ⅳ
16	金寨路桥	河流	十五里河	市考	劣Ⅴ
17	京台高速	河流	十五里河	市考	Ⅳ
18	合肥绕城高速	河流	十五里河	市考	Ⅲ
19	圩西河	河流	十五里河	市考	Ⅴ
20	许小河	河流	十五里河	市考	劣Ⅴ
21	支流斑鸠河宁西铁路处	河流	派河	市考	Ⅲ
22	经开区污水处理厂下游	河流	派河	市考	Ⅳ
23	苦驴河蜀山	河流	派河	市考	Ⅲ
24	苦驴河高新	河流	派河	市考	Ⅳ
25	王建沟	河流	派河	市考	Ⅲ
26	岳小河	河流	派河	市考	Ⅳ
27	梳头河蜀山	河流	派河	市考	Ⅲ
28	巢桥	河流	塘西河	市考	Ⅳ
29	塘西河入湖口	河流	塘西河	市考	Ⅳ

（2）城市园林绿化水平不高。合肥市建成区内公园绿地服务半径覆盖率不高，按照

5000平方米及以上公园绿地按照500米服务半径测算,2000~5000平方米的公园绿地按照300米服务半径测算,合肥市建成区内公园绿地服务半径覆盖的居住用地面积为96.9平方千米,仅为70%,与2025年将达90%的目标还有较大差距(见图11)。此外,公园绿地空间布局不均衡,大铺头片区、三里庵片区、望潜交口片区、马鞍山路沿线片区、包河工业园区等区域城市绿地数量仍显不足,公园体系建设有待完善。

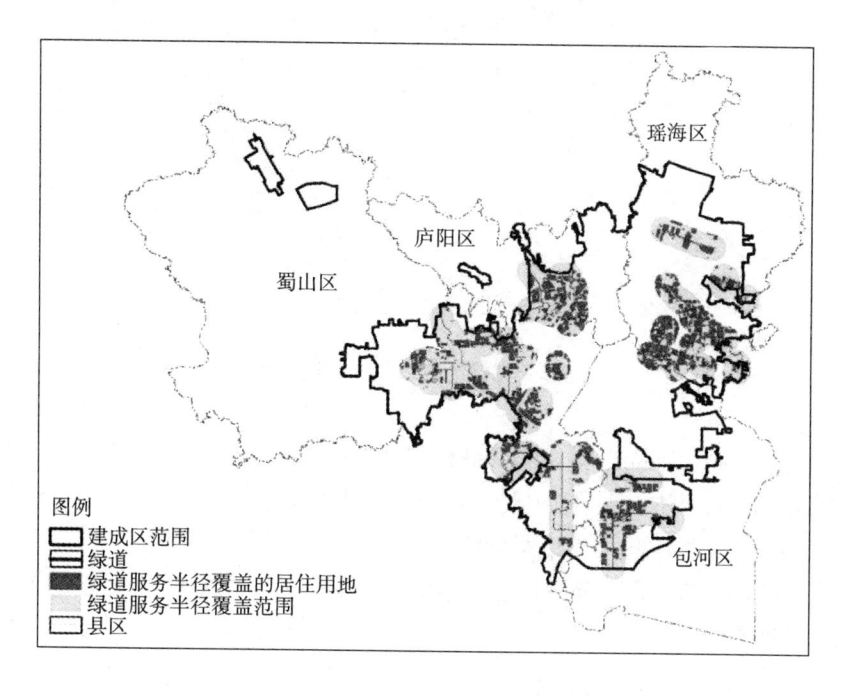

图11 绿道服务半径覆盖范围分布图

3. 城市社区服务功能不强,公共服务体系有短板

(1)城市社区配置有待完善。合肥市完整居住社区建设覆盖率不高,建成区居住社区共390个,其中符合《完整居住社区建设标准(试行)》的数量为92个,主要分布在三里庵片区、望潜交口片区、高新片区、政务文化新区和滨湖世纪片区等区域,其他社区仍存在社区综合服务站、幼儿园、托儿所、老年服务站等各方面配置不足等问题(见图12)。

(2)城市公共服务体系有短板。①城市医疗服务覆盖能力不强。合肥市城市医疗资源分布不均,建成区内共有27所综合医院,重要医疗资源仅在老城区、三里庵片区、马鞍山路片区最为密集,滨湖核心区、高新片区和杏林片区等区域综合医院数量偏少,覆盖率偏低。社区级的卫生服务中心服务能力不强,门诊分担率逐年下降。②全市幼儿园资源分布不均。合肥市市辖区在园幼儿数共计200063个,其中公办幼儿园和普惠性民办幼儿园提供学位数168053个。普惠性幼儿园覆盖率高于武汉市(80%),低于南京市(88%)。根据社会满意度调查,近60%的受访人群对普惠性幼儿园表示满意或很满意。但仍存在幼儿园空间分布不均衡问题,如北一环沿线片区、当涂路沿线片区、花冲公园片区等城市二环路以内区域幼儿园密度较高,高新片区、明珠广场片区、包河工业园片区等城市二环路以外区域幼儿园密度则较低。

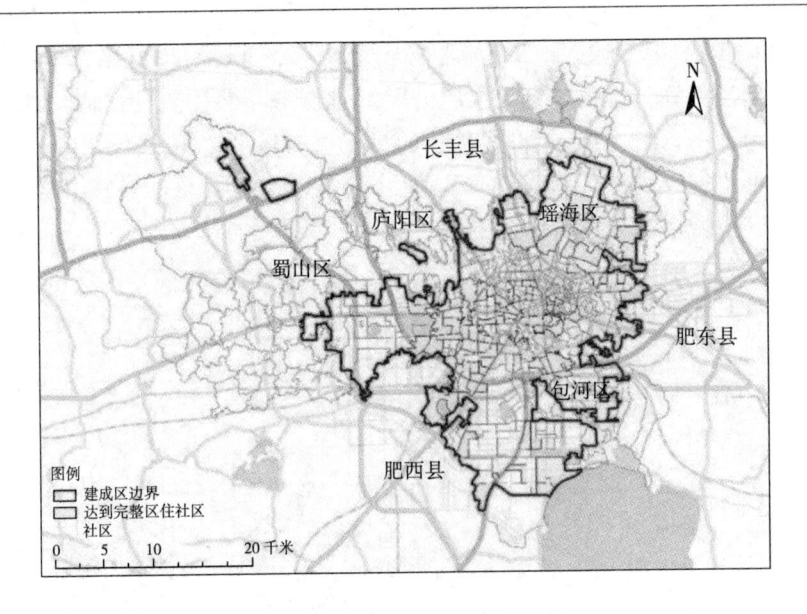

图12　完整居住社区达标分布图

4. 城市道路交通设施缺口大，安全韧性设施建设不足

（1）城市道路交通建设存在不足。合肥道路网密度较低，城市支路网建设不足，如高新区创新大道西侧、瑶海区支路网稀少。城市断头路问题仍尤为严重，道路通达性不强，如东方大道、明珠大道、徽州大道、铭传路、汤口路、龙图路、珠江路等部分路段出现断头现象（见图13）。

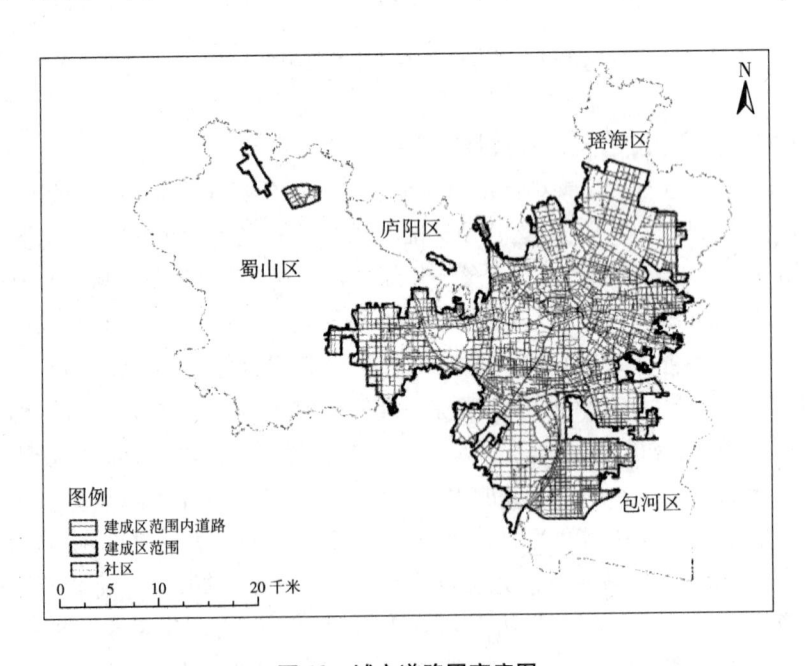

图13　城市道路网密度图

合肥停车泊位缺口较大，停车难问题严重。老城区道路拥堵现象仍较明显，如寿春路、宿州路、环城公园北路等一些老城区道路高峰时期常年拥堵，交通组织有待优化。

（2）城市安全韧性建设需强化。①城市排水防涝能力不足。合肥排水管网多为2015年之前建设，执行低于原有规范设计标准，且存在大量的雨水管网结构性缺陷有待修复。②海绵城市建设成效不佳。城市海绵城市达标面积虽达到《全国海绵城市建设效果评估》标准，但老城区的海绵建设项目成效一般，海绵型项目落实不足。此外，在道路和老旧小区改造过程中，对海绵规划设计条件、管控措施等落实不到位。③城市应急避难场所建设不足。城市人均避难场所面积不足，且空间分布不合理，老城区设置较为完善，但新区配置较少，如新站区和经开区，设置的应急避难场所较少。④城市消防设施覆盖面不广。合肥消防站设施覆盖度不够，蜀山区的海恒社区东部，包河区的常青街道南部、临湖社区和烟墩街道、骆岗街道，瑶海区七里塘社区，庐阳经开区南部等区域消防站点覆盖不足。

5. 城市历史资源挖掘不够，老旧厂区活化程度较低

（1）城市历史风貌彰显不足。合肥市域范围内无历史文化街区和历史地段，历史建筑数量偏少，仅16处，且活化利用方式单一。此外，滨湖新区部分地段建筑偏高、色彩艳丽，对城市风貌造成消极影响（见表2）。

表2 合肥市区第一批历史建筑名录一览表

编号	所属区县	建筑名称	所在位置（门牌号）	建造时间
1	庐阳区	长江饭店	长江中路262号	1956年
2	庐阳区	安徽省委原办公室（含南、北楼）	长江中路39号	1955年
3	庐阳区	安徽省政府办公北楼（含北门）	长江中路221号	1954年
4	庐阳区	合肥市政府原办公楼	淮河路256号	1965年
5	庐阳区	逍遥津湖心亭	逍遥津公园东	1958年
6	庐阳区	合肥市第四中学学宫	蒙城路22号	2002年
7	蜀山区	科学岛1号别墅	科学岛内	1960年
8	蜀山区	科学岛3号别墅	科学岛内	1960年
9	蜀山区	科学岛二号办公楼	科学岛内	1965年
10	蜀山区	安徽医科大学原图书馆	安徽医科大学校园内	1961年
11	蜀山区	叉车厂1#、2#、3#厂房	望江西路1号	1958年
12	包河区	合肥二中艺术楼（含专家楼）	曙光路60号	1954年
13	包河区	国网安徽省电力公司老办公楼	芜湖路415号	1965年
14	包河区	中科大东校区教一楼	金寨路96号	1970年
15	包河区	中科大老校区老北门	金寨路96号	1970年
16	包河区	合肥大钟楼	芜湖路158号	1980年

（2）老旧厂房活化利用程度不高。当前合肥旧厂房的保护力度不够。大量旧工业厂房被当作公司生产运营的普通建筑空间，不重视旧工业厂房的工业遗产价值，没有对旧工

业厂房采取必要的保护措施，随意改造旧工业厂房，从而对这些旧工业厂房造成不同程度的破坏，包括旧工业厂房外墙随意涂刷、内部空间随意划分和加建、外部空间随意扩建、天窗密封、外墙随意拆除等。一些旧工业厂房的内部环境在使用中也是脏乱差。市区范围有工业遗产31处217栋，仍在继续使用的工业遗产仅合肥毛巾厂，已活化利用仅合柴1972等7处工业遗产，老旧厂房的改造和活化利用工作还需进一步推进（见图14、表3）。

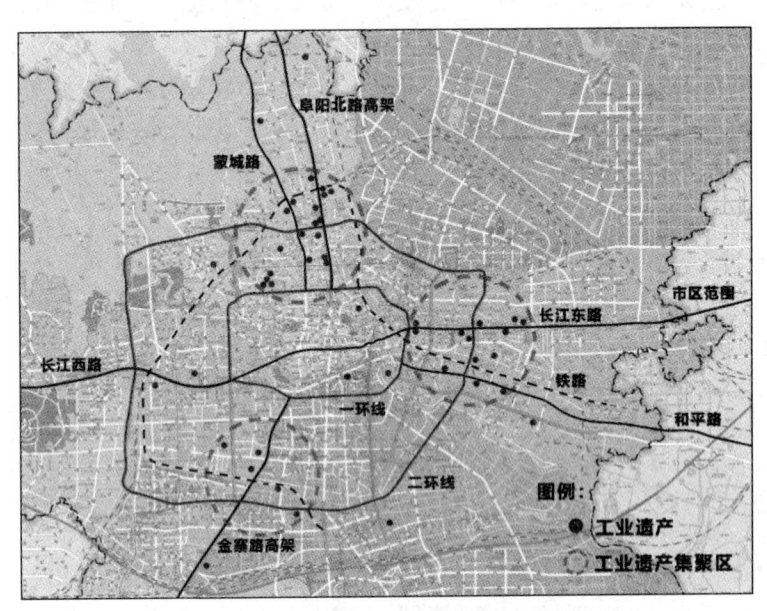

图14 合肥市主要工业遗产分布图

表3 合肥市区主要工业遗产信息一览表

保护利用情况	序号	原名称（现名称）	建造时间	地理位置	现状功能	现状类型构成	备注
已改造利用的工业遗产	1	合肥矿山机器厂火车车厢（现火车头小剧场）	1951年	裕溪路1633号	改为酒吧	单体（交通运输设备）	—
	2	合肥恒通机械厂厂房（现名长江180艺术街区）	1960年	长江东路180号	改为艺术街区	单体（数栋）	—
	3	合肥化工机械厂厂房（现名合肥1958艺术博物馆）	1958年	东至路8号	改为艺术博物馆	单体（2栋）	—
	4	合肥叉车厂厂房（现名金隅南七里）	1958年	望江西路1号	改为商业、展览馆	单体（3栋）	列为历史建筑
	5	合肥锅炉房（现名锅庐SPACE）	1980年	宣城路105号	改为酒店	单体	—

续表

保护利用情况	序号	原名称（现名称）	建造时间	地理位置	现状功能	现状类型构成	备注
已改造利用的工业遗产	6	合肥织染厂厂房（现名东方魔域艺术商业广场）	1985年	当涂路200号	改为艺术商业广场	单体	—
	7	合肥柴油机厂（现名合肥监狱）	1970年	金寨南路310号	闲置	片区	—
未改造利用的工业遗产	8	合肥水泥制品厂水泥罐	1956年	全椒路127号	居住（居民自发改建）	单体（构筑物）	—
	9	安徽省轮胎厂办公楼	1958年	长江东路855号	办公	单体	列为历史建筑
	10	合肥红旗机械厂厂房	1958年	长江西路579号	租用	单体	—
	11	安徽轻钢龙骨有限公司厂房	20世纪50世纪	望江西路40号	仓储	单体	—
	12	合肥蓝天毛巾厂办公楼	1970年	长江东路474号	办公	单体	—
	13	安徽金星铜门厂办公楼	1970年	长江东路345号	闲置（底层商业）	单体	—
	14	建设"6023"蒸汽机车	20世纪80年代	阜阳北路365号	闲置	单体（交通运输设备）	—
	15	合肥老火车站站台	1935年	胜利路、明光路交口	闲置	单体（构筑物）	—
	16	合肥燃气集团	1987年	阜阳北路1111号	闲置	片区	拟净地交付合肥六中，保留一段生产区
	17	合肥嘉利华油脂厂	1988年	天长路16号	闲置	片区	—
	18	安徽第一纺织厂	1956年	和平路138号	办公、仓储（部分仓库租用）	片区	—
	19	合肥电机厂	1956年	长江东路555号	仓储（公安公司押运基地）	片区	—
	20	安徽徽商集团	1958年	明光路403号	办公、仓储	片区	—

续表

保护利用情况	序号	原名称（现名称）	建造时间	地理位置	现状功能	现状类型构成	备注
未改造利用的工业遗产	21	合肥钢铁厂	1958年	和平路1号	闲置	片区	合肥钢铁厂列为第二批国家工业遗产，其中马钢高炉区为遗产核心区
	22	马钢（合肥）钢铁厂	1958年	合裕路441号	闲置	片区	—
	23	合肥探矿机械厂	1958年	阜阳北路171号	闲置（部分仓储）	片区	—
	24	合肥铝厂	1958年	阜阳北路648号	正常生产（部分闲置）	片区	—
	25	安徽省化工研究院	1958年	阜阳北路676号	办公、闲置	片区	—
	26	安徽电力建设修造厂	20世纪60年代	合瓦路338号	闲置	片区	—
	27	江淮汽车制造厂	1964年	东流路176号	正常生产	片区	—
	28	安徽外运储运公司	20世纪60年代	合瓦路199号	仓储	片区	—
	29	安徽徽商工贸仓库	1980年	阜阳北路、涡阳路交口	仓储	片区	—
	30	华润雪花啤酒厂	1982年	陈村路10号	正常生产	片区	—
	31	合肥市农副产品储运	20世纪70年代	阜阳北路166号	正常生产	片区	—

6. 城市低效用地问题彰显，存量土地资源利用度较低

合肥市城镇低效建设用地的总用地面积260宗，约1503.8公顷，以工业低效用地为主。工业用地低效的原因主要有已建新址、税收低、不符合片区发展要求、环保与安全等原因。其中高新区低效用地较多集中在建成区范围内，占地面积达143.51公顷，涉及低效用地企业30个，如合肥美亚光电技术股份有限公司、合肥荣事达集团有限责任公司（惠尔浦）、合肥美菱股份有限公司等企业（见表4）。

表 4 高新区低效企业一览表

序号	低效认定原因	用地单位名称	用地面积（公顷）
1	已建新址的旧厂区	安徽国风塑业股份有限公司（西二环路）	8.00
2		合肥美亚光电技术股份有限公司	1.86
3		合肥美亚光电技术股份有限公司	1.22
4		安徽国风塑业股份有限公司（望江西路）	5.85
5		皖化电机	1.00
6		合肥荣事达集团有限责任公司（惠尔浦）	7.82
7		合肥荣事达三洋电器股份有限公司（惠尔浦）	8.00
8		合肥荣事达电冰箱有限公司（美的）	10.29
9	税收低	安徽美芝制冷设备有限公司	27.45
10		安徽百商置业有限公司	1.65
11		合肥美菱股份有限公司	2.69
12		合肥三宇电器技术研究所	0.58
13		国帧环保节能厂	1.95
14		台湾旺旺集团	6.67
15		天龙管业	4.76
16		开尔纳米	1.67
17		菲特科技	1.07
18		文王贡酒	1.44
19		科炎公司	0.93
20		七六七厂	0.43
21	不符合片区发展要求	合肥娃哈哈饮料有限公司	11.76
22		合肥立方制药股份有限公司	1.93
23		安徽隆平高科种业有限公司	2.30
24		合肥英非科技投资管理有限公司	1.28
25	环保与安全	合肥禾盛新型材料有限公司	6.67
26		合肥大同格兰塑业有限公司	3.20
27		安徽华隆塑料有限责任公司	5.31
28		时代出版传媒股份有限公司科大辐化	2.69
29		安徽丰乐香料有限责任公司	2.51
30		安徽和合冷链食品股份有限公司	10.53

五、合肥市城市更新行动策略

（一）战略引领，明确城市更新目标

合肥是安徽省省会，长三角城市群副中心城市，国家重要的科研教育基地、现代制造业基地和综合交通枢纽。在城市更新发展过程中，首先要尊重和顺应城市发展规律，完善提升规划设计和建设管理的理念，不断提高城市建设发展品质；其次要突出以人民为中心，将以人为本始终作为城市更新的出发点和落脚点，让人民群众享受城市建设成果，生活得更美好；最后在城市更新过程中，更要体现江淮之间城市文化的"合肥特色"，结合合肥市的区位特点、资源禀赋、人文历史，在特色更新中不断焕发城市发展的活力与生命力，打造生活宜居城市、绿色生态城市、空间精品城市、安全韧性城市、特色人文城市、经济动力城市。

（二）分类施策，明确城市更新行动

结合合肥市城市更新现状问题、短板，充分考虑城市发展时序等多方面因素，参考安徽省《关于实施城市更新行动推动城市高质量发展的实施方案》，提出"提品质创宜居""践低碳显生态""优功能塑格局""补短板惠民生""塑风貌彰人文""整低效促创新"6大更新策略和13项更新行动。

1. 提品质创宜居

（1）加大老旧小区改造力度和品质。①分类改造，着力补齐未改造量缺口。近年来，合肥市改善居住条件的住房需求进一步增多，居住品质要求也越来越高。然而，合肥市2000年前未改造老旧小区数量总数达1058个，未改造量缺口较大。综合考虑建成年代、改造基础、小区规模等因素，合肥市城市更新行动应对未改造的老旧小区实施分类改造计划，可分为基础类、完善类和提升类三类改造，提高老旧小区改造质量。基础类改造要发挥财政资金主导作用，做到应改尽改。改造内容主要以改善老旧小区基础设施为主，坚持"先地下、后地上"，包括改造提升小区内部及与小区联系的供水、排水、供电、弱电、道路、供气、供热、消防、安防、生活垃圾分类、移动通信等基础设施，以及光纤入户、架空线规整（入地）等；完善类改造可在尊重居民意愿的前提下，做到宜改即改。改造内容主要以改造建设环境及配套设施为主，包括拆除违法建设，整治小区及周边绿化、照明等环境，改造或建设小区及周边适老设施、无障碍设施、停车库（场）、电动自行车及汽车充电设施、智能快件箱、智能信包箱、文化休闲设施、体育健身设施、物业用房等配套设施；提升类改造是按照政府引导、市场化运作的模式，做到能改则改。包括建设小区及周边社区综合服务设施；卫生服务站等公共卫生设施；幼儿园等教育设施；周界防护等智能感知设施。以及养老、托育、便民市场、便利店、邮政快递站等社区专项服务设施。2022年合肥市继续实施老旧小区改造，提升老旧小区173个，为400个单元楼加装电梯，到2025年，完成未改造老旧小区900余个。且在2025年底前，应基本完成居民同意进行综合整治的老旧小区基础类改造，重点推动完善类改造，试点开展提升类改造。②片区化

改造，提升老旧小区功能品质。推进片区化改造，争取"一次改到位"。鼓励老旧小区在更新改造中结合周边环境，通过功能置换，配套与之相适应的功能，挖掘新价值，促进新发展。鼓励老旧小区与周边的历史街区、老旧厂区、传统办公生活区、棚户区、旧商圈等区域统一优化改造。统筹划定老旧小区成片改造范围，鼓励以社区为单元划分改造片区，将片区内有共同改造需求的独栋、零星、分散楼房进行归并整合，由单个老旧小区独立改造模式转变为多个老旧小区连片改造模式。鼓励对片区内距离相近或相连的老旧小区打破空间分割，拆除围墙等障碍物，拓展公共空间，整合共享公共资源。③加大居住空间供应，实现"住有所居"目标。完善住房供应与保障体系，不断扩大住房保障覆盖面，使更多居民特别是新市民享受住房保障服务，有序推进公租房选房配租工作，提高城市宜居度，积极征求社会意见。进一步落实房价调控政策，规范住房销售市场与住房租赁市场，提高社会满意度。统筹各区之间公共设施配建均衡，提高完整居住社区数量，完善滨湖核心区、高新片区和杏林片区等片区综合医院建设及二环外体育设施建设（见图15）。

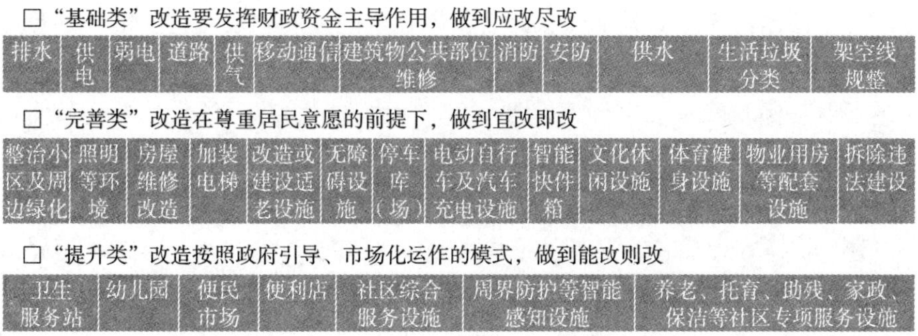

☐ "基础类"改造要发挥财政资金主导作用，做到应改尽改

排水	供电	弱电	道路	供气	移动通信	建筑物公共部位维修	消防	安防	供水	生活垃圾分类	架空线规整

☐ "完善类"改造在尊重居民意愿的前提下，做到宜改即改

整治小区及周边绿化	照明等环境	房屋维修改造	加装电梯	改造或建设适老设施	无障碍设施	停车库（场）	电动自行车及汽车充电设施	智能快件箱	文化休闲设施	体育健身设施	物业用房等配套设施	拆除违法建设

☐ "提升类"改造按照政府引导、市场化运作的模式，做到能改则改

卫生服务站	幼儿园	便民市场	便利店	社区综合服务设施	周界防护等智能感知设施	养老、托育、助残、家政、保洁等社区专项服务设施

图15 老旧小区分类改造

（2）加强城市危旧房及棚户区改造。

1）分类开展，因地制宜选用改造方案。加大城市危房排查力度，评估认定危旧房屋或疑似危旧房屋的建筑，保障居住和使用安全。到2025年，基本完成危旧房的排查认定与整治改造。在合肥更新行动中对危旧房屋按照保护、改建、重建三类方式开展。重点改造D级危房1.16万套，逐步有序改造C级危房，对集中成片的D级危房，优先纳入城市更新单元进行统筹改造。结合实际情况，优先从房屋最危险、群众最迫切的楼栋开展试点工作。

保护——对有历史价值的老旧房屋从保护城市空间肌理角度，积极开展整修，改善居住条件，留住城市的历史记忆。

改建——针对建筑结构具有保留价值的非保护性建筑，通过调整房屋内部空间布局或外部扩建，增加独用厨卫设施实现成套化，并可扩大公共空间，提升建筑舒适性，保护城市肌理和建筑风貌。

重建——针对建筑结构差、安全标准低等不具有保留价值的非保护性建筑拆除重建，通过适当提高开发建设强度、增加居住建筑面积实现成套化，或者通过对原住户重新安置彻底改善居住条件。拆除危旧楼房后的土地，可用于公共服务配套设施建设，或补充部分经营性设施。按照公开透明的原则,确定改建项目实施主体。鼓励由政府、产权单位、居民、社会机构等多主体共担改造成本。结合棚户区改造,将符合条件的城市危房纳入改造范围,优先推进实施。棚改剩余安置地块和安置房源可用于危旧房屋改造提升腾迁安置使用。如通过修(翻新修缮)、固(结构加固)、扩(改扩建)、提(提升改造)、饰(翻新装饰)等改造措施,对原骆岗机场区域内共179栋旧建筑进行改造。

2)拆改并举,改扩翻多方式组合推进。棚户区改造实施拆改并举,释放发展空间。目前合肥市约有10.7万人居住在棚户区与城中村,应持续推进棚户区与城中村的普查与改造。按照"拆除重建一批,整治提升一批"的原则,推进蜀山区红四方地块、五里庙、包河区卫岗、周谷堆、瑶海区老合钢片区、大窑湾片区、电机厂、庐阳经开区铁路沿线周边城中村等区域,通过拆除、新建、改建、扩建及环境综合整治等方式,因地制宜地推进棚户区(城中村)改造。补齐配套短板,彻底改变城中村和老旧小区相间、生活环境差的旧城面貌,切实提升旧区居民的生活质量。

拆除新建的棚户区,改造后腾退土地按照规划要求重新开发或用于建设基础设施、公共服务设施、留白增绿等。其他棚户区结合重点片区的发展要求及功能定位统筹推进。棚户区改造安置住房实行原地和异地建设相结合,优先考虑就近安置;异地安置的,要充分考虑居民就业、就医、就学、出行等需要,合理规划选址,尽可能安排在交通便利、配套设施齐全地段。要贯彻节能、节地、环保的原则,严格控制套型面积,落实节约集约用地和节能减排各项措施。

采用改建、扩建方式改造的棚户区(城中村),可结合综合整治的方式从道路路面、地下管线、空中线缆、立面、照明设施、环境卫生、公共秩序七个方面开展。从而消除棚户区(城中村)安全隐患,增加公共服务设施,提升空间品质,改善人居环境。有条件的棚户区(城中村)可以结合拆违拆旧建设停车场、健身广场、口袋公园、日间照料中心等,可以设置微型消防站、运动健身器材、充电桩、监控等设施。涉及文物、历史建筑相关建设工程,应严格按照保护规划和修缮设计要求进行改造设计,并履行相应的报批手续。

(3)重点关注烂尾楼的活化利用。在本轮城市更新中还应重点关注分布在合肥市区中的烂尾楼问题,如何盘活烂尾楼是推进合肥市城市更新行动的一大举措。

面对烂尾楼问题,可遵循以下四条处理原则:一是政府推动、市场运作;二是依法处置、规划引导;三是分类处理、循序渐进;四是属地推进、因地制宜。

关于处理方式和处理主体,可按照项目续建、拆除重建、综合整治或政府收回四种方式分类处理,由原建设单位申报、实施,或转让予新的受让人申报、实施。需由政府收回的,采取征收或协议收购等方式处理。

2. 践低碳显生态

(1)加强合肥河流水系整治。①推进合肥市水环境治理工程。强化流域水环境整治,完成十五里河蜀山段上游河道提升、板桥河西支治理,加快推进店埠河流域水环境治理、南淝河下游环境综合整治、南淝河河道旁路净化工程,营造河畅水清的良好生态环境。②全面实现雨污分流管网改造。减少泥沙、垃圾、尘埃、路面污染物等进入河道污染水体,启动瑶海区排水系统雨污混接改造工程,同时加强水体沿线排口、管网巡查、岸线垃圾清理、水面漂浮物清捞等日常管养维护。③合理利用滨水空间功能。合理利用城市滨水空间，如打造南淝河两岸景观空间，充分挖掘释放两岸公共空间，将南淝河规划为串联城市绿地斑块的主骨架，布局标志性滨河景观空间，打造可观赏、可停留、可游玩的一流城市滨水休闲空间。

（2）优化完善绿地系统。实施园林绿化工程，全力消除公园绿地服务半径覆盖盲区，加强包河区马鞍山路沿线片区、当涂路沿线片区和南七片区等区域绿道建设，力争建成城区小公园、游园40个以上，努力实现"300米见绿、500米见园"。重点推动逍遥津公园提升改造、四里渠东路公园、锦绣湖公园和匡河北岸绿化提升工程。高标准建设骆岗中央公园，将骆岗中央公园规划建设成长三角一体化绿色发展样板区，将其打造成人民群众的"幸福绿地"（见图16）。

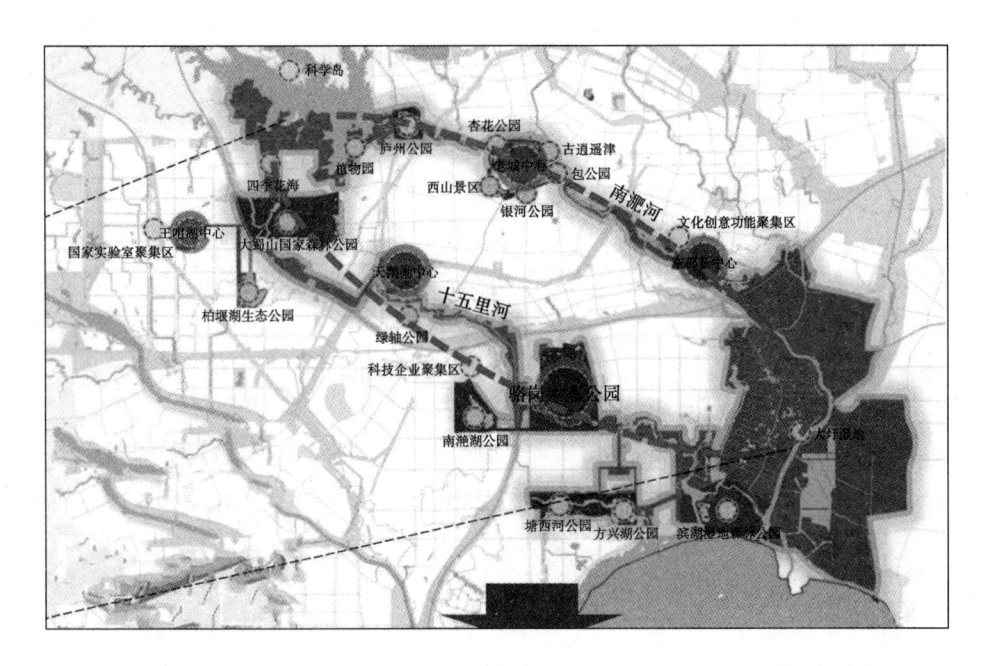

图16 合肥新"翡翠项链"规划图

3. 优功能塑格局

（1）完善社区服务功能。推动完整居住社区建设，加强建设社区综合服务站、幼儿园、托儿所、老年服务站、社区卫生站、综合超市、邮件和快递寄递服务设施、其他便民商业网点、停车及充电设施、慢行系统、无障碍设施、环境卫生设施、公共活动场地、公共绿地、物业服务、社区管理机制等各方面的建设，打造完整居住社区。

（2）提升城市公共服务设施建设。

1）完善城市医疗服务短板建设。提升社区卫生服务功能，增强社区医院门诊分担率。错位发展社区医院，打造社区医院的特色优势，合理引导重要医疗设施资源往城市边际区扩散。深入实施"健康合肥"行动，加强医疗设施服务建设。加快市公共卫生中心、公共卫生临床中心和综合医院传染病区等重点项目建设，深化传染病院"省市共建"，提升重大传染病救治和储备能力。对标"长三角"一体化，积极推动市属医院与省内外高水平医疗机构开展合作，加大重点学科建设和高层次人才培养引进力度，努力缩小高端医疗服务差距，积极创建国家卫生城市和健康城市。

2）构建多层次公共服务中心体系。塑造"1412"城市中心体系，高质量建设"一核四心"的城市主中心、十二个城市副中心（其中中心城区九个城市副中心），重塑全域公共服务设施空间配置网络，优化和完善城市公共服务设施空间布局，形成多层次、全覆盖、人性化的基本公共服务网络，提高公共服务可及性和均等化水平，不断增强人民群众的获得感、幸福感。近期加快建设新一批公益性项目，建成合肥一中东校区、合肥六中新校区、滨湖国际会展中心二期、市科技馆新馆（自然博物馆）、市中心图书馆、市青少年活动中心、市妇女儿童活动中心、市为民服务用房等项目。加快合肥幼专梅冲湖校区、市美术馆、市第三人民医院新区（市中医院）、清华大学合肥公共安全研究院二期、市智慧养老中心等项目建设进度；开工建设滨湖国际科学交流中心、市博物馆、市儿童医院新区、安徽大学江淮学院新校区、合肥一中教育集团溉河校区、合肥八中教育集团运河新城校区等项目建设。

4. 补短板惠民生

（1）补齐城市基础设施短板。①推进道路网系统完善。完善合肥市路网格局，按照"高快一体、快快相连、打通断头路、健全微循环"的思路，加速形成"五横七纵、多向加密"的快速路网及"环+放射+方格网"的路网结构，加快支路网建设，提高道路网密度。打通"断头路"，畅通"微循环"，打通东方大道、明珠大道、徽州大道、铭传路、汤口路、龙图路、珠江路等断头路。加强交通管制，对合作化路与休宁路交叉口等交通拥堵点进行道路交通管制，提高道路交通可达性。综合整治道路功能品质，对包河大道、繁华大道、锦绣大道、龙川路、长江西路、金寨路、南一环、马鞍山路、上海路、方兴大道十条道路以及五里墩立交桥节点，实施综合整治工程，完善道路交通功能、提升景观绿化。②加强城市公交、轨道交通等公共交通建设。通过发展大容量的轨道交通来改变居民对小汽车的依赖，在布局城市功能时讲究"职住平衡"，减少城市常住人口单程通勤时间。倡导"绿色出行""公交优先"的理念，改变居民出行方式。③有序推进停车场建设。强化对庐阳区、包河区等停车场建设的指导，加强对安庆路、霍邱路、宿州路等老城区路内停车的管理。提高小区内停车场地供给，对于老旧小区鼓励利用腾退的零星土地建设停车场，对于新建小区严格管控停车泊位的供给量。建议单位内部停车场地公共化，积极推动有条件的公共机构、企事业单位等内部停车泊位对外开放。④加快建设厨余垃圾处理设施，健全餐厨废弃物收运体系，提高城市厨余垃圾处理能力，实现垃圾处理的减量化、资源化、无害化目标。

（2）完善安全韧性建设。①提升城市排水防涝能力。持续实施城市内涝点治理，加快推进合肥工业大学翡翠湖校区、西园新村等区域积水内涝点治理，彻底消除"老大难"内涝点整治工作。②系统化全域实施海绵城市建设。完善老城区海绵建设项目，系统化推进流域—城市—设施—社区四个层级的海绵体建设，构建"会吸水"的城市。在城市建设各领域中落实海绵城市建设理念，在城市公园与绿地建设、道路与广场建设、公建与住宅建设中植入海绵元素，打造包河与滨湖海绵城市示范区。③推进城市应急避难场所建设，提升城市应急避难能力，对新站区、经开区等应急避难场所较少区域，加强城市应急避难场所建设，进一步挖掘具备应急改造条件的公共空间。④加快城市消防站建设。针对城市消防站点"空心区"重点布局，增加经开区、包河工业园、滨湖新区南部消防设施建设。⑤推进城市生命线安全工程建设。加大推广应用城市生命线安全工程"合肥模式"，推进城市生命线工程安全运行监测系统三期项目，率先实现市域重点区域燃气监测全覆盖，2022年完成县（市）生命线工程安全运行监测预警项目，在全国率先实现市县水、气、桥全域覆盖。

5. 塑风貌彰人文

（1）加强历史文化保护和城市风貌塑造。加强历史文化资源普查行动，提升活化利用水平。根据《安徽省住房城乡建设厅关于进一步加强历史文化名城名镇名村街区及历史建筑保护工作的意见》，加强不同时期不同类别的历史建筑资源普查、认定、挂牌保护工作。加大合肥市历史文化资源的排查力度，发掘诸如瑶海区钢北影剧院、安医大第一附属医院门诊部、城隍庙等一批具备历史建筑、历史地段或历史文化街区基础条件的资源节点，强化申报和认定工作，扩充历史建筑名录。按照保护规划要求对历史建筑进行修缮，恢复历史建筑传统风貌。将历史建筑优先纳入更新单元或更新项目中，发挥历史建筑的文化展示功能，促进历史文化保护与城市更新协调发展。

合肥市已公布的第一批历史建筑16处中，有安徽省政府原办公楼、合肥市第四中学学宫、合肥市政府原办公楼3处历史建筑处于闲置状态。应积极对这3处历史建筑开展保护修缮和活化利用，同时植入文化展示功能，打造可用、可游、可览的活力空间。

（2）创新老旧厂房改造利用。①单体建筑（构筑物）更新利用，对于历史文化价值较高的工业遗产可以结合城市特色与自身特点改造为博物馆、展览馆等观览或纪念性的公共建筑，如原合肥化工机械厂保留厂房改造成合肥1958国际艺术博物馆；对单体建筑、构筑物进行多途径、多元化的创新利用，如作为创客空间、新型居住、商业等，如合肥市宣城路105号的锅炉房改为了艺术空间"锅庐SPACE"，合肥织染厂厂房改为了艺术商业广场；除建筑、构筑物外，生产、仓储等工业设施也应被合理利用。可活化利用为咖啡馆、茶艺馆、酒廊等休闲场所或展现历史的博览空间，烟囱可结合周边环境进行生态化利用，油罐等罐状设施可以打造为图书室等公共空间，如合肥原矿山机器厂火车改造的火车头小剧场就是改为酒吧的一个典型案例。②片区化更新利用，合肥市老旧厂区多成片布置，主要分布在瑶海区、庐阳区阜阳北路。考虑到在城市更新过程中，不可能对所有的工业片区进行整片保留，可保留一组工业建筑或设备群组，以体现片区完整的生产工艺。针对工业片区的更新利用，可通过打造成工业遗址主题式公园、文化创意产业园区等模式进行更新利用，如20世纪60年代建造的阜阳北路安徽省化工研究院和探矿机械厂，至今仍保留成组的工业建筑和设备组群，但无人问津，处于闲置状态。③区域整体打造，合肥市老旧厂区大多呈现沿路及组团分布的区位特征，可通过带状或组团对集聚片区进行区域整体打造，积极推动老旧厂区融合发展，创新新业态，多功能综合开发。如以工业为媒，以特色旅游为目标，集结酒店、咖啡馆、体育馆等文娱功能于一体进行综合开发，或结合居民居住环境打造社区化工业片区，激活区域活力，促进城市更新。

6. 整低效促创新

（1）科学识别低效用地。近年来，城镇土地利用逐步从外延式扩张转向内涵式挖潜，城镇建设更加注重质量和品质，城镇低效用地再开发成为提高土地利用效率、促进高质量发展的重要举措。摸清低效城镇用地状况，能够为城市更新、土地储备等相关规划提供依据。对"三旧"混杂地区进行重点核查和梳理，通过"区域全覆盖、数据全要素"的全面摸底调查，科学识别更新改造的低效用地。

（2）盘活现有土地资源。对于城市低效用地，采用以下三种方式盘活现有的土地资源。①充分利用二级市场。充分利用建设用地使用权二级市场相关政策，针对具备再开发条件的用而未尽的工业用地办理分割、转让手续，有效盘活存量低效建设用地，提高工业用地利用效率和投资强度，促进土地的节约集约利用。②因地制宜开发低效用地。市场主体自主改造，对符合城乡规划、产业发展规划和不涉及改变土地用途等使用条件的，由原国有土地使用权人通过自主联营、入股、转让等方式对其使用的低效建设用地进行改造开发；转变土地用途，在符合城市规划的前提下，支持不在收储和征收范围内的工业用地转变为商业用地，按新的土地使用条件的土地使用权市场价格评估，扣除原土地使用条件下剩余年限土地出让金，补交土地出让金后改变为商业用地，办理协议出让手续；企业转型升级，对于再开发后国家支持的新产业新业态项目，经政府批准，实行继续按原用途和土地权利类型使用土地的过渡期政策。③创新探索，推动产业园区更新提质。推进合肥经济技术开发区、高新技术开发区、瑶海经济开发区、包河产业园区、庐阳产业园区内低效产业园区的更新提效，加速"腾笼换鸟"、推动"复合开发"、挖潜"发展空间"、推进"提质增效"、鼓励"退散进集"，促进传统产业转型升级。引导老旧厂区引入新基建、科技创新和高精尖产业、文化产业、现代服务业新业态。根据园区内各宗地的投资、地价、产出等情况，开展各类型园区的综合效益评估，分级分类推动产业园区"腾笼换鸟"和提质增效。充分挖掘低效存量资源，聚集创新要素，为新兴产业及配套服务设施预留空间。

（三）分区指引，明确各区更新重点

在分类施策的基础上，应对合肥市内的各种更新地区进行有序指引，明确各区的更新重点。为了更好地统筹资源、高效推进城市更新工作，以行政管辖区域为依据划分城市更新片区，共分为4个市辖区和3个开发区。根据各市辖区和开发区城市发展建设的不同阶段和特征，因地制宜地对各个行政管辖区的更新目标、更新重点进行指引，明确各区的重点更新任务。

1. 庐阳区——疏解老城

庐阳区的城市更新主要以"塑风貌彰人文、整低效促创新"两大策略为重点。主要加强老城区历史文化保护和城市风貌塑造，以及庐阳北部中心低效用地的整合和工业遗产的活化利用。

（1）实施老城"减法"行动，推动老城区文化复兴。严格落实保护要求，延续老城历史肌理及文脉，推动老城保护与复兴。重点推进特色街区、老旧片区的渐进式更新，避免大拆大建，挖掘有机空间，防止过度商业化。实施老城片区"减法"行动，以"建筑减量，品质增量"的更新原则，盘活闲置低效的省直、市直闲置资产，降低老城区老旧建筑密度，提高老城区的通透性和舒适性。加快推动淮河路步行街中片区、全民健身中心、市府广场区域、城隍庙周边区域等更新改造工作。利用特色文化资源，塑造李鸿章故居、明教寺等文化空间场所，推动各类文化场景展示、老字号IP活化、历史资源特色彰显等工作。

（2）挖掘庐阳北部新中心低效闲置国有资产，注重民生改善。以疏解腾退低效企业，推进旧工业区转型升级，推动产业发展、基础设施、配套服务等全面升级为主，打造庐阳高质量发展增长极，形成合肥北部重要的形象展示窗口，提升城市文化品质内涵（见图17）。

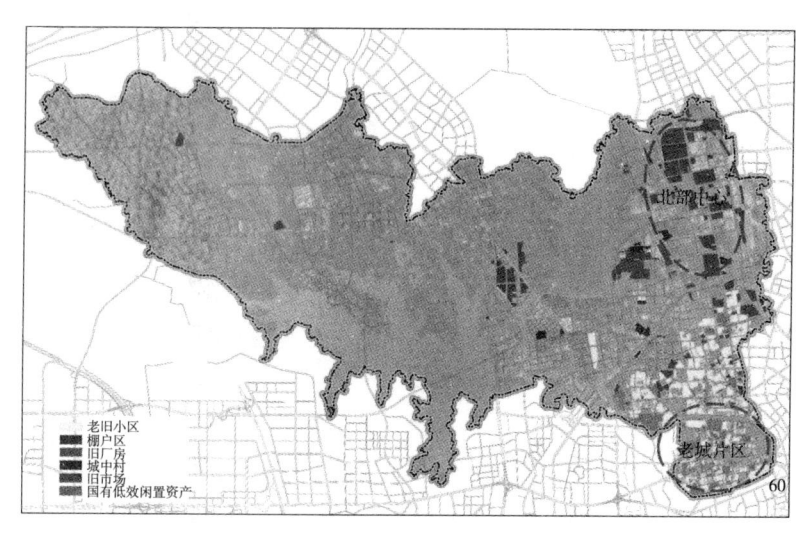

图 17　庐阳区重点更新片区指引图

2. 瑶海区——东部复兴

瑶海区的城市更新主要以提品质创宜居为主，带动瑶海"四旧"成片改造，同时拉动老火车站商圈活力，加强工业遗产保护利用，努力打造老工业基地产业转型示范区（见图18）。

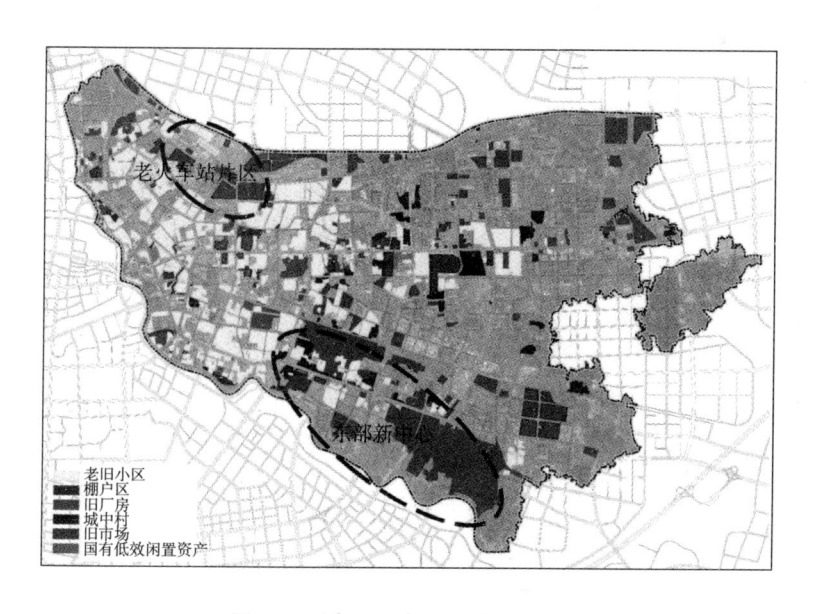

图 18　瑶海区重点更新片区指引图

（1）创新东部新中心老旧厂区改造利用。以马钢（合肥）钢铁厂老厂区为中心，联系周边合肥钢铁厂、氯化厂等工业遗产片区，整体打造成以工业为主题的多元化现代文化创意产业集群（见图19）。

（2）优化整合老火车站周边功能。以整合火车站站前路大小市场、商城为抓手，打造胜利路地区副中心，并逐步带动瑶海区专业市场的转型升级。

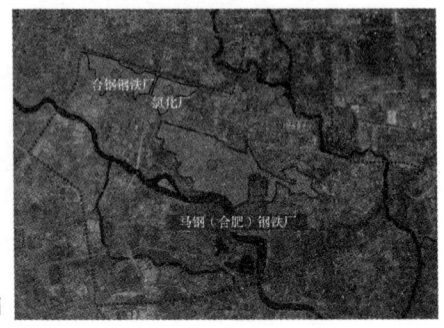

图19 合肥工业遗产展示利用图

3. 包河区——生态宜居

包河区的城市更新以"提品质创宜居、践行低碳显生态"策略为主，主要以骆岗生态公园（园博园）建设为核心抓手，卫岗王卫片区老旧小区改造试点，全力推进淝河镇整体改造和包河经开区的转型升级，实现"安徽新中心、生态宜居城"的目标（见图20）。

（1）全力打造骆岗生态公园。借力园博会，积极推动骆岗机场闲置建筑再利用，为园博会设计注入新亮点，将城市更新融入城市发展。

（2）挖掘包河区产业园低效闲置用地。加快腾退包河经开区低效闲置工业用地，增强产业用地混合性为契机，打造国内有影响力的"科创+产业"聚集区。

（3）淝河镇更新片区。借力合肥东部新中心建设，高品质推进淝河新中心建设，重点挖掘民国建筑文化资源，建设数字文创特色小镇。

（4）推进卫岗王卫片区老旧小区改造试点。利用市场化运作，探索轨道TOD成片更新模式，实现对城市空间形态和功能进行整治、改善、优化。

4. 蜀山区——创新集聚

蜀山区的城市更新主要以"整低效，促创新"为更新重点，科学识别低效用地，加强小庙工业园、大铺头区域等老旧厂房腾退空间，发展以数字经济和环境产业为优势的新型产业。大铺头区域以推动城中村土地腾退及企业单位外迁，集聚一批国家工程研究中心、国家技术创新中心，构筑科学岛科创走廊"第一门户"。小庙工业园以运河新城建设为契机，通过加快老镇片区环境整治和工业园区低效用地腾退转型，融入于新城空间格局和产业布局中，引导老旧厂区引入新基建、科技创新和高精尖产业、文化产业、现代服务业新业态。

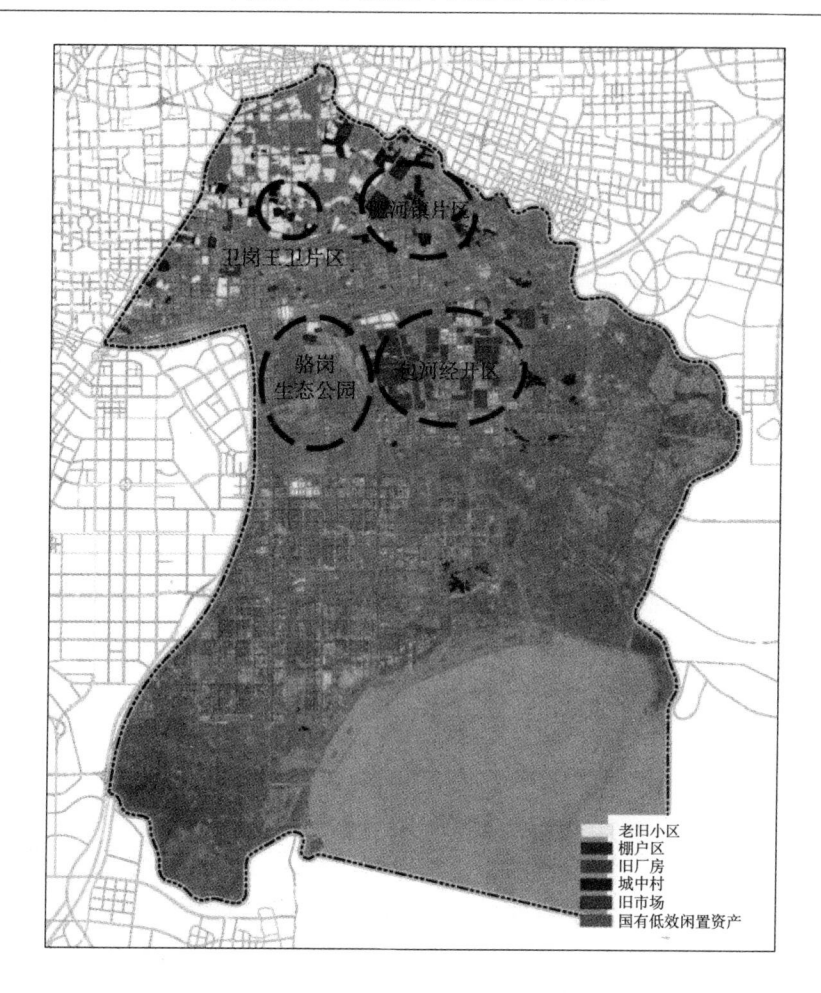

图 20　包河区重点更新片区指引图

六、合肥市城市更新保障机制

（一）健全更新工作机制

1. 成立领导小组，建立绩效考核机制

合肥市已成立城市更新工作领导小组，负责全市城市更新工作的顶层设计、政策研究、组织协调、方案审议、督查落实等工作。根据城市更新任务分工、进度要求，落实各区及各部门责任，实施年度考核，并将考核成绩纳入年度绩效。一是完善考核内容，建立年度分配规模和年度实施率"双考核"机制，实现各区项目实施率与新增更新计划规模相挂钩。二是实现数量考核和质量考核并举，将综合整治项目、重点更新单元、公共利益项目推动情况一并纳入考核目标。

2. 加强部门联动，协同保障项目推进

建立市区两级多部门联合的更新项目推动协调机制，针对存量更新工作中的新问题、新需求，市级部门应主动"向前一步"，从管理监督方向服务推动方转变，区政府加快推进城市更新管理机构的建设，制定部门协同框架。重点打通存量更新实施路径，优化存量更新审批流程，落实"放管服"改革要求，推动市级权力下放到区级，为社会资本参与城市更新创造便捷高效的营商环境。

加强自下而上"瓶颈"问题反馈和自上而下政策创新探索的双向互动，探索各类历史遗留问题，研究解决专项机制。政府主管部门应定期深入基层加强服务，积极听取产权主体与实施主体等多方意见建议。区政府应提供面向企业和社区的城市更新咨询服务窗口，组建全流程跟踪城市更新项目的服务团队，及时协助企业解决实际问题。

3. 加强动态监管，健全准入退出机制

加强更新项目的动态监管，形成项目管理机制。加强城市更新调查研究、规划管理、动态监控信息系统建设，结合规划实施评估，持续动态维护更新单元问题、居民需求和空间资源，保障规划与管理对接。构建城市更新项目准入、退出标准和机制，加强项目谋划，建立滚动更新的项目清单，按规定对符合清理条件的项目采取调出措施，建立项目实施的倒逼机制，实现有序更新、动态监测、综合评价、持续推进。

（二）完善政策保障体系

1. 完善配套规范，构建更新政策体系

完善城市更新配套政策，构建"1+N"的法规体系。在颁布《合肥市城市更新工作暂行办法》后，陆续出台了相关的配套文件，共同作为合肥市城市更新完善的法规体系，为合肥市城市更新的规划编制、建设实施提供充分的法律保障。针对旧小区、棚户区、旧厂区、旧商区等各类更新对象的差异性，深化配套政策研究，细化操作路径，加强政策实施的可操作性和适应性。如制定统筹推进规划、土地、金融、财税、建设、经营、管理等方面的配套政策及标准规范，研究制定城市更新相关标准、规程、指引、导则等内容，打通政策机制、标准规范、审批流程的瓶颈堵点等。

2. 激活多方力量，加强金融财税创新

创新财税激励机制，制定多元化的金融政策和产品，健全政府、社会、居民多方资金共担模式，拓展城市更新资金供给端口，制定与存量更新项目特征相匹配的投融资机制，明确政府、产权单位和居民三方出资边界和比例。

合理引导居民出资参与更新改造，引导落实税费优惠，细化不同类型更新项目实施主体的税费减免政策，降低资产持有运营成本。探索推动产业结构优化升级的资金支持政策，分析评估改造后的租金收入和税收增长情况，通过以奖代补促进低效楼宇、老旧厂区改造。

大规模吸引社会资本和社会力量参与城市更新。积极探索项目市场化融资方式和资金平衡方式，探索设立市区级城市更新专项基金，为相对成熟但前期融资困难的项目提供资本金支持。加强与国家政策性银行、商业银行等金融机构合作，推出利率、期限、担保适用于城市更新的金融产品，降低融资成本。明晰实施主体的权益边界，深化经营权质押等金融手段，以更灵活的方式拓展实施主体融资渠道。

3. 优化管理政策，规范更新工作流程

改进优化审批流程，提高审批效率。建立更新管理全流程，明确更新工作路径，分类型确定更新项目申请、立项、规划编制、报批、实施、验收等全过程管理规定。研究出台适用于存量更新的规划审批制度和流程，精简审批环节、明确审批标准和时限。研究制定适用于存量更新的日照、绿化、配套、消防、节能、抗震、人防等设计标准规范。

（三）多元共治参与更新

1. 畅通更新渠道，激活市场主体活力

鼓励市场主体以自有资产盘活、重资产收购、轻资产运营、更新资本引入等多种渠道开展城市更新，激活存量资产经济价值。加大城市更新领域的投资力度，鼓励多种市场化合作模式并存，实现低效资产提升成为运营型高效资产，实物资产升级成为金融型资产。鼓励用好资产证券化工具，打通"投资—运营—退出—再投资"的完整链条，形成良性投资循环，激发市场主体投资活力。

鼓励市场主体充分挖潜低效自有资产，通过腾挪、置换、整合等方式，推动自有资产升级转型，发展新产业、新业态及相关配套功能。鼓励市场主体通过存量资产的功能转型和设计提升，提升物业价值后销售或持有运营实现资金平衡，针对项目前期资金需求量大的特点，加强长效低息金融信贷政策支持。鼓励市场主体通过合作、租赁等途径开展存量资产的轻资产运营，通过专业化运营提升资产品质和盈利能力，实现可持续增长，针对项目筹备、建设、运营各阶段的融资需求特点，加强全生命周期配套金融政策支持。鼓励市场主体积极与城市更新基金等外部资本合作，培育基金助力的城市更新模式，推进存量资产高效盘活。

2. 引导居民参与，强化公众参与机制

坚持居民主体地位，广泛开展"美好幸福生活共同缔造"活动。培育居民家园意识，调动内在积极性。以居民需求意见为导向，加强宣传动员，促进自上而下的政策传导要求与自下而上的需求主导进程有机结合，激发居民参与改造的主动性和积极性。

城市更新全过程应加强公众参与，注重城市更新意愿征询和实施方案公示结果运用，积极争取社会各界的理解、支持和参与，共同营造良好的城市更新社会氛围。

3. 整合社会力量，搭建更新智库平台

有效整合多方社会力量，推进跨专业、跨行业的沟通交流，培育更多协作力量，共同处理社区公共事务。搭建专家学者智库平台，鼓励社会团体共同参与更新，作为政府与居民间和谐沟通的纽带，整合多元利益需求，凝聚社区发展共识，提升社区治理能力。汇集专家学者搭建智库平台，发挥责任规划师、建筑师专业技术特长。邀请高校教授、设计院专家和艺术家为城市更新出谋划策，探索形成高精尖智库支撑、公众全面参与的城市更新工作模式。

本课题组成员名单：许晓飞　高天雅　陶　莹　卢晓华　宋　密

附表1 合肥市城市体检指标评价表

维度	序号	类别	指标名称	指标数值	对标依据	体检结果	备注
宜居城市	1	城市既有房屋改造	老旧小区改造率（%）	40.7	优：— 良：60以上 中：40~60 差：40以下	中	
	2		棚户区改造率（%）	100	优：100 良：— 中：— 差：—	优	
	3		危房旧厂房改造率（%）	暂未统计	优：100 良：— 中：— 差：—	中	
	4		既有住宅电梯加装情况（个）	274	优：20以上 良：10~20 中：1~9 差：0	优	
	5	住房供应与保障	住房保障覆盖率（%）	暂未统计	优：35以上 良：26~35 中：15~25 差：15以下	中	
	6		房价收入比	11.03	优：6以下 良：6~10 中：10~13 差：13以上	中	
	7		房租收入比	21.2	优：15以下 良：15~25 中：26~45 差：45以上	良	
	8		住房公积金缴存人数占比（%）	59.0	优：60以上 良：40~60 中：30~45 差：30以下	良	
	9	公共服务设施	完整居住社区覆盖率（%）	16.9	优：15以上 良：10~15 中：5~9 差：5以下	优	
	10		改造后老旧小区实施专业化物业管理的占比（%）	100	优：85以上 良：71~85 中：60~70 差：60以下	优	

续表

维度	序号	类别	指标名称	指标数值	对标依据	体检结果	备注
宜居城市	11	公共服务设施	普惠性幼儿园覆盖率（%）	84.0	优：90 以上 良：81~90 中：70~80 差：70 以下	良	
	12		城市综合医院覆盖率（%）	70.9	优：100 良：91~99 中：80~90 差：80 以下	差	
	13		城市养老服务设施覆盖率（%）	69.8	优：50 以上 良：41~50 中：30~40 差：30 以下	优	
	14		人均体育场地面积（平方米/人）	2.06	优：— 良：1.8 以上 中：1.5~1.8 差：1.5 以下	良	
	15	生活交通便捷	城市道路网密度（千米/平方千米）	4.88	优：— 良：8 以上 中：6~8 差：6 以下	差	
	16		建成区高峰时间平均机动车速度（千米/小时）	28.2	优：— 良：30 以上 中：25~30 差：25 以下	中	
	17		建成区高峰时间城市交通拥堵点密度（个/平方千米）	0.05	优：— 良：0.2 以下 中：0.2~0.5 差：0.5 以上	良	
	18		停车泊位与小汽车保有量的比例（%）	0.77	优：— 良：1.1 以上 中：0.8~1.1 差：0.8 以下	差	
	19		公共停车场停车位提供率（%）	12.9	优：15 以上 良：11~15 中：8~10 差：8 以下	良	
	20		公交站点覆盖率（%）	85.0	优：100 良：91~99 中：80~90 差：80 以下	中	

续表

维度	序号	类别	指标名称	指标数值	对标依据	体检结果	备注
宜居城市	21	生活交通便捷	公共交通出行分担率（%）	37.7	优：— 良：30以上 中：20~30 差：20以下	良	—
宜居城市	22	生活健康舒适	人口密度超过每平方千米1.5万人的城市建设用地规模（平方千米）	97.5	优：5以下 良：5~20 中：20以上	中	
宜居城市	23	生活健康舒适	新建住宅建筑密度超过30%的比例（%）	0	优：0 差：其他	优	
绿色城市	1	生态环境	空气质量优良天数比率（%）	84.7	优：90以上 良：80~90 中：70~80 差：69以下	良	
绿色城市	2	生态环境	山体生态修复率（%）	66.4	不设优 良：95以上 中：60~95 差：60以下	中	
绿色城市	3	生态环境	水环境治理达标率（%）	100.0	不设优 良：100 中 差：其他	良	
绿色城市	4	生态环境	地表水达到或好于Ⅲ类水体比例（%）	27.6	不设优 良：70以上 中：60~70 差：60以下	差	
绿色城市	5	生态环境	城市蓝绿空间占比（%）	39.0	优：50以上 良：40~49 中：30~40 差：30以下	中	
绿色城市	6	生态环境	城市生态廊道达标率（%）	100	优：90~100 良：80~90 中：50~80 差：50以下	优	
绿色城市	7	生态环境	单位GDP二氧化碳排放降低（%）	29.5		良	
绿色城市	8	园林绿化	公园绿地服务半径覆盖率（%）	70.0	优：90以上 良：80~90 中：70~80 差：70以下	中	
绿色城市	9	园林绿化	人均公园绿地面积（平方米/人）	16.2	不设优 良：14.2以上 中：9~14.1 差：9以下	良	

续表

维度	序号	类别	指标名称	指标数值	对标依据	体检结果	备注
绿色城市	10	绿色建筑	新建民用建筑中绿色建筑占比（%）	71.7	优：70以上 良：60~70 中：50~60 差：50以下	优	
	11		新建建筑中装配式建筑占比（%）	20.0	不设优 良：15以上 中：10~15 差：10以下	良	
	12	绿色生活	城市绿道密度（千米/平方千米）	0.8	不设优 良：2以上 中：1~2 差：1以下	差	
	13		城市慢行道密度（千米/平方千米）	7.8	不设优 良：16以上 中：12~16 差：12以下	差	
	14		城市生活垃圾分类设施覆盖率（%）	55.3	优：50以上 良：30~50 中：10~30 差：10以下	优	
	15		城市市政污泥资源化利用率（%）	95.1	优：100 良：80~100 中：60~80 差：60以下	良	
	16	绿色设施	城市生活污水集中收集率（%）	79.4	优：70以上 良：61~70 中：50~60 差：50以下	优	
	17		城市生活污水处理厂平均进水（BOD5）浓度（毫克/升）	83.8	优：100以上 良：70~100 中：50~70 差：50以下	良	
	18		城市再生水利用率（%）	34.15	优：15以上 良：11~15 中：5~10 差：5以下	优	
	19		城市生活垃圾焚烧处理能力（%）	64.5	优：100 良：80~99 中：60~80 差：60以下	中	

续表

维度	序号	类别	指标名称	指标数值	对标依据	体检结果	备注
绿色城市	20	绿色建筑	城市厨余垃圾处理能力（%）	32.6	不设优 良：75 以上 中：60~75 差：60 以下	差	
	21		城市建筑垃圾资源化利用处置能力（%）	95.3	优：75 以上 良：61~75 中：45~60 差：45 以下	优	
	22		城市道路机械化清扫率（%）	77.7	优：90 以上 良：81~90 中：70~80 差：70 以下	中	
韧性城市	1	排水防涝设施	城市建成区积水内涝点密度（个/平方千米）	0.01	优：0.01 以下 良：0.01~0.05 中：0.05 以上~0.1 差：0.1 以上	良	
	2		标准排涝泵站占比（%）	57.2	优：50 以上 良：31~50 中：10~30 差：10 以下	优	
	3		雨水管网达标率（%）	47.2	优：— 良：80 以上 中：60~80 差：60 以下	差	
	4		水系贯通率（%）	100	优：— 良：80 以上 中：60~80 差：60 以下	良	
	5	海绵城市	海绵城市达标面积比例（%）	22.4	优：— 良：20 以上 中：15~20 差：15 以下	良	
	6		城市可渗透地面面积比例（%）	43.3	优：40 以上优 良：— 中：30~40 差：30 以下	良	
	7	市政基础设施	城市公厕设置密度（座/平方千米）	3.15	优：5 以上 良：3~5 中：2~3 差：2 以下	良	

续表

维度	序号	类别	指标名称	指标数值	对标依据	体检结果	备注
韧性城市	8	市政基础设施	城市供水管网漏损率（%）	5.39	优：— 良：10 以下 中：10~12 差：12 以上	良	
	9		城市排水管网改造修复比例（%）	96.0	优：— 良：30 以上 中：20~30 差：20 以下	良	
	10		城市水气热等管网及窨井盖安全隐患整治率（%）	94.1	优：— 良：80 以上 中：60~80 差：60 以下	良	
	11		城市各类管网普查建档率（%）	100	优：80 以上 良：71~80 中：60~70 差：60 以下	优	
	12	安全设施	城市应急备用水源供水能力（%）	54.5	优：— 良：30 以上 中：30 及以下 差：—	良	
	13		城市生活垃圾填埋场规范化整治达标情况（%）	0	优：— 良：全部达标 中：60 以上 差：60 以下	差	
	14		城市天然气应急储备能力（%）	8.4	优：— 良：双达标 中：一个达标 差：都不达标	中	
	15		城市消防站服务半径覆盖率（%）	62.5	优：— 良：80 以上 中：61~80 差：60 以下	中	
	16		城市人均避难场所面积（平方米/人）	1.29	优：— 良：1.5 以上 中：1~1.5 差：1 以下	中	
	17		道路无障碍设施设置率（%）	80.0	优：100 良：81~99 中：60~80 差：60 以下	中	
	18		人均城市大型公共设施具备应急改造条件的面积（平方米/人）	0.34	优：— 良：0.5 以上 中：0.15~0.5 差：0.15 以下	中	

续表

维度	序号	类别	指标名称	指标数值	对标依据	体检结果	备注
智慧城市	1	新基建设施	5G网络基站密度（个/平方千米）	10.9	优：— 良：10以上 中：8~10 差：8以下	良	
	2		公共场所Wi-Fi居民满意度（%）	82.0	优：— 良：80以上 中：60~80 差：60以下	优	
	3		公共充电桩供给率（%）	13.7	优：20以上 良：11~20 中：5~10 差：5以下	良	
	4	新城建设施	智慧管网覆盖率（%）（城市地下管网地理信息系统与安全运行监测系统）	100	优：100 良：81~99 中：60~80 差：60以下	优	
	5		城市综合管理服务（智慧城管）平台覆盖率（%）	100	优：100 良：81~99 中：60~80 差：60以下	优	
	6		智能停车场管理系统覆盖率（%）	100	优：50以上 良：31~50 中：10~30 差：10以下	优	
人文城市	1	城市特色风貌	新建住宅建筑高度超过80米的数量（栋）	0	优：0 良：— 中：— 差：非0	优	
	2		城市特色街区塑造情况	10.5	优：3以上 良：2~3 中：1~2 差：1以下	优	
	3		历史建筑平均密度（个/平方千米）	0.0119	优：0.1以上 良：0.05以上~0.1 中：0.01~0.05 差：0.01以下	中	
	4		示范道路和示范街区创建情况	12.25	优：3以上 良：2~3 中：1~2 差：1以下	优	
	5		古树名木挂牌保护率（%）	100	优：100 良：— 中：— 差：非100	优	

续表

维度	序号	类别	指标名称	指标数值	对标依据	体检结果	备注
人文城市	6	历史文化保护	城市历史风貌破坏负面事件数量（个）	0	优：0 良：— 中：— 差：非0	优	
	7		历史文化街区风貌整治面积占比（%）	—	优：— 良：非0 中：— 差：0		无历史文化街区
	8		已公布历史建筑利用率（%）	87.5	优：100 良：81~99 中：60~80 差：60以下	良	
	9		已公布历史建筑测绘建档挂牌率（%）	100	优：100 良：— 中：— 差：非100	优	

合肥开发区职住平衡研究

安徽正方体科技有限公司课题组

职住平衡是反映城市健康水平的重要指标。开展开发区职住平衡有助于优化开发区产业承接和人口集聚能力，促进开发区与中心城区基础设施和公共服务设施有机衔接，实现"科创—产业—生态—居住"融合发展。近年来，合肥市坚持"房住不炒"的定位，试点开发区职住平衡，是推动开发区产城融合和全市经济高质量的重要支撑。

开发区作为城市社会经济发展的重要载体，其职住关系对提升城市生产生活品质具有重要的实践价值。本课题选取合肥高新区、经开区、新站区为实证典型，创立建构评价指标体系，分析提炼职住关系特征，旨在为合肥市打造产城融合、职住平衡工作生活圈提出对策建议。

一、合肥开发区职住平衡研究基础

（一）开发区职住平衡基础理论

1. 职住平衡的定义

（1）职住空间关系。居住—就业空间关系简称为职住空间关系，是指城市居民工作地与居住地之间的空间联系与位置关系。职住空间关系是一个宽泛的概念，涉及职住空间平衡、职住空间分离、职住空间失配等多方面内容。

（2）职住空间平衡。职住空间平衡简称为职住平衡，是指城市在规模合理的一定范围内所提供的就业岗位与该范围内居民中就业人口数量大致相等，且大部分就业者可以就近工作，非机动车通勤占比较高，机动车通勤占比较低且出行距离和时间均较短。与之相对的是职住空间分离简称职住分离，指城市居民工作地与居住地在空间上明显分离，城市居民的通勤时间与经济成本过高，通勤舒适度较低的城市问题。

（3）职住空间错配。职住空间错配起源于 Kain 的空间不匹配假说，他认为在美国城市中通常由于黑人的居住隔离和就业岗位的郊区化，从而导致城市内少数族裔的失业率偏高、收入偏低、通勤距离大大增加。随着研究的深入，Kain 的研究对象逐步扩展到低收入群体、新移民以及妇女等弱势群体。

国内关于职住空间错配的研究称为职住空间失配，与之相对应的则为职住空间匹配。职住空间匹配主要是指在指定区域及空间内，就业需求与就业供给基本能相互满足，同时涉及就业人口的数量、文化程度以及职业类型等影响居民居住与就业区位选择及其变迁的重要因素，与职住平衡相比，职住空间匹配强调就业人口的社会属性特征，反之即为职住空间错配。

（4）职住分离。随着工业社会的兴起，居住地与就业地逐渐产生了分离，当就业者为了完成生产工作，需要到达固定的工作场所对不便带回居住地的机器进行操作时，职住分离的现象便随之产生。随着城市化的高速发展，国外某些学者已经提前关注到该问题，并提出职住分离的对应概念，即超过一定界定范围的通勤现象称之为职住分离现象。比如在1956年，邓肯在其发表的论文中提到，芝加哥居民的职住分离现象与收入存在较大关系。而如今研究职住关系的学者们之所以关注职住分离，更多的原因是把职住分离看作是职住平衡的一个概念。

2. 开发区职住平衡影响因素

（1）住房用地供给。住房用地既连着人才，也连着产业，更连着保基本民生和稳投资、稳预期。只有在有限的土地空间里，坚持把创新用地、产业用地、项目用地放到重要位置，在产业用地上挖潜保供应，在住宅用地上整合家底大扩容，增加安居房、人才房和公共租赁住房等各类住房用地供给，实现住宅用地和产业用地互为配套，良性发展，才能拥有来自"产城人"全面融合的强盛竞争力，进而留住产业，留住人才。

（2）交通规划发展。交通基础设施的布局包含对城市通勤结构的总体构想。交通规划发展的主要内容包括交通通勤服务功能和交通产业驱动能力。良好的交通规划发展一方面可以促进产业集群开发，推动产业发展和吸引就业人口，另一方面还可以为职工的日常出行提供方便，提高出行效率，促进开发区的高质量发展。

（3）公共服务配套。公共服务配套在职工生活环境中占据重要地位，尤其是教育和医疗卫生设施。吸引广大人才到合肥市开发区就业的关键不仅在于搭建广阔的就业平台，还在于营造舒心的生活环境，进而深化产城融合发展，增强人才的归属感和认同感，有效吸引更多的人才留在开发区，服务开发区。

（二）开发区职住平衡评价指标体系的建立

1. 职住平衡测度方法的研究进展

职住平衡是一个综合性的概念，不同学者基于不同的研究目的有着不同的定义和测度方法。本课题组从地域和个体两个视角出发，对测度方法进行梳理回顾。

（1）地域视角下的职住平衡。地域视角下的职住平衡一般包括数量、质量和匹配层面的职住平衡。从数量层面来看，职住平衡是一定区域内住房和就业岗位均衡的数量关系。空间上的职住平衡是土地管理和城市规划部门需要关注和实现的目标，这是通勤层面职住平衡的前提条件之一，直接决定居民是否能以最小成本、距离和时间实现日常通勤。描述职与住空间关系的指标非常多，主要包括平衡度、自足性、就业居住离散度、空间相异指数等。

（2）个体视角下的职住平衡。城市由在其中居住和工作的居民组成，政府各项政策的最终目标就是让居民的生活更加美好，因此很多研究中都强调了从个体层面研究职住平衡的意义。从个体行为的角度来看，长距离的通勤在很大程度上不仅仅归因于就业岗位与住房数量上的不平衡，而且归因于居住在本区域中和工作在本区域中的居民特征的差异。较短的通勤距离和通勤时间意味着个体层面的职住平衡。换言之，在一个区域内，当居民能够在一定的通勤距离内获得工作岗位，以及当就业者可在就业地附近获得充足的住房选择时，即代表实现了通勤层面的职住平衡。显而易见的两个测度指标分别是通勤距离和通勤时间。

在各种职住平衡测度方法中，平衡度、自足性和内外通勤比三种方法适合分析尺度为分区层面职住平衡的研究。就业居住离散度、空间不匹配指数和职住均衡度三种方法适合分析尺度为全市层面职住平衡的研究，而通勤距离和通勤时间则是用来测度个体层面职住平衡的指标。数据来源包括传统的统计年鉴、公报等官方发布的平台，针对居民个体行为的问卷调查及移动互联网时代下手机信令搜集的大数据等。在测度空间视角下职住平衡的方法中，职住比和自足性受到最多关注和应用，这两种方法都具有测算简单的优点。差异在于，职住比仅仅能够反映一个地区实现居民层面职住平衡的潜力，是一种数量上的平衡。简而言之，即使这一区域已经实现了空间上职住数量的平衡，市场分配和个体选择的最终结果依然不可避免地导致一部分人承受较长的通勤距离和时间。而质量上的平衡则由自足性体现，反映了本区域内工作且居住的总人数占比。然而，由于无法获得在区域中工作且居住的人数的数据，因而大量的研究都是选用数据获取相对容易的职住比来测度地区职住平衡。

通勤距离和通勤时间是衡量居民层面职住平衡的测度指标。通勤距离与交通量直接相关，主要适用于降低能源消耗、改善空气质量的政策性研究。相较而言，通勤时间是相对综合的指标，受距离和交通方式影响，能够更好地适用于检验工作者的通勤行为。然而，相同的通勤时间在不同城市所产生的心理感受不同。比如在北京、上海等一线城市，1 小时的通勤时间很平常，而对一些中小城市居民来说则难以接受，因此不同级别城市之间的通勤时间不能进行直接比较。

表 1　职住平衡测度方法一览表

测度方法	测度指标	核心基础要素	通用空间尺度	优势	劣势
职住比	职住数量比	就业岗位数量、住房数量	分区职住平衡	数据获取容易，计算简单，代表实现较短通勤的潜力	不能反映实质是否职住平衡
	昼夜人口密度比	就业人口数量、居住人口数量		数据获取容易，计算简单	不能反映实质是否职住平衡，居住、就业人口数量替代夜晚、白天人口数存在的误差
	就业居住偏离度指数	全市就业人口数、常住人口数，i 区常住人口数、就业人口数		数据获取容易、计算简单，代表实现较短通勤的潜力	不能反映实质是否职住平衡
	低收入者职住匹配度	低收入工作岗位数量、租金可负担的住房数量		计算简单，关注低收入岗位与低租金住房的区域内匹配，反映分区内低收入群体住房选择是否充足	不能反映实质是否职住平衡
	职住混合度	就业岗位数量、就业人口数量		数据获取容易，计算简单	指标着重衡量就业空间分异程度，缺乏对职住的直接考量
	百度热力图活动强度职住比	特定时间段全市活动人口数量，i 区活动人口数量		大数据具有大量、高速、多样、真实等特点	操作复杂；因数据基于手机 APP 数据，而不同年龄段的人群具有不同的使用习惯，因此所代表的样本群体具有一定偏差性；用活动人口数表征职与住将产生一定的偏差性

续表

测度方法	测度指标	核心基础要素	通用空间尺度	优势	劣势
自足度	自足度 自足性指数 居住独立性指数 就业独立性指数 职住分离指数 居住就业吸引度指数	在本区域工作的总人数，在本区域居住的总人数，在本区域工作且居住的人数	分区职住平衡	计算简单，可衡量区域内职住平衡实现的质量	数据获取困难
就业居住离散度		i区人口数，j区就业数，i区和j区之间的距离		引用信息论中熵的概念	计算过程相对复杂
空间相异指数		全市就业人口数、常住人口数、i区常住人口数、就业人口数	城市职住平衡	数据获取容易。计算简单，代表实现较短通勤的潜力	不能反映实质是否职住平衡
职住均衡度		居住组团i到就业中心的距离、居住组团的就业人口数量		反映实现较短通勤的潜力	不能反映实质是否职住平衡
内外通勤比		工作、居住同在、不同在本区域的出行次数	分区职住平衡	直接采用出行指标衡量反映职住平衡，旨在缩短通勤的时间	数据来源抽样调查可能与实际存在偏差
通勤距离		距离	个体职住平衡	通勤距离与交通量直接相关，适用于降低能源消耗、改善空气质量的政策性研究	不同等级城市的相同通勤时间给人们带来的心理感受差异很大，不同级别城市之间的通勤时间不具有直接的比较意义
通勤时间		时间	个体职住平衡	是相对综合的指标，受距离和交通方式影响，能够更好地适用于检验工作者的通勤行为	

综上，通过厘清职住平衡测度方法的研究进展发现，职住平衡的测度视角（地域视角与个人视角）和平衡度、自足性等测度指标可引入本课题评价指标体系，又由于综合考虑住房、交通、公共服务配套等影响因素，立足开发区发展实际，可增加通勤特征指标包括通勤距离、通勤时间等构建本课题评价指标体系。

2. 针对合肥市开发区的具体评价测度

本课题组在制定职住平衡评价指标时，综合考虑合肥开发区职住平衡影响因素、测度视角与方法，立足合肥开发区发展实际，统筹产业发展和城市管理工作，结合各开发区"十四五"规划目标，构建平衡度、自足性、通勤距离、通勤时间等评价指标，对合肥市开发区职住平衡现状进行分析评价。

（1）评价指标选取。①平衡度指标一般用职住比（就业—人口比率指数）表示，即一个特定地理单元内就业岗位总量与居民总量的比率，当职住比大于1.2时为就业导向型区域，职住比小于0.8时为居住导向型区域，职住比介于0.8~1.2时为平衡型区域。就业—

居住人口比反映就业人口容量和居住人口容量总体上是否匹配。②自足性是指研究单元内既在本地就业也在本地居住的人口数量占在此区域就业人口或居住人口数量的比重,能够反映居住和就业的匹配程度。③通勤距离和通勤时间是衡量居民层面职住平衡的测度指标,与交通量直接相关,是相对综合的指标,主要适用于降低能源消耗、改善空气质量的政策性研究,受距离和交通方式影响,能够更好地适用于检验工作者的通勤行为。通勤 OD 和通勤走廊则能很直观地展示居民层面交通的出行情况,可为交通系统改善提供参考。

(2) 指标计算。①平衡度指标。数量平衡一般采用就业—居住比例,即在给定的地域范围内的就业岗位数量与居住人口数量之比,反映地区内就业—居住数量上的平衡性。②自足性指标。在研究范围内居住的就业人口占全部就业人口的比重,为就业自足性;在研究范围内就业的居住人口占全部有就业的居住人口的比重,称为居住自足性。自足性越高,则表明研究范围内职住越平衡。③通勤距离和通勤时间。通过统计数据可视化分析获得通勤 OD 和通勤走廊,通过获得通勤距离和通勤时间。

$$就业自足性 = \frac{在研究范围内居住的就业人口}{研究范围内的就业人口} \times 100\%$$

$$居住自足性 = \frac{在研究范围内就业的居住人口}{研究范围内有就业的居住人口} \times 100\%$$

合肥开发区职住平衡评价指标体系如表 2 所示。

表 2　合肥开发区职住平衡评价指标体系

序号	评价视角	一级指标	评价指标	评价指标标准
1	地域视角	平衡度	就业—居住人口比	职住比大于 1.2 时为就业导向型区域,职住比小于 0.8 时为居住导向型区域,职住比介于 0.8~1.2 时为平衡型区域
2	地域视角	自足性	在区域内居住的就业人口与区域就业总人口之比	比值越大,职住越匹配,职住平衡度越高
3	地域视角	自足性	在区域内就业的居住人口与区域内有就业的居住人口之比	比值越大,职住越匹配,职住平衡度越高
4	个体视角	通勤效率	通勤距离	单程距离小于 5 公里的通勤人口比重,作为衡量城市职住平衡和通勤幸福的指标(根据 2022 年中国主要城市通勤监测报告)
5	个体视角	通勤效率	通勤时间	80% 通勤者 45 分钟可达是城市运行效率和居民生活品质的衡量标准(根据 2022 年中国主要城市通勤监测报告)
6	个体视角	通勤效率	轨道覆盖通勤比重	覆盖通勤比重越高,说明轨道对职住空间支撑作用越好
7	个体视角	通勤效率	轨道交通站点接驳度	该指标越高,此区域轨道交通站点与其他类型站点的接驳越好,代表该区域地铁对公交的换乘更便捷,市民出行选择更丰富,交通运转效率更高

（三）合肥开发区职住关系分析方法

1. 合肥开发区职住平衡研究对象选取

2021年10月，合肥市在合肥高新技术产业开发区率先开展"职住平衡"试点工作，合肥高新区范围内的新建商品住宅项目登记摇号销售时，在提供不低于30%比例房源优先用于刚需人群购房后，将同时提供不低于总房源30%比例的房源用于园区重点产业职工购买居住。2022年7月18日，合肥市住房保障和房产管理局发布调整职住平衡试点范围和房源比例的通知，在原合肥高新技术产业开发区试点的基础上，将合肥经济技术开发区（不含新桥科技创新示范区）纳入职住平衡试点范围。两者当前试点工作主要集中在住房保障方面。

合肥市有14个省级以上开发区，其中合肥高新区、经开区、新站区和安巢经开区为重点开发区，庐阳经开区、包河经开区、蜀山经开区为城区开发区，肥东经开区、肥西经开区、长丰经开区、居巢经开区和庐江经开区为县域经开区（见表3），所以综合考虑全市开发区重点发展部署、区域分布、产业经济带动能力和职住平衡工作基础等因素，本课题组筛选合肥经济技术开发区（以下简称合肥经开区）、合肥高新技术产业开发区（以下简称合肥高新区）、合肥新站高新技术产业开发区（以下简称合肥新站区）3个开发区作为重点研究对象。

表3 合肥省级以上开发区一览表

序号	开发区名称	批准面积（公顷）	主导产业	类型
1	合肥高新技术产业开发区	1850	家电及配套、汽车、电子信息	国家级高新技术产业开发区
2	合肥经济技术开发区	985	家电、装备制造、电子信息	国家级经济技术开发区
3	合肥蜀山经济开发区	1160	电商、电力电气	国家级经济技术开发区
4	合肥综合保税区	260	电子信息、装备制造、新材料	海关特殊监管区域
5	安徽合肥出口加工区	142	电子信息	海关特殊监管区域
6	合肥新站高新技术产业开发区	886.16	电子信息、装备制造、新能源	省人民政府批准设立的开发区
7	合肥庐阳经济开发区	370.46	钢材、包装、机械	省人民政府批准设立的开发区
8	合肥包河经济开发区	1596.68	汽车、新能源汽车、智能机械	省人民政府批准设立的开发区
9	安徽长丰经济开发区	2050.01	食品、农副产品加工、汽车	省人民政府批准设立的开发区
10	安徽肥东经济开发区	1216.91	食品、农副产品加工、装备制造	省人民政府批准设立的开发区
11	安徽肥西经济开发区	1339.5	汽车及配套、家电及配套、智能装备	省人民政府批准设立的开发区
12	安徽庐江经济开发区	514.1	机械、汽车零配件、电子	省人民政府批准设立的开发区
13	安徽巢湖经济开发区	335.01	医药、食品、燃气轮机	省人民政府批准设立的开发区
14	安徽居巢经济开发区	607.27	食品、农副产品加工、机械电子	省人民政府批准设立的开发区

资料来源：《中国开发区审核公告目录（2018年版）》、国务院相关批复。

2. 合肥开发区职住平衡现状分析与处理

（1）分析内容。结合本课题组的研究目标，本课题组分析的主要内容如下：①职住空间分布识别及分析。采用手机信令数据对三大开发区的职住用地进行识别。对手机信令数据与基站进行空间连接和位置匹配，获取基于基站的位置信息；对手机信令数据进行预处理，主要剔除手机信令数据因"乒乓效应"和"漂移"产生的噪声；识别用户的停留点；在停留点的基础上根据通勤时间特征进一步识别用户的目的地，包括居住地、就业地、其他用地；结合其他数据进行职住空间分布结构的可视化与分析。②开发区职住平衡计算及分析。在手机信令数据识别职住空间分布的基础上，进一步构建职住平衡评价测度指标，通过不同形式的职住比分别从数量与质量上进行测度，在空间尺度上分析各开发区的职住平衡情况。根据职住平衡评价测度指标，分析开发区职住分布的空间结构特点，以及对开发区发展的影响，进而对开发区空间规划提出可行性建议。③开发区通勤特征识别及分析。基于手机信令数据对开发区居民的通勤特征进行分析，重点关注跨区域通勤用户。构建开发区的通勤 OD 矩阵，并对开发区通勤网络进行可视化，分析各开发区的通勤廊道和通勤流向。

（2）处理步骤。①研究区域实验数据预处理。主要是对研究区域内数据准备、去噪等预处理工作。对于本课题组所使用的手机信令数据，需要依次进行基站扩样、基站匹配、删除重复及缺失数据、剔除"乒乓效应"、剔除"漂移"数据等预处理操作；对于实验所使用的各开发区行政区划数据，需要对其一一编码后与手机信令数据建立空间关联，实现手机信令数据与各开发区的映射。②职住用地分布识别。利用职住用地识别算法识别用户的居住地点和就业地点。首先，在得到预处理后的手机信令数据基础上进一步识别停留点，从停留时间和停留空间上设定阈值来识别用户出行轨迹中的停留点和途经点。其次，在停留点识别的基础上，根据用户一个月内晚上停留的地点及相应出现的频率识别出开发区内常住用户，根据用户一个月内白天停留的地点及相应频率识别开发区中的工作地点。最后，对常住用户的职住地进一步区分，通过工作日特定时段人们的出行目的，将停留点分为工作地、居住地和其他用地三类，进而实现对开发区职住用地的分布识别。③职住平衡测度指标计算。在确定职住用地分布后，对各开发区内的居住和就业人口数量进行对比，通过不同的职住平衡评价测度指标来反映区域的职住平衡程度。④通勤特征识别分析。在静态的职住空间分布的基础上，研究动态的人口通勤流动网络，分析各开发区的通勤特征。包括对各区域间的通勤 OD 网络进行可视化，构建通勤矩阵，分析用户通勤 OD 的流向和通勤廊道，分析各个区域通勤距离和通勤时间，继而得出对内对外的就业、居住吸引力大小。⑤识别结果验证。主要是利用 Spearman 进行相关性分析，与人口普查数据对比常住人口识别结果的准确性，对职住用地分布识别结果进行验证（见图 1）。

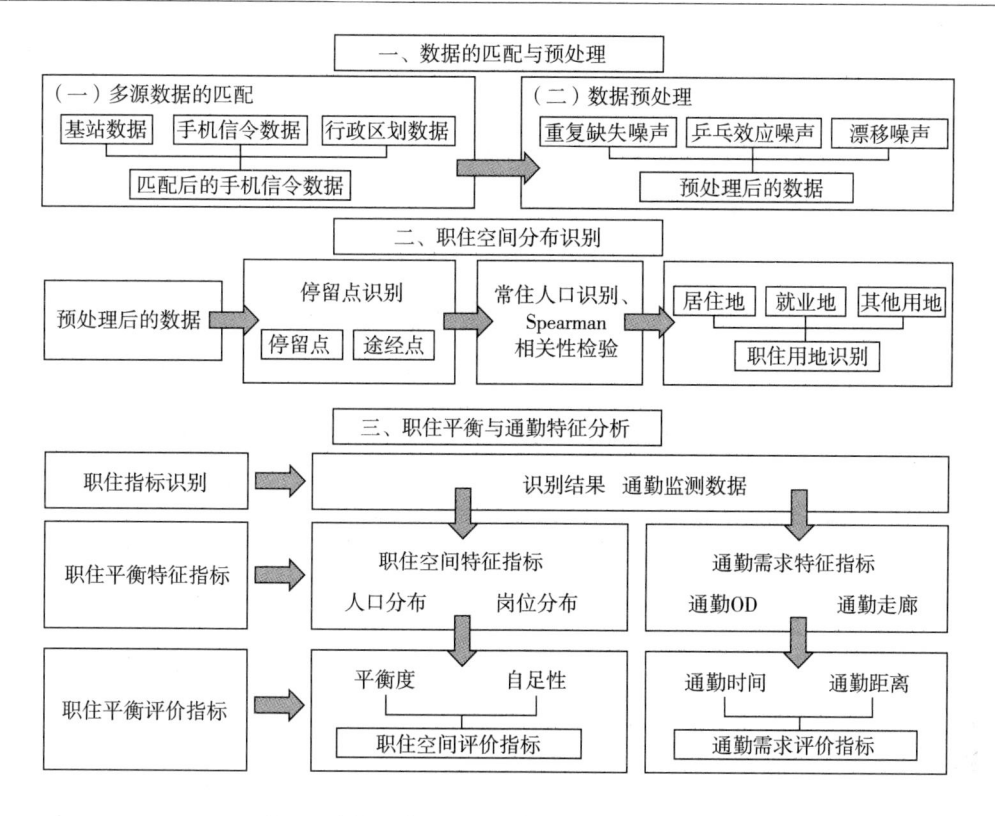

图1 合肥开发区职住平衡现状分析处理步骤

二、开发区平衡度分析

（一）开发区平衡度特征

1. 合肥高新区

（1）人口居住分布。合肥高新区常住人口约47.9万人，方兴大道以西人口较少，主要集中在大蜀山东侧及南侧，其次围绕蜀西湖周边分布（见图2）。

（2）岗位分布。约有44.2万人在合肥高新区内工作，合肥高新区岗位主要集中在玉兰大道东侧，其次集中在蜀西湖东侧即合肥高新区管委会一带（见图3）。

2. 合肥经开区

（1）人口居住分布。合肥经开区常住人口约61.3万人，主要集中在合肥经开区西片区，特别是合肥经开区西北生活片区及金寨路沿线，东片区人口则主要集中在宿松路沿线（见图4）。

（2）岗位分布。约有47.0万人在合肥经开区内工作，合肥经开区岗位主要集中在金寨路周边及宿松路沿线西侧（见图5）。

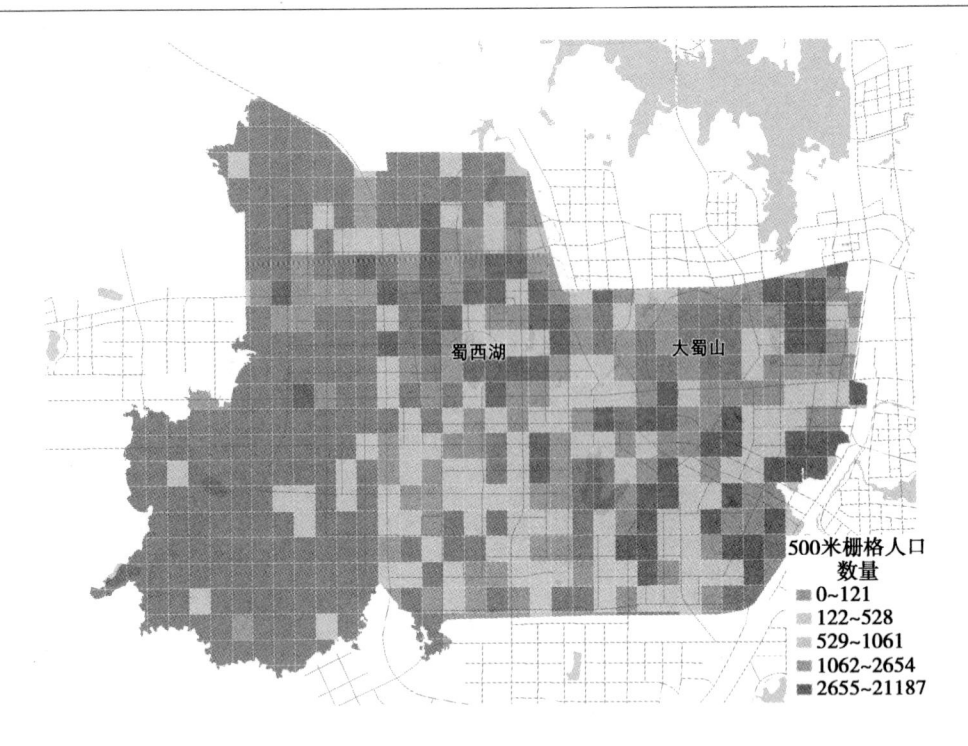

图 2 合肥高新区人口居住分布图

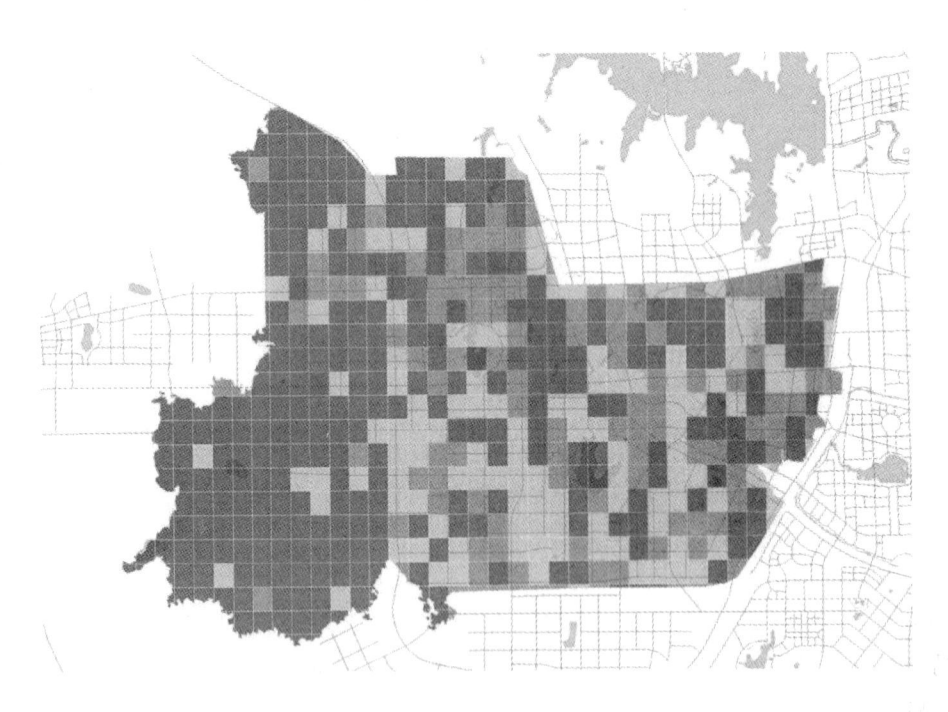

图 3 合肥高新区岗位分布图

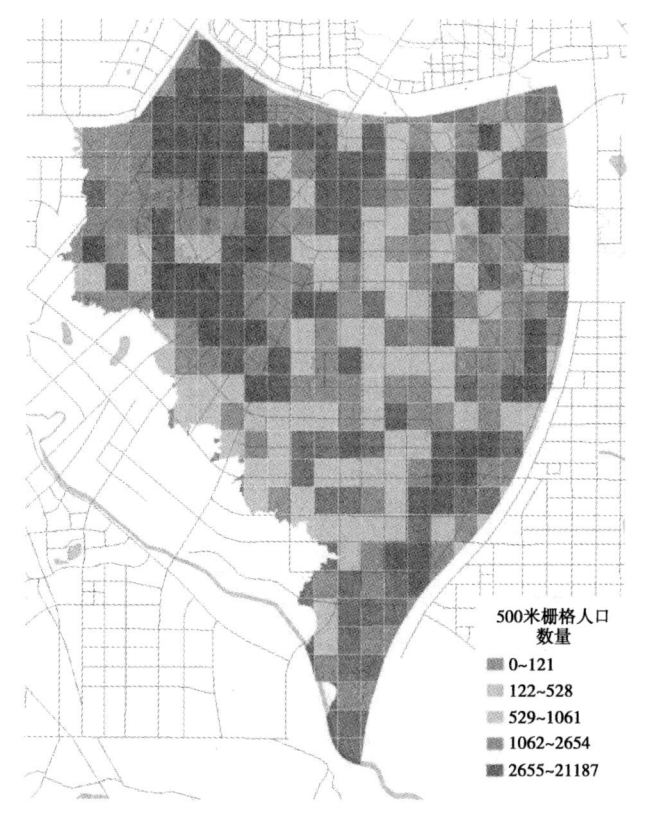

图4 合肥经开区人口居住分布图

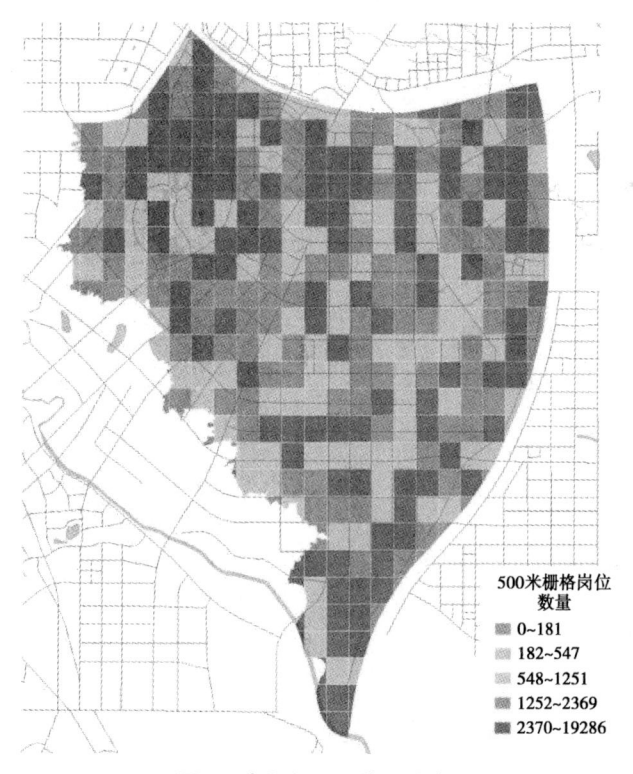

图5 合肥经开区岗位分布图

3. 合肥新站区

（1）人口居住分布。合肥新站区常住人口约48.0万人，主要集中在铁路以南，铁路以北则主要集中在大学城及陶冲湖公园周边（见图6）。

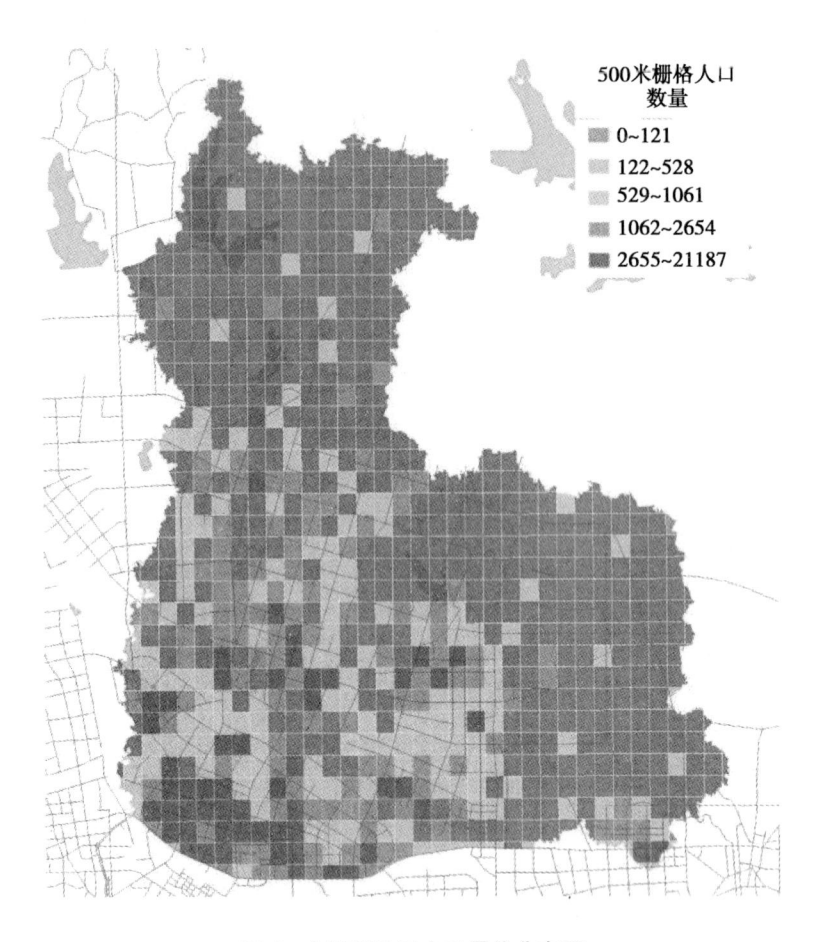

图6 合肥新站区人口居住分布图

（2）岗位分布。合肥新站区岗位约38.3万个，主要集中在铁路以南，铁路以北则主要集中在大学城及陶冲湖公园周边（见图7）。

（二）开发区平衡度影响

如表4所示，从平衡度看，高新区、经开区、新站区的平衡度（职住比）分别为0.92、0.77和0.80，其中高新区、新站区属于职住平衡区域，经开区则属于居住导向型区域。从空间分布看，三大开发区人口和岗位集中分布区域基本吻合，大致表现为"居住包围就业"呈圈层式外扩，经开区在整个区域内职住分布最为密集均匀，高新区、新站区职住圈层则呈现出环中心城区方向局部高度集中，部分片区职住适配程度不高，远郊区域呈现总体分散、小规模聚集的分布特点。同时，三大开发区居住人口数量都远高于岗位数量。

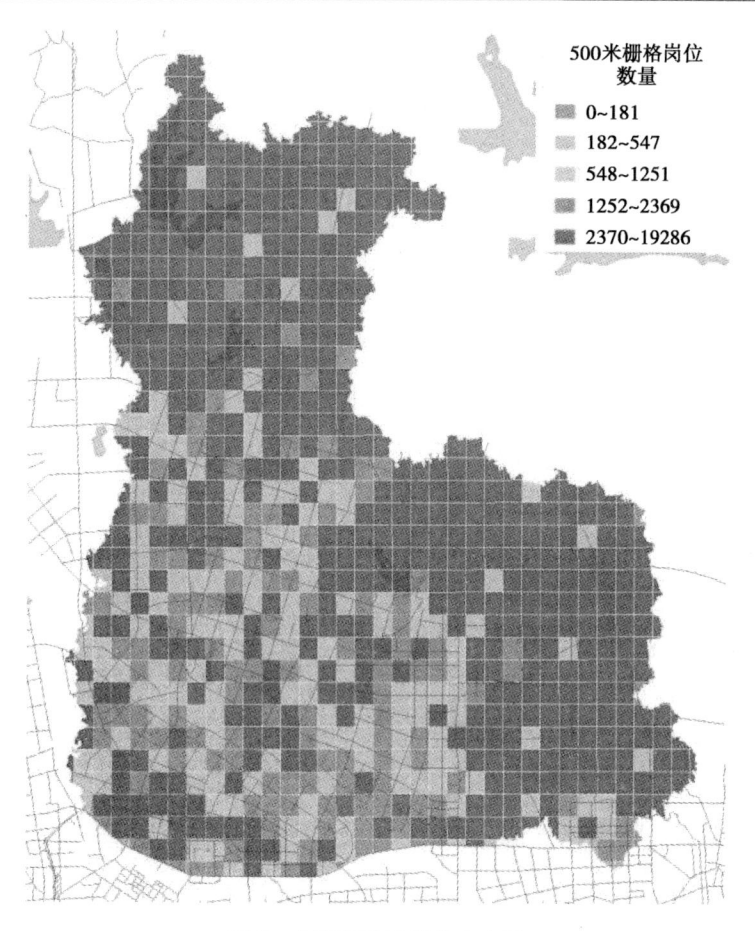

图 7　合肥新站区岗位分布图

表 4　合肥开发区职住关系平衡度指标

指标名称	单位	合肥高新区	合肥经开区	合肥新站高新区
常住人口	万人	47.9	61.3	48
工作岗位	万个	44.2	47	38.3
区域面积	平方千米	179	268.97	205
人口密度	人/平方千米	2676	2279	2341
岗位密度	个/平方千米	2469	1747	1868
平衡度（职住比）		**0.92**	**0.77**	**0.80**

三、开发区自足性分析

（一）开发区自足性特征

1. 合肥高新区

（1）就业自足性。居住在合肥高新区内的人主要在高新区内部就业，占比达到

43.7%，分别集中于合肥高新区管委会及玉兰大道东侧，合肥高新区外主要集中在政务区及蜀山区。

（2）居住自足性。工作在合肥高新区内的人主要在合肥高新区内部居住，占比31.3%，分别集中于汽车西站周边及玉兰大道东侧，合肥高新区外主要集中在蜀山经开区、西二环及集贤路两侧。

2. 合肥经开区

（1）就业自足性。居住在合肥经开区内的人主要在合肥经开区内部就业，占比达到39.0%，合肥经开区范围内主要集中在明珠广场片区工作，其余在合肥经开区其他区域均匀分布；合肥经开区外则主要分布在政务区及滨湖新区会展中心周边。

（2）居住自足性。工作在合肥经开区内的人主要在合肥经开区内部居住，约占40.4%，合肥经开区范围内主要集中于合肥经开区西北片区及金寨路两侧，一部分则主要沿宿松路分布，特别集中于合肥经开区南端莲花公园一带，周边企业主要包括熔盛机械有限公司、合肥熔安动力机械公司、江淮蔚来汽车厂等，剩下则零散分布于合肥经开区与滨湖新区交界处。

3. 合肥新站区

（1）就业自足性。在合肥新站区内居住的以及在本地工作的比例为38.3%，在合肥新站区居住的人主要集中在长虹工业园、瑶海区火车站片区及怀远路三十头镇。

（2）居住自足性。在合肥新站区内工作的以及在本地居住的比例为34.6%，人口主要居住在瑶海公园周边及瑶海区与合肥新站区交界处。

（二）开发区自足性影响

综上，合肥高新区、合肥经开区和合肥新站区的自主性（职住比）分别为0.92、0.77和0.80。从总体数量上看，三者职住平衡指数皆有较高水平，其中合肥高新区和合肥新站区基本属于职住综合平衡区域，合肥经开区则属于居住导向型区域。从平均水平上看，合肥高新区人口密度和岗位密度在三大开发区中皆处于最高水平，合肥新站区次之，合肥经开区最低，三者之间两极差距明显。

同时，由于产业类型、住房土地供给、建设时序、公共生活配套等不同因素影响，三大开发区自足性水平不高，职住平衡质量较低，同时存在差异，有待改善提高，其中合肥高新区就业自足性最高，岗位吸引力较强，合肥经开区和合肥新站区就业自足性次之，但差距不大；合肥经开区居住自足性最高，居住吸引力较大，合肥新站区次之，合肥高新区水平最低。

四、开发区通勤效率分析

（一）开发区通勤距离分析

1. 开发区通勤距离特征

（1）合肥高新区。合肥高新区单程平均通勤距离为10.3千米，中位数为6千米，5千米以内幸福通勤比重为 39.19%，2~4 千米和 15 千米以上通勤比重相近，分别占比 19.7% 和 19.19%，且在全区单程通勤距离中比重最大，远远超过其他通勤距离区段（见图 8）。

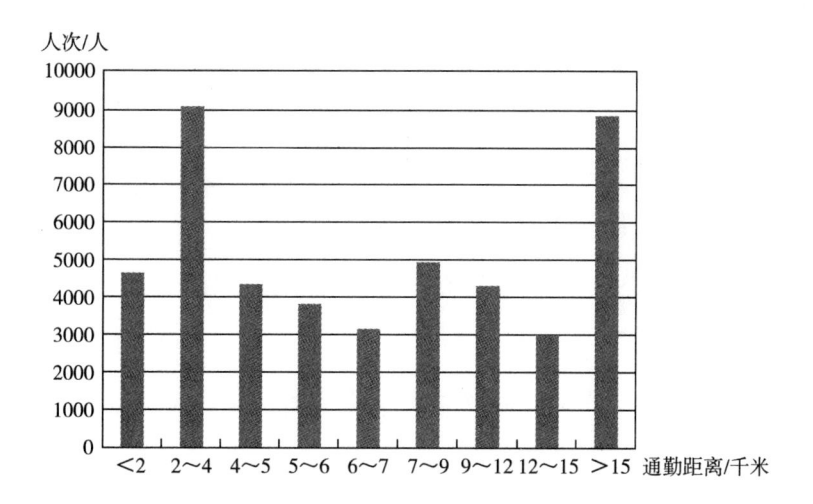

图 8 合肥高新区单程通勤距离分布

（2）合肥经开区。合肥经开区单程平均通勤距离为 10 千米，中位数为 7 千米，5 千米以内幸福通勤比重为 37.25%，2~4 千米通勤在全区占比最大，所占比重为 20.15%，其次则是 15 千米以上通勤占比，所占比重为 15.65%，剩余通勤距离区段中主要以 7~12 千米为主，其他均匀分布（见图 9）。

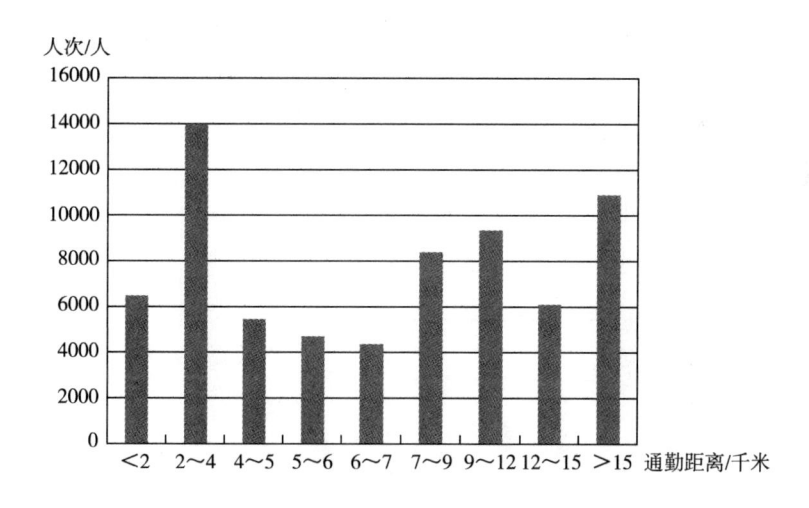

图 9 合肥经开区单程通勤距离分布

（3）合肥新站区。合肥新站区单程平均通勤距离为 11.9 千米，中位数为 8.1 千米，5 千米以内幸福通勤比重为 32.18%，15 千米以上通勤所占比重为 21.74%，在全区通勤区段中占比最大，其次则是 2~4 千米通勤占比，所占比重为 18.03%，剩余通勤距离区段中 7~9 千米和 9~12 千米占比较大，其他区段占比远远低于前述通勤区段（见图 10）。

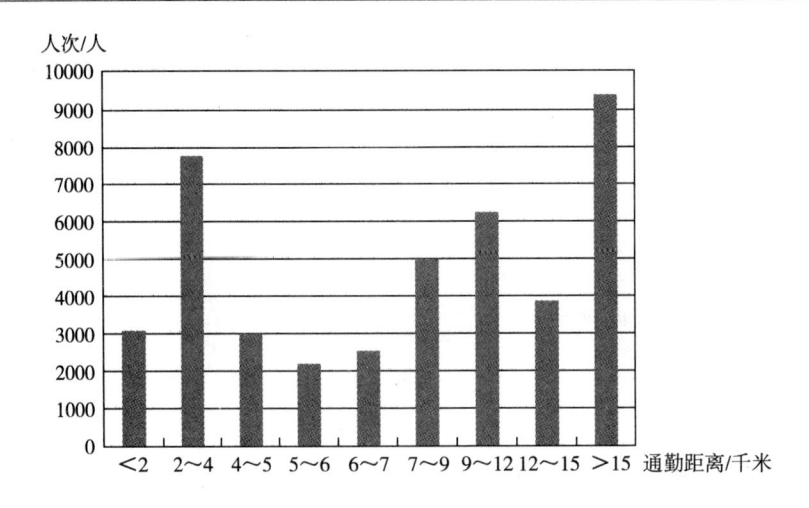

图 10　合肥新站区单程通勤距离分布

2. 开发区通勤距离影响

根据国务院第七次全国人口普查领导小组办公室编制的《2020 中国人口普查分县资料》划分出中国城市的最新格局，合肥市属于Ⅰ型大城市。在中国城市规划设计研究院发布的《2022 年度中国主要城市通勤监测报告》中，Ⅰ型大城市的单程平均通勤距离为 7.8 千米，5 千米以内幸福通勤占比为 54%，同比降低两个百分点；合肥市单程平均通勤距离为 7.6 千米，全市 5 千米以内幸福通勤占比为 52%，两项指标近两年无明显变化（见图 11）。

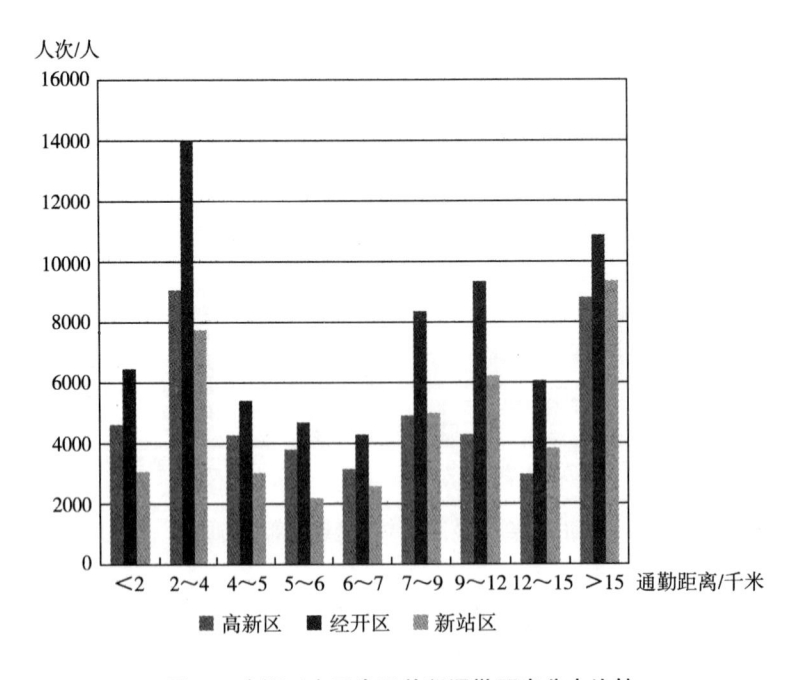

图 11　合肥三大开发区单程通勤距离分布比较

整体来看，无论是比较单程平均通勤距离指标还是5千米以内幸福通勤指标，合肥市三大开发区总体水平和单个开发区水平，较Ⅰ型大城市和合肥市指标现状，都远远不够理想，改善提升的空间仍然较大，总体呈现出单程平均通勤距离偏长，5千米以内幸福通勤占比偏小的通勤距离特征。其中，三大开发区单程平均通勤距离主要集中在2~4千米和15千米以上区段，其次则分布在7~9千米和9~12千米区段。分开来看，由于受到产业、居住、公共服务配套方面影响，合肥新站区的单程平均通勤距离、2~4千米平均通勤距离占比、15千米以上平均通勤距离占比和5千米以内幸福通勤占比都处于三大开发区中最差水平。合肥高新区5千米以内幸福通勤占比最高，合肥经开区15千米以上平均通勤距离占比最小（见图12）。

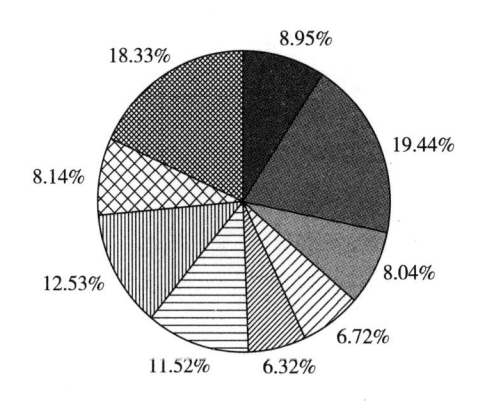

图12 合肥三大开发区单程通勤距离不同区段分布占比

（二）开发区通勤时间分析

1. 开发区通勤时间特征

（1）合肥高新区。合肥高新区单程平均通勤时间为30.9分钟，中位数为18.9分钟。6~18分钟通勤时间占比为37.36%，在全区单程通勤时间中占比最大，且远远超过其他通勤时间区段，45分钟以内通勤时间比重为80.81%，45分钟以上通勤时间比重与18~27分钟通勤时间比重接近（见图13）。

（2）合肥经开区。合肥经开区单程平均通勤时间为30分钟，中位数为21分钟。6~18分钟通勤时间比重为34.66%，在全区单程通勤时间中占比最大，45分钟以内通勤时间比重为84.35%，45分钟以上通勤时间比重与18~27分钟通勤时间比重接近（见图14）。

（3）合肥新站区。合肥新站区单程平均通勤时间为35.7分钟，中位数为24.3分钟。6~18分钟通勤时间比重为30.11%，在全区单程通勤时间中占比最大，45分钟以内通勤时间比重为78.26%，45分钟以上通勤时间比重较大（见图15）。

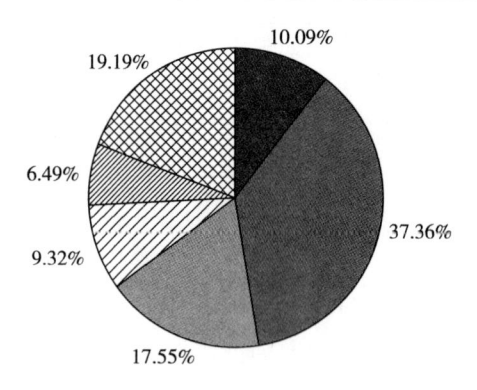

图 13　合肥高新区单程通勤时间分布

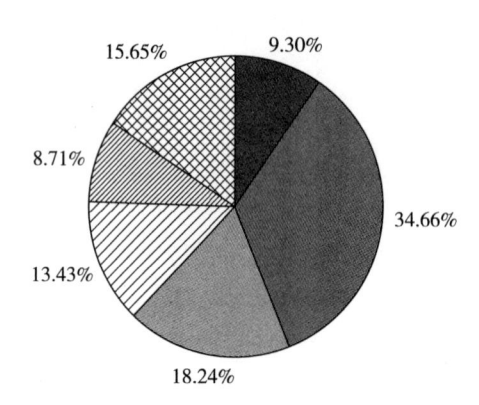

图 14　合肥经开区单程通勤时间分布

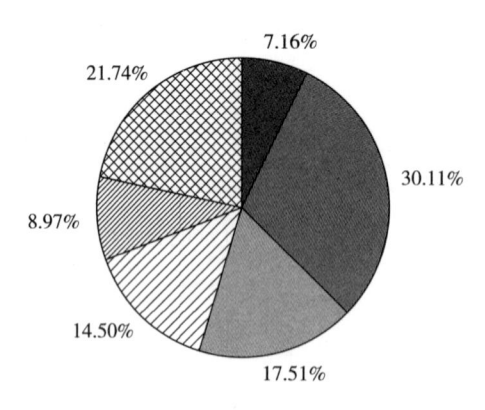

图 15　合肥新站区单程通勤时间分布

2. 开发区通勤时间影响

在中国城市规划设计研究院发布的《2022年度中国主要城市通勤监测报告》中，Ⅰ型大城市的单程平均通勤时间为34分钟，同比持平，45分钟以内通勤比重为81%，同比下降，60分钟以上极端通勤比重为9%，略微增加；合肥市单程平均通勤时间为34分钟，近两年无明显变化，全市45分钟以内通勤占比为79%，同比存在略微下降趋势，60分钟以上极端通勤比重为10%，无明显变化。

综上可以看出，合肥高新区和合肥经开区的单程平均通勤时间优于Ⅰ型大城市和合肥市平均水平，合肥新站区略微偏高。45分钟以内通勤比重指标中，合肥高新区基本与Ⅰ型大城市和合肥市平均水平持平，合肥经开区表现较优，合肥新站区距离达到平均水平仍有些许差距，三者城市效率都表现出较高水平，区域内部通勤状况良好，但三大开发区45分钟以上的通勤仍占有较大比重，皆存在一定的极端通勤现象（见图16）。

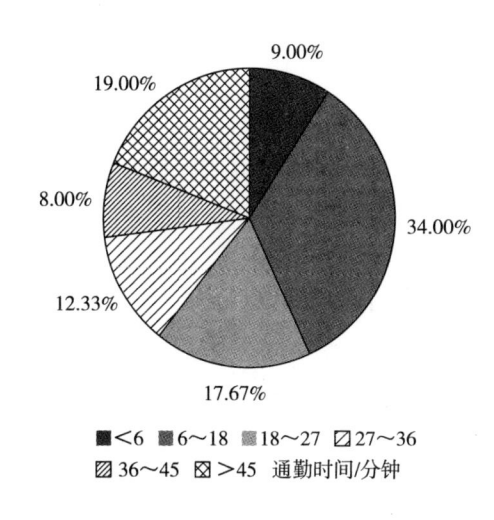

图16　合肥三大开发区单程通勤时间不同区段分布占比

（三）开发区轨道通勤分析

1. 开发区轨道覆盖通勤比重分析

根据2020年地理国情监测数据，合肥新站区在三大开发区中所含轨道交通线路最长，达到10.58千米，而轨道交通线路密度低于高新区和经开区，且处于全市落后地位，这主要是由于合肥北部人口密度相对低于中部和南部，且面积较大，发展也相对落后（见表5）。2021年底，轨道交通4号线、5号线陆续开通运营，由于两者也都经过高新区和新站区，所以高新区和新站区轨道里程和线路密度得到进一步提升。

表5　开发区轨道交通长度对比（2020年）

区域	线路长度（千米）	线网密度（千米/平方千米）
新站区	10.58	0.06
高新区	9.17	0.09
经开区	6.73	0.09

整体来看，合肥市三大开发区地铁站点500米服务区覆盖人口不到20%，总体偏低，合肥市开发区地铁建设尚在初级阶段。对比来看，虽然新建开通的4号线、5号线使其轨道交通覆盖人口能力得到进一步提升，但轨道交通线路目前仍然主要集中在人口稠密的主城区。高新区地铁站点服务能力接近全市平均水平，新站区和经开区则相对偏低，地铁覆盖度不足，居民选择地铁出行相对困难，一方面是这两个区面积较大、人口较分散，另一方面区域内轨道线路较为匮乏（见表6）。

表6 开发区地铁站点500米服务区覆盖人口对比（2020年）

区域	覆盖人口（万人）	占比（%）
新站区	3.35	9.66
高新区	2.95	14.31
经开区	4.36	11.66

2. 开发区轨道交通站点接驳度分析

轨道交通站点接驳度是指一个轨道交通站点周边500米服务范围内连接其他各类型交通站点的数量。该指标越高，此区域轨道交通站点与其他类型站点的接驳越好，代表该区域地铁对公交的换乘更便捷，市民出行选择更丰富，交通运转效率更高。2020年，合肥市市区平均每个地铁站点500米服务区内有2.57个公交站点，其中经开区平均接驳度与全市平均水平接近，最低的是高新区，平均每个地铁站500米范围内仅有1.66个公交站点。高新区和新站区这种接驳度较低的区需要加强地铁站点和公交站点的配套规划，提升公交和地铁的联动能力，以提高区域内公共交通综合水平（见表7）。

表7 开发区轨道交通站点接驳情况对比（2020年）

区域	轨道交通站点对公交接驳度
新站区	1.75
高新区	1.66
经开区	2.20

五、合肥开发区职住关系特征总结及启示

（一）局部产业用地比例高，职住分离现象明显

相较于重点开发区，县区开发区一般用地功能较为单一，以工业、新兴产业用地为主，居住、商业等配套用地相对缺乏，因此对于主城区和其他功能组团的依赖性较高，导致职住分离现象较为明显。以合肥高新区为例，园区内南岗科技园、柏堰科技园具有明显的县区开发区建设特色，园区内以产业用地为主，存在明显的"先职后住""先产后城"的建设时序特点，人口活动围绕就业展开，教育、住房等居住行为较为被动。

启示：合肥开发区在做顶层设计时，需纳入职住关系设计参数，整体看待社会经济与

人本需求之间的关系，科学规划住房、教育、医疗卫生等公共服务配套布局。

（二）交通设计阶段性规划现象明显，内部疏解能力有限

开发区一般规划布局有大量工业用地，前期规划单就某一地块进行规划，整体路网衔接不通畅，产生很多断头路、瘦身路，历史遗留问题导致反复施工建设，阶段性交通限行引起交通拥堵时有发生，规划隐形成本较高。尤其是合肥重点开发区，内部科技园区和企业建设园区众多，区内支路和次干路密度不足问题尤为突出，车位不足现象明显，因停车导致单行路出行等现象很多，进而导致内部交通疏解能力有限。

启示：产业园区建设和周边交通衔接尤为重要，在总体规划已定型的基础上进行城市更新，打造园区空间组团优化出行方式，激活交通"微循环"，渐进式疏解交通拥堵。

（三）产业集聚，高峰出行集中，具有一定潮汐现象

开发区相较市区分布有大量工作岗位，因此刚性出行比例高，早晚高峰出行集中，瞬间出行交通量大。以三大开发区为例，道路交通量早晚高峰特征明显，人流具有明显由市区向三个开发区方向早晚跨区出行的痕迹，潮汐现象明显，部分主干道路如长江西路、金寨路、铜陵路等跨区主干道路，早晚高峰出行时间接近平峰流量的2倍，出行成本日益加大。

启示：居住问题是导致出行潮汐现象出现的主要问题，在开发区尤其是产业园区内部和周边规划多样化的住房保障体系是解决这一问题的有效途径。

（四）地铁周边公共交通规划衔接不佳，对小汽车出行依赖较高

根据位置级差地租、竞租等理论，开发区往往布局于城区边缘。受资金、开发时序等影响，地铁、公交等配套基础设施在城市中心区投入较多，而外围区域相对滞后。合肥市内已建成的轨道线路多以串联开发区和城区为主，外围园区轨道线路建设均较为滞后。此外，常规公交的线网密度、发车频率也低于城区，对园区部分工作岗位集聚区支撑不足。加之通勤距离大，公交出行方式在长时耗面前吸引力大大降低，导致产业园区小汽车出行比例显著高于中心城区。

启示：基于绿色出行、交通成本等原因，公共交通将是疏解开发区职住分离、小汽车出行过于集中等问题的主要途径，规划园区级轨道交通线路、公交车接驳短途路线，合理配置共享交通等是园区串联内外交通的重要方式。

六、合肥开发区职住平衡政策建议

（一）强化职住平衡政策支持

将职住平衡纳入城市总体规划的核心内容，引导控制开发时序，将职住平衡的基础设施和公共服务体系建设纳入规划强制性内容。以提升城市功能品质为重点，将职住平衡纳入城市更新规划重点板块。将职住平衡指标纳入质量强区（县）考核体系，全力推进督查考核，省委、省政府将城市更新、城市功能品质提升，纳入对市县经济社会质量发展考

评中，制定促进职住用地混合的相关鼓励政策，对职住平衡经典案例，配套相关资金，并进行宣传推广。

（二）分类分片，推进职住动态平衡

持续推进合肥高新区、合肥经开区职住平衡试点工作，鼓励两大开发区依托两大开发区产业发展特色，形成可复制可推广的职住平衡发展案例，在全市开发区进行推广。高新区以园区为核心，形成组团式职住空间布局；经开区以社区为核心，形成组团式职住空间布局；新站区则以火车站周边由西南向东北逐级外扩，形成圈层式职住空间布局。强化城区开发区（庐阳经开区、包河经开区、蜀山经开区等）的"疏解"作用，聚焦TOD项目建设和城市更新，畅通交通，形成职住之间的良性互动。激发县域开发区"回流"潜能，坚持开发区特色发展、错位发展，规划配套公共服务设施，吸引在外县籍人口回流。

（三）构建多层次住房供应保障体系

制定技术人才认定细则，围绕不同人才出台差异化的住房保障政策，加大对蓝领工人的住房保障，探索构建以单身蓝领公寓、单身白领公寓、人才公租房、专业园区配套租赁住房、定向销售商品房、共有产权住房、普通商品房等为主的住房供应体系。探索存量非住宅类房屋临时改建为保障性租赁住房的可行性，制定保障性租赁住房的改建标准，逐步完善房源信息发布等配套政策。有效扩大保障性租赁住房供给，加大对中低收入家庭租赁补贴力度，覆盖新就业人员和基本公共服务人员，减少公租房实物供给。

（四）鼓励多主体开发保障性租赁住房

健全开发区租赁住房配建机制，提高园区工业项目配套建设行政办公及生活服务设施用地面积占比上限，增加建筑面积占比，增加部分全部用于建设宿舍型保障性租赁住房，优先面向产业园区工人出租。探索在成熟开发区建设大型租赁社区，为产业园区职工提供全方位租住生活服务。引导房地产企业转型经营，鼓励房地产企业规模化租赁经营开发区的配套住房。鼓励国有企业将自有存量住房盘活后优先用于保障性租赁住房；支持国有企业将符合条件的市场存量住房盘活为保障性租赁住房。探索将闲置和低效利用的现有商业办公用房、厂房等非居住存量房屋改建为保障性租赁住房的可行性。

（五）强化公共交通配套供给

优化调整常规公交组织模式，建立衔接轨道站点、串联功能组团的"换乘型"公交网络，灵活设置短驳公交，强化高频化、智能化。鼓励园区和大型企业参与公共交通线路及站点的规划。探索推进开发区建设园区微型地铁路线的可行性。建立差别化的交通需求和停车管理体系，城区开发区采用有偿错时共享和公建增配缓解"停车难"，城区周边开发区以配建为主，并加快"P+R"停车场建设。合理配置公共资源，在南岗科技园、柏堰科技园等园区，加大共享单车投放力度，缓解公共交通不足导致的出行困难等问题。

本课题组成员名单：张岩岩　伍雪洁　郎　晨

合肥市打造特色街区研究

安徽省城乡规划设计研究院课题组

党的二十大指出"高质量发展是全面建设社会主义现代化国家的首要任务""增进民生福祉,提高人民生活品质"。习近平总书记多次强调"推动高质量发展、创造高品质生活"。特色街区恰好是最能体现城市高质量发展、人民高品质生活的空间载体。合肥市作为长三角副中心城市,既要深度融合长三角一体化高质量发展,又要展现与长三角其他副中心城市的特色差异,特色街区的建设和发展极为重要,迫切需要深入系统地研究。

目前,城市建设的重点逐步从外围扩张转向内涵品质的提升上,更加关注城市风貌塑造和更新建设,特色街区集中反映了城市的独特风貌以及城市与城市之间差异化的存在,也是城市新活力的有力支撑。因此将课题的研究范围聚焦于合肥市中心城区,重点是蜀山区、包河区、瑶海区、庐阳区、高新区、经开区、新站区等区域,总面积约536.96平方千米。与长三角其他副中心城市南京、杭州、苏州相比,合肥市的特色街区在数量和质量上均存在差距,而且合肥不是国家历史文化名城,没有历史文化街区、历史风貌区等已获认定的特色物质空间载体,打造特色街区是唯一能够有效彰显合肥城市特色的手段。

本课题组梳理了特色街区内涵的相关理论、其他城市打造特色街区的相关实践后,总结认为当前特色街区的内涵定义逐渐清晰,特色街区发展方向逐渐成熟,特色街区塑造路径逐渐明晰。进一步分析合肥市特色街区发展历程,发现合肥市打造特色街区有基础、有实践,但同时也有压力、有不足,体现在合肥市特色街区数量不多、分布不均、内涵不明、品牌不显、业态单一、规模迥异、同质竞争、缺乏统筹等方面。结合现状问题导向、案例目标导向,明确界定合肥市特色街区准入的八项基本标准即地域文化内涵、街区风貌特色、具有主导功能、功能复合、非线型平面空间形态、空间集聚、开放性、管理运营。基于准入标准,建立特色街区识别方法,包括初步筛选、详细识别两个步骤,形成"最合肥"特色街区名录。以名录为合肥市打造特色街区的底图底数,构建特色街区发展体系,分级分类施策打造特色街区。

一、绪论

(一)研究背景

党的二十大指出"高质量发展是全面建设社会主义现代化国家的首要任务""增进民

生福祉，提高人民生活品质"。践行二十大精神，让人民群众在高质量发展中共享高品质生活。

习近平总书记多次强调"推动高质量发展、创造高品质生活"。立足新发展阶段，要顺应人民对高品质生活的期待，按照"十四五"规划和2035年远景目标纲要提出的要求，破除制约高质量发展、高品质生活的体制机制障碍，把扩大消费同改善人民生活品质结合起来，努力在创造高品质生活上实现更大突破。高质量发展就是能够很好满足人民日益增长的美好生活需要的发展。新时代新征程，城市发展要适应居民消费不断升级的需要，努力推动高质量发展、创造高品质生活，包括促进服务业繁荣发展、积极推动文化建设等内容。

1. 城市聚焦高质量发展

随着我国从粗放型步入精细化发展阶段，城市建设的重点逐步从外围扩张转向内涵品质的提升，城市风貌塑造和更新建设成为未来城市发展的主导方向之一。特色街区集中反映了城市的独特风貌以及城市与城市之间差异化的存在。在文化方面，特色街区展现了城市独特的气质和精神风貌，是城市文化最具代表性的场所，是城市个性的集中体现；在社会方面，特色街区是城市居民最具认同感和归属感的空间场所，是获得集体记忆、满足群体荣誉感的关键所在；在空间方面，特色街区是城市空间活动最为活跃的区域，是城市特色风貌的重要组成部分；在经济方面，特色街区是城市活力的源泉，是经济活动最为频繁的场所之一，可以有效激发地区的发展潜力、提升城市综合竞争力。

2. 人民追求高品质生活

中国特色社会主义进入新时代，我国社会主要矛盾已经转化为人民日益增长的美好生活需要和不平衡不充分的发展之间的矛盾。满足人民对美好生活的向往，就要实现人民高品质生活的需要。高品质生活代表了人民各方面需要均得到高水平保障和满足的一种生活状态。随着经济社会的发展，人民对美好生活向往的广度和深度不断拓展，具有多维性和递进性。

打造特色街区，让商业更兴旺、环境更优美、街区更智慧，能够让人民群众拥有更多获得感、幸福感。特色街区作为城市经济活跃的动力和引擎之一，能够有效提升市民生活品质，不仅提升一座城市的品位，更是造福一方百姓。

（二）研究对象

特色街区是依托一定的发展基础（人文、历史、功能等），整合一种或多种空间特征要素（历史遗迹、建筑风貌等），形成具有复合功能（商业、文化、旅游、体验等），最具活力和竞争力的城市空间集聚区。本课题聚焦于研究"合肥市特色街区""如何打造特色街区"两组关键词。

研究范围限于合肥市中心城区，重点是蜀山区、包河区、瑶海区、庐阳区，含合肥高新技术产业开发区、合肥经济技术开发区、合肥新站高新技术产业开发区、滨湖新区等区域的建成区，总面积约536.96平方千米。

（三）研究目的与意义

1. 研究目的

目前我国城市建设已经进入到一个新的阶段，从过去的大拆大建到渐进式的城市更新再到重视城市文化和社会脉络，着力提高城市人居品质。特色街区是城市新活力的有力支撑，是城市的名片，特色街区活力的保持与增长对城市可持续发展有着重要意义。已有研究多集中于具体项目或具体城市，并未清晰表达特色街区的固有属性，以及如何在名录繁多的城市空间中有效识别特色街区。大多数特色街区的研究仅停留在概念剖析和分类方式上，缺少理论研究与规划实践的对接，还缺少对打造特色街区路径的深入研究。本课题旨在总结梳理合肥特色街区建设成效和问题，以问题为导向，系统提出合肥打造特色街区的总体思路、具体举措。

2. 研究意义

合肥市打造特色街区是贯彻落实扩大内需战略的重要路径。坚持扩大内需战略，是在新发展阶段党中央作出的重大科学判断和战略部署。党的十九届五中全会和中央经济工作会议把"坚持扩大内需"提到了"战略基点"的高度。扩大内需战略的主要路径，包括促进就业、全面促进消费、拓展投资空间等方面。特色街区作为城市消费的集聚地和重要载体，是构建国内国际双循环相互促进新发展格局的有力抓手，是积极扩大就业、激发消费活力，促进城市繁荣、拉动经济增长的重要途径。积极打造特色街区成为合肥市城市建设、规划的重要内容，也是落实扩大内需战略的有效路径。

合肥市打造特色街区是提升城市品质的重要抓手。社会转型发展阶段，城市品质与形象的提升成为城市规划领域的新热点，特色街区作为城市形象塑造的重要组成部分、逐渐受到社会各界的关注。特色街区是传播城市文化、彰显商业个性、承载商业内涵的主要窗口，也是承载城市历史、展现城市文化、体现城市品位的重要空间载体。上海、南京、杭州、苏州等城市都十分注重特色街区建设，并取得了显著成效。合肥作为长三角副中心、省会城市，与长三角其他同类型城市在特色街区的数量和质量上都存在差距，合肥要实现全面深度融入长三角一体化的发展，需要加强对特色街区的研究与建设。

合肥市打造特色街区是回应人民对美好生活殷切向往的重要举措。特色街区与城市的经济、文化、社会、环境等多个方面有机互动，把生活与创业、文化与经济、历史与现代、传统与时尚、商贸与旅游等高度融合。一个城市的建设与发展离不开特色街区的建设与发展，特色街区是塑造城市名片的重要载体。打造特色街区是践行"人民城市人民建，人民城市为人民"的重要举措。

二、研究综述

（一）特色街区的内涵研究

1. 特色街区相关概念辨析

（1）特色商业街区。商业街是指零售、餐饮、服务等功能业态按照一定比例和规律布置的街道，而多条相邻的商业街所构成的区域则称之为商业街区。具有了一定文化内涵和空间风貌特征的商业街区才属于特色街区范畴。例如，武汉"楚河汉街"、德国柏林波茨坦广场等商业街区是特色商业街区；而模式化经营的商业综合体（如万达广场、银泰城、万象城等）则不属于特色街区范畴。

（2）历史文化街区。历史文化街区是经省、自治区、直辖市人民政府核定公布应予重点保护的历史地段，无论现状是否具有活力都属于特色街区。历史的街区（等同于老城（街）区、旧城（街）区、古城（街）区）是在城市范围内，存在着一定规模的历史遗存、却不那么集中连片，风貌大体一致、保护不完善的区域。历史的街区有可能现状功能衰败，活力不佳，但作为城市的策源点价值来说，具有成长为特色街区的潜力和基础，应该纳入城市特色街区体系中。

（3）旅游休闲街区。旅游休闲街区注重文旅融合，注重主题化、体验化和城市文化内涵的挖掘，在文化层面上"具有鲜明的文化主题和地域特色"，在场景营造和流量上赋能当地的历史文化传承要素，凸显旅游核心吸引力与休闲旅游精神层面需求的本质。旅游休闲街区具备旅游休闲、文化体验和公共服务等功能，融合观光、餐饮、娱乐、购物、住宿、休闲等业态，能够满足游客和本地居民游览、休闲等需求的城镇内街区，同时具有文化、特色，在一定意义上属于特色街区的范畴。

（4）其他类型街区。除上述各部门认定公布的特色商业街区、历史文化街区、旅游休闲街区外，还有特色文化街区、夜间文化和旅游消费集聚区、历史风貌区、历史地段、非遗主体文化街区等各类型的街区，也属于大众认可的特色街区范畴。

2. 特色街区内涵相关研究

近年来，日益趋同的城市形象引起人们对城市特色的关注，以及与之相关的各类空间形式的探讨，包括城市特色空间、特色街区、商业街区、特色文化街区、历史文化街区、主题街区、创意文化空间等不胜枚举，其中涵盖面较广的是城市特色空间。城市特色空间是指具有一项或多项突出的特色资源，并在此基础上进行了物质与非物质全要素的综合设计、管理，从而可以反映历史、展示风貌、促进发展、体现文化、凝聚活力，树立榜样的、尺度适宜的城市公共空间。研究认为城市特色空间包含四个关键属性，即公共性、差异性、映射性和艺术性。公共性是指城市特色空间的对象是公共空间，非开放的或者有限开放的空间即使有特色也并不包含在内；差异性是指该空间相对于城市其他空间和其他地域的差异；映射性是指对自然环境、历史文化及时代特征的集中映射；艺术性是指需要满足公共审美的需求，沉淀更多的艺术内涵。不难看出，特色街区是城市特色空间的重要组成部分，在街区意义上整合了城市特色的各项要素，成为满足市民与游客消费需求的重要场所和提升城市品位和竞争力的重要载体。

也有学者对特色街区的概念做了深入研究，较多研究聚焦于单个区域特色街区的建设与发展研究上，如杭州、武汉、桂林、苏州、青岛北区、永康等，更多研究专注于单个街区的历史文化、空间形态、商业旅游特色、开发模式的统括介绍，如上海的新天地、佛山的新天地、南京的1912主题街区、深圳的华侨城、天津的五大道、成都的宽窄巷等广为熟知的热门地区。

有文献对特色街区的定义做了完整表述，虽然表述方式不同，但内涵基本相同，均强调文化的独特性、城市各类功能的聚集以及街区的开放性。特色街区的分类体系较为复杂，研究角度的不同会产生不同的分类方式，较为常见的是以特色内容为依据的划定方法，比如历史特色、人文特色、功能特色。另外，还可以按照实施主体和形成方式进行划分，或者特色元素的存在状态及聚集形式进行划分（见表1）。

表1　特色街区的定义

文献	定义
王灵南．城市特色街区的分类体系与开发模式研究［D］．天津：天津大学建筑学院硕士学位论文，2007.	特色街区是以城市道路为骨架，以同质（主题）元素聚集或因某种突出元素的存在而产生较大吸引力、吸引大量相关元素聚集而形成的、具有一定规模的、开放性的城市区域。展开来说，即建筑或者空间环境，其本身在形态上、功能上或者所承载的活动等方面具有文化独特性，具有商业、餐饮、休闲、娱乐、健身、文化消费等功能特质
祁琳．武汉市特色街区发展研究［D］．武汉：华中科技大学硕士学位论文，2009.	特色街区是在商业街概念的基础上衍生出来的一个概念，是指体现城市文化特点，具有购物、餐饮、休闲、娱乐、旅游、居住等一种或多种功能特质的开放式街区。它能够全方位地满足市民与游客的消费需求，也能够提升城市品位和竞争力
宋祎．创意空间理念下的城市特色街区设计研究［D］．合肥：合肥工业大学硕士学位论文，2009.	城市中建筑或者空间环境，其本身在形态上、功能上或所承载的活动等方面上具有文化独特性的地段。它是具有商业、餐饮、休闲、娱乐、健身、文化消费等功能特质的开放性街区

3. 特色街区内涵定义

特色街区在城市规划领域并没有明确的定义，在国家旅游业行业标准中，对旅游特色街区有明确的定义，即明确有一定的知名度，有一定的范围及规模，在功能上要具备游览、餐饮、休闲娱乐、购物、文化展示等特色功能；在管理上，要具备专门的机构负责管理与经营；在街区组织模式上，需要是开放式街区，包括特色商业街、餐饮街、娱乐休闲街、历史文化风貌街等街区。参照旅游特色街区的概念，本书从"特色"和"街区"二词着手，尝试理解特色街区的相关概念。

（1）特色定义。特色是一个事物或一种事物显著区别于其他事物的风格、形式，是由事物赖以产生和发展的特定的具体的环境因素所决定的，是其所属事物独有的。

（2）街区定义。街区的概念起源于欧美，人们通常提到的街区，是城市的重要组成单元，是城市生活的集聚地，街区伴随着城市的发展不断更新、演化、变迁，街区活力也随着这种生长向繁盛和衰败两个方向发展。

（3）特色街区内涵定义。特色街区是"特色"与"街区"二者的有机构成，是街区在形式与内涵上的拓展与延伸。"特色"一词的内涵随社会时代的进步、审美变化而不断变化，因而城市特色街区并无确切的阐释。但依据街区性质、功能等特征的不同，特色街区有一个相对全面的阐释。城市特色街区是指承载历史、时代文化和地域民族、自然特色，能满足人们聚会、购物、休闲、餐饮、娱乐、观光、游览等多种功能的开放式街区。本质上，特色街区是相同类型特色元素的聚集或是一种或几种突出元素的强吸引力而引发大量与之相似或互补元素的集聚而形成的商业、文化、生态生活的多元互动、多元融合的城市公共空间。城市特色街区对于城市高品质空间的营造、特色及品位的提升，以及城市核心竞争力的打造具有重要作用。因其特征所具有的开放性与商业功能特征匹配，目前城市特色街区多指具有商业性质的开放街区，首先按照建筑年代、建筑风格、文化内涵，可将特色街区分为两大类，即现代型特色街区和传统型特色街区。按照功能性质可划分为4种类型：以购物功能为主的商业特色街区，如合肥淮河路的步行街；提供种类繁多，具有地方特色和民族特色的各类小吃、餐饮的美食特色街区，如罍街小吃街、武汉的户部巷等；以浓郁的民族特色或民俗文化为其内涵，在建筑风格、餐饮习惯、风俗服饰、民俗活动、手工艺作品等多个方面体现多元、多样、多彩的特色文化的民俗风情特色街区，譬如西安的回民街、合肥的半边街、罍街AS1980；具有一定文化底蕴、历史文化内涵、历史积淀，能够彰显一定历史阶段传统风貌的历史文化特色街区，如合肥的城隍庙、扬州的东关老街、黄山的黎阳老街等。

（二）特色街区发展的相关研究

1. 国外特色街区的发展历程

国外城市特色街区发展起源于商业步行街，大致经历了四个发展阶段，分别是以改善城市交通为目的的阶段、单纯为了维持商业吸引力的阶段、体现人情味和人文关怀的阶段、创造城市社会活动场所的阶段。

特色街区的发展十分成熟，如法国香榭丽舍大道、英国牛津街、美国第五大道以及日本银座。香榭丽舍大道被誉为巴黎最美街区，最早起源于1616年，19世纪发展为以汇聚世界一流的时尚品牌商店，尤其是服装和香水的特色街区。伦敦的牛津街是由交通干道演变而成的特色街区，这条城市线路于18世纪末期开始建设，最终成为拥有数百家老牌百货店和大型商场的购物街区。纽约的第五大道于20世纪初兴起摩天大楼的建设热潮，聚集起大量奢华品牌商店，最终形成一条现代城市街区并享誉全球。东京的银座是日本最大最繁华的商业街区，17世纪初开始萌芽和发展，如今已是由8个丁目组成的包含餐饮、咖啡厅、酒吧、画廊、剧院、歌舞厅、夜总会、百货商店等功能的著名特色街区。

（1）以改善城市交通为目的的阶段。20世纪60年代后期，汽车的普及造成许多城市中心区变得拥挤不堪。人们认识到机动交通对城市结构所产生的破坏作用，于是在拥挤的地段实施了关闭车行交通的措施，但因此却带来了意想不到的商业成功。由此可见，加强城市中心区的交通管理是第一代步行商业街产生的直接原因。但由于步行街建设尚处于起步阶段，所以存在着形象不佳、缺乏吸引力等问题。

（2）单纯为了维持商业吸引力的阶段。为了保护并且刺激城市中心商业街区的发展，与郊区购物中心进行竞争，许多城市在中心区建设步行街，鼓励商业行为，力图吸引顾客，以防止城市中心区的衰退。由于交通环境的改善，很大程度上提高了步行街商店的营业额，但盲目建设，缺乏人情味，让相当多的步行街以失败告终。

（3）体现人情味和人文关怀的阶段。这个阶段的步行街区重视人的行为和环境的关系，增加了许多装饰和街道家具，如绿地、彩色路面、街头雕塑、座椅等，从而增添了亲切宜人的氛围。多数步行街的建设都注重在环境中突出传统和文化的氛围，让人们在购物后，仍然愿意留在这里休憩和相互交往，享受优美的环境氛围。一些步行街关注与周边地区商业环境的联系，呈现出向步行街区的过渡。由于这个阶段的步行街区给商店带来了新的繁荣，社会文化和环境也因此得到改善，步行街重新得到人们的喜爱，但是仍然以谋求中心区的商业利润作为目标。

（4）创造城市社会活动场所的阶段。步行街区在形态上呈现出很大的改变，如几条步行街相互连接，街的两端配有广场，地下步行购物中心兴建等，使商业环境更具活力。在保护市中心的历史建筑和文物的同时，步行街区内出现了多种社会文化活动，如艺术展览、音乐会、庆典和政治集会。步行街区不仅是文化中心，也是政治中心。在这里，人们的行为方式非常丰富，在轻松氛围中享受人与人之间交往的乐趣，城市步行街区强化了人们的文化认同感，成为城市中最活跃的社会活动中心，甚至成为城市的象征。

2. 我国特色街区的发展历程

国内城市特色街区建设时间较短，发展至今主要经历了三个阶段，即20世纪80年代注重经济效益的阶段、20世纪90年代注重环境品质的阶段、进入21世纪后注重城市文脉延续的阶段。其中2010年以前对特色街区建设的研究主要集中在特色街区的概念、特色街区的开发、特色街区的打造、特色街区的设计、历史特色街区的保护等方面，2010年至今对特色街区建设的研究主要集中在城市更新、一体化运营等方面。

（1）20世纪80年代注重经济效益的阶段。商品经济的发展和"城市文化复兴运动"开启了我国城市特色街区建设的萌芽。以20世纪70年代末80年代初的改革开放为标志，我国城市发展驶入了全面加快发展的轨道。一方面，国内市场经济的发展，促使以恢复中国传统街道商业经济为主的城市特色街区逐渐兴起。另一方面，深受国外"城市文化复兴"等城市运动的影响，我国文化界也掀起了一股以恢复传统历史文化街区为主要内容的"城市文化复兴运动"，进一步推动了城市特色街区的兴起。1980年苏州观前街被成功改造为商业步行街，标志着我国第一条特色街区的诞生。但是，对于我国特色街区的整体发展而言，由于经济条件的限制和城市设计理念的缺乏等原因，这一时期我国城市特色街区的规划建设并没有获得预期的效果，这股城市特色街区建设热潮很快就消退了。

（2）20世纪90年代注重环境品质的阶段。大规模旧城改造和城市经营思想的流行助推我国城市特色街区建设的二次起航。20世纪90年代中后期，随着城市化的快速推进和经济社会发展水平的大幅提升，我国城市发展开始进入以旧城改造为重点的大规模城市建设时期。为适应城市全球化竞争的客观形势，同时深受国外城市经营思想的巨大影响，在"特色就是品牌、特色就是竞争力"与"20世纪80年代竞争靠外资、90年代靠政策与服务、21世纪靠环境"的城市竞争理念的驱动下，加之国内城市设计的逐步发展，我国城市特色街区建设再次扬帆起航。从1997年的哈尔滨中央大街改造建设开始，其后北京的王府井大街、上海的南京路也相继改建成为步行商业街并获得成功，由此在国内再次掀起了一股城市特色街区建设热潮。

（3）21世纪后注重城市文脉延续的阶段。城市发展转型和城市形态的演变推动我国城市特色街区建设持续不断向前发展。进入21世纪以来，我国城市化发展逐步步入这个

"跳跃性"发展阶段（也就是我国所称的全面转型发展阶段），城市发展模式与城市形态开始呈现后工业社会的发展趋势。其主要的表现就是城市产业功能由生产型向消费型转变，城市空间形态由经济主导型向人文生态型转变，"城市，让人们生活更美好"逐步成为城市的现实追求，积极打造宜居、宜业、宜商、宜游的城市环境已经成为城市发展的共同目标。这样的时代背景下，作为集城市文化、商业、美食、娱乐、休闲、旅游、时尚多功能于一体的特色街区，自然备受城市管理者、广大市民和旅游爱好者的共同青睐。随之，特色街区的大量规划建设亦成为当今城市发展的必然。

（三）我国城市打造特色街区的实践经验

中国自古就有特色街区存在，在唐宋时期更是出现了同时满足商业与居住等多种功能的特色街区，而今特色街区更是发展迅速、类型繁多。

1. 上海以风貌保护为基础打造特色街区

（1）发展历程。上海市特色街道塑造以历史文化风貌保护为基础，规划先行引领特色街道塑造。2005 年完成了《上海市中心城历史文化风貌保护道路规划》，基于《上海市历史文化风貌区和优秀历史建筑保护条例》确定的 12 个历史风貌区，为保护历史建筑、城市肌理和中心区的空间格局目标，以街道为载体，延续历史文化环境的完整性和原真性。上海市塑造特色街道包括两个大部分，一部分为目标街道的选择识别，另一部分是针对判定的街道提出的控制要求和提升策略。

（2）特色街区的判定。上海对特色街道的判断从与街道有关的物质要素和非物质要素入手，确定了判别的依据（见表2）。以历史建筑的保存情况和沿线景观环境判别为主要依据，街道形态、街道家具、路名、历史事件等作为判别的次要依据。

表 2　上海特色街道判定依据

判定权重	风貌保护道路依据
主要依据	（1）保护建筑和保留历史建筑较为集中，且高度、风格等相对协调统一 （2）沿线绿化、庭院良好，古树名木众多，环境和景观优美
次要依据	（1）道路宽度和尺度宜人，街道界面和空间富有特色 （2）行道树序列完整，路面铺砌、街道家具富有特色 （3）构成整体风貌格局的核心组成道路或线形变化富有特色道路 （4）路名富有特色，或曾发生过重要的历史事件、有一定知名度的某种功能和特色行业集聚的道路

（3）控制要素及提升策略。在识别成果的基础上，《上海市中心城历史文化风貌保护道路规划》又将选取的街道从建筑的分布数量、风貌识别程度、规划控制程度进行分类。进一步细分出建筑密度、街道形态、行道树等控制要素。除此之外，梳理了上海中心城区的道路交通状况，提出了五条具有针对性的交通提升措施（见表3）。

表3 上海历史风貌保护道路控制要素及交通策略

五种街道控制要素	五类交通策略
(1) 建筑高度、建筑密度、建筑容量 (2) 高宽比、后退红线距离、建筑间距 (3) 建筑风格、建筑形式、色彩 (4) 行道树、沿线绿化带、地块内绿化、围堵形式 (5) 建筑使用性质、鼓励设置商业设施、禁止设置商业设施	(1) 控制交通源，减少交通总量 (2) 通过交通管理，限制交通方式 (3) 通过工程措施扩容 (4) 通过轨道交通建设、鼓励使用地面公共交通和步行等交通模式的构成比例、减少对路面的占用 (5) 加强管理，严惩违反交通法规的行为

2. 北京以历史文化保护为基础打造特色街区

（1）发展历程。北京由于其首都的政治文化中心的城市特点，特色街道打造建立在历史文化保护的基础之上。2005年，北京在较为集中的老城区率先完成了特色街道的规划。从旧城街道的典型问题入手，进行了典型街道个案的研究，并结合相关文献确定了特色街道选取识别的原则对特色街道进行了分类，还针对各类型的特色街道提出保护及发展的策略，使北京旧城内的特色街道有较明确的识别成果及较有效的发展策略。

（2）特色街道的识别。北京旧城特色街道的识别原则是根据街道的物质和非物质要素层面出发，综合考虑确定了几条原则：在街道空间环境方面可以体现首都文化元素的，具有浓郁的历史传统风貌的；在街道活动方面需具有北京城市特色的活动，或记载了北京密集的城市发展的信息。该规划中任何符合这几点中任何一点的街道都可以确定为特色街道。基于以上标准，共识别特色街道88条。

（3）特色街道的分类。对于特色街道的分类，由于北京特殊的古城历史，以及长期的首都职能，特色街道分类较一般城市丰富。包括七类：皇城风貌特色、传统居住特色、传统商业特色、历史文化特色、休闲旅游特色、民族风情特色以及近代建筑特色。其中：皇城风貌特色及民族风情特色及近代建筑特色均为首都特有的特色街道种类，还有传统居住特色、传统商业特色、历史文化特色和休闲旅游特色等几类特色街道。

（4）特色街道的更新与发展策略。北京旧城特色街道的更新与发展策略从沿街建筑保护与更新、街道绿化及设施保护与更新以及特色街道空间网络的形成三个方面进行了研究。

3. 成都以建设实施为导向打造特色街区

（1）发展历程。成都特色街道打造起于2014年，首先编制成都市中心城特色风貌街道专项规划，对特色街道以及成都的街道历史进行了系统的研究。从概念的释疑、内涵解读等特色街道基本含义，到成都的自然环境、民俗文化，以及街名文化进行了详尽的研究。除此之外，该规划对美国、欧洲、中国台湾等街道设计较先进的地区进行了案例研究，以支撑成都特色街道的规划。在规划的核心部分，依然是特色街道的识别选择与发展策略。与其他特色街道规划不同的是，成都特色街道规划提出了建设引导及实施策略，是目前为止较为完善的城市特色街道规划。

（2）现状问题的发现。在现状调研及文献研究的基础上总结出成都特色街道的现状问题,包括历史积淀厚重,资源禀赋突出,但规模化遗存较少;城市特色风貌提升破碎化、不成体系;历史文化规划体系较完善,但空间落实欠缺;快速的城市发展对历史遗存冲击较大,消失速度快。这几方面的问题是多数历史文化名城存在的问题,而特色街道的专项规划正是要以街道为特色载体,提升更多的可使用特色空间。

(3) 特色街道的识别。成都特色街道的识别遵循前期对特色街道释义的研究,即文化、活力、景观三个维度,即可以体现成都历史文化内涵、富有特色的街道活动内容、浓郁的传统建筑风貌和街道景观特色。在此原则基础上,进行了进一步量化的选取标准,如表4所示,以增加实施的可操作性。将特色街道的识别原则诠释为:无更改格局的历史街道、拥有特色名称的街道、点状文化影响下的街道以及很多人拍照的街道,通过具体的技术手段识别特色街道。在识别的初步成果中,进一步按照以下评分体系修正结果最终选取特色街道60条分布在全市范围内(见表4)。

表4 成都特色街道识别准则

	一级标准	二级标准
代表性	历史价值 (25分)	A. 街道内存在历史建筑
		B. 街道内发生过重要历史事件
		C. 街道名称具有一定历史文化特色
	文化内涵 (25分)	A. 街道内延续了一定历史文化
		B. 街道内延续了传统民俗文化
		C. 街道内呈现了一定特色现代文化特征
	景观价值 (25分)	A. 街道空间具有独特的景观环境
		B. 街道作为地区的景观地标
完整性	(25分)	A. 建筑保存完整度
		B. 沿街风貌连续度

(4) 特色街道的完善及提升。建立分级展示利用体系。将城市特色街道作为串联城市块状、点状特色要素的重要连接方式,建立"总体风貌格局—特色风貌片区—特色风貌街道—特色点状记忆"的四级展示利用体系,进一步完善城市特色提升这一重要使命。

控制引导特色街道及附近片区。为保存特色街道的空间尺度、优化空间环境品质,强化风貌特色,对特色风貌街道提出了控制原则及具体的控制要点。控制原则为不拓宽、不减绿、不增高、不破坏风貌特征以及不破坏传统文化。控制要点针对8类特色街道的控制要素,提出相应的控制要点,如表5所示,以保证风貌特色的延续。

表 5　成都特色街道控制要素

要素类别	特色街道控制要素
建筑	建筑风格、建筑色彩、沿街建筑高度、街坊内建筑高度、建筑密度
底层形式	贴线率、沿街界面形式、建筑面宽与高度比
人行道	宽度、铺装
绿化	行道树、沿线绿化带、地块内绿化
街道家具	风格
交通	步行道、单向交通、设置公交专用道
沿街业态	鼓励设置商业、禁止设置商业
D/H 值	D/H 值（街道宽高比）

细化完善特色街道分类。根据特色街道的特色内涵将特色街道进行分类，分为历史型、文化型、景观型三类，并分别根据这三类特色街道的特征提出了完善措施。

4. 深圳以提升市容环境为目标打造特色街道

（1）概况。南山特色街道是深圳大运会前提升市容环境工程所确定的 55 条特色街道中的 8 条，南山区率先进行了特色街道的规划和实施，并基本建成。这 8 条特色街道基本在行政街道范围边界中选取，分别处于 8 个行政街道辖区范围内。特色街道识别建立在街道原有特色基础上，充分体现片区特色文化的街道。

（2）具体特点。相比与其他特色街道规划，深圳市南山区特色街道规划有着明显不同。首先，规划范围较小，只有南山区这一区级行政区域范围。其次，与北京、上海、成都等城市相比，深圳城市发展历史较短，历史资源较短，很难在历史风貌规划的基础上建立。除此之外，特色类型丰富是另一大特点，深圳市南山区特色街道虽只有 8 条，但展现了深圳的历史，表现了深圳当代独特的文化，同时还提升了具有异国风情的特色景观。

（3）实施成效。深圳市南山区特色街道规划识别出 8 条特色街道，分别为南山花卉世界步行街、侨城文化创意街、蛇口渔街、海上世界国际酒吧街、深圳湾时尚消费大街、荔秀服饰文化街、蛇口网谷特色街、西丽 366 都市风情街。这些特色街道经过改造提升，从空间提升及活动引导方面进行了特色街道的提升，满足其主导特色的要求，大部分已完工，并成为南山区市民休闲娱乐、活动交流的优质公共空间。

（四）研究小结

1. 特色街区内涵定义逐渐清晰

根据特色街区主导功能的不同，有的学者将其划分为现代商业特色街区、休闲娱乐特色街区、风味美食特色街区、民俗风情特色街区、历史文化特色街区，也有的简单划分为商业街区、文化街区、休闲娱乐街区。根据特色街区主题活动性质的差异，有的学者将其划分为主题型特色街区、市场型特色街区、观赏型特色街区、纪念节庆型特色街区。根据特色街区主导要素的差异，有的学者将其划分为文化主导型特色街区、生态主导型特色街区、科技主导型特色街区。根据特色街区的历史渊源，有的学者将其划分为历史特色街区和现代时尚特色街区。根据特色街区服务目标群体的消费水平，有的学者将其划分为高端层次、中端层次和低端层次的特色街区。根据特色街区主题内容和主导功能的多与寡，有的学者将其划分为综合型特色街区和专业型特色街区。根据特色街区的区位、辐射范围和影响力，有的学者将其分为中央特色街区、区域特色街区，也有的甚至将其分为超广域型、广域型、地域型、近邻型。根据交通的特点，有的学者将其分为全步行商业街、半步行商业街和公交通行步行街。根据空间布局特点，可分为点状、线状、面状、带状和"线面结合""点面结合"等类型。此外，随着国内外特色街区建设的不断发展，特色街区还呈现出一定的发展泛化趋势，形式变得更加多样，如城市综合体、特色居住区、特色产业园、主题公园、主题广场等。

梳理上文相关研究，课题研究团队将"特色街区"内涵定义为：特色街区是依托一定的发展基础（人文、历史、功能等），整合一种或多种空间特征要素（历史遗迹、建筑风貌等）、形成具有复合功能（商业、文化、旅游、体验等），最具活力和竞争力的城市空间集聚区。

2. 特色街区发展方向逐渐成熟

在当今追求城市发展全球化、国际化的时代背景下，国内外城市特色街区建设和发展的基本趋势呈现很大程度上的共同性，主要体现如下：

（1）种类多元化、功能复合化。"大城市是天然多样性的发动机"，在目前城市特色街区不断加快发展的情况下，特色街区的种类日益多元化。根据特色街区主导功能、特色街区主题活动性质的差异、特色街区主导要素的差异、特色街区的历史渊源、特色街区服务目标群体的消费水平、特色街区主题内容和主导功能的多与寡、特色街区的交通特点、特色街区的空间布局特点等方式进行分类。在种类多元化的同时，特色街区在功能上也逐步由单一的购物转变为集购物、休闲、娱乐、餐饮、旅游、创意于一体，呈现复合化发展的趋势。特色街区正由"购物场所"向"生活场所""创意场所"转变。注重维护城市的经济、社会、生态、空间等综合效益并同时满足人们的文化、购物、旅游、休闲等多方面需求，尤其是着力发展与街区文脉具有一定传承性、互动性的文化创意产业，已成为特色街区功能定位的基本指导思想。即便功能相对比较单一的专业型特色街区，也在突出主业、壮大主导功能的同时，越来越重视街区辅业的发展、辅助功能的完善。无疑，功能复合化已成为现代特色街区繁荣和有吸引力的关键所在。

（2）形态街区化、布局合理化。在特色街区规划和建设中，为了实现"人与车分离"，达到创造安静高雅、休闲时尚的城市空间品质的目标，特色街区在空间状态上逐步由"一条街、两层皮"的"条状"式转向"岛区"式的"块状"甚至"网络状"，并在空间维度上由单一平面转向地上、地下立体化发展。同一类型的特色街区层次越高、综合性越强，其规模也往往越大。在特色街区规模超级化发展的同时，随着城市设计的兴起，城市空间规划逐步由杂乱无序的自由发展阶段发展过渡到整体有序、有机协调的新阶段，特色街区的布局也更趋合理化。"点、线、面相结合，'活化'城市空间"，正是特色街区布局合理化的生动写照。特色街区布局的合理化主要体现在以下两点：一是在特色街区区位选址方面，善于与城市交通、绿化、公共文化基础设施建设协调互动，统筹综合型与专业型、高端型与大众型特色街区的协调分布，不断促进城市产业结构、城市空间结构的优化。二是在特色街区整体布局方面，放眼城市不断向文化化、生态化、特色化发展的大局，布局按照有利于克服交通拥堵、环境污染等"城市病"，有利于增强城市的可意象性，有利于促进区域"职、住、游、购、休闲"功能"就地平衡"，有利于实现城市空间"精明增长"等方向发展。

（3）定位主题化、层次高端化。经过数十年的发展，特色街区的发展已逐步趋向成熟，而且面对现代激烈的城市竞争环境，很多特色街区发展较快和较好的城市目前正在进入以突出战略特性和明确发展方向、追求内涵式发展与个性化经营为目标的战略调整阶段，"精准定位、深度开发、错位发展、创意制胜"日益成为现代特色街区建设和发展的主流，特色街区定位主体化日益成为重要趋势。

在特色街区主题化发展的同时，特色街区在发展层次上也趋向适度高端化。一方面，层次适度高端化是特色街区充分发挥"城市名片""城市客厅"功能的内在要求。另一方面，随着街区形态的街区化发展和街区主导功能不断由购物型向文化型的转变，保持街区层次的适度高端化更有利于发挥特色街区的综合效益。此外，从市场竞争的角度而论，不仅国内外城市历经数十年变迁所形成的"购物中心以便民购物为主、布局郊区化，特色街区以弘扬文化引领时尚为要、布局中心化"错位发展的总体态势，充分证明了特色街区保持适度高端发展的客观性和必要性。而且，国外很多特色街区发展较早的城市，而今出现的"超广域型、广域型特色街区发展势头强劲，近邻型、地域型特色街区正趋于萎缩状态"的现实，也从侧面有力地说明了高端层次特色街区在激烈的城市竞争环境中所具有的巨大优势。

（4）发展专业化、营销场所化。特色街区建设涉及问题极其复杂，且随着全球化背景下发展要素跨区域流动不断加快的客观形势，特色街区的专业化发展之势逐渐成为时代潮流。国内外专门从事特色街区建设策划、开发与经营的专业性公司机构的崛起，也为特色街区的专业化发展创造了客观有利条件。国内外特色街区专业化发展集中在两个层面：一是特色街区跨区域合作的不断增加。如美国华平集团与西安曲江新区合作的"大唐不夜城"，深圳华强集团与北京、成都、沈阳、芜湖等多地合作的欢乐谷等，正在彰显跨区域共建、专业化合作化发展的巨大优势。二是特色街区市、街两级即"双层经营"、多方共治管理组织的常态化及其经营管理体制机制的不断完善。这种由"双层经营"、多方共治所形成的"治理型"组织模式，对保持特色街区的繁荣和长远发展是极为有利的。既可以有效克服过度商业化的倾向和市场自身存在的盲目性，也能够充分发挥特色街区在文化、经济、社会、生态、空间等方面的综合效益——即便是市场型的特色街区，保持特色街区管理主体的公益主导性也是极为必要的，国内比较典型的例证如义乌小商品城。

3. 特色街区塑造路径逐渐明晰

（1）梳理现状。研究城市特色街区的发展过程，同时纵向对比其他城市特色街区所处的发展阶段，明确城市所处的位置。结合现状调研及文献研究，深入了解特色街区的建设情况，有效发现城市特色街区所存在的问题，并深入分析问题产生的原因。

（2）界定内涵。随着特色街区建设的不断发展，特色街区呈现出一定的发展泛化趋势，形式变得更加多样，因此在研究如何打造特色街区，如何凸显"特色"时，需要对城市特色街区内涵进行一定的界定。

（3）明确目标。以问题导向、目标导向为指引，明确城市打造特色街区的定位、方向、总体思路等内容，专项规划先行引领城市特色街区塑造。例如上海以风貌保护为切入点，北京以历史文化保护为切入点，成都以建设实施为切入点，深圳以市容环境为切入点，构建本地特色街区系统。

（4）识别判定。遵循前期对特色街区内涵的研究，将特色内涵细化成要素，作为识别判定特色街区的依据。进一步明确特色街区的基本原则、选取标准，经过识别判断，形成特色街区识别的初步成果。

（5）明确措施。以特色街区识别成果为基础，建立特色街区体系，进一步分类施策，明确各类型街区的控制要素、提升策略，从空间提升、活动引导、业态布局等方面对特色街区明确指引。

三、合肥市特色街区发展现状

（一）合肥市特色街区发展历程梳理

1. 持续推进特色街区建设

1993年，合肥市政府实施淮河路改造项目，步行街长920米，改造后成为合肥市步行商业街，作为集购物、旅游、文化、休闲、餐饮等功能为一体的现代文化商业步行街，明教寺、李鸿章故居等历史文化遗址也分布在步行街上。

2010年，老报馆开街，结合本地文化特色，继承和发扬了老报馆的创意地产风格。2011年，金大地1912街开街，业态定位以酒吧为主的商业街，发展过程中不断植入文化基因。2012年"中隐于市"改造项目启动，融入文化创意产业，改造成为文艺小资范的城市怀旧人文休闲街区。2013年，罍街一期开街，以特色餐饮为主要功能。从2014年起，合肥市开始培育评选具有示范和带动作用的特色商业街区。

2017年启动的城隍庙综合改造工程，通过基础设施、建筑风貌、消防设施、经营设施等改造，整体面貌焕然一新。2017年，黉街开街，是合肥唯一科教文化特色街区，挖掘新站区及磨店地域的历史文化，突出科教人文特色，聚集全国各地名小吃和安徽老字号餐饮和特色餐饮。2017年，半边街开街，半边街依山而建，一半是街，一半是美景，半街半园。半边街，延续了"罍街美食广场系列"，将特色美食也带进了大蜀山。2017年7月，罍街二期引进更多老字号餐饮、电影院、超市等城市生活配套及休闲旅游业态，打造最具合肥地域特色的"罍+村"和"罍+巷"，展示老合肥的市井百态。2018年10月25日，合肥罍街被正式授予"中国特色商业街"称号。

2019年，红星路文艺街区提升一期工程启动，改造之后的红星路街区聚集着特色服饰、小吃、零售等店铺，咖啡厅、书吧、酒吧、画廊等，以及它的涂鸦墙一直备受关注，对原有红星路沿街街区的人文风情、原始原貌最大限度地进行保留，并且对街区艺术品质进行全面提升。2019年，长江180艺术街区一期改造项目完成，保留了老工业厂区的文化特色，又在旧厂房内注入现代创意元素。2019年，合柴文创园改造完成开园，由监狱旧址改造的文创园，保留合肥柴油机厂的原有肌理，不做大拆大建。基于原有工业遗存的结构特征和建筑文化，进行二次设计和改造。

2020年，老城更新中完成的"长江·和集&长江·和庭"项目，以"和而不同"的设计理念、全新的业态布局，开启长江路的蝶变之旅。2021年，淮河路步行街完成了改造升级，撮造山巷、北油坊巷、勤劳巷等街巷的改造成为网红打卡点，原菜市场也改造成为中市街。2022年，徽商2号门（幸福街里）改造完成，是徽商集团物资一库的改造项目，项目坚持"老味道+新形象""记忆+活力"的主线，以昼夜休闲商业形态为主体，以修旧如旧的设计手法加后现代设计理念营造时尚化氛围，为市民提供放松、闲适的空间。

综上所述，2015年前，合肥市特色街区，主要是以商业购物及特色餐饮发展为主。2015年以后，特色街区的打造更加注重文化创意、城市居民记忆、历史文化的融入，具有庐州文化主题的街区不断涌现，长江路、红星路等承载合肥城市记忆的道路更加焕发生机。随着城市更新改造，工业厂房也得到活化利用，塑造成网红打卡点。2020年，夜间经济开始掀起，特色街区也开始注重灯光景观的设计等。

2. 侧重于打造特色商业街区

为规范发展特色街区，安徽省商务厅印发《安徽省省级特色商业示范街区创建实施办法（试行）》，合肥市商务局制发了《关于印发合肥市市级特色商业示范街区认定办法的通知》（合商建〔2015〕80号）、《关于印发合肥市特色商业街认定办法的通知》（合商建〔2020〕30号）等规范性文件，对街区分类、功能品质、运营管理等做出详细规定。合肥市正在编制商业网点布局规划，统筹谋划特色街区布局。合肥市在特色街区打造方面，坚持政府主导与市场运作并用，彰显特色与综合配套并举，商业经营与文化旅游互动，不断加大特色街区建设力度，提升特色街区品质。

近年来，合肥特色街区通过改造提升，扮靓街区形象，优化消费环境。老报馆等17个特色商业街区进行了夜间亮化美化等方面的建设改造和业态调整。淮河路步行街通过整体改造，已打造出撮造山巷、北油坊巷、勤劳巷等一批网红小巷。长江180艺术街区二期项目改造，成为机车文化展示体验和餐饮休闲娱乐集中区。引导特色街区在发展过程中，充分彰显地方资源禀赋、历史文化底蕴、区域产业优势，注重文商旅融合发展，发挥不同业态的相互引流作用。

3. 成功塑造示范特色街区

（1）合肥罍街。合肥罍街目前已开放一期、二期、三期（罍街AS·1980）、罍街公园，罍街四期正在建设中，罍街已经集文化、旅游、休闲、创意、餐饮、办公于一体，最终目标是打造成商业集聚地、旅游目的地、文化展示地、娱乐休闲地。从单一业态到多业态复合经营，从传统美食街区到集文化、休闲、美食、文创于一体，从一枝独秀的"罍文化"到民俗文化、地域文化、历史文化交融共生是罍街不断发展创新的表现。

作为文旅商融合发展的城市旅游休闲街区，罍街在开发过程中兼顾了本地居民休闲生活与外地游客旅游体验需要，在保留"烟火气"、满足市民美好生活新需求的同时，也为外来游客感受江淮历史文化、市井风情提供了体验空间，构建出一个主客共享的和谐生活场景。悦·书房是罍街完善配套服务、打造主客共享旅游休闲新空间的一个缩影。近两年来，罍街不断推动街区升级改造，相继打造了"罍+酒馆"酒吧街、"罍街公园"等一批公共休闲娱乐空间，开展了三大文化庙会、腊八节腊八粥发放等节庆活动，进一步满足市民游客精神文化需求，推动街区向富有人文内涵、彰显城市底蕴的方向发展。

（2）淮河路步行街。2021年合肥市淮河路步行街全年客流量突破8103万人次、增长57.9%，实现营业额114.5亿元，增长17%，成为全省第一条百亿街区，是一条名副其实的"人气街区"。2020年7月，淮河路步行街成功入选商务部第二批步行街改造提升试点名单。

改造提升后的淮河路步行街围绕"主街繁华时尚、后街市井逍遥"的理念，重新定义街区风格。街区总体规划以"斗河流金"为主题，主街东段塑造文化感和新地标，中段定位高端时尚新主场，于西段开辟城市会客厅，结合撮造山巷、北油坊巷、勤劳巷等街巷改造提升工程，赋予每栋建筑物独特的个性和样貌，让店铺和招牌百变多元，形成视觉性和文化性的主题节点，将后街巷道打造为现代与传统交融的特色风貌区。

（3）合柴文创园。合柴1972原先是一个柴油机厂，新中国成立后安徽省组建成为第一批监狱。经历改造之后，摇身变成合肥当代艺术高地。

合柴1972项目位于金寨路与天堂寨路交口，位于包河区、政务区、经开区三区交界处，总占地约430亩。立足合肥市文化创意产业发展方向，依托工业厂房空间风貌做保留，打造出一个集博览展示、科创办公、都市休闲、时尚生活、配套商业等于一体的科技文化创意区。

在空间布局中，合柴1972工业记忆小镇致力于打造出一域"工业记忆+产业发展+三生融合"特色小镇，分为产业核心区、生态休闲区以及青年人才社区。产业核心区为合柴1972工业记忆小镇启动区，重点有合肥家电故事馆、合肥当代艺术中心、小镇食堂、时光展厅、设计中心平民剧场、文化街区等板块。

（二）合肥市特色街区概况

合肥特色街区展现合肥市城市风貌和城市文化，是合肥居民具有认同感和归属感的场所，承载着合肥市城市发展记忆，同时也是城市经济活动频繁的场所。其中有旅游和商务部门认定的特色文化街区，商务部门认定的特色商业街区，文旅部门、发改委等多个部门认定的休闲旅游街区，还有各类具有人文特色、历史风貌、创意文化等其他类型特色街区。

1. 特色文化街区分布情况

合肥市特色文化街区由中共合肥市委宣传部、合肥市文化广电新闻出版局、合肥市旅游局、合肥市商务局联合认定公布的。已经公布三批，主要分布在包河区和庐阳区（见表6）。

表6　合肥市特色文化街区名单

序号	所属区域	街区名称	公布批次
1	瑶海区	裕丰花市	第一批（5个）
2	蜀山区	中皖金大地·1912	
3	庐阳区	城隍庙	
4	包河区	罍街二期	
5	包河区	AS·1980安商创客梦工厂	

续表

序号	所属区域	街区名称	公布批次
6	瑶海区	长江180艺术街区	第二批（6个）
7	庐阳区	庐阳建华文创园	
8	蜀山区	海卉花市	
9	包河区	信达·邻里坊	
10	包河区	滨湖卓越城文华园	
11	新站区	簧街	
12	瑶海区	长江180艺术街区	第三批（6个）
13	包河区	罍街	
14	包河区	合柴1972文创园	
15	包河区	贡街	
16	庐阳区	城隍庙特色文化街区	
17	庐阳区	招商·庐州意库	

2. 特色商业街区分布情况

安徽省商务厅开展安徽特色商业街及省级特色商业示范街区申报认定工作。

依据《安徽特色商业街认定规范》要求，商业街开业运营一般在两年以上，经营状况良好，业态丰富，具有较强辐射能力和较高知名度的商业街可被认定为安徽特色商业街。目前已经公布三批安徽省特色商业街（见表7）。

符合《安徽省省级特色商业示范街区创建实施办法（试行）》所要求的区位环境、基础设施、建设规模、公共管理、经营效益、商业集聚六项条件，经营时间已达2年以上，且效益良好的特色商业街被认定为省级特色商业示范街区（见表8）。

表7 安徽特色商业街名单

序号	所属区域	街区名称
1	庐阳区	七桂塘商业街
2	蜀山区	清溪小镇
3	瑶海区	簧街
4	庐阳区	华润九余三特色商业街
5	包河区	南翔·茶里水街特色商业街区

表8 安徽省省级特色商业示范街区名单

序号	所属区域	街区名称
1	庐阳区	淮河路步行街

续表

序号	所属区域	街区名称
2	庐阳区	女人街
3	庐阳区	老报馆特色餐饮街
4	包河区	罍街
5	包河区	宁国路龙虾美食街
6	庐阳区	七桂塘商业街
7	蜀山区	清溪小镇
8	瑶海区	万科邻里特色商业街
9	包河区	绿地中心·春台街

合肥市商务局从2014年开始认定公布市级特色商业街区，符合《合肥市市级特色商业示范街区认定办法》要求的街区分类和认定标准，且经营状况良好的特色商业示范街区被认定为市级特色商业街区（见表9）。

表9 合肥市级特色商业街区名单

序号	所属区域	街区名称	公布时间
1	高新区	蜀南庭苑商业街	2014年
2	蜀山区	海卉花市文化商业街	2014年
3	包河区	后街	2014年
4	庐阳区	七桂塘特色商业步行街	2016年
5	庐阳区	义井路民俗花卉街	2016年
6	庐阳区	汇银广场商业街	2016年
7	庐阳区	华润九余三特色商业街区	2016年
8	包河区	金水坊文化产业园	2016年
9	蜀山区	中皖金大地1912文化特色街区	2016年
10	蜀山区	江南茗茶城	2016年
11	蜀山区	乐客来国际商业中心乐客街	2016年
12	蜀山区	清溪小镇	2016年
13	新站区	武里山天街	2017年
14	瑶海区	瑶海金街	2017年
15	瑶海区	恒大中央广场皖里街	2017年
16	蜀山区	潜水街	2017年
17	瑶海区	中星城海派商业街	2018年
18	包河区	绿地中心·春台街	2018年
19	包河区	罍街	2018年

续表

序号	所属区域	街区名称	公布时间
20	庐阳区	美好荟美好商业街	2020年
21	包河区	南翔·茶里水街	2020年
22	庐阳区	长江180艺术街区	2022年
23	包河区	信达·邻里坊	2022年
24	包河区	信达·乐活街	2022年
25	包河区	中海环宇天地	2022年

3. 休闲旅游街区分布情况

文化和旅游部公布合肥市淮河路步行街、金大地东西街、罍街为国家级夜间文化和旅游消费集聚区（见表10）。

表10　国家级夜间文化和旅游消费集聚区

序号	所属区域	街区名称	公布批次
1	庐阳区	淮河路步行街	第一批
2	蜀山区	金大地东西街	第二批
3	包河区	罍街	第二批

文化和旅游部、国家发展改革委发布国家级旅游休闲街区名单，合肥市罍街被列为全国旅游休闲街区（见表11）。

表11　全国旅游休闲街区

序号	所属区域	街区名称
1	包河区	罍街

安徽省文化和旅游厅、安徽省发展改革委公布首批"安徽省旅游休闲街区"名单，合肥市罍街和金大地东西街被列为安徽省旅游休闲街区（见表12）。

表12　安徽省旅游休闲街区

序号	所属区域	街区名称
1	包河区	罍街
2	蜀山区	金大地东西街

4. 其他类型特色街区分布情况

其他类型特色街区包含未公布名录的特色街区，承载合肥居民记忆、具有人文情怀的场所，人气颇高的商业街、老城更新中焕发生机的街区等，包括老城区改造后的红星路、长江路上的长江·和集、长江·和庭等（见表13）。

表 13 合肥市其他类型特色街区一览表

编号	所属区域	街区名称	街区所在位置	街区特色
1	蜀山区	半边街	地铁二号线大蜀山站出口	人文休闲特色街区
2	蜀山区	琥珀山庄古玩文化街	琥珀山庄琥珀大道与庐阳街交口	人文休闲特色街区
3	蜀山区	观亭路	南端接合肥城市主干道长江西路，北连安徽农业大学	特色美食街
4	经开区	明珠广场欧洲风情街	繁华大道和金寨南路交叉口	人文休闲特色街区
5	包河区	庐州坊	九华山路与宁国路交口东	社区文化商业街
6	包河区	中隐于市	曙光北路55号安徽省人大会议中心东侧	人文休闲特色街区
7	瑶海区	银屏街（淮浦巷）	泚滨路交口到明光路交口	历史文化展示街区
8	瑶海区	徽商2号门·幸福街里	泚光路与明光路交口	老城更新文化特色街区
9	庐阳区	红星路	原红星路	老城更新文化特色街区
10	庐阳区	长江·和集/长江·和庭	长江中路17号	老城更新文化特色街区

（三）合肥市特色街区现状问题

1. 特色街区数量不多

从特色街区的总体数量上看，成都市目前已经打造 165 处特色街区，上海市目前有 67 处特色商业街区、44 处历史文化风貌区、76 条特色街道，南京有 29 条特色街道、18 个特色商业街区、11 处历史文化街区、28 处历史风貌区。苏州市有 30 多个特色街区、50 余条特色街巷。杭州市特色街道数达 65 条、30 多个特色街区。合肥城区范围内有 49 处特色商业街区，在数量和种类上都与长三角先进城市、活力城市差距较大（见表 14 和图 1）。

表 14 合肥市与长三角等城市特色街区、常住人口对比

长三角等城市	上海市	杭州市	南京市	苏州市	成都市	合肥市
特色街区数量（包括特色街道等）（个）	187	95	66	80	165	49
常住人口（万人）	248943	1220.4	942.34	1284.78	2119.2	946.5

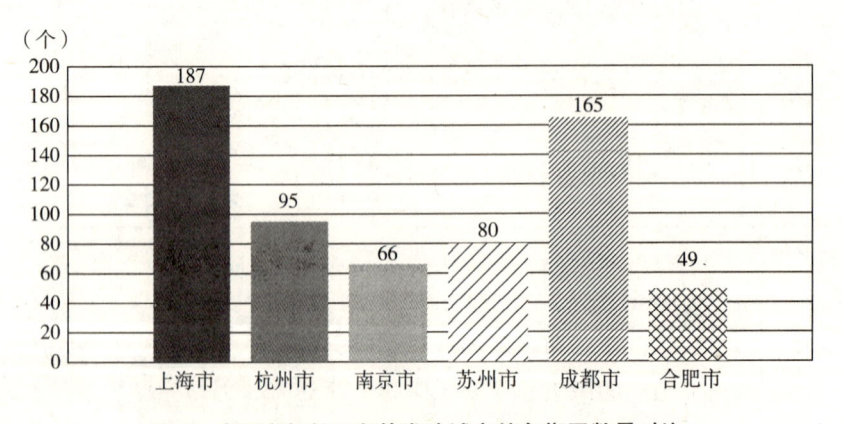

图 1 合肥市与长三角等发达城市特色街区数量对比

2. 特色街区分布不均

合肥市特色街区分布不均，其中包河区的特色街区数量最多，高新区、经开区、新站区的特色街区仅有1~2个，难以满足几十万人口的日常生活娱乐需求。蜀山区城市常住人口为100.2万人，特色街区的数量为9个，万人可使用的街区数也较低，空间分布上看也是集中分布在大蜀山周边的区域。庐阳区的特色街区集中分布在老城区，庐阳北城区域几乎没有特色街区覆盖（见表15和图2、图3）。

表15 合肥市各区特色街区数量对比

	包河区	庐阳区	蜀山区	经开区	高新区	瑶海区	新站区
特色街区数量（个）	17	13	9	1	1	9	2
城市常住人口（万人）	121.1	62.2	100.2	55.8	27	81.6	46.6
万人可使用的街区数	0.14	0.21	0.09	0.02	0.04	0.11	0.04

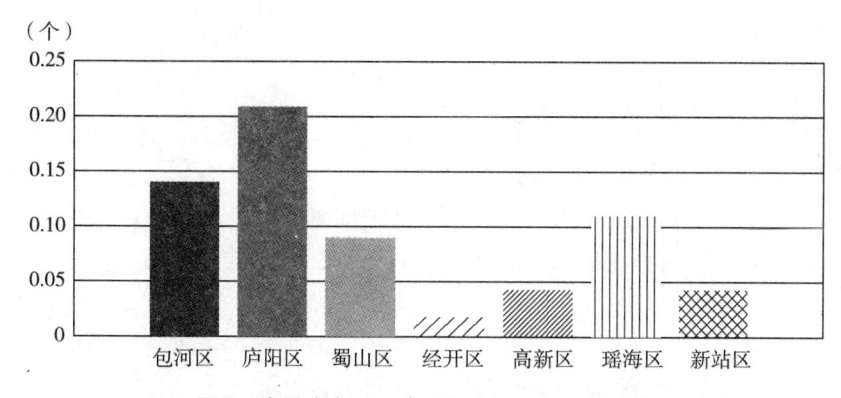

图2 合肥市各区万人可使用特色街区数对比

图3 合肥特色商业街分布现状

3. 特色街区内涵不明

合肥市特色相关街区目前包含了特色商业街区、特色文化街区、休闲旅游街区等，分别由文旅部门、商务部门等多部门比较系统地认定公布，还存在部分自行认定的不同类型的特色街区。合肥市缺乏对特色街区内涵的界定，如部分已经公布为市级特色商业街区，是各个城市普遍存在的商业综合体，是否能体现合肥特色，是否能够称为合肥市特色街区有待明确。

类比上海市特色街区中有44处历史文化街区或历史文化风貌区，还包括豫园商城、田子坊、大学路等20个彰显海派特色的上海特色商业街区，武康路—安福路街区、思南公馆街区、愚园艺术生活街区、多伦路文化名人街4处市级旅游休闲街区。上海市特色街区从历史风貌保护起步，到结合商业开发，再到政府企业联动推广的历程，始终坚持体现特色。新天地是通过更新改造形成特色街区的典范，对石库门建筑进行功能置换的同时保留了弄堂的文化内涵，成为凝固了上海城市风貌和地域文化的著名特色街区。田子坊是由一条小弄堂发展起来的创意文化特色街区，街区充满了各种创意小店、咖啡馆、画廊、美术馆等，同时亦保留了里弄本身的居住功能，属于住区改造类型的特色街区。

4. 特色街区品牌不显

根据文化和旅游部公布的国家级特色街区的数量（包括夜间文化和旅游消费集聚区、旅游休闲街区、历史文化街区），上海市外滩、思南公馆等12处特色街区，南京市夫子庙、熙南里等5处特色街区，杭州市清河坊、新天地等3处特色街区，苏州平江路、观前街等4处特色街区，成都宽窄巷子、锦里等4处特色街区，合肥市1912街、罍街等3处特色街区拥有国家级街区的称号。与长三角先进城市相比，合肥市国家级特色街区的数量较少。通过大数据分析，全国特色街区的百度指数来看，合肥市步行街、罍街等国家级的特色街区，在知名程度方面与长三角发达城市相比存在一定差距。

杭州市依据特色街区各自特点专门分别确定了亮丽的主题，并将深化主题作为提升特色街区品位和档次的重要举措。如以"国际名品、时尚生活"为主题提升湖滨旅游商贸特色街区，以"市井风情、民俗生活"为主题提升清河坊历史文化特色街区，以"悠然南山、艺术生活"为主题提升南山路艺术休闲特色街区。

5. 特色街区业态单一

合肥市特色街区功能以休闲文化旅游为主，文化旅游主题的街区多为一贯到底的空间业态，缺乏精心的空间组织，游览体验较为单调。大多数街区以零售和餐饮业态为主，餐饮业态通常占比高达70%，而文化产业业态占比仅为10%左右，文旅消费的产品少，休闲娱乐、文化展示等体验性业态未得到足够重视和发展。

从特色街区的功能上看，庐阳区内特色街区功能丰富，包河区内的特色街区主要功能是餐饮，有少量的文创功能，瑶海区内的特色街区以日常零售功能为主，蜀山区内特色街区也是以美食和零售为主，特色街区的功能布局无序。

1912东西街，现有的购物业态经营主要包括食品、服饰等，而食品类店铺数量最多，其次为服饰类店铺，整体看来购物类业态中文化元素的店铺较少，且一些店铺的经营业务、主打产品十分类似，消费者文化体验较低。近几年兴起的由老旧厂房改造的文化创意类特色街区，合柴1972文创园、长江180艺术街区等，旧瓶装新酒，发展文创产业，但迎合现代消费热潮，主要业态还是以餐饮为主。

6. 特色街区规模迥异

合肥市人气高、活力足、有国家级街区称号的特色街区分别是 1912 东西街、罍街和步行街。其中淮河路步行街规模约 14 公顷，罍街规模约 9 公顷，1912 东西街规模约 4.5 公顷。中星城海派商业街及美好荟美好商业街等商业街同时也是邻里中心，商业街以 2~3 公顷为主，海卉花市、裕丰花市、琥珀山庄古玩文化街等花鸟古玩街区以 2~3 公顷为主。官亭路、红星路、潜水街等均为线性空间的特色街道。合肥市的特色街区在规模上大小不一，也存在面状空间与线性空间共存的状态。

7. 特色街区同质竞争

目前，合肥的特色商业街区发展渐入同质化怪圈，特色街区在风格、装修、品牌布局和业态上存在同质竞争，处于各自为战的状态，将全市的特色街区纳入一体化管理比较难。同时，部分特色街区定位模糊，发展层次不高。在建设与发展城市街区过程中，政府、开发商越来越重视多元文化、产业的引入。文化产业的植入未能结合街区的实际发展情况及潜在价值的挖掘，街区慢慢都长成了类似的网红脸，千篇一律的业态和品牌让消费者逐渐出现"消费疲惫"的感受。特别是在线下经济日趋衰败的大环境下，做街区难，做好街区、打造特色街区更难。

类比南京市，作为六朝古都，历史文化积淀深厚，依托历史文化资源，且关于文创 IP 的打造起步早，特色街区的营造经验丰富。南京夫子庙街区建设处于先期阶段，传统与现代融合的文化商业街区，以夫子庙、秦淮河、明城墙等古迹遗存为基础发展的特色街区，是兼顾了历史文化、民俗风情与休闲娱乐多种功能的混合型街区。老门东的发展是过渡时代的街区，充分凸显了文化展示、艺术创作、旅游观光、休闲体验等功能，涵盖民居酒店、精致餐饮、休闲娱乐、艺文展演、设计师工作室等业态类别，成为展示城市品质和历史文化风貌的重要窗口。以小西湖为代表的特色街区突出"就地微改造微更新"的建设理念，强调创意设计，塑造互动场景唤起传统记忆。南京特色街区的建设思路、开发模式、管理方式都在不断改变。

类比深圳市打造特色文化街区，2018 年深圳市人民政府印发《深圳市加快推进重大文体设施建设规划》中首次提出建设特色文化街区。历时 3 年，打造出十大特色文化街区，形成了一批特色鲜明的文化空间，为深圳市打造更多特色鲜明的文化名片。2022 年，深圳通过打造世界级地标商圈、建设国际一流商业消费街区、引入高端消费品牌资源等内容为深圳建设国际消费中心城市"加码"，计划用 5 年时间建成 10 个以上的特色商圈（步行街）和夜间经济示范街区。其中，深圳福田 CoCo Park 是公园式商业街区的范例，具有购物、餐饮、休闲娱乐、旅游等多方面的功能，是我国较为新颖的特色街区模式。

8. 特色街区缺乏统筹

缺乏整体规划和特色定位。现有街区多为业户自然聚集而成，在业态分布、建筑风格、街区景观等方面缺乏整体规划。潜水街、后街、海卉花市等特色街区在沿街建筑界面的丰富性及绿化景观等塑造上整体较弱。规划的缺失导致街区市场定位不鲜明，行业聚集特点不突出，功能不够丰富，各商品关联度小、层次少，不能适应现代社会个性化、多层次消费的需要。目前合肥的特色街区发展以打造特色商业街区为重点，未能挖掘城市特色，特色文化街区、旅游休闲街区的工作开展相对较慢、较少，在合肥市整体打造特色街区的工作上缺乏统筹。同时存在一街有多重头衔的情况，如罍街既是特色文化街区，又是特色旅游街区，同时还是特色商业街区。此外，在特色街区的建设管控上，缺乏统筹，管控涉及的部门众多，包括环境卫生、建筑立面、广告招牌、市政设施、园林绿化、景观小品、交通组织、食品安全、商业经营、消防燃气安全等方面，整体管理效率不高。

四、合肥市特色街区发展策略

（一）明确合肥市特色街区的发展思路

梳理合肥市特色街区的发展历程、基本情况、现状问题，对症施策，明确打造特色街区的总体思路（见图4）。

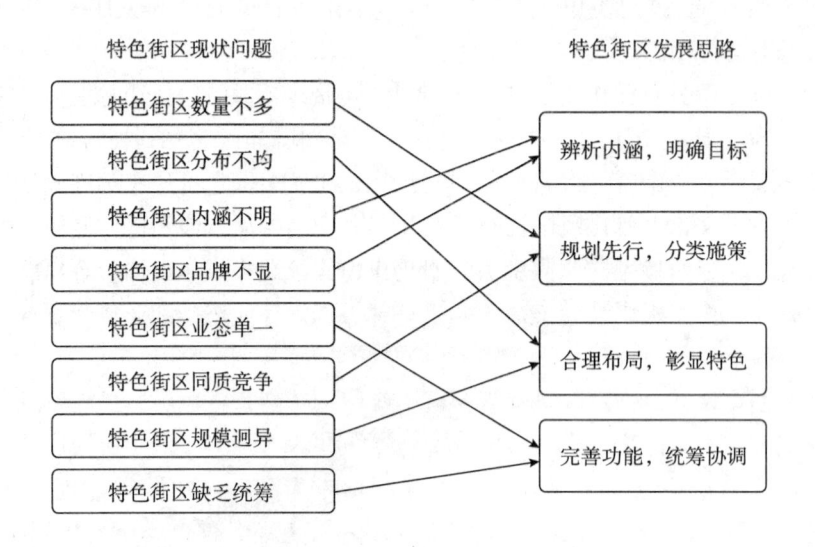

图4　问题导向形成发展思路

1. 辨析内涵，明确目标

明确特色街区内涵。梳理特色街区的识别方法，总结具备地域文化内涵、街区风貌特色、具有主导功能、功能复合非线形平面空间、空间集聚等八个特征的城市地段可以界定为特色街区。

借鉴成都市在打造特色街区的理念中，融入公园城市特色。合肥市在明确打造特色街区的目标时，可融入创新理念。在建设和发展特色街区过程中，坚持与城市的历史文化积淀、市民生活消费习惯等要素相匹配，将传承民俗文化与提升街区相结合，充分挖掘特色街区的历史渊源、文化内涵、民俗特点，突出特色街区的独特性和差异性。

2. 规划先行，分类施策

要坚持策划先行、突出科学建设，秉持"不策划不规划、不设计不建设"的理念，结合街区实际，研究合理打造定位，深挖历史文化内涵，有机植入各种场景元素，以从前端策划到后端运营的全局意识及片区统筹开发的意识，采用科学、经济适用的方式推动特色街区打造工作。

按照"一街区一特色"要求，对空间布局、文化本底、业态定位、生态景观和配套设施等方面进行科学规划，明确发展目标和建设进度。出台特色街区建设指引，全力构筑"老合肥""创新地""生态化"的特色街区体系。精心策划特色街区建设方案，结合各街区的特点，重点从优化提升业态结构、营造街区场景氛围入手，选择适合本地区实际场景样本参照，规范街区整体风貌和配套服务，构建多元差异化特色街区场景。

3. 合理布局，彰显特色

根据人口规模、合肥特色的集聚区域及各区域的发展定位，按照特色街区的类型、规模，合理优化特色街区的布局结构。注重特色街区的差异发展，在特色街区新建、改造、提升过程中，要在全市层面统筹各街区的特色定位，形成特色街区的合理业态结构和服务功能互补，实现错位发展。要整合市场资源，引导专业特色商家集聚，进而彰显独一无二的街区特质。

加强特色街区品牌建设。特色街区把"生活与创业、文化与经济、历史与现代、传统与时尚、商贸与旅游"高度融合，充分体现"休闲、文化创业"于一体的城市发展特色，成为合肥"品质生活之城"城市品牌的良好载体。鼓励引进知名商业文化运营主体，通过丰富多彩的节庆活动、群众性文化活动，打造特色街区主题IP。

4. 完善功能，统筹协调

践行"人民城市人民建，人民城市为人民"的重要理念，以营造人居环境、重塑全方位生活场景为出发点，完善特色街区的综合服务功能，逐步实现经济、生活、治理数字化全场景应用，在满足购物、休闲需求的同时，增强特色街区的文化和旅游功能，构建优美舒服便利的生活场景空间。特别要在各特色街区之间形成良性互动，进一步畅通商旅文体大联动、大协同。

统筹协调打造特色街区，建立特色街区市、街两级即"双层经营"、多方共治管理组织的常态化及其经营管理体制机制。在城市全局层面，由市委、市政府直接成立市域特色街区建设领导委员会，主要负责特色街区专项发展规划、专项管理法规、财政税收支持政策的制定，以统筹城市整体特色街区发展全局。在特色街区层面，成立专门的以某某街道命名的特色街区开发建设委员会，由政府人员、业内专家、公益组织、专业开发公司、管理团队、商户联合会、物业管理公司等多方主体共同组成、制定以街区为单位的、富有高度针对性的特定街区管理制度，并组织派驻由文化、工商、税务、城建、公安、公益组织等各部门人员广泛参加的综合执法管理机构，专门负责维护特色街区的管理与运营。

（二）明确打造特色街区的三项原则

1. 以人民为中心原则

特色街区从为步行服务到为交通工具服务再回归为人的慢行服务，体现的是人类文明螺旋式上升的特征。社会从"人本位"到"车本位"再到"人本位"是发展与公平的不断平衡。人居科学的发展过程使社会逐渐意识到"人"才是城市生活与文脉得以延续的力量，特色街区一定是活力较强的地段，街区的公共空间属性需要在新的城市发展阶段进行再次回归。以人民为中心的原则也有不同的三个阶段，即满足人的需求，创造人所喜爱的空间以及赢得人的认同感和归属感。满足人的需求是公共空间的基本要求，创造人所喜爱的空间是优化人居环境的目标，而赢得人的认同感和归属感则是场所营造成功的标志。

特色的识别与提升依赖于人的审美过程和创造过程，特色的服务目标对象即人，因此，以人民为中心的原则是打造提升特色街区必须遵从的原则。

2. 体现城市特色原则

体现城市特色是特色街区的内涵定义所要求的，街区作为城市的组件，是连接城市的载体。特色街区是城市特色的基本要素。城市复杂多元化，其内涵也包含了多个方面，体现城市特色实则是特色空间对城市文化的映射。这种映射在时空上表现为对历史文化的映射，对城市当今特征的映射，以及对未来发展方向的映射。这三种较为抽象的映射对应到空间的具体表现则是以下三个方面：即传承历史文脉、表现产业特征以及体现城市个性。

（1）传承城市历史文脉。城市是从历史中一步步衍变至今天的模样的。历史文脉是其诞生和演进过程中所形成的各类生活方式的总和以及在不同发展阶段留存下的历史印记。街区作为最开放的公共空间，延续的文脉可以展示这一地区的生活方式，也可以陈列城市甚至地区的文化结晶。文脉的传承是空间场所性的体现，也是城市构件有灵魂的标致。一座有特色的城市，延续曾经的历史文脉是不可或缺的标准。

（2）表现城市产业特征。对当代的城市发展的映射较难具体到城市的某个方面，因为城市是一个复杂的系统，构成系统的因素极多。其中产业特征是较能代表城市的发展特点，且容易映射到街区这一城市空间中的。产业与市民的生活息息相关，城市中有几条对应这个城市突出产业的街区是符合经济规律及城市学逻辑的。如滨海城市渔业发达，必然有几条特色渔街；以服装业见长的城市，必然会形成特色服装街。只要与街道环境对应合适，便可以很好地体现城市当代的特征。

（3）体现城市个性。城市在提升发展过程中也逐渐形成自己的个性，这种个性和人的个性很相似，是城市在漫长的发展过程中内力和外力共同作用的结果。有的城市坚韧，有的城市骄傲，有的城市悠闲，有的城市则勤勤恳恳。特色街区即是要体现城市的特色，打造特色街区一定更要将城市的个性融入街道中，让街区具有独特的标签。近几年"霸都合肥"的称呼也在网络中慢慢传开，"合，兼并天下之意。肥，海纳百川之实"，成为合肥的城市个性。

3. 体现地域性原则

"橘生淮南则为橘，生于淮北则为枳"。城市的空间也有此地域性的差异，这种地域性在街区空间中也能体现出来。如北方干燥寒冷，则街道的走向避开风向以人的保暖为目的，而在湿热的南方，则要强调骑楼的存在，方便烈日下人的行走舒适。特色街区要充分遵循地域性原则，如果为了追求差异性，忽视地域性，便可能导致特色街区"水土不服"，不能融入城市。

地域性主要体现在显性和隐性两个方面。显性方面主要体现于空间形态方面，最明显的无疑是建筑风格形式以及景观元素。建筑在功能上更能满足当地的使用需求，从城市设计的角度看，建筑风格应当融入其所在的自然环境，色彩、形式与其他建筑群体协调。景观的地域性不仅涉及美观和功能的问题，更多的是对生态的影响。除建筑风格形式和景观外，其他的空间形态和街景构成要素也需要遵从地域性原则。隐性方面则需要尊重当地的生活方式和风俗习惯，在人的行为活动中体现地域性。

（三）明确打造特色街区的八项标准

1. 现有合肥市特色商业街区认定标准

合肥市商务局出台《合肥市特色商业街认定办法》，各街区建设主体可以从区位条件、基础设施、功能品质等方面申报合肥市特色商业街区。

（1）区位条件。符合城市的道路交通条件，有利于人群的集聚和疏散，避免或减轻对公共道路交通环境的影响。能够有效处理客流、车流和货流的平行和垂直组织，有条件的街区可以和城市交通枢纽有机结合或设立公共交通站点。邻近道路能负担车流、停车条件时，应设为步行街，对周边人居环境的影响有避免或减轻措施。

（2）基础设施。①街区出入口、主要节点设置明显的标识和指示系统，采用公共信息图形符号和多种语言标注，广播、问询系统清晰、明确。②街区道路地面坚固、平整、清洁、防滑，提倡在建设中采用海绵城市相关理念，排水、排污设施完善，能有效控制路面雨水径流，具有消防、照明、排烟、排污、排水、交通等设施和条件，符合国家商业、卫生、安全、生态环境、节能等方面规定。③街区内设置符合国家标准、行业标准的消防设施、器材，设置微型消防站，落实防火检查、巡查制度。④街区内应配置无障碍设施并应符合 GB50763-2012 标准，在交叉路口、广场路口、人行横道、地下通道等路口应设缘石坡道，在坡道和梯道的两侧应设扶手。⑤街区内合理设置垃圾箱、垃圾站等处理设施并做到垃圾分类，餐厨废弃物集中收集，服务业经营企业要遵守生态环境相关规定要求，并按照国家《饮食业环保技术规范》采用先进技术。⑥街区内应布局满足行人短时停留的公共休憩空间和设施，座椅、绿化、雕塑、小品、灯杆、橱窗、店招、照明、公共卫生间等设施完好整洁，位置合理、数量充足。

（3）功能品质。①街区发展与当地自然禀赋、历史文化、建筑风格相结合，实现城市现代化和人文特质的和谐统一，借鉴国际化、多元化、创新性发展，塑造有历史记忆、文化脉络、民族特点的特色商业街。②街区拥有经认定的老字号店铺；有具有地方特色的龙头企业；有国内外知名品牌商家；有纳入统计部门统计的限额以上企业。③街区拥有智慧服务功能，应用互联网、物联网、大数据等信息技术，能为消费者提供智能停车、智慧导购、精准营销、移动支付等智慧服务，商业氛围浓厚，营造和营销推广上注重社会性、公益性活动，在重大节日组织举办主题活动。

2. 建议合肥市特色街区的准入标准

特色街区的特有属性包括地域文化内涵、街区风貌特色、具有主导功能、功能复合、非线型平面空间形态、空间集聚、开放性、管理运营等特征，且是客观存在的，对特色街区的发展具有重要的意义。

通过梳理关于特色街区的标准或条件的相关研究，发现特色街区没有统一的标准，且存在较多的误区。借鉴赵阳（2016）及梁洁和张仁仁（2016）研究中关于特色街区的识别方法，结合合肥市自身发展特色，明确合肥特色街区的准入标准，包括以下几点：

（1）"地域文化内涵"：是指特色街区具有不可替代的特质或禀赋，作为其发展基础。可以是历史的、人文的、功能的，并能够在一定程度上体现地方传统或新型文化精神。特色街区不仅包括历史文化街区，也应该包含具有其他特色禀赋的街区，如滨水休闲街区、创意文化街区等。

合肥市历史文化底蕴深厚，素有"三国旧地，包公故里，淮军摇篮"之称，同时也是中原文化、楚文化、吴越文化和巢湖文化的交融之地。20世纪60年代，工业发展也留下辉煌的城市工业记忆。改革开放以来，合肥不断创新发展，近十几年发展，在创新方面屡创佳绩，"大湖名城，创新高地"成为城市名片。

（2）"街区风貌特色"：是指街区具备一种或多种空间特色要素集合，在空间格局、建筑风貌、景观环境上，具有历史遗存、地方本土特征或新建筑形式等。

合肥地处江淮地区，建筑院落形式融合了北方院落的布局模式和皖南徽派建筑的部分元素，形制古朴，空间形式和空间组织模式是典型的江淮建筑形式。淮河路步行街上分布着一些历史古迹，李鸿章故居、古教弩台、九狮桥及飞骑桥遗址等。

（3）"具有主导功能"：是指街区以某一种主导业态或某种主题功能为统领、充分发挥集聚效应。不仅能推动自身的发展，也在一定层面上有助于推动城市发展的进步。

长江180艺术街区、合柴1972等工业厂房改造街区以文创为主题打造，老报馆、贡街、后街街区等以特色餐饮为主导功能。

（4）"功能复合"：是指街区融合多种功能（商业、休闲、文化、体育、娱乐、旅游、居住等），具有选择的多样性和高度的混合型。特色街区可以提供一种多选择性的生活方式，空间形态具有展开多种活动的可能。

合肥市1912街、罍街、淮河路步行街3处国家级特色街区，汇集商业、休闲、旅游、文化、娱乐等多种功能，大力发展夜间经济。许多特色商业街区，兼具娱乐、休闲等功能，但是有部分特色商业街区只有居住区的邻里服务功能，综合总能上有所欠缺，如瑶海金街、弘盛商业街等。

（5）"非线形平面空间"：是指特色街区需要一定规模，才有可能集聚人气，成为城市里一个积极的具有辐射能力的活动空间，片区式的街区比沿街一层皮的街区更具发展空间。其他城市特色街区实践表明，特色街区规模较灵活，以自然山水为禀赋的街区规模一般在30~60公顷，以历史遗存、工业遗存为禀赋的街区一般在5~30公顷。

合肥市包河园、逍遥津及周边区域所形成的街区承载着包公文化及三国文化等丰厚的文化底蕴，街区规模在40公顷左右，淮河路步行街规模约14公顷，罍街规模约9公顷，1912东西街规模约4.5公顷。宁国路龙虾美食街、官亭路、红星路等都是沿道路两侧的商铺发展形成的街道线性空间，在聚人气和辐射周边上的作用较弱，不属于特色街区的范畴。

（6）"空间集聚"：空间形态上集聚的强度和方式在一定程度上与城市经济活动及人的活动成正相关关系，即空间集聚程度越高，城市的经济活力越强、人的活动也越多，给城市带来的正面效应也越大。这几乎是所有特色街区的共同属性。

淮河路步行街、1912街、罍街等街区，在空间分布上是以一条主街串联其他支巷空间，空间集聚程度高，居民游客等使用街区空间更加便利，街区活力更足。

（7）"开放空间"：是指比较开阔较少封闭和空间限定因素少的空间，同时也是向公众开放的服务空间，提供居民游憩场所，使城市环境更有活力。特色街区是城市重要的开放空间，是城市中居民共享的空间。

特色街区是开放的，不是景区化的运营模式，也不是封闭的商业综合体的形式，合肥砂之船奥莱、新天地广场美食城等商业综合体不能算作特色街区。

（8）"运营管理"：是指在街区设立管理运营机构，拥有必要的办公条件和专职人员，其街区管理制度完备，管理规范到位。设有警务工作站或治安值班室，建立健全治安安全管理制度、消防安全检查监督制度、突发事件应急预案等。

只有具备以上八个特征的城市地段，才能称之为合肥市特色街区。

五、合肥市打造特色街区的实施路径

本课题研究团队通过对合肥市特色街区的现状调研，与其他城市横向纵向的对比分析，发现合肥市特色街区存在数量不多、分布不均、内涵不明、品牌不显、业态单一、规模迥异、同质竞争、缺乏统筹等问题。通过研究综述其他城市打造特色街区的实践案例，结合合肥市发展实际，明确合肥市打造特色街区的总体思路。以问题及目标双重导向引领，以特色街区内涵为基础，建立合肥特色街区识别方法，形成合肥市特色街区名录。

以识别判定的特色街区名录为底数底图，构建合肥市特色街区发展体系，并提出将合肥特色街区分级为：标志性、城市级、片区级。同时将合肥特色街区分类为：保留提升、整合重塑、培育新建，以"文化策略、功能策略、空间策略、风貌策略、交通策略"打造合肥市特色街区（见图5）。

（一）识别形成合肥市特色街区名录

1. 特色街区的初步识别

合肥特色街区的初步识别是在广义的特色街区概念下，识别范围巨大的情况下，一种粗略的识别，包括现状已有不同级别、不同类型的特色相关街区、市民心目中的特色街区、体现合肥城市特色空间区域、政府部门列入计划建设的各类街区等（见图6）。

（1）现状已有特色相关街区48处。经过实地调研、资料整理摸排，梳理出合肥市已有的不同级别、不同类型特色相关街区48处，包括国家级、省级、市级特色商业街区等，也包括特色商业街区、旅游休闲街区、其他类型特色街区等（见表16）。

图5 合肥特色街区实施路径

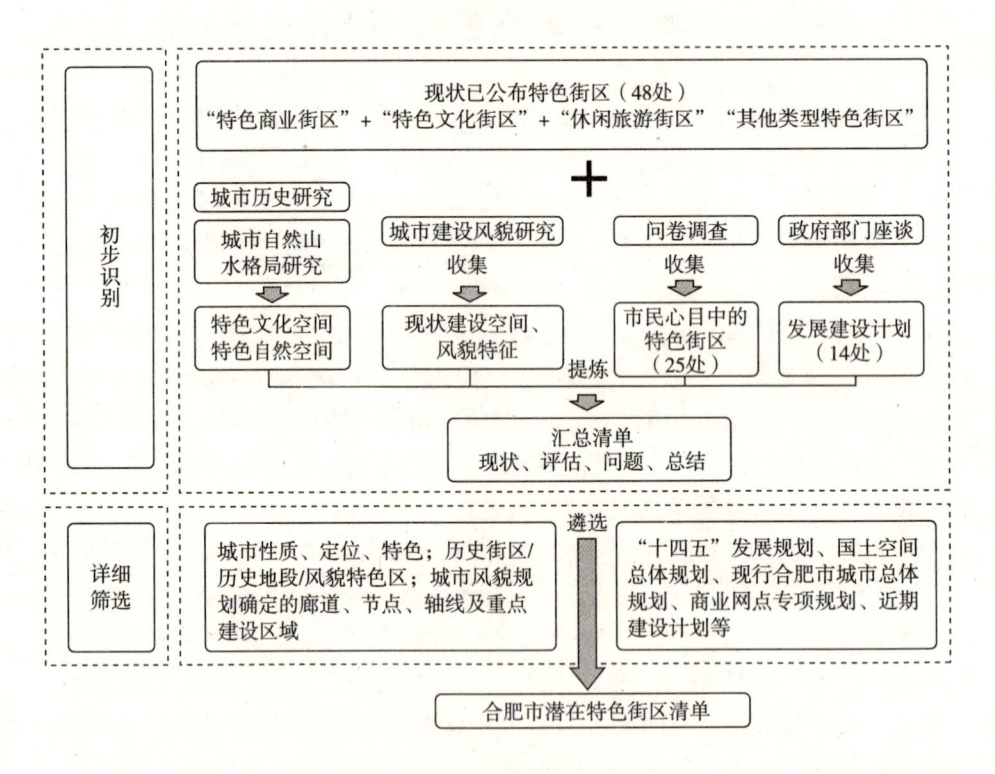

图6 合肥特色街区识别思路

表 16 合肥市已有特色相关街区名录

序号	所属区域	街区名称	功能业态
1	蜀山区	清溪小镇	花卉销售
2	蜀山区	中皖金大地·1912	美食、酒吧街
3	蜀山区	海卉花市	花卉销售
4	蜀山区	江南茗茶城	美食
5	蜀山区	乐客来国际商业中心乐客街	商业
6	蜀山区	潜水街	美食、零售
7	高新区	蜀南庭苑商业街	美食、日用品零售
8	蜀山区	半边街	餐饮、文创
9	蜀山区	琥珀山庄古玩文化街	古玩
10	蜀山区	官亭路	美食
11	经开区	明珠广场欧洲风情街	美食、零售
12	包河区	AS·1980安商创客梦工场	服装售卖、甜品饮品、酒吧
13	包河区	信达·邻里坊	商业
14	包河区	滨湖卓越城文华园	广播电视网产业、创意文化产业
15	包河区	叠街	美食、酒吧、文创
16	包河区	合柴1972文创园	文创
17	包河区	贡街	美食
18	包河区	南翔·茶里水街	餐饮、茶业
19	包河区	宁国路龙虾美食街	美食、酒吧
20	包河区	绿地中心·春台街	咖啡饮品、零售、美食
21	包河区	后街	美食
22	包河区	金水坊文化产业园	美食
23	包河区	信达·乐活街	美食
24	包河区	中海环宇天地	美食
25	包河区	庐州坊	美食、日用品零售
26	包河区	中隐于市	美食、文创
27	瑶海区	中星城海派商业街	零售、银行、酒店
28	瑶海区	瑶海金街	酒店、美食
29	瑶海区	恒大中央广场·皖里街	超市、美食、日用零售
30	瑶海区	万科邻里特色商业街	日用品零售、超市
31	瑶海区	裕丰花市	花卉销售
32	瑶海区	长江180艺术街区	创新、文化、艺术
33	瑶海区	银屏街（古称淮浦巷）	休闲游玩
34	瑶海区	徽商2号门·幸福街里	日用品零售
35	新站区	簧街	美食、服装售卖
36	新站区	武里山天街	美食、电影院、酒店

续表

序号	所属区域	街区名称	功能业态
37	庐阳区	庐阳建华文创园	超市、零售
38	庐阳区	城隍庙特色文化街区	日用品零售、美食
39	庐阳区	招商庐州意库	文创
40	庐阳区	七桂塘商业街	小商品市场
41	庐阳区	淮河路步行街	服装售卖、美食、文创
42	庐阳区	女人街	服装售卖、美食
43	庐阳区	老报馆特色餐饮街	美食、酒吧
44	庐阳区	义井路民俗花卉街、美食街	花坊、美食
45	庐阳区	汇银广场商业街	日用零售
46	庐阳区	美好荟美好商业街	美食
47	庐阳区	红星路	服装售卖、咖啡店
48	庐阳区	长江·和集/长江·和庭	书店、文创

（2）市民心目中的特色街区（25处）。结合问卷调查、居民访谈等方式，了解合肥市民记忆中的街区、心目中的特色街区，发掘目前合肥市值得市民与游客流连的街区，初步识别出约25个具有一定代表性的城市街区（见表17）。

表17 调研梳理的特色相关街区清单

序号	所属区域	街区名称	功能业态
1	包河区	金源美食天地	风味美食
2	包河区	包河万达美食街区	风味美食
3	包河区	文一塘溪津门街	时尚商业
4	包河区	合肥首创奥特莱斯	时尚购物综合体
5	高新区	合肥砂之船奥莱	时尚购物综合体
6	经开区	尚泽·大都会商业街	时尚商业
7	经开区	港澳广场商业街	时尚商业
8	经开区	百乐门商业街	时尚商业
9	庐阳区	华润九余三特色商业街区	时尚商业
10	庐阳区	新天地广场美食城	风味美食
11	庐阳区	拱辰街	民俗风情
12	庐阳区	世纪中心	时尚商业
13	庐阳区	藕东塘西商业街	风味美食
14	蜀山区	贵池路瑞福·食尚街	风味美食
15	蜀山区	之心城购物中心	时尚购物综合体
16	蜀山区	天鹅湖绿轴街区	商业、休闲
17	新站区	弘盛商业街	风味美食

续表

序号	所属区域	街区名称	功能业态
18	瑶海区	元一中西街	时尚商业
19	瑶海区	信地商业街	时尚商业
20	瑶海区	文一时埠里	时尚商业
21	瑶海区	龙湖天璞街区	时尚商业
22	瑶海区	隆岗不夜城	时尚商业
23	瑶海区	蓝光时代红街	风味美食
24	瑶海区	大众时代之光	时尚购物综合体
25	瑶海区	保利熙熙里	时尚商业特色街区

（3）体现城市特色区域25处。研究合肥市城市历史文化、自然山水格局、现状城市建设风貌特征等，结合合肥"居中江淮，兼容并蓄；缘水而起，因水而兴；淮右襟喉，代际演替；科教引领，智创未来"的城市文化特征，梳理聚集体现合肥文化风貌的空间载体，初步识别出约25个潜在特色街区，涵盖了能够体现合肥文化的特色文化空间、特色自然空间等方面（见表18）。

表18　调研梳理的特色相关街区清单

序号	所属区域	街区名称	特色引导
1	庐阳区	寿春路	婚庆文化
2	庐阳区	站前路	服饰文化
3	庐阳区	城隍庙商业街	文庙文化
4	庐阳区	七桂塘三孝口商业街	民俗文化
5	庐阳区	琥珀山庄古玩街	古玩文化
6	蜀山区	大蜀山半边街	徽州文化
7	蜀山区	官亭路美食街	美食文化
8	蜀山区	1912街区	休闲文化
9	蜀山区	梅山路美食街	美食文化
10	庐阳区	老报馆	休闲文化
11	蜀山区	明珠广场欧风街	科创文化
12	包河区	银屏街	民俗文化
13	瑶海区	瑶海金街	艺术文化
14	庐阳区	宿州路商业街	民俗文化
15	庐阳区	沿河路休闲街	大湖文化
16	包河区	芜湖路商业街	美食文化
17	包河区	桐城路花卉戏曲街	花卉文化
18	包河区	宁国路美食街	美食文化
19	包河区	罍街	美食文化

续表

序号	所属区域	街区名称	特色引导
20	庐阳区	安徽地方戏曲街（百花井花园巷）	戏曲文化
21	包河区	后街	工业文化
22	庐阳区	逍遥十八巷	非遗文化
23	庐阳区	四古巷	名人文化
24	包河区	合柴1972	合肥记忆
25	包河区	磨滩村	民宿文化

（4）政府部门列入计划14处特色街区。整理政府部门关于商业、文旅、历史文化、产业等方面关于特色街区发展建设的计划，找出各类空间载体，初步识别出约14个潜在的特色街区，涵盖了历史人文、自然山水、商业旅游、娱乐休闲等方面（见表19）。

表19　合肥市潜在特色街区清单

序号	所属区域	街区名称	功能引导
1	庐阳区	包公祠周边街区	历史、休闲、娱乐
2	庐阳区	杏花公园周边（淮河西路、寿春路）	人文、休闲、景观
3	庐阳区	逍遥津街区	人文、休闲、景观、商业
4	庐阳区	双岗老街（规划）	民俗风情
5	庐阳区	梨花巷（规划）	民俗风情
6	包河区	骆岗水街（规划）	时尚商业
7	包河区	骆岗生态公园（规划，含SKP商场）	商业、休闲、文创、办公
8	高新区	5G特色商业示范街（规划）	创新文化
9	蜀山区	篦街美食城（规划）	风味美食
10	蜀山区	王拐岗商业街（规划）	时尚商业
11	蜀山区	惠园商业街（规划）	时尚商业
12	蜀山区	南岗特色商业街（规划）	时尚商业
13	瑶海区	老工业基地创意街区（规划）	工业文创
14	瑶海区	电机厂特色商业街（规划）	时尚商业

2. 特色街区的详细筛选

合肥市特色街区的详细筛选，是以初步识别的合肥特色街区名单为基础，结合《合肥市国民经济和社会发展第十四个五年规划和2035年远景目标纲要》、《合肥市国土空间总体规划（2021—2035年）》（公示草案）、《合肥市城市总体规划（2011—2020年）》（2018年修编）、《合肥市城市商业网点专项规划》等上位规划的要求，进一步增加贴近合肥实际情况且建设可行性较高的合肥市特色街区。

其中，《合肥市国民经济和社会发展第十四个五年规划和2035年远景目标纲要》提出"实施扩大内需战略，着力服务构建新发展格局"，积极打造长三角重要的区域性消费中心城市，申建国际消费中心城市。完善消费支持政策，改善消费市场环境，引导大型商业网点向中心商圈集聚，特色消费、专业消费向商业街区集聚，便民消费向社区商业集聚，加强商业设施布局与机场、高铁、地铁等公共交通设施和历史文化景点衔接（见表20）。

表20　合肥市"十四五"规划中与"合肥市特色街区"相关的重点项目

激活消费行动计划	城市更新重点项目
建设区域中心商圈。改造提升三里庵商圈、天鹅湖商圈、四牌楼商圈、三孝口商圈、马鞍山路商圈、火车站商圈等；发展壮大滨湖商圈、东部新中心商圈、骆岗生态公园商圈、运河新城商圈、四里河商圈、高铁南站商圈、新南七商圈、西七里塘商圈、坝上街商圈。 建设高品质特色街区。提升改造淮河路步行街、叠街、中皖金大地东西街国家级特色街区；建设城隍庙历史文化休闲街区、老报馆街区、长江180街区、宁国路美食街、安徽时尚街区等特色商业街区；建设一批时尚特色街区、文旅创意商街。 建设社区商业网点。加快社区商业网点统一规划、定位和布局，建设满足社区不同年龄层客户群需求的业态，为儿童群体提供幼儿托管、学习辅导、兴趣培养，为青年群体提供创业复合型业态、高科技互动创新体验，为老年群体提供健康保健相关服务业态。加快天猫小店、苏宁小店、京东便利店、生鲜传奇、谊品生鲜等连锁店的社区布局。支持知名连锁便利店到合肥投资发展。 塑造地方消费品牌。支持便利店、超市、餐饮、百货等领域龙头企业推进全省、全国布局，加快形成更具丰富度、吸引力的合肥本地消费品牌。 打造夜间消费品牌。提升改造夜间消费载体，打造品质夜市和夜间消费集聚区，到2025年打造2个以上高品质夜间消费街区和品质夜市，以及若干社区型居民夜间消费节点，形成一批具有全国影响力的夜市品牌。拓展夜购、夜游、夜娱、夜学、夜健身等夜间消费。	加快建设马钢（合肥）工业遗址公园、叠街四期、十五里河片区综合改造、卫立煌故居环境提升整治、逍遥津公园提升改造、淮河路步行街片区立面及景观提升改造、庐州公园二期、拱辰街片区改造升级等。 加快推进城隍庙合肥古建筑文化群、十里工业文化创意廊道综合整治、新合肥西站片区改造、大铺头片区升级改造、青年港湾及附属工程、女人街和七桂塘片区改造、南淝河绿廊、董家老宅环境提升整治、李鸿章当铺环境提升整治、宋世科故居环境提升整治、绿都商城改造升级等前期工作。

《合肥市国土空间总体规划（2021—2035年）》（公示草案）中提出将合肥城市定位为全球科创新枢纽、区域发展新引擎、美丽中国新样板、美好生活新天地、城市治理新标杆。并明确构建多层级公共服务中心体系，塑造"1412"城市中心体系，高质量建设"一核四心"的城市主中心、十二个城市副中心（其中中心城区九个城市副中心），重塑全域公共服务设施空间配置网络，优化和完善城市公共服务设施空间布局，形成多层次、全覆盖、人性化的基本公共服务网络，提高公共服务可及性和均等化水平，不断增强人民群众的获得感、幸福感。中心城区"149"分别为1个核心骆岗公园，围绕骆岗形成了一个重点发展圈，将集聚高端公共服务设施，4个主中心老城中心、滨湖中心、天鹅湖中心、东部新中心，9个副中心分别为经开中心、王咀湖中心、运河中心、空港中心、庐阳北中心、少荃湖中心、长丰北城中心、肥西中心、和睦湖中心。

《合肥市城市总体规划（2011—2020年）》（2018年修编）中关于公共服务中心体系提出规划4个市级中心、8个片区中心、若干个社区中心。市级中心分别为老城中心、滨湖中心、政务文化新区中心和合肥南站中心。老城中心位于老城区，以长江路为轴，呈带状分布。具有金融、办公、商业商务、文化娱乐、信息、旅游等功能。滨湖中心位于巢湖之滨，具有行政办公、金融、商务、文化、旅游、会展等现代服务业功能。政务文化新区中心为生态绿轴周边地区，具有市级行政办公、商务、文化、体育等功能。合肥南站中心以南站为核心，具有综合交通、商贸、商务等功能。

《合肥市城市商业网点专项规划（2021—2035年）》正在编制中，规划市中心城区分成国际级商业中心、市级商业中心、地区级商业中心和社区级商业中心四个层次，构建"1+4+23+N"商业消费中心体系。提出特色商业街（区）规划思路，分类打造五类特色鲜明的合肥商业街区体系，并进行差异化引导。进一步强化服务本地消费者的能力，提供集购物、餐饮、零售和服务消费于一体的生活方式中心，为多元化、个性化、品质化消费提供载体和服务，形成时尚商业特色街区；依托合肥创新元素，突出5G特色、量子科技展示、先进制造、科学装置模型展览等，形成创新文化特色街区；在保持和提升街区特色餐饮业态的同时，积极整合、衍生娱乐休闲、观光展览、文化体验等复合功能，打造如罍街为代表的风味美食特色街区；依托乡镇非物质性的传统文化、传统工艺以及物质性的特产，充分利用特色当地风貌和人文风情，以文化展示、文化体验、民间艺术、老字号、文化创意、休闲娱乐等为主题展现合肥民俗特色，打造民俗风情特色街区；依托具有代表性的历史遗存，保存它承载的文化，保护非物质形态的内容，保存文化多样性，形成历史文化特色街区。

《合肥市建筑景观导则》正在编制中，研究合肥市建筑景观现状，对近年来合肥市城市风貌、建筑设计存在的问题进行全面评估。通过与《合肥市总体城市设计》等相关上位规划的衔接，明确城市重点风貌区、重要景观视廊、重要眺望点等管控要求，其中对重点风貌区内项目和普通风貌区内项目提出分级管控细则，对分区风貌提出概念性指引。针对合肥市新区、老城区建筑风貌的差异化进行研究，针对老城区丰富多元的特色和新城区科技创新为主的新型风貌，分别提出突显老城风韵和新城特色的可行性建议。

依据相关规划中明确的城市性质、定位、公服设施体系、特色支柱产业及其上下游产业发展等内容，城市风貌规划确定历史风貌区域、廊道、节点、轴线等内容，进一步详细筛选出30处潜在特色街区（见表21）。

表 21　详细筛选增加特色街区名单

序号	所属区域	街区名称	功能引导
1	蜀山区	三里庵街区	时尚、美食
2	包河区	四牌楼街区	文化、创意
3	庐阳区	三孝口街区	时尚、服饰
4	包河区	马鞍山路片区	美食、时尚
5	瑶海区	安徽时尚街区	时尚新高地
6	蜀山区	运河中心城	创新服务
7	庐阳区	四里河片区	时尚、休闲
8	包河区	高铁南站片区	综合服务
9	包河区	骆岗生态公园	生态、休闲、高端
10	包河区	新南七街区	创意、商业

续表

序号	所属区域	街区名称	功能引导
11	蜀山区	西七里塘街区	商业、美食
12	瑶海区	坝上街	商业、文化
13	庐阳区	淮河路步行街	购物、休闲
14	包河区	罍街	美食、休闲
15	蜀山区	中皖金大地东西街	美食、休闲
16	庐阳区	城隍庙历史文化休闲街区	文化、商业
17	庐阳区	老报馆街区	美食、文创
18	瑶海区	长江180街区	文创、休闲、展览
19	包河区	宁国路美食街	美食
20	瑶海区	马钢（合肥）工业遗址公园	工业文化、创意产业、休闲
21	包河区	十五里河片区	生态、商业
22	庐阳区	逍遥津公园	生态、休闲
23	庐阳区	拱辰街片区	生活服务
24	瑶海区	十里工业文化创意廊道综合整治	工业遗产保护、文化品质提升
25	包河区	巢湖之滨	游乐、休闲、度假
26	瑶海区	东部新中心	商业、文化
27	蜀山区	经开中心	时尚、美食
28	蜀山区	王咀湖中心	时尚、美食、休闲
29	庐阳区	庐阳北中心	时尚、美食
30	瑶海区	少荃湖中心	休闲、商业

3. 形成合肥市特色街区名录

特色街区由多方面因素共同构成，对于这种复杂的识别评价目标，将其拆解成为多因素多指标的目标，理清指标之间的关系，对每个较直观的指标进行评价甄别，综合多识别主体的多指标评价识别结果，形成科学客观的评价识别结果即特色街区名录。

以"初步识别—详细筛选"的名单为基础，根据合肥市特色街区的基本条件、相关要求中八要素"地域文化内涵、街区风貌特色、具有主导功能、功能复合、非线型平面空间形态、空间集聚、开放程度、运营管理"为标准，剔除不符合特色街区内涵的街区，留下能完整体现合肥地方特色的街区，形成合肥市特色街区名录。

剔除的特色街区，主要是部分功能过于单一、辐射能力弱、不具有完整空间形象的特色街区；部分以中小型规模为主，特色不突出，形象欠佳的街区；部分不具备独立发展成为特色街区的条件，宜与周边街区共同发展的街区；部分适合定位为社区配套商业的街区等（见表22）。

表 22 特色街区识别因子的权重分析

名称	因子	地域文化内涵	街区风貌特色	具有主导功能	功能复合	非线型平面空间形态	空间集聚	开放性	运营管理	总分
1	罍街	1	1	1	1	1	1	1	1	8
2	中皖金大地·1912	1	1	1	1	1	1	1	1	8
3	淮河路步行街	1	1	1	1	1	1	1	1	8
4	合柴1972文创园	1	1	1	0	1	1	1	1	7
5	骆岗生态街区（规划）	1	1	1	1	1	1	1	1	8
6	城隍庙特色文化街区	1	1	1	1	1	1	1	0	7
7	长江180艺术街区	1	1	1	1	0	1	1	0	6
8	5G特色商业示范街（规划）	1	1	1	1	1	0	1	1	7
9	半边街	1	1	1	1	0	1	1	1	7
10	天鹅湖绿轴街区	0	0	1	1	1	1	1	0	5
11	包公祠周边街区	1	1	0	1	0	0	1	0	4
12	滨湖卓越城文华园	1	0	0	0	1	1	1	1	5
13	电机厂特色商业街（规划）	1	1	1	0	0	0	1	1	5
14	篱街美食城（规划）	0	1	1	1	0	0	0	1	4
15	老工业基地创意街区（规划）	1	1	1	0	0	0	0	1	4
16	明珠广场欧洲风情街	0	1	1	1	0	0	1	1	5
17	逍遥街区	1	0	0	1	1	0	1	0	4
18	贡街	-1	1	1	0	1	0	1	0	3
19	黉街	0	1	1	1	0	0	0	0	3
20	老报馆特色餐饮街	0	1	1	0	0	0	0	0	2
21	杏花公园周边（淮河西路、寿春路）	1	0	0	1	0	0	1	0	3
22	长江·和集/长江·和庭	0	1	0	1	0	0	0	0	2
23	招商庐州意库	0	1	1	0	0	0	0	0	2
24	红星路	1	1	0	1	-1	-1	1	-1	1
25	琥珀山庄古玩文化街	0	0	1	0	0	0	0	0	1
26	庐州坊	1	1	0	-1	0	0	1	0	2
27	裕丰花市	-1	-1	1	0	1	1	1	0	2
28	之心城购物中心	-1	0	1	1	0	0	1	0	2
29	徽商2号门·幸福街里	-1	1	0	1	0	0	0	0	1

续表

名称	因子	地域文化内涵	街区风貌特色	具有主导功能	功能复合	非线型平面空间形态	空间集聚	开放性	运营管理	总分
30	合肥砂之船奥莱	-1	0	1	0	0	0	0	1	1
31	惠园商业街（规划）	-1	0	1	0	0	0	0	0	0
32	骆岗水街（规划）	0	0	0	0	-1	1	1	1	2
33	南岗特色商业街（规划）	-1	0	1	0	0	0	1	1	2
34	女人街	0	0	1	0	0	-1	1	0	1
35	七桂塘商业街	0	0	1	-1	0	0	0	0	0
36	王拐岗商业街（规划）	-1	0	1	0	0	0	0	0	0
37	义井路民俗花卉街、美食街	-1	0	1	0	0	0	1	0	1
38	双岗老街（规划）	0	0	1	0	-1	-1	1	0	0
39	百乐门商业街	-1	-1	1	0	0	0	0	1	0
40	港澳广场商业街	-1	-1	1	0	0	0	0	0	-1
41	拱辰街	0	0	0	0	-1	-1	1	0	0
42	合肥首创奥特莱斯	-1	-1	1	0	0	0	0	0	-1
43	华润九余三特色商业街区	-1	-1	1	0	0	0	0	0	-1
44	江南茗茶城	-1	-1	1	0	0	0	0	0	-1
45	金水坊文化产业园	-1	0	1	-1	0	0	0	0	-1
46	梨花巷（规划）	0	1	0	0	-1	-1	1	0	0
47	庐阳建华文创园	-1	0	0	0	0	0	0	0	-1
48	绿地中心·春台街	-1	0	0	0	0	0	0	0	-1
49	清溪小镇	-1	0	0	-1	0	1	0	0	-1
50	尚泽·大都会商业街	-1	-1	1	0	0	0	-1	0	-2
51	世纪中心	-1	-1	1	0	0	0	0	0	-1
52	武里山天街	-1	0	0	0	0	0	0	0	-1
53	银屏街（古称淮浦巷）	1	0	0	0	-1	-1	1	0	0
54	中隐于市	-1	0	1	0	0	-1	1	1	1
55	包河万达美食街区	-1	-1	0	0	0	0	1	0	-1
56	保利熙熙里	-1	0	1	0	-1	-1	0	0	-2
57	官亭路	0	0	1	-1	-1	-1	1	0	-1
58	海卉花市	-1	-1	1	-1	0	0	1	0	-1
59	恒大中央广场皖里街	-1	-1	0	0	0	0	0	0	-2
60	金源美食天地	-1	-1	1	-1	0	0	0	0	-2
61	乐客来国际商业中心乐客街	-1	-1	0	0	0	0	0	0	-2
62	万科邻里特色商业街	-1	-1	0	0	0	0	0	1	-1
63	文一时埠里	-1	0	1	0	-1	-1	0	1	-1

续表

名称	因子	地域文化内涵	街区风貌特色	具有主导功能	功能复合	非线型平面空间形态	空间集聚	开放性	运营管理	总分
64	新天地广场美食城	-1	-1	1	-1	0	0	0	0	-2
65	瑶海金街	-1	-1	0	0	0	0	0	0	-2
66	元一中西街	-1	0	1	0	-1	-1	0	0	-2
67	中海环宇天地	-1	0	1	-1	-1	0	0	1	-1
68	中星城海派商业街	-1	-1	0	0	0	0	0	0	-2
69	大众时代之光	-1	-1	1	0	-1	-1	0	0	-3
70	贵池路瑞福·食尚街	-1	-1	1	0	-1	-1	0	0	-3
71	弘盛商业街	-1	-1	1	0	-1	-1	0	0	-3
72	后街	-1	0	1	-1	-1	-1	0	1	-2
73	汇银广场商业街	-1	-1	1	-1	0	0	0	1	-2
74	蓝光时代红街	-1	-1	1	0	-1	-1	0	0	-3
75	龙湖天璞街区	-1	-1	1	0	-1	-1	0	0	-3
76	隆岗不夜城	-1	-1	1	0	-1	-1	0	0	-3
77	美好荟美好商业街	-1	-1	1	-1	0	-1	0	0	-3
78	南翔·茶里水街	-1	0	0	-1	0	-1	1	0	-2
79	宁国路龙虾美食街	-1	-1	1	0	0	-1	0	0	-2
80	藕东塘西商业街	-1	-1	1	0	-1	-1	0	0	-3
81	潜水街	0	0	0	-1	-1	-1	0	-1	-4
82	信达·邻里坊	-1	0	0	0	-1	-1	0	0	-3
83	信地商业街	-1	-1	1	0	-1	-1	0	0	-3
84	文一塘溪津门街	-1	-1	0	-1	-1	0	0	0	-4
85	信达·乐活街	-1	0	0	-1	-1	-1	0	0	-4
86	蜀南庭苑商业街	-1	-1	0	-1	-1	-1	0	0	-5
87	新桥度假主题街区	0	1	1	1	1	0	1	1	6
88	巢湖之滨特色街区	1	1	1	1	1	1	0	1	7
89	安徽时尚特色街区	1	0	1	1	1	1	1	0	6
90	南七特色街区	1	1	1	1	1	0	1	1	7
91	南淝河特色街区	1	0	1	1	1	1	1	0	6
92	北城之心特色街区	0	0	1	1	1	0	1	0	4
93	少荃湖特色街区	0	0	1	1	1	1	1	0	5
94	四里河特色街区	0	0	1	1	1	1	1	0	5
95	大科学特色街区	1	1	1	1	1	1	0	0	6
96	塘西特色街区	1	0	1	1	1	1	1	0	6
97	大学城文教特色街区	0	0	1	1	1	1	1	0	5

续表

名称	因子	地域文化内涵	街区风貌特色	具有主导功能	功能复合	非线型平面空间形态	空间集聚	开放性	运营管理	总分
98	四季花海特色街区	1	0	1	1	1	1	1	0	6
99	江淮运河特色街区	1	0	1	1	1	0	1	1	6

注：采用分数代表特色街区各评价因子的符合程度——1代表高、0代表中、-1代表低。

特色街区是城市的重要组成部分，是城市文化脉络、历史积淀的精神象征，在城市社会脉络中具有十分重要的作用。合肥市打造特色街区旨在浓缩城市历史、彰显城市文化、展示城市物产、体现城市品位、丰富城市形象，对城市经济社会发展和提高城市的宜居度、知名度、美誉度具有重要意义。以原有特色相关街区为基础，剔除部分不具备特色街区内涵的街区，补入部分未来培育成长型特色街区，从而形成最终的合肥市特色街区名录（评分四分以上），体现出"最合肥"特色。

（二）构建"最合肥"特色街区体系

1. "1-9-18"分级体系

基于特色街区名录，以目标导向、问题导向，构建标志性特色街区、城市级（含国、省、市级称号）特色街区、片区级特色街区的层级特色街区体系，共计28个特色街区，同时契合合肥市建成区28个发展组团（见表23）。

表23　以等级层级进行特色街区分类

类型	街区定位	特色街区名称
标志性特色街区（1个）	形象突出，代表城市名片和吸引力的，具有国际影响力的特色街区	骆岗生态街区
城市级特色街区（9个）	具有一定的区域影响力（如全国）的城市为主要服务对象的特色街区（4个）	淮河路特色街区、天鹅湖绿轴街区、工业文化创意街区、巢湖之滨特色街区
	具有一定的区域影响力（如长三角、安徽省）的城市为主要服务对象的特色街区（5个）	中皖金大地东西街、逍遥津特色街区、罍街特色街区、安徽时尚特色街区、包公祠特色街区
片区级特色街区（18个）	以合肥市28个组团为主要服务对象的特色街区	三里庵特色街区、南七特色街区、南淝河特色街区、电机厂特色街区、北城之心特色街区、少荃湖特色街区、四里河特色街区、大科学特色街区、卓越城特色街区、塘西特色街区、经开中心特色街区、大学城文教特色街区、四季花海特色街区、半边街特色街区、王咀湖特色街区、5G网络特色街区、江淮运河特色街区、新桥度假特色街区等

2. "提—整—育"分类指引

依据"提升老街区、整合散街区、培育新街区"的要求，以骆岗生态街区为引领，形成定位特色精准、集聚效应显著、文化底蕴深厚、建筑风格鲜亮、基础设施完备、街区管理完善、拉动消费作用明显、有较高知名度和美誉度的合肥特色街区网络体系。

其中包括7个凭借现状条件需要进一步改造提升的街区，12个整合周边点状、现状特色相关街区而形成的特色街区，9个需要培育新建的特色街区（见表24）。

表24 "最合肥"特色街区要点指引

特色名称		特色要点	备注
1	骆岗生态街区	结合SKP商场的国际高端时尚奢侈品百货，骆岗机场建设国际科学交流中心，力争成为具有世界影响力的城市生态公园	培育新建
2	天鹅湖绿轴街区	结合天鹅湖及周边商业综合体，打造商业、休闲、时尚一体化特色街区	整合重塑
3	淮河路步行街	打造成为"主街繁华时尚、后街市井逍遥"新定义街区风格	改造提升
4	巢湖之滨特色街区	以巢湖滨水主题乐园为基础，结合酒店、商务、度假、商业、娱乐等打造成综合型特色街区	整合重塑
5	工业文化创意街区	以老工业厂区整合资源，重塑工业遗产活力，留住工业乡愁，促进区域文化品质提升	培育新建
6	中皖金大地东西街	以餐饮、娱乐为主业态，包含书店、艺术长廊、健身等文化类和教育类的综合功能街区	改造提升
7	逍遥津特色街区	整合现状逍遥津的东园、西园及周边区域，以园内有湖，湖中有岛，岛上有亭为特色，塑造生态休闲街区	改造提升
8	罍街特色街区	集文化、旅游、休闲、创意、餐饮、办公于一体，最终打造成商业集聚地、旅游目的地、文化展示地、娱乐休闲地（含一期、二期、AS·YD·1980安商创客梦工场）	改造提升
9	安徽时尚特色街区	由站前路商圈升级为集高品质衣、食、住、行为一体的安徽时尚新高地，拥有白马服装城、中绿广场、信地步行街、红星美凯龙等9个专业市场	整合重塑
10	包公祠特色街区	结合包公园、芜湖路、宁国路，打造"一园两坊"	整合重塑
11	三里庵特色街区	整合三里庵商圈，毗邻高校的官亭街，结合周边环境，塑造现代商业与创业美食街	整合重塑
12	南七特色街区	以南七地标为基础，打造集生活、休闲、文化于一体的特色街区	培育新建
13	5G特色商业示范街	商业街建成开通合肥移动15个5G基站，成为安徽省第一个5G网络商业街	培育新建
14	半边街特色街区	大蜀山脚下商业步行街，将大蜀山的原生态与闹市的繁华街景完美融合	整合重塑
15	滨湖卓越城文华园	国家广播影视科技创新实验基地和安徽省创意文化产业集聚发展基地的核心区	培育新建
16	电机厂特色商业街	以瑶海老工业厂区整合资源，结合周边现有商业、文化功能，打造主体特色	培育新建
17	南淝河特色街区	引入文旅、优质商业等业态，配套五星级酒店、商办以及城市综合服务配套，集文化、政务、商业、科技、人工等高端产业为一体	整合重塑
18	北城之心特色街区	打造有生态、有社交、24小时邻里共建、物质所需与精神富足兼备的"15分钟"社区生活的特色街区	整合重塑
19	少荃湖特色街区	"智慧产业极核、智能都市典范、都市滨湖胜景"为主题的特色街区	培育新建

续表

特色名称		特色要点	备注
20	四里河特色街区	集合活力商业、商务办公、特色美食街于一体	整合重塑
21	经开中心特色街区	以明珠广场欧洲风情街为基础，打造集餐饮、娱乐、休闲、文创、商务、旅游于一体的沉浸式高端文化艺术街区	改造提升
22	大科学特色街区	主体功能为综合性重点科研基地和人才培养基地，同时以田园、风景、休闲为特色	改造提升
23	塘西特色街区	整合塘西河公园、启动区商业街区，重新塑造集行政办公中心、商务文化会展中心、省级休闲旅游基地和综合居住于一体的特色街区	整合重塑
24	大学城文教特色街区	彰显活泼、时尚的大学元素，自由、奔放的人文气息	改造提升
25	四季花海特色街区	以生态、休闲、运动、商业为特色	整合重塑
26	王咀湖特色街区	以商务办公、创新创业、商业服务、休闲观光为特色	整合重塑
27	江淮运河特色街区	具有创新水岸、绿色水岸、共享水岸等多元化城市和生态功能	培育新建
28	新桥度假特色街区	长三角区域门户枢纽、科创型产业集聚区、国际生态宜居精英航城	培育新建

（三）不同特色的街区打造指引

特色街区虽然有共同特征，但分类打造应根据主导特色的不同，提出针对性的引导策略。对合肥市特色街区进行分类，并对已分类的历史人文特色街区、功能特色街区、空间特色街区从文化策略、功能策略、空间策略、风貌策略、交通策略等方面提出策略引导（见表25和表26）。

表25 以资源禀赋分类形成策略引导一览表

类型		打造策略				
		文化策略	功能策略	空间策略	风貌策略	交通策略
历史人文特色街区	老街区、老城区	挖掘属于集体记忆的符号与文化脉络并加以延续，分析研究其文化内涵、价值和特色，并确定保护传承的方式	明确消除片区安全隐患，完善基本的公共服务设施体系；优化与提升内部功能以符合现代生活的各项需求，倡导多元态融合，提升街区活力	梳理街区整体空间特色，维持传统的街巷格局，控制合理的尺度；根据功能需求合理改善和优化空间格局，现状局促的地块酌情释放公共空间，更新地块提出明确的规划格局与尺度的要求，保证空间的连续性、渗透性	对于集体记忆并反映该地段特色的建筑风貌及空间格局，建（构）筑物和周边环境要素予以继承；对更新地块提出明确的建筑风貌和体量的规划要求；合理改善街巷及河道景观风貌，创造宜人舒适的公共空间	转移穿越式交通，疏解到达交通，对可以更新的地块合理配建地下停车系统；鼓励采用公共交通系统解决老城区的交通问题；提高步行网络密度

— 149 —

续表

类型		打造策略				
		文化策略	功能策略	空间策略	风貌策略	交通策略
功能特色街区	特色商业/文化/产业街区	根据目标人群、主导业态，寻求针对性的文化共性，并确定彰显方式	强化主导业态，在空间时间上复合创新业态，倡导多元业态融合，贴近居民生活，提升街区活力	协调和周边地块的空间关系，创造符合功能要求，具有一定识别度的特色空间格局。保证空间的连续性，选择性，提供功能多样化的空间属性，提高公共空间的活力	塑造与功能匹配、具有一定识别度的建筑形式，并符合城市整体的风貌特征。协调建筑物与周边地块的风貌及空间对应关系，景观风貌特色元素需与之相匹配，统一中求变化	合理安排街区内外交通体系、有效处理到达交通与停车的衔接；采用较高的道路网密度和步行网络密度，并将街区慢行交通系统与公共空间有机结合；允许适当的沿路停车方案
空间特色街区	建筑风貌特色	挖掘具有识别度的建筑符号及其文化脉络并加以延续，分析研究其文化内涵、价值和特色，并确定传承与彰显方式	完善基本的公共服务设施体系。因地制宜发展核心业态，倡导多元业态融合，贴近居民生活，提升街区活力	延续街区建筑特色，维持街区独特的整体空间格局和尺度，保证空间的连续性、渗透性和多选择性	突出具有识别度的建筑风格和特征，对反映该地段建筑特色的外观、界面、尺度、材质和环境要素予以保留，并提出相应的管控要求；对与建筑风貌有冲突的建（构）筑物和环境要素提出相应的整治要求	合理安排街区内外交通体系，有效处理到达交通与停车的衔接；采用较高的道路网密度和步行网络密度，并将街区慢行交通系统与公共空间有机结合；允许适当的沿路停车
	街巷格局特色	挖掘具有识别度的街巷格局体系与文化脉络并加以延续，分析研究其文化内涵、价值和特色，并确定传承与彰显的方式	完善基本的公共服务设施体系。因地制宜发展核心业态，倡导多元业态融合，贴近居民生活，提升街区活力	保持具有识别度的街区整体空间特色及街巷格局，对街巷尺度提出合理的管控要求，保证空间的连续性、渗透性和多选择性	对具于集体记忆并反映该地段特色的街巷空间格局、界面、尺度、建（构）筑物和环境要素予以保留，并提出相应的管控要求；对与街巷风貌有冲突的建（构）筑物和环境要素提出风貌和体量方面的整治要求	转移穿越式交通，疏解到达交通，对可以更新的地块合理配置地下停车系统；鼓励采用公共交通系统解决老城区的交通同题；提高步行网络密度

续表

类型		打造策略				
		文化策略	功能策略	空间策略	风貌策略	交通策略
空间特色街区	自然格局特色	挖掘自然山水的文化内涵、价值和特色，并确定传承与彰显的方式，提出人与自然、建筑与环境之间和谐相处的方式	因地制宜发展核心业态，倡导多元业态融合，贴近居民生活，提升街区活力	严格保护整体山水格局与自然风貌，提出合理的视觉廊道、空间廊道及公共开发节点方案，对周边建筑群的高度、密度、尺度、通透率等提出规划要求，做到人与自然、环境的和谐统一	充分利用城市中的山水背景，挖掘自然山水风貌的核心要素，在地块中充分运用并发挥山水优势塑造该地段的风貌特色，建筑风貌与体量等设计要素需与山水风貌特色相统一，对与风貌有冲突的建（构）筑物和环境要素提出相应的整治要求	避免交通性干道从核心区穿越，结合山水自然格局，提供更加丰富多样的慢行交通系统与公共空间；有效处理到达交通与停车的衔接；对于景观丰富的道路断面提出多样化的道路断面方案

表26 以开发方式分类形成策略引导一览表

类型	打造策略				
	文化策略	功能策略	空间策略	风貌策略	交通策略
保留提升	挖掘属于集体记忆的符号与文化脉络并加以延续，分析研究其文化内涵、价值和特色，并确定传承与彰显的方式	明确消除片区安全隐患，完善基本的公共服务设施体系；强化主导业态，采用业态清单管理办法，引导市场自发进行功能优化	延续并维护现有空间结构、街巷格局；允许因满足功能、交通、消防等基本要求而稍作调整，但不应改变原有格局及公共界面	对现状建（构）筑物评估，分别采用保留和整治的手段改善片区建筑外部整体环境，做到风格统一、界面整洁有序	根据周边条件统筹优化交通体系，交通条件不佳的地块尽可能转移穿越式交通，疏解到达交通，区域统筹停车系统
整合重塑	挖掘属于集体记忆的符号与文化脉络并加以延续，分析研究其文化内涵、价值和特色，并确定传承与彰显的方式	完善必要的公共服务设施体系，明确功能发展定位，梳理街区现有业态，采用业态清单管理办法，强化核心业态	继承原有的空间结构，可根据城市功能、交通、绿化等需求，合理调整空间格局。鼓励通过奖惩措施为地区提供公共性设施或公共开放空间	对于集体记忆并反映该地段特色的建筑风貌及空间格局，建（构）筑物和周边环境要素予以传承。对需要改造和更新的地块提出明确的建筑风貌和体量的规划要求	转移穿越式交通，疏解到达交通，对可以更新的地块合理配置地下停车系统；鼓励采用公共交通系统解决老城区的交通问题；提高步行网络密度

— 151 —

续表

类型	打造策略				
	文化策略	功能策略	空间策略	风貌策略	交通策略
培育建设	根据目标人群,主导业态,寻求针对性的文化共性,并确定彰显的方式	根据地区需求、周边条件及目标人群明确功能发展定位,强化核心业态,提升地区城市功能	协调和周边地块的空间关系。创造符合功能要求具有一定识别度的特色空间格局。保证空间的连续性、选择性、提供功能多样化的空间展性,提高公共空间的活力	塑造与功能匹配的建筑形式,并符合城市整体的风貌特征。协调建筑物与周边地块的风貌及空间对应关系、景观环境要素需与之匹配	合理安排街区内外交通体系,有效处理到达交通与停车的衔接;采用较高的道路网密度和步行网络密度,并将街区慢行交通系统与公共空间有机结合

依据每一个街区对应的资源禀赋类型、开发方式类型,叠加形成最终的街区发展引导策略、设计重点、原则和方法。

(四) 不同类型街区塑造示例

1. 科创主导型特色街区塑造——骆岗科创特色街区

(1) 现状基本情况。合肥骆岗机场的前身是安徽省滑翔学校校址,1966 年修建 1200 米草皮跑道,1971 年 5 月 9 日经国务院、中央军委电报批准扩建,1977 年 12 月建成启用,2013 年 5 月 29 日停飞。自此,骆岗机场正式告别历史的舞台,成为废弃地。根据现状这里将建一座大型生态公园——合肥骆岗生态公园,打造成为"安徽之窗、省会之心、城市之肺"。

(2) 塑造指引。以园博园核心地带为骆岗特色街区的基础。主要依托原骆岗机场留存的配套老旧建筑楼、机库等,打造"对标国际一流,体现江淮特色"的活力再生文创街区。以"保留记忆、新老对话"为改造原则,园博会开园期间作为重要的配套服务设施及管理设施使用,之后所有展园将全部完整保留永续利用,向市民开放,并导入科创、文旅、文创、体验等服务业态,为合肥市民提供一处特色鲜明的科创文化休闲街区。

强调"规划设计、功能业态、商业运营"三位一体。骆岗特色街区以园博园核心地带为依托,位于包河大道以西,大连路以南,机场跑道以东,占地 280 亩,规划建筑面积约 7.1 万平方米。因位于合肥城市绿心中央公园,具有区位上的先天优势。充分发掘场地遗存及历史文脉,骆岗机场将更新为城市公共空间的重要组成部分,打造生态化更新理念之下的航空记忆园博街区。

设计策略上以机场标志建筑植入现代业态。总体规划方面,将以原有车行道路为基底,增强主轴线的辐射能力,主街串联各个功能片区。充分利用原有场地道路,形成东西两环的次一级环形脉络,带动场地腹地活力。在主次街巷的基础上,增强鱼骨状支路,打通与城市腹地及机场跑道区域的贯通联系。延续原有场所记忆,串联院落组团空间,形成覆盖全域的漫游体系。对场地内具有标志性特征的重点建筑,如小机库、大机库、穹顶艺术中心等进行重点研究,保持机场原有特色,升级改造后更新植入符合现代要求的业态功能。

设计亮点，重点营造十二处院落。尊重场地原有空间尺度及肌理特征，织补强化原有组团特征，尊重现状建筑不同时期的时代特色，最大程度地呈现叠合的时空断面。针对区域内既有景观资源进行研判，对于有价值的成片景观组团、独特树种、原生场地记忆场景进行融合设计。提取具有标志性的十二处院落进行重点营造，形成功能复合共享空间。

2. 商业主导型特色街区塑造——淮河路步行街区

（1）现状痛点。随着建筑的老化、业态的变迁，淮河路步行街街区有很多街巷狭窄、设施老旧、建筑物参差不齐、门头牌匾破旧不堪，居民生活环境较差。特别是位于淮河路中段的中市街，曾是最大的菜市场，后因规划撤掉后，周边的老旧建筑空间空置多年，亟须重新规划、焕发新生。

（2）塑造指引。特色街区是一座城市消费的名片、高质量发展的载体和对外开放的窗口。合肥的文化之根在淮河路步行街有很好的体现。淮河路步行街是合肥商业最集中区域之一，人流如织，业态丰富并在不断地更新，同时也是一条充满历史文化的街区，集聚有大量的历史古迹，如古教弩台、李鸿章故居等。

以打造代表"最合肥"的特色街区为契机，对淮河路步行街进一步改造提升，打造成一张具有鲜明特色的城市名片。比如南京夫子庙，大家一去南京就会想去夫子庙逛逛，若大家来到合肥，就会想要去淮河路步行街走走。

打造特色街区，需要制定改造提升规划，主要包括总体发展规划或详细规划，明确改造提升的主要任务，做到"一年有变化、两年有大改观、三年见成效"。同时做好淮河路步行街的交通、环境和业态三方面改造提升规划，体现出淮河路步行街"最人文""最人气""最时尚""最智慧"，通过这"四个最"，反映出"最合肥"的特色。

体现"最人文"。淮河路步行街是合肥乃至安徽最著名的一条商业街，现有商业店铺4000余家。目前，淮河路步行街虽然经历了多次改造，但还保存了不少历史建筑。要保护好、利用好、挖掘好淮河路步行街现存的李鸿章故居、江淮大戏院、明教寺、老市政府办公楼、逍遥十八巷等多处历史文化遗存和历史文化资源，体现合肥的"文化之根"。

凸显"最人气"。淮河路街区客流量日均10万人左右，周末及节假日达到20万~30万人，人气较旺。进一步提升街区品牌形象、优化商业业态、改善消费环境，吸引人气。

展现"最时尚"。注重改造建筑景观，打造公共美学空间，提升整体环境和品质，体现出对审美的要求。引入首店经济、旗舰经济、原创经济、网红经济等，实现传统与时尚共生。

打造"最智慧"。精心谋划运营管理，利用好大数据等资源围绕智慧安全、智慧商业、智慧社区、智慧交通等打造智慧街区。

3. 文化主导型特色街区塑造——工业文化创意街区

（1）现状痛点。合肥的老工业基地，合钢、安纺、化工……那些成群连片的大厂，过去曾带给合肥荣耀，如今百废待兴。合钢，筹建于1956年，荣耀于1958年，飞腾在1960年，升华在1970年，辉煌在1980年，下滑在1990年，衰落在2000年，关闭在2015年。2018年地处合肥东部新中心核心区域的合肥钢铁厂被认定为国家工业遗产。

（2）塑造指引。高水平制定街区规划。将老工业区内工业遗产保护利用和城市更新、产业转型进行有机融合，通过《合肥瑶海老工业区转型升级示范区发展规划》《合肥东部新中心（瑶海）"十四五"产业发展规划》《合肥市瑶海区"十四五"现代服务业发展规划》等规划编制予以充分体现，为高质量保护利用工业遗产"定方向、画蓝图"。

坚持策划推进谋精品。以瑶海老工业区内合钢、合化等主要工业企业、厂区腾退后的区域为核心，高标准策划打造"合肥东部新中心"，推动上升为合肥四大市级中心。马（合）钢遗址片区着力打造工业遗址公园及文化创意廊道，彰显区域特色。工业遗址公园在保留工业记忆的前提下，加强对新文化空间的培育和塑造，成为促进地区文化品质提升、增强文化多元性和包容性的休闲场所。文化创意廊道规划通过标志性遗产保护、空间连通、功能植入对区域进行更新，将孤立的工业厂房转化为连续的城市创意绿廊和一条以传承历史记忆为特色的空间廊道，打造"创意、活力"艺术基地。

推动老厂房"旧变新"。以促进城市复兴和经济发展为战略目标，积极开展工业遗产保护利用项目先期试点。以中央预算内支持资金为引导，对恒通机械厂部分老厂房和基础设施改造利用，规划建设文化展示、电子商务、创意办公、综合服务四个功能服务区，打造以文化创意产业为主导的"长江180艺术街区"，成功创建合肥第一家文创类AAAA级旅游景区，获得"安徽省创意文化产业集聚发展合肥基地""合肥市特色文化街区"等荣誉。

推动工业遗产"乱变序"。马（合）钢遗址是瑶海老工业区保存最完整、体量最大、最具价值的工业遗产，其高炉区以钢构件为主，是厂区内部与钢铁生产相关的最直观印迹，具有较高的展示价值。通过保留原建筑主体，依托南淝河"水"文化和钢厂"钢"文化，逐步推进马（合）钢工业遗址公园、近现代工业博物馆、合肥市博物馆等项目建设，打造"合肥记忆"新地标。

推动城区环境"黑变绿"。围绕老工业基地及周边环境进行生态整治和综合提升，多措并举实现绿色共享发展。稳步推进土壤修复，分批分类推进马（合）钢、氯碱化工、老合钢地块污染治理，深入推进大气污染综合治理项目，扎实开展水环境治理，生态环境明显改善。

4. 休闲主导型特色街区塑造——天鹅湖绿轴街区

（1）现状情况。绿轴公园建于2016年，位于政务区核心区，南邻天鹅湖，北接城市体育中心，是政务新区南北轴绿地的南中心，面积约20万平方米，绿地率90%。绿轴景观带从北向南依次连接政务中心、天鹅湖景区、合肥奥体中心等重要景观节点，形成水与城交融的垂直"城市轴"绿色图景。成为市民休闲娱乐的好去处。2020年启动改造升级，改造增加了一批体育设施和活动空间，在功能设施完善的同时，对基础设施进行补充，实施绿化改善工程。

（2）塑造指引。倡导多元业态融合，整合塑造特色街区。绿轴公园位于蜀山区核心区域，北与天鹅湖公园接壤，南与奥体中心为邻，东西两侧分别为绿洲东路和绿洲西路。公园东西两侧商业、办公、居住业态众多，具有独特的地域优势。公园内地形较为平坦，整体景观格局已初具规模。整合天鹅湖南岸体育公园、绿轴公园、新地中心商业、万象城商业、置地商务办公等业态，打造特地域特色、生态共生、文化融合、生活多样、功能复合的城市级街区。

休闲主导型的复合功能特色街区。天鹅湖商务区不断升级,商务办公、酒店、公寓等设施越来越齐全,入驻企业越来越多。随着众多优质企业的不断集聚,天鹅湖绿轴周边区域正逐渐成为集商贸功能区、商务休闲区、特色商业街区、文化旅游区为一体的高端综合功能区,是安徽省城市化发展水平最高、配套设施最完善、集聚辐射最强的区域。

    本课题组成员名单:徐涛松 陶 莹 卢晓华 许晓飞 刘 珊

培育壮大农业产业化龙头企业研究

安徽农业大学课题组

党的二十大提出建设农业强国。在开启全面建设社会主义现代化国家新征程、向第二个百年奋斗目标进军的新时期，农业农村将进入加快构建现代乡村产业体系、加快推进农业农村现代化、全面实施乡村振兴战略的新阶段。农业产业化龙头企业是引领乡村全面振兴和农业农村现代化的生力军，是打造农业全产业链、构建现代乡村产业体系的中坚力量，是带动乡村产业高质量发展的重要主体。

近年来，合肥市以习近平新时代中国特色社会主义思想为指导，立足新发展阶段，贯彻新发展理念，以保障国家粮食安全和重要农产品有效供给为根本目标，积极建设现代乡村产业体系，农业产业化龙头企业得到较为快速的发展，为全面推进乡村振兴和农业农村现代化夯实产业根基。为加强合肥市对农业产业化龙头企业的支持、引导与服务，更好地发挥龙头企业的引领带动作用，本课题将围绕重点产业链，从促进龙头企业高质量发展、优化龙头企业发展环境等方面，研究培育壮大农业产业化龙头企业的发展思路，为促进龙头企业做大做强、创新发展提供政策参考。

一、合肥市农业产业化龙头企业发展概况

近年来，合肥市积极推进科技创新、提升质量品牌、引导产业集聚、拓展农业功能、创新产业业态，农业产业化龙头企业得到较好发展。

（一）行业规模逐步扩大

2021年全市规模以上农产品加工企业加工产值增速12.5%，高于全省平均水平9.5个百分点，占比11.1%，位列全省第二。全市粮油、畜禽、乳品、水产品、饲料、蔬菜水果等多个产业向规模化集群式发展转型。

（二）龙头企业队伍逐步壮大

2021年，全市有市级以上农业产业化龙头企业670家，省级96家、国家级10家，其中规模以上农产品加工企业295家；培育市级以上产业化联合体123家（其中省级45家）。以市级为基础、省级为骨干、国家级为引领的三级农业产业化龙头企业梯度发展格局更加稳固。

2021年，全市农产品加工业产值1576亿元，农产品电商销售额达128.4亿元。在绿色食品领域，全市形成了粮食、蔬菜、生猪、龙虾、草莓、水产、乳品、家禽等重点产业链；本土企业老乡鸡、洽洽、燕之坊、富煌三珍、天美食品、光明槐祥等跻身农业产业化国家级龙头企业，展现出"产业地标"的苗头。成功打造长丰县为全国农业全产业链典型县，肥东县桥头集镇为全国农产品加工产业强镇，王仁和米线被列为全省"特色产业+金融+科技"发展试点项目。

（三）产业化水平逐步提升

谋划粮食、蔬菜、草莓、龙虾等12条农业产业链建设，争取打造一批"百亿产业链"。深化农产品加工业"五个一批"工程。组织农业企业参加合肥农交会和世界制造业大会等大型展会。洽洽食品股份有限公司年产值超59.85亿元，合肥伊利乳业有限责任公司年产值超40亿元，安徽老乡鸡餐饮股份有限公司年产值超10亿元。

（四）招商项目加快推进

部署绿色食品产业双招双引工作，重点推介一批农产品精深加工、现代种业、现代农业物流等重点合作项目，实现农业产业链延长升级、优势产业集群发展壮大。加强对全市农业招商引资工作完成情况开展调度。截至2022年9月，合肥市招商引资项目投资总额288.53亿元，其中农产品加工项目55个，投资额155.08亿元，占总投资额的53.7%，一产项目40个，三产14个，全产业链项目8个。

（五）政策保障强化支撑

抓好推动经济高质量发展若干政策落地落实，2021年安排市级财政奖补资金1021.85万元，用于支持农业产业化龙头企业贷款贴息，省级产业化发展项目资金874万元。

二、合肥市农业产业化龙头企业的产业链基础

（一）粮食产业

1. 产业规模

全年粮食面积稳定在785万亩，产量300万吨左右。2020年水稻面积545万亩，产量234万吨。小麦面积183万亩，产量54万吨。玉米面积30万亩，产量8万吨。豆类、薯类、杂粮总面积20.1万亩，产量3.87万吨。

2. 突出短板

一是粮食生产基础设施不配套，自然灾害频繁，靠天吃饭的局面尚未根本改变。二是农资、人工等价格持续上涨，粮食生产成本高，种粮收益持续走低，挫伤了农民种粮的积极性。三是优质粮占比不高，加工能力有待提升，本地粮食品牌不响，市场占有率不高。四是一二三产融合不够，对乡村产业带动力不强。

3. 主要优势

一是种粮条件在改善。全市已建设高标准农田 400 多万亩，为稳定粮食生产奠定基础。二是农业科技有支撑。既有安徽农业大学、安徽省农科院等科研院所支持，又有丰乐、荃银等种业企业品种培育技术优势，2020 年全市主要农作物耕种收综合机械化水平达到 83.8%，为粮食生产提供了强有力的科技支撑。三是粮食加工有基础。中粮集团、益海嘉里、光明槐祥等国家大型粮食加工企业落户合肥，提升了合肥市的粮食加工能力。

（二）蔬菜产业

1. 产业规模

2020 年，合肥市全面落实"菜篮子"市长负责制，全市蔬菜种植面积 136.02 万亩，蔬菜产量 231.23 万吨。全市常年在地蔬菜稳定在 35 万亩（其中肥东县 7.3 万亩、肥西县 4.2 万亩、长丰县 6.9 万亩、庐江县 10.5 万亩、巢湖市 4.5 万亩）。2020 年设施蔬菜面积 44.13 万亩，占比 32.5%，已创建省级及以上蔬菜标准园 63 个。

2. 突出短板

（1）基础设施仍然薄弱。蔬菜产业基础设施投入不足、资源与品种创新不够、栽培技术的现代化程度偏低、集约化程度不高、农产品冷链物流体系薄弱。蔬菜季节性过剩、机械化程度低、冷链仓储物流薄弱，蔬菜流通损耗高达 25%~30%；智慧化、信息化的高新技术和设备仅处于示范应用阶段。

（2）深加工程度不足。蔬菜初级产品商品化处理、精深加工等技术还停留在初等水平，主要局限于腌制、酱制等传统技术，加工产品雷同，科技含量较低，缺少精深加工产品及项目，严重影响了蔬菜产业附加值的提高。

（3）产业链条有待完善。生产社会化服务组织少，如农机专业化服务组织、高新技术跟踪服务组织、病虫害统防统治服务组织等。市县农技体系缺乏蔬菜产业研究团队和专业技术人才，人才队伍不稳定，流失现象严重。休闲观光、采摘文旅、科普创新、电子商务等产业尚未融合，仅一产发展附加值较低。

（4）品牌化发展不足。合肥市仅有中埠番茄、牌坊杭椒、庐江花香藕、白湖荸荠、同大韭菜、金坝芹芽等少数品牌，但品牌不强，缺乏能唱响全国的知名品牌。

（5）配套政策受限。重大项目支持政策力度不大，土地政策不配套，建设用地短缺、农业配套设施农用地难以落实。

3. 主要优势

（1）区位优势。随着长三角一体化发展，合肥的区位优势决定了其发展蔬菜产业的潜力巨大，合肥明确要努力打造长三角区域的绿色农产品供给基地、优质农产品精深加工基地。

（2）政策利好。合肥市全面推进"菜篮子"市长负责制，菜篮子被列为重要考核内容，且连续多年出台高质量发展政策支持产业发展。

（3）城市消费需求大。随着生活水平的提高，蔬菜食品消费呈现持续上升的态势，对高品质蔬菜需求呈显著增长趋势。根据安徽省统计局发布的安徽省第七次全国人口普查公报，合肥市常住人口将近 937 万，蔬菜需求量较大，高品质蔬菜缺口也较大。

（4）经济效益明显。蔬菜投入与产出比为1∶5，亩纯收入是粮食作物的5倍，已成为脱贫攻坚和乡村振兴中的主导产品。改进蔬菜采后商品化处理和贮运、营销手段，提高加工品质量，延伸产业链，蔬菜产业整体效益将进一步提高。

（三）农作物种子产业

1. 现状

（1）产业规模。合肥农作物种子起步早、发展快、品牌响，创新力活跃，经过数十年的发展诞生了中国种业第一股丰乐种业、创业板种业第一股荃银高科，形成了以水稻、玉米等各具特色的种业龙头企业，种业发展局面良好，在全国处于领先水平（见表1）。全市现有持证企业125家，育繁推一体化种子企业8家（占全省总数的80%），省级以上发证的企业43家（占全省总数的3/4以上）。

2020年全市种子销售收入38.7亿元，占全省的60%以上，占全国的6.5%。销售收入10亿以上企业1家，1亿~5亿元企业4家，0.5亿~1亿元企业4家，销售收入2500万~5000万元企业13家，1000万~2500万元企业20家，500万~1000万元企业11家，250万~500万元企业12家，100万~250万元企业34家，100万元以下企业25家（见表2）。

表1 全市现有国家级育繁推一体化种子企业

序号	企业名称	育繁推颁证类别
1	合肥丰乐种业股份有限公司	稻，玉米，瓜类
2	安徽荃银高科种业股份有限公司	稻
3	安徽隆平高科种业有限公司	玉米
4	安徽皖垦种业股份有限公司	稻
5	安徽国豪农业科技有限公司	油菜
6	安徽江淮园艺种业股份有限公司	辣椒、瓜类
7	安徽金培因科技有限公司	油菜
8	天禾农业科技集团股份有限公司	油菜

表2 2020年度合肥市农作物种子企业销售收入统计

序号	企业名称	销售收入（亿元）
1	安徽荃银高科种业股份有限公司	11
2	合肥丰乐种业股份有限公司	5
3	安徽皖垦种业股份有限公司	4.5
4	安徽荃银种业科技有限公司	2.09
5	安徽隆平高科种业有限公司	1.7
6	安徽荃丰种业科技有限公司	0.75
7	安徽华韵生物科技有限公司	0.64
8	安徽江淮园艺种业股份有限公司	0.56
9	安徽国豪农业科技有限公司	0.5

（2）种业创新能力。合肥市种子企业和科研院所组织开展了良种重大科研联合攻关，创新品种试验体系，引导良种选育转向高产稳产、高抗广适、优质绿色和专用特用，育种成果不断涌现。水稻（皖稻153、徽两优996、荃优822、皖垦糯1号）、玉米（隆平206、安农591）、小麦（安农0711、安科1303、荃麦725）等一批高产优质、广适多抗的新品种，成为水稻、玉米和小麦大田生产上的主导品种。荃银高科创制的新安S、荃9311A成为国内杂交水稻两大优势不育系，全国配组品种近百个，通过审定品种40多个，推广面积近亿亩；安徽省农科院利用种质"9012A"首创出油菜隐性上位互作核不育三系选育及制种方法，解决了油菜隐性核不育制种难题（见表3）。

表3　部分重点企业科研实力情况

企业名称	创新平台	品种选育	科技奖项	种源保护
荃银高科	国家企业技术中心、农业农村部杂交稻新品种创制重点实验室、院士工作站、博士后工作站	发明专利9项、植物新品种保护权授权64项，选育并通过审定的各类农作物新品种300多个	获国家科技进步一等奖1项、省科技进步一等奖3项	建有中期库和长期种质资源库，引进种质资源2000多份
丰乐种业	国家级研发平台2个、省级平台3个、科学试验基地2000多亩，科研育种站15个，测试网点280多个	近3年来审定品种82个、申请并获得受理品种权117个，授权品种权9个，获得受理专利1项	国家级奖项7项、主持参与国家、省地方标准7项（其中国标两项）	建有种质资源核心库，共收集保存、引进各类种质资源1000多份
江淮园艺	建有分子育种、病毒检测、抗病育种、种纯鉴定、基因编辑等现代化育种实验室	近3年供获得国家植物新品种权认定18项	国家农牧渔丰收奖、省科技进步一等奖、承担国家、省市重点科研项目36项参与制定国家、省地方标准5项	2002年起进行资源收集和保存、扩繁，建有国内首个瓜菜种质资源库，共收集蔬菜种质资源5000多份

（3）种业产业集群。在庐江县建立全省最大的常规农作物种子生产基地，共有30万亩常规稻、麦种子良繁基地、10000多亩杂交水稻制种基地。2018年、2019年分别承担全国种子"双交会"、省水稻新品种展示会的334个、210个水稻品种展示示范。位于庐江县郭河镇的2500亩种子产业园，引进合肥市种业企业和科研机构发展集群园区。产业园发展定位覆盖科研育种和试验、新品种引进示范展示、种子生产加工、贮藏和种子物流交易中心四大功能，已有10多家种业企业和科研单位签约入驻。

2. 突出短板

（1）企业总体规模偏小。2020年合肥市农作物种子生产企业年销售额38.7亿元，其中，前10家收入28.9亿元，占比47%，收入1000万元以下企业有82家，占总家数的67%。以两家龙头企业为例，2020年度荃银高科实现营业收入16亿元，主要为种业收入；丰乐种业收入约25亿元（含农化、香料等，其中种子收入近5亿元）。而国际种业巨头德国拜耳公司2019年种业销售额高达86亿美元，在全球市场的份额上升至40%，与之相比，合肥种业龙头企业仍需进一步做大做强，产业规模有较大的提升空间。

（2）企业市场竞争力有待增强。合肥市种子企业研发投入面窄量小，包括合肥市丰乐种业、荃银高科在内的全国 10 家种业 A 股上市公司，2019 年研发支出仅 6.7 亿元，而跨国种业孟山都同期研发支出是上述 10 家企业总和的约 60 倍。大多数企业尚未成为技术创新主体，80% 以上的种子企业没有育种能力，或育种技术落后，后劲不足；种业企业的生产、加工、营销和售后服务能力不强，品牌培育不够，知名品牌少。育种平台条件和育种技术手段落后；育种高端人才尤其是企业育种人才缺乏，科研人员流动难问题未得到有效解决，企业创新主体地位仍需进一步加强。

（3）企业制种风险大。由于自然环境、气候变化或人为因素等的影响，在抽穗、授粉等关键时期，一旦突发重大自然灾害或出现极端天气，种子生产就会遭受难以想象的打击。安徽省只有特色农业保险，没有完善的制种保险政策。

（4）企业新品种权保护力度不够。我国参与国际植物新品种保护联盟（UPOV）（1978 年版本）标准对植物新品种权保护范围小。种业行业中小企业较多，存在套牌、套袋等侵权行为，违法成本较低，市场维权打假举证难，成本高，对植物新品种权保护力度不够。执法队伍建设相对滞后。合肥市农业综合行政执法支队建立时间短，人员数量有限，执法队伍专业素质和水平有待全面提高，再加上通过国家或省审定（登记）的品种数量"井喷"，执法难度大。

（5）企业科研基地基础建设落后。种子企业和科研单位大多分布在不同县（市）区的企业各自独立建设科研基地，缺乏总体规划，基地基础建设落后，未纳入高标准农田建设统筹规划。

（6）企业用地难矛盾突出。投资环境有待进一步改善，随着新企业的不断涌入，原有企业的不断发展壮大，需要建立研发、仓储、加工、包装基地，用地难矛盾突出。特别是合肥市市区的种业企业用地情况更加困难。

（7）财政扶持力度有待加强。市级财政每年政策扶持种质资源保护、发展与创新资金较少，推动力不强，农作物良种繁育基地长期没有资金投入，导致保护、发展与创新动力不足，种业发展仍显后劲不足。2020 年市财政共兑现农业奖补资金 1.9 亿元，直接激励农作物种子发展资金仅是其中一小部分。

（四）生猪产业

1. 产业现状

2020 年，全市年末生猪存栏 64.7 万头，生猪年出栏 126.5 万头。现有规模生猪企业 500 家，其中种猪企业 28 家，拥有 2 家国家级核心育种场，9 家祖代猪场，企业数量、供种能力居全省首位，全市生猪规模化率达 85% 以上，生猪定点屠宰场 24 家，设计年屠宰产能 260 万头，完全满足本地化屠宰、供应需求。

2. 突出短板

（1）龙头企业发展动能有限。合肥市生猪养殖集团仅限于安徽安泰农业开发有限责任公司、安徽长风农牧科技有限公司和合肥华杰农牧科技有限公司等少数几家，龙头企业较少，对周边辐射带动作用不显著，加之受土地政策限制、贷款融资难度不减，中小型养殖企业发展动力不足。

（2）养猪业疫病防控形势严峻。非洲猪瘟因传播媒介分布广泛及相互作用复杂，防控局势严峻，对生猪养殖业造成极大影响。猪蓝耳病、猪圆环病毒病、猪弓形虫病等病毒或寄生虫是引起猪群免疫抑制的主要病原之一，各类生猪疫病的发生，给生猪养殖业带来不确定因素，也是影响养殖户生产积极性的重要因素。

（3）生猪价格波动影响养殖利润。非洲猪瘟发生以来，经历生猪行情多次波动，从 2018 年 8 月开始价格连续下跌—2019 年下半年大幅回升—2021 年 2 月以来快速回落，价格大起大落对产业破坏性很强。合肥市生猪生产信息监测数据显示，自 2021 年 2 月中旬以来，生猪价格有明显下降，单猪利润降幅之大、降速之快都是空前的。预计生猪价格将趋于稳定，逢重要节假日会出现短期上涨，但仍为总体下行，略高于成本线。面对猪肉的大幅回落，市场呈现的信号并不积极。猪肉消费需求疲软，替代性消费渐成习惯。

3. 产业发展优势

（1）生猪生产区域化布局明显加快。受环保整治和非洲猪瘟双重影响，生猪生产加速向土地和饲料资源丰富的优势区域集中。合肥市在建的温氏、立华、牧原等四个大型楼层式猪场项目总体设计年出栏量达 110 万头，将有效支撑生猪产能的稳固基础。

（2）中小规模户正在转型升级。非洲猪瘟后，大量散养户和小户退出市场，养殖门槛进一步提升。年出栏 1000 头以上养殖户本轮周期加速发展。一方面，通过金融支持、风险防控、组织机制和社会化服务推动规模化和绿色生产。优化政策性金融扶持政策，加大生猪保险推广，支持养殖户中长期生产，通过养殖合作社、养殖协会的组织、服务和金融功能建设，提高合作社/协会的社会服务、金融服务和产销衔接服务水平，推动养殖户的养殖水平、粪污处理水平和生物安全水平的提升。另一方面，建立现代流通方式。与屠宰加工企业通过收购协议、代养或者战略合作等方式，实现产供销一体化。

（3）配套支持政策逐步加强。2018 年以来，合肥市把生猪生产工作作为政府重要工作来抓，严格实施"菜篮子"市长负责制考核，全力支持生猪生产项目，包括生猪规模化养殖场建设补助，种猪场和规模猪场贷款贴息，能繁母猪保险和育肥猪保险，非洲猪瘟强制扑杀补助经费，生猪良种补贴，生猪调出大县奖励，畜禽粪污资源化利用等。

（五）龙虾产业

1. 产业现状

近年来，合肥市虾稻产业以示范基地建设为基础，以龙头企业引领为动力，以示范节庆活动为平台，着力推进虾稻产业融合聚力发展，逐步形成"三产消费带动、二产加工提升、一产种养融合"合肥虾稻产业新格局，实现了调结构、保生态、优质量、促增收的总体目标。

（1）产业规模迅速扩张。2020 年，合肥市虾稻综合种养总面积达 80.6 万亩，较上年新增 25.9 万亩。全市 100 亩以上规模基地 1700 余个、千亩示范片 31 个，超万亩的乡镇 18 个，虾稻产业从业人员近 6 万人，成功创建了 5 个国家级虾稻综合示范区。

（2）品牌影响力显著提升。自 2002 年以来，合肥市连续成功举办 19 届"中国·合肥龙虾节"。2020 年"第 19 届中国·合肥龙虾节"成功举办了开捕仪式、开幕式等活动，更创新性地举办了"合肥龙虾进上海"专题推介会，以虾为媒进一步推进合肥市融入长三角一体化步伐。龙虾节先后获评中国节庆50强、国家级示范渔业文化节庆、中国国际广告节品牌塑造奖等。2017年合肥市获评为"中国龙虾之都"全国唯一殊荣。"合肥龙虾"先后荣获国家工商总局驰名商标、农业部农产品地理标志认定。

（3）三产深度融合发展。以老谢龙虾、阿胖龙虾为代表的合肥"龙虾大王"在省内外有较高的知名度。合肥市城区品牌龙虾餐饮店160余家，年消费龙虾达8500吨。"合肥龙虾"已经成为合肥市餐饮业一张亮丽的名片。同时以合肥8家"龙虾大王"餐饮企业牵头组建的虾稻产业联合体已有效运转，开始基地龙虾直供餐饮企业的交易模式，同时在龙虾店内开展虾稻示范基地及优质虾稻米展示展销，进一步提升合肥市虾稻综合种养市场认可度。

（4）产业效益日益显著。合肥市因地制宜地发展虾稻连作、虾稻轮作、稻虾共生等各类模式，实现了一水两用、一田双收，在龙虾产值保持稳定的同时，绿色生态、口感好、营养成分高的优质虾稻米持续畅销。目前合肥市虾稻基地基本实现了"1313"的目标，即年产1000斤优质水稻、300斤清水龙虾、实现产值10000元、纯收入3000元。近年来合肥市"清水龙虾、生态稻米"市场认可度不断提升，肥西万丰生态稻虾养殖专业合作社所产虾稻米连续三届蝉联全国渔米金奖（全国唯一），优质虾稻米均价超5~10元/斤。

2. 发展优势

（1）源远流长的历史传承。早在20世纪80年代，合肥市长丰下塘地区就开展了稻田养虾的探索，成为全省首个开展龙虾人工养殖的地区。20世纪90年代，合肥市已建成2家龙虾加工出口企业。通过30多年的不断努力，小龙虾变成了大产业。

（2）得天独厚的资源优势。合肥环抱巢湖、通江达海、水网密布、物产丰富。优越的自然条件为虾和稻的生长提供了优良的环境，产出的优质清水龙虾、生态稻米有巨大的市场需求。

（3）结构调整的现实需要。一方面，通过对传统稻田、低洼水田和闲置土地的提升改造，保障了粮食生产所需的基础，也调动了农民种粮的积极性；另一方面，先进模式的推广、优良品种的选育、现代物联网技术的应用等为虾稻产业提供了有力的科技支撑，确保单位面积粮食总产不降低，稳定了粮食产量。

（4）循环农业的生动实践。通过建立虾稻共生的生态循环系统，以养殖代谢物和生物肥料代替传统化肥，以生物操控技术代替农药的大量使用，大大提高了稻田中能量和物质循环再利用的效率。合肥市虾稻田较传统稻田农药、化肥使用量普遍减少90%、60%以上，对减少农业面源污染、保护生态和食品安全起到了重要作用。

（5）乡村振兴的有力载体。虾稻产业通过"龙头企业+合作社+家庭农场"的现代农业经营模式发展，按照标准化、规模化、集约化的现代农业生产模式建设，形成了涵盖生态养殖、加工出口、餐饮消费、休闲旅游为一体、一二三产业高度融合的现代农业产业体系。通过推进虾稻产业发展，吸引各类工商资本投入到虾稻产业链中来，有力带动了乡镇稻米加工厂、小型龙虾交易市场、乡村旅游和文化等相关产业联动发展，真正实现三产融合。

3. 突出短板

（1）种养水平亟须提标提质。一是基地标准不高。合肥市除省级以上示范基地及部分连片规模基地外，大部分基地存在塘口改造不标准、基础设施配套差等情况。二是产业配套体系不健全。目前全市没有一家省级以上龙虾苗种繁育基地，新建基地苗种仍需从湖北、江苏及省内滁州、六安地区引进，长时间运输导致虾苗死亡和供货苗种质量参差不齐，这都给养殖户增加了生产成本。三是人才队伍薄弱。合肥市从事虾稻综合种养的技术人员少，先进模式和科学养殖方法得不到有效推广，虾稻产业综合效益难以完全发挥。

（2）三产融合仍需均衡发展。一是龙虾加工业仍是短板。全市规模以上龙虾加工企业仅3家，不能消化种养基地产出的小规格龙虾，造成产能浪费。二是利益联结机制不紧密。餐饮企业和种养基地之间未建立较为完善的供销体系，龙虾产品还要通过层层中间环节交易，大大提升了产品成本。三是龙虾市场体系建设滞后。合肥市作为全省龙虾主产区之一，尚未建立区域性大型龙虾综合交易中心，规模养殖基地的龙虾要进入南京、武汉等地交易市场，长途运输增加了生产成本，同时缺少市场定价的话语权。

（3）品牌影响还需深耕挖潜。"合肥龙虾"的区域公共品牌建设、节庆影响力、产品品牌发展等仍旧不充分，影响力不够，发展潜力仍需进一步挖掘。合肥市"虾田米"和"稻田虾"注册品牌不少，但是龙虾品牌仅有3个省级著名商标，稻米没有一个品牌取得市级以上级别商标称号，在品牌建设和运营上严重滞后于产业发展。

（六）草莓产业

1. 发展规模

合肥市全市种植草莓面积22.2万亩（其中长丰县21万亩、包河区0.2万亩、庐阳区0.1万亩、巢湖市0.3万亩、肥西县0.3万亩、庐江县0.1万亩、肥东县0.2万亩），全市草莓年产量达40万吨。其中"长丰草莓"是国家地理标志产品、全国名特优新产品，是全国草莓产业的核心产区，也是安徽省特色农产品生产优势区。全市草莓产业拥有市级以上农业产业化龙头企业38家，其中省级以上5家，各级家庭农场、农民合作社812家，带动草莓种植农户8万多户、从业人员17.5万人，受益民众36万人。2020年，"长丰草莓"品牌价值达73.66亿元，位居全国第二，从事草莓休闲采摘业人员千余人，累计营业收入近3亿元。育苗面积近4万亩，创建了4个草莓脱毒组培中心，30亩以上规模育苗基地65个，可满足全国30万亩草莓种植基地需求，逐渐从传统草莓种植大市成为草莓种苗输出大市。

2. 产业链发展短板

（1）一产不强。合肥市草莓仍以一产为主，一产附加值低，产值难以达到省级龙头企业标准；规模化企业少，尤其缺乏全程标准化生产的龙头企业，自有高端产品占有率不高；标准化程度不高，草莓产业包装、分拣、运输、仓储等技术还停留在初等水平上；品种过分单一，红颜品种占98%以上；精准施肥用药程度不高，农膜、农药和化肥等农业面源污染仍然突出；生产基础设施较落后，种植棚体陈旧、排灌设施不完善，草莓新技术、新品种、新成果推广体系尚待完善，新品种、新技术、新成果普及率低等。

（2）二产较弱。合肥市草莓加工企业数量少、规模较小、起步晚，受资金不足、产地分拣分级、预冷保鲜等草莓采后处理设施建设滞后等因素制约，草莓鲜果加工能力整体较弱，加工制品多以初级产品为主，产品附加值较低，企业盈利空间有限，规模难以扩大。没有专门用于深加工的草莓品种，草莓大部分以鲜果销售为主，每年4月中下旬以后，鲜果销售有限，剩下的草莓果则用于冷冻出口与加工果销售，且价格相对较低，草莓向食品加工转化不足、资源综合利用率不高。冷链运输体系不健全。草莓柔软多汁不耐储运，常规运输时间长，保鲜效果差，需要全程冷链运输，冷冻冷藏技术欠缺，冷链运输基础设施建设不完善，缺乏现代高效的物流体系。加工企业规模小、实力弱。研发与创新能力薄弱，无法形成规模效应，从而带动产业高质量、可持续发展，企业多以小作坊为主，品牌影响力大的企业较少。

（3）三产不优。市场营销与流通模式较为传统，与长三角、珠三角、京津冀等高端市场需求衔接不紧密，市场推广、品牌包装、广告策划等相关支持产业发展不足，支撑服务体系与草莓产业主导地位未能完全匹配。休闲农业发展配套功能不完善，受季节限制较大，体验式农业和加工产品较少，文旅结合不强，三产融合非常有限。

3. 发展优势

（1）政策利好。省、市级财政农业产业发展资金、高质量发展资金、现代农业产业园发展资金等将对合肥市草莓产业发展提供有力支撑。依托丰富的自然资源优势，草莓产业发展迅速，已成为合肥市农业的支柱产业，草莓特色产业推动着合肥市经济的快速发展。同是也为全市脱贫攻坚和乡村振兴做出贡献，地方将会有更大的支持力度。

（2）基础较好。一是合肥市草莓集聚区地处江淮分水岭两侧，农业用水主要依靠降雨、地下采水和淠史杭灌区供水，无污染，为草莓生产提供了优质的水源。二是合肥市草莓为冬季促成栽培，定植期为秋分后，此后的短日照促进草莓花芽分化，草莓产量高峰期在元旦后，此后的长日照促进草莓生长，有利于结果。三是合肥市位居我国亚热带季风性湿润气候与暖温带半湿润气候的过渡地带，冬季干燥，大棚湿度低，草莓病害少，同时冬季基本没有虫害，极大地减少了农药用量，确保农药残留不超标。四是合肥市土壤酸碱度（pH=5.5~6.8）适宜草莓生长，富含磷、钾，各种微量元素全面，尤其是硼、锌的含量丰富，使草莓具有更好的风味品质。安徽位于长三角区域，是长三角地区的"大果园"，区位优势明显、市场需求巨大。

（3）种苗产业领先。合肥市长丰县是全国草莓重要的种苗产销基地。拥有恒进农业、艳九天农业、福临农农业和蓝杉斛农业等草莓脱毒种苗繁育公司，每年生产原原种超过100万株，成为国内脱毒种苗生产大县。生产种苗繁育基地超过4万亩，为国内最大生产苗繁育地，不论规模和技术在国内处于领先。

（七）水产产业

1. 发展基础

（1）发展规模不断扩大。2020年全年水产品总产量22.56万吨，同比增长0.4%；产值83.15亿元，同比增长8.5%，渔业产值持续领跑全省。现有国家级示范区5个；全市建成循环流水跑道117条、超5000平方工厂化基地9个，工厂化养殖面积2.1万平方米。

（2）养殖结构逐步优化。渔业经营主体不断创新养殖模式，发展循环流水养殖、工厂化养殖、集装箱养殖等高效绿色健康养殖模式，推进提质增效。在养殖品种上，大力发展河蟹，积极引进澳洲龙虾、银鳕鱼等名优品种本土化养殖，经济效益大幅提升。名特优水产品养殖面积31万亩、产量10.3万吨，分别同比增长7.4%和12%，名特优水产品占比达47%。

（3）休闲渔业蓬勃发展。全市规模休闲渔业基地发展到350余个，其中国家级7个、省级30余个，年接待游客超百万人次。围绕龙虾、河蟹、观赏鱼等优势产业，积极举办中国·合肥龙虾节、合肥市水族文化展、黄陂湖河蟹节、巢湖市渔火节等节庆活动，发展节庆经济。

2. 突出短板

养殖池塘标准化改造慢。全市池塘标准化改造仅限连片精养池塘，改造速度缓慢，大部分养殖池塘水、电、路、渔业机械等基础设施配套不完善，生产中鱼类疾病发生率高，导致单产水平不高。

（八）乳品产业

1. 产业基础

2020年末全市共有奶牛企业4家，部、省级奶牛标准化养殖示范场2个，奶牛存栏2.66万头，生鲜乳产量16万吨，奶牛平均单产水平达到10.5吨以上。奶牛养殖主要分布在长丰县和肥东县。奶牛规模化程度达到100%。主要奶牛品种有中国荷斯坦奶牛、澳洲荷斯坦奶牛和新西兰荷斯坦奶牛。

全市主要乳产品加工龙头企业有合肥伊利乳业有限公司、安徽新希望白帝乳业有限公司、现代牧业（合肥）有限公司、合肥娃哈哈饮料有限公司和巢湖娃哈哈昌盛饮料有限公司5家，设计年奶制品加工能力达到93万吨。产品主要分为鲜纯牛奶、酸奶、乳酸饮料、冰淇淋、奶粉等。

2. 突出短板

（1）产品奶源不足。规模化奶牛场数量少，奶牛存栏量低，面向乳品加工环节的生鲜乳供应严重不足，人年均奶供应量远远低于国家标准。奶源多来自合肥以外地区，加工环节多数情况下无法满产运行。

（2）优质草源不足。青贮饲料种植面积少，养殖场优质饲草（如苜蓿）多来自外地或进口，且需求量大，难以满足高产奶牛的需要。

（3）智能化水平不高。奶牛场自动化、智能化设施设备利用率低，人工成本较高；智能耳标、智能测温、智能饲喂、智能环控等嵌入式设备尚未得到大面积应用，生产管理等大数据的采集、分析、共享能力弱，奶牛产业现代化管理水平低，人才缺乏。

（4）产业发展能力不强。规模化奶牛企业与家庭农场等抱团发展的能力不强，缺少联系紧密且能够形成发展合力的奶牛产业联合体。奶牛产业链不健全，龙头企业带动力弱。亟须调整奶牛产业结构，补充奶牛产业链后端乳品加工、粪污资源化利用、废弃物处理、休闲养殖、餐饮、旅游观光等产业。

（九）家禽产业

1. 产业基础

2020年全市家禽饲养量达1.57亿只，位居全省前列。家禽存栏3377.8万只，其中鸡存栏3094万只，蛋鸡存栏781.39万只。禽肉产量22万吨，占全省的12.15%。禽蛋产量23.52万吨，占全省的12.77%。

全市涉禽省级以上农业产业化重点龙头企业6家（肥西老母鸡一体化、立华肉禽、温氏肉禽、益农蛋禽、华亿禽饲料、好婆婆副食品加工），中小企业1100余家，养殖主体格局呈现出龙头企业引领、集团化发展、专业化分工等发展趋势。

2. 突出短板

（1）品种创新严重不足。产业链各环节发展不平衡，育种研发、原种和祖代生产严重滞后，产业链上游缺位。全市有父母代种禽企业36家，无祖代种禽企业，更无育种创新企业。

（2）资源约束更加显现。养殖及产业相关用地难的问题还没有根本解决，影响了提升养殖基础设施条件的进程。

（3）屠宰加工产能不足。家禽屠宰企业仅有四家企业，年屠宰量仅2000万只，与全市1亿只以上的出栏量相去甚远，精深加工占比仍很低。

（4）产品品牌拓展不足。缺少名气较大的禽蛋、禽肉品牌，三品一标数量较少，老字号产品面临较大的市场竞争压力。

（十）苗木花卉产业

1. 产业基础

合肥市苗木花卉产业发源于肥西县三岗村，起步于20世纪60年代，成长于90年代，壮大于2003年，至今已有50余年的发展历史。目前，全市苗木花卉种植面积达100万亩，年销售额近40亿元，成为合肥市农村经济中一项重要的支柱产业（见表4）。

（1）发展规模化。全市苗木花卉种植面积在100亩以上（含100亩）的龙头企业（大户）有1345家，种植总面积达71万亩，占全市种植总面积的73.24%。其中肥东县、肥西县、庐江县龙头企业（大户）数量最多，分别为313家、298家、278家；较多的县市区还有长丰县、蜀山区，分别为142家、140家。种植面积500亩以上的企业有393家。300亩以上苗木基地742个，40亩以上花卉生产基地61个。种植面积超过10000亩以上的乡镇有34个，其中肥西县10个、肥东县8个、庐江县7个、长丰县3个、庐阳区2个、蜀山区2个、庐阳区2个、经开区1个、新站区1个。

（2）种植标准化。由于知名苗木花卉企业的入驻，如浙江藤头公司、天津大顺等带来全新的经营理念和发展思路，标准化种植模式在合肥市已得到了广泛的推广与应用。在土地整理上，按科学经营要求，一律深翻、开沟、打宕；在种苗选择上，统一选购同等大小的壮苗；在栽植管理上，统一标准栽植、施肥、除草。同时，为了加快林业标准化工作进程，制定了《合肥市植树造林导则》和蝴蝶兰、红叶李、石楠球、葡萄、杨树、桃树等生产、栽培技术规程。

（3）生产集约化。全市正在加速对各类苗木品种进行更新换代，加大对低密度稀植技术、引种驯化技术、优良品种扩繁技术、平衡施肥技术、新型嫁接技术以及节水灌溉设施、日光温室大棚设施、全光育苗设施、新型栽培基质等新技术、新材料的推广应用，逐步提高了苗木花卉生产集约化生产水平。特别是设施栽培有了较快的发展，面积已达70万平方米。全市苗木花卉产业正在由粗放经营向以高投入、高产出为主要特征的集约经营转变。

（4）品种多样化。全市形成了用材林、园林绿化、经果林、都市盆花、鲜切花、地被植物六大系列苗木花卉产品，品种1000多个。

（5）市场全国化。通过连续18届"中国·合肥苗木交易大会"的推介和打造，培育了"三岗"省级苗木品牌、"裕丰花市"市场品牌、"中国·合肥苗木交易大会"会展品牌。合肥成为全国苗木花卉信息中心和重要的集散地之一，出现了"买全国、卖全国"的良好局面。据了解，每年苗木销售旺季，肥西花木城每天的苗木销售额达3000万~4000万元。

（6）产业多元化。利用苗木花卉的景观、生态等多种效益，多元化发展苗木花卉产业成为一种趋势。肥西县依托紫蓬山、三岗苗木基地、官亭林海等上万亩的林业资源，积极发展生态旅游，建立农（林）家乐70多家，年游客量100万人。2014年以来，合肥市依托丰富森林、湿地以及苗木花卉等资源，每年举办合肥森林生态旅游节，隆重推出了合肥十大森林生态旅游自驾游线路。

表4 营收超千万元领军企业名录

企业（集团）名称	2020年营业收入（万元）
合肥同创园林科技有限公司	2952
安徽嘉景农业综合开发有限公司	1823
安徽元亨利园林绿化有限公司	1514
安徽卉丰农业生态科技有限公司	2952
安徽东吴园林绿化有限公司	7565
安徽神源生态林业投资有限公司	4832
安徽祥融园林有限公司	141971
安徽省大地园林股份有限公司	12095
合肥美迪园艺有限公司	2936

2. 突出短板

（1）品种数量不足。苗木花卉种植存在新品种偏少、低档次偏多、小规模种植偏多等现象。

（2）品牌建设不足。合肥市规模以上林业产业基地较少，且大部分林业大户以分散经营为主，没有建立知名品牌。

（3）人才支撑不足。部分苗木花卉种植存在着生产管理经验不足、技术力量薄弱等缺点。

（4）资金投入不足。部分苗木花卉种植回报周期较长，投入成本增加。部分融资平台贷款门槛高，导致林企、种植户没有实力研发新品种、创新栽培种植模式等。

（5）信息流通不足。种植户获得市场信息手段落后，流通方面也存在很大的问题，且交易方式较为落后。

3. 发展优势

（1）优势品种逐步形成。合肥气候条件良好，土壤类型丰富，适宜多种苗木花卉种植。经过多年的发展，本市涌现出一批具有一定规模、特殊品质、特定区域的苗木花卉品种，在市场上享有较高的知名度，如香樟、榉树、无患子、蝴蝶兰、欧洲月季、芍药、牡丹等。目前安徽省苗木花卉主产区林农积累了丰富的生产技术和经验。

（2）技术条件不断成熟。依托安徽省农业科学院、安徽农业大学、安徽林业科学研究院等一批科研院所和各级林业科研、科技推广机构，不断地提高产业技术支撑水平，选育出一批适宜合肥市栽培的苗木花卉良种，并在生产中积极推广。已组建肥东县苗木花卉协会、肥西县上派镇花卉苗木协会、肥西县三岗苗木经纪人协会、肥西县花木协会、肥东县长临河镇苗木协会等，通过开展技术培训、技术咨询、专家现场指导、举办科普活动等形式，为苗农提供了种苗培育、试验示范、技术培训、信息咨询、市场营销、权益维护等多项服务。"高校+协会+林企（林农）+基地"模式为推动全市花木经济的发展和助力乡村振兴做出了应有的贡献。

（3）产业发展日臻多元。苗木花卉带动生态旅游业发展。比较有名的有牛角大圩四季花海、巢湖郁金香高地、青龙甸田园综合体、蜀山区四季花海、长丰熏衣草庄园、肥西祥源花世界、官亭林海农业示范园等。每年接待游客超2亿人次，为林农带来直接收入近3亿元。苗木花卉带动林下经济繁荣。年收入500万元以上的休闲观光农园（庄）达77个，形成了肥西老母鸡、蘑菇大王、枣林麻鸭等一系列林下经济复合经营品牌。苗木花卉衍生产业文化。主要有肥东县响导桃花节、肥西县森林旅游节、长丰县陶楼镇桃花节、义井乡樱花节、庐江县玫瑰花旅游文化节、巢湖市银屏山牡丹观赏节、庐阳桃花节、牡丹节、蜀山区梨花节、"花海"观花节；新站高新区海棠赏花节等，每年接待游客近180万人次，带动果农增收约5000万元。

（4）市场主体发展势头良好。当前合肥市大型林木交易市场2个，分别是华东花木大世界、中国中部花木城。花卉交易市场7个，主要有凤凰山花鸟虫鱼交易市场、裕丰花鸟鱼虫市场、义井路花市、亿家园艺、清溪小镇花卉市场等。据2018年统计，全市苗木花卉销售门店及代销点约2000家。

三、合肥市龙头企业发展存在问题

（一）龙头带动力不强

1. 个体实力不强

龙头骨干企业不大不强，全市670余家规模以上农业企业，90%以上营业收入不超亿元，10亿元以上企业仅7家，没有一家年产值50亿元以上的企业，难以挑起龙头带动重任。

品牌不大不响，年经营额10亿元以上不多，绝大多数年经营额几百万元。

2. 群体规模不大

农业产业链多而不强，确立的重点农业产业链，涵盖面虽广，但重点不突出，产业规模不大，有的甚至年产值不到5亿元，谈不上规模支撑作用。

产业集群效应不显著。除草莓产业、苗木产业在全国有一定影响外，其他知名度有限。

(二) 产业链不完整

1. 龙头企业在一产领域分布偏多

根据监测数据发现，合肥市种养殖业的产业化龙头企业数量占全部农业产业化龙头企业数量的50%左右，加工业龙头企业数量比例为40%左右，而其他流通业、休闲农业、生产性服务业和电商等龙头企业数量不足10%。而发达国家农产品加工业高度发达，80%以上的农产品都是经过加工后上市。国内先发地区的农产品加工比重也要高很多。

2. 龙头企业分布不均衡影响产业链融合

虽然种养殖业龙头企业数量众多，但生产的农副产品相似程度高、缺乏特色农业产业，这也导致其大路产品与原料型产品多。加工业龙头企业数量少导致大多数农副产品处于初加工、粗加工水平，加工工艺科技含量低，缺乏专用产品和深加工产品。此外，流通类龙头企业和生产性服务业龙头企业数量尤为稀少，不利于促进资源要素的集聚，难以推动形成农业长产业链的形成，无法使农产品向精深加工领域发展。以合肥龙虾产业为例：

一是龙虾加工业仍是短板。全市规模以上龙虾加工企业仅3家，不能消化种养基地产出的小规格龙虾，造成产能浪费。

二是利益联结机制不紧密。餐饮企业和种养基地之间未建立较为完善的供销体系，龙虾产品还要通过层层中间环节交易，大大提升了产品成本。

三是龙虾市场体系建设滞后。合肥市作为全省龙虾主产区之一，尚未建立区域性大型龙虾综合交易中心，若规模养殖基地的龙虾要进入南京、武汉等地交易市场，长途运输不但增加了生产成本，同时还缺少市场定价的话语权。

(三) 品牌效应不强

农产品品牌具有巨大的社会价值和经济价值，是农业企业发挥品牌效应、适应消费者需要、立足市场之本。然而，农业产业化龙头企业平均获得"绿色食品、有机农产品和农产品地理标志"认证的产品数量不足1个。建设品牌农业将有利于改变传统农业生产、加工和经营的思想和方式，实现生产、加工、流通等环节的标准化，最终提高市场认知度获取较高经济效益。以合肥龙虾产业为例，"合肥龙虾"的区域公共品牌建设影响力不够，发展潜力仍需进一步挖掘。"虾田米"和"稻田虾"注册品牌不少，但是，龙虾品牌仅有3个省级著名商标，而稻米没有一个品牌取得市级以上级商标称号，在品牌建设和运营上严重滞后于产业发展。

(四) 融资渠道不足

农业产业化龙头企业还存在融资渠道窄的问题。首先，融资渠道单一，农业产业化龙头企业融资主要来源为银行贷款。根据监测数据显示，农业产业化龙头企业银行贷款余额占负债总额比例达到40%以上。其次，由于农业企业风险程度高且缺乏抵押担保品导致信用评级低，存在先天不足因素使得难以获取金融机构的融资支持。这些问题决定了目前农业产业化龙头企业信贷资金需求与实际可获得信贷支持之间存在一定的缺口。融资难仍是合肥市农业龙头企业当前发展最主要的瓶颈。农产品加工企业的特性使企业需要一次收购、常年加工，特别是季节性收购资金贷款难。

据估算，70%以上的农业龙头企业存在资金缺口，大部分企业同时缺少长期资金和流动资金，而担保公司和银行为了控制金融风险，在审核贷款过程中仍客观存在门槛较高、把控较紧，企业普遍反映获贷较难。来自合肥市农业农村局的数据显示，第一季度摸排670家市级以上农业产业龙头企业融资需求，204家在企业运营方面有融资需求，融资需求金额达26亿元。

（五）科技支撑不足

1. 基础相对薄弱

一是合肥市地处江淮之间，山、岗、丘、冲交织，地块小、落差大，不适宜机械化大面积作业，导致经营主体多，小农户多，新技术推广缓慢。

二是农业比较效益低，科技人才服务内生动力不强，市场配置人才资源造成很多"先天不足"和"后天流失"。

2. 发展速度相对缓慢

一是科技资源整合不够，多家管理多支队伍和多方面项目，"算账多""使用难"，不能形成集成效应。创建中的国家农业高新技术产业示范区，农业工业化水平偏低，产业集聚功能、产学研融合等方面与全国先进相比，仍有差距。

二是企业创新主体不强，研发投入不大，平台建设有较大差距。

三是科技特派员服务领域不够全面，偏重于一产，服务的领域、地域不够全面完善，有待进一步加强全产业链的科技服务。

3. 研发投入偏低

农业产业化龙头企业研发投入不足，科技研发投入占营业收入比重低于1%。以合肥市统计年鉴数据为例，2020年农副食品加工业为0.7%，食品制造业为0.5%，酒、饮料和精制茶制造业为0.2%，烟草制品业为0.24%，纺织业为1.2%，纺织服装服饰业为1.1%，木材加工和木竹藤等制品业为4%。目前，国内对高新技术企业认定的标准为一年销售收入在2亿元以上的企业，研究开发费用总额占同期销售收入总额的比例不低于3%。再以合肥市种业为例。在种子企业研发投入方面，包括丰乐种业、荃银高科在内的种业A股上市公司，2021年研发支出分别为0.4亿元和0.6亿元，而跨国种业孟山都同期研发支出是上述2家企业的数百倍以上。这对于推动农业产业化进程，增加农业企业科技创新能力，发展高科技农业产业十分不利。

（六）建设用地指标不足

农产品加工项目在投资强度、纳税能力、带动就业上不如工业，导致农产品加工项目难以拿到用地指标，且征地花费时间长、用地审批慢、办证难、时效性差。在2018年的"大棚房"整治后，国土部门在农业项目用地审批上更加谨慎，农业项目用地矛盾更加突出。

以老乡鸡公司的官亭深加工项目为例。该项目作为合肥农交会签约项目，签约共计30余亿元，但因用地指标问题，迟迟未能开工。庐江县牧原现代农业产业化项目也是如此。该项目前期已完成土地流转、子公司成立、发改委备案和环评手续，但因林地报批无法落实导致项目流产。2017~2020年，长丰县招商引资签约项目未开工项目68个，总投资225.3亿元，总用地2947亩，其中4个具备开工条件但进展缓慢，64个项目因土地制约无法开工。2020年土地政策窗口期申报的46个省重点项目中，有43个项目用地未获批复。

（七）经营管理能力面临挑战

1. 管理团队有待优化

合肥市农业产业化龙头企业主要以民营及控股企业为主，其占比达到80%左右。民营农业产业化龙头企业采取的管理方式主要为家族式管理或家长式管理，企业经营管理团队大部分由企业所有人的亲戚、同学和老乡等组成，导致企业在管理方法、管理效率上存在明显不足，制约企业发展。同时限制了人才流动，企业优秀员工无法进入管理层，打击非家族成员员工的积极性，难以形成科学健康的企业文化。此外，农业产业化龙头企业管理者也缺乏对营销宣传手段的重视，其市场营销组织、团队结构处于不健全的状态，难以根据市场需要生产相符合的农副产品和制定相对应的营销战略。

2. 运营成本不断上升

合肥市常住人口已超过900万，成为安徽人口最多的城市。但作为省会城市，经济的发展也会助推涉农企业人工成本和原料成本上涨。部分农业产业化龙头企业反映，生产经营成本上升较快，甚至考虑外迁以保证盈利。

3. 盈利能力有待提升

无论是从数量上还是从规模上来看，合肥市农业产业化龙头企业都实现巨大突破。但值得注意的是，取得营业收入不断增长的同时，农业产业化龙头企业净利润却处于较低水平。较低的利润水平严重阻碍了农业产业化龙头企业的发展，一方面限制企业通过再投资的方式扩大再生产、提高经营规模，导致发展速度较慢，难以发展成规模巨大、实力雄厚的大型农业产业化企业集团；另一方面也打击了农业产业化龙头企业管理者的经营积极性。传统粮油生产加工企业，由于产品的同质化，市场和利润主要被市场头部企业瓜分，普通企业的盈利能力也非常有限。

四、国内培育壮大农业产业化龙头企业经验借鉴

（一）重视产业集聚发展，打造产业园区载体

河南省注意发挥园区政策集成、要素集聚、企业集中、功能集合的优势，引导科技研

发、加工物流、营销服务等主体在产业园区投资兴业。引导各类现代农业示范区加快建设现代农业产业园、农业产业强镇，培育优势特色产业集群。完善示范区产业服务功能，积极承接大中城市转移产业，探索发展专业化中小微企业集聚区和乡村作坊、家庭农场。2022年河南省提出促进种业、粮食、食品聚合发展，打造要素共享、协调创新，具有独特品牌优势的"中原农谷"。未来争取建成世界一流的农业科技基础设施集群、科研试验示范基地集群和全球粮食科技创新高地，打造千亿级种业和粮食产业集群。

（二）重视农业生产品标建设，推动农业全面绿色转型

山东省加强推进农业品种培优、品质提升、品牌打造和标准化生产提升行动，打造出以寿光蔬菜为代表的农业绿色低碳产业链。河北省积极创建现代农业全产业链标准化示范基地。以产品为主线，加快产地环境、品种种质、投入品管控、产品加工、储运保鲜、包装标识、分等分级、品牌营销等方面标准的修订，着力构建现代农业全产业链标准体系，示范引领农业全面绿色转型。

（三）重视协作与服务，提升农业产业化服务支撑体系

浙江省政府与科研院所成立"三农九方"科技联盟，旨在破解产业发展中的技术瓶颈问题。科技联盟的运行模式：首先由"三农九方"科技联盟组织开展面向科研教学单位、农业企业等主体的农业科技需求征集；其次联盟广发"英雄帖"，有研发意向的科研单位可"揭榜挂帅"并提交申报书，经联盟专家进行评审后，选定最合适的单位进行研发，确保了科技立项来源于实践需要，服务于一线企业生产。

杭州市做大做强农机综合社会化服务。建设一大批农事服务中心，打造一大批农机专业合作社示范社，支持开展农机社会化服务。对粮食烘干中心、农事服务中心按农用排灌脱粒电价计算作业电费。培育发展"全程机械化+"新型专业服务组织，推广"农机企业+合作社+农户""合作社购买+农民租用"等模式。

（四）重视信息技术与农机农艺融合，推进智慧农业发展

浙江省坚持以数字技术引领农业发展，围绕"一大一小"两头推进农机装备提档升级，加快大马力机械、丘陵山区和设施园艺小型机械、高端智能机械推广，推进北斗智能终端在农业生产领域的应用，打造一批农机农艺融合高标准应用基地。创新数字田园、智慧农（牧、渔）场等数字化应用场景，提升水肥一体化、饲喂自动化、环境控制智能化水平。加强5G、物联网、快递网点等建设，加快农田水利、冷链物流、加工仓储等设施智能化转型。杭州市开发涵盖农产品生产、加工、储运、销售等环节的智能技术，打造一批数字农业示范园区，推动形成"产业大脑+产业地图+数字农业工厂"的数字农业发展格局。

（五）重视龙头引领全产业链，构建紧密型利益联结机制

山西省以股份合作、工序衔接、产销对接等联结方式，选择在农业全产业链建设中起主导作用的龙头企业担任"链主"，"链主"企业均为农业产业化国家重点龙头企业。示

范创建一批省级杂粮产业化联合体。支持联合体和龙头企业完善产业链,在全省范围布局建设产加销一体化配套的全产业链项目。构建龙头企业与农户之间紧密型的利益联结机制,让农民合理分享产业链增值收益。

浙江省提出打造100个农业全产业链,其中100亿元以上的省级标志性产业链10个。加强农产品产地初级加工、精深加工、综合利用和质量安全的相关技术攻关,支持涉农县建设农产品加工园区和出口园区。健全农产品冷链物流网络节点,建设一批国家和省骨干冷链物流基地,每个乡镇至少布局1个生鲜冷冻食品零售网点。

(六)重视财政投入,引导龙头企业发展壮大

浙江省对农业高新技术企业和科技中小型企业再按25%研发费用税前加计扣除标准给予奖补。对从事先进适用农机具作业与维修等农林牧渔服务业项目所得,免征企业所得税。加大农产品加工园区企业贷款贴息和税费减免奖补。省财政按每家300万元的标准对农业龙头企业上市的地区予以奖励,奖励资金由地方按相应资金管理办法规定统筹安排使用。加大财政涉农资金整合,增加农业科技、农业机械、种业、高标准农田等方面的财政投入。有条件的地方可设立强村公司,探索将涉农项目资金作为强村公司股份,直接拨付到新型农业经营主体。杭州市每年市本级安排不少于10亿元乡村产业发展专项资金。

南京市加大财政支持力度。采用先建后补、以奖代补、贷款贴息等方式统筹使用"大专项"资金支持农业龙头企业带动农业产业发展。统筹各类资源重点向市级(含)以上龙头企业和农业产业化联合体倾斜,并对建立利益联结机制、有效带动农民就业和农民增收的农业龙头企业优先扶持。落实税收优惠政策。对经营休闲观光农业、农业电商等新业态的农业龙头企业从事农、林、牧、渔项目按规定免征、减征企业所得税。

(七)重视金融服务,匹配龙头企业发展贷款需求

浙江省设立专项金融服务平台,支持农业农村共同富裕联合体。由浙江省农业农村厅、中国人民银行杭州中心支行、浙江银保监局为联合体指导单位,银行机构、保险机构、投资(基金)机构、担保机构等自愿加入,聚焦破解农村农业融资难题,打造浙江金融惠农数字化改革标杆,助推新时代浙江农业农村领域共同富裕。2021年统计显示,浙江省(不含宁波)银行类金融机构涉农贷款余额居国内第一。浙江不是农业大省,能有这样的投放力度,金融资本在其中发挥了重要的推动作用。

南京市积极开展农业信贷担保创新。创新举措包括:探索建立市场化林权收储机构,稳步开展农村承包土地经营权抵押贷款试点,探索推进农民住房财产权抵押贷款试点,稳妥规范发展新型农村合作金融。对遇到资金紧急等特殊困难的龙头企业,若其拥有产权清晰的土地、房产且符合城市规划等要求的,经企业申请并经批准后可以采取临时性土地收储的办法为企业注入资金支持。放大"金陵惠农贷"政策效应,落实新型农业经营主体贷款贴息政策,为农业龙头企业贷款提供保障。

(八)重视人才队伍建设,培育农业产业化新型主体

浙江省建立农业"双强"高精尖缺人才专业目录和人才库。实施省领军型创新创业

团队等重大人才工程，引进培育一批乡村振兴领域高层次人才和团队，列入省人才分类相应目录。落实高校、科研院所科研人员保留人事关系离岗创业政策。加强高校种业、农机等涉农学科建设。南京市鼓励科研人员到农业龙头企业任职兼职，完善知识产权入股、参与分红等激励机制。实施引进青年大学生新型职业农民学费补助政策。支持符合条件的农业龙头企业创建技术创新平台。实施农业经营主体梯度晋级计划。通过开展"户转场、场入社、社提升"行动，培育家庭农场、县级以上农民合作社示范社，实施农业龙头企业倍增计划。实施十万农创客培育工程。开展"两进两回"（"科技进乡村、资金进乡村、青年回农村、乡贤回农村"）行动计划。

（九）重视用地、用电、用水难题，夯实农业发展基础条件

南京市规定，农业龙头企业设施用地，符合国家相应管理规定的，按农用地管理，相关用地规模按相关规定比例核定。对重点农业龙头企业建设用地，要通过加大土地整理力度，在城乡建设用地增减挂钩周转指标上予以优先和重点保证；在年度建设用地计划指标安排中，对农产品精深加工、综合利用加工、仓储流通、创意休闲等农业一二三产融合设施建设用地予以倾斜支持。南京市对农业龙头企业生产用电，符合国家相应管理规定的，执行农业生产用电价格。市级（含）以上农业龙头企业生产用电、电力增容和夏季高峰时用电，电力部门要进行政策倾斜。对符合条件的农业龙头企业，给予农业节约用水精准补贴和节水奖励，对被省水行政主管部门认定的节水型农业龙头企业直接用于农业生产的用水免征水资源费。全面实行厂区生产、生活用电分别计价政策。

五、培育壮大龙头企业的基本思路

（一）培育壮大粮食产业龙头企业的基本思路

1. 实施新型主体培育行动

实施"双招双引"工程，引导青年返乡、乡贤回乡、科技入村、资金进村。鼓励粮食加工企业与产业链条上下游各类市场主体联合成立粮食产业联合体，共同制订标准、创建品牌、开发市场、攻关技术、扩大融资，实现优势互补。鼓励粮食骨干企业与多元主体开展多种形式的合作与融合，实现各类主体分工合作、产业联结、一体发展。

2. 实施延链增效推进行动

鼓励粮食加工企业到主产区建设粮源基地、仓储物流设施、产后服务中心，就地建立加工和营销服务网络，发展"产购储加销"一体化模式。依托市级粮食产业联合体，创建"巢湖大米"区域公共品牌，培育一批县级区域粮食名牌和企业子产品，扩大合肥市粮食品牌影响力和市场占有率。大力推广"互联网+粮店"、农业电子商务等新型粮食产品零售业态，拓宽粮食销售渠道。

3. 产业集群培育工程

以长丰县为重点，建立弱筋红麦、酿酒高粱规模化生产基地，打造酿酒企业原粮产业群。在一季稻产区，建立优质中籼稻生产加工产业集群；在环巢湖地区、庐江县庐南地区

建立优质中籼/粳稻米收储加工产业集群。培育再生稻等特殊功能稻加工企业，建立环巢湖地区绿色（有机）再生稻、渔稻、鸭稻等特色功能稻米生产和加工基地。在庐江县同大、白山、泥河、盛桥、白湖镇等建立优质糯稻主产区和以海神黄酒厂为主体的糯稻产业生产加工集群。

4. 龙头企业提升工程

以打造优势特色粮食全产业链为核心，以提升二产、三产为重点，实施"双招双引"政策，支持龙头企业通过兼并、重组、收购、控股等，有效整合资源、资金、项目、科技、人才，培养壮大一批"航母型"粮食加工龙头企业，带动粮食加工产业集群高质量发展。

5. 区域品牌创建工程

依托市级粮食产业联合体，创建"巢湖大米"市级公共品牌，鼓励每县至少打造一个县级粮食区域公共品牌，形成"市域大品牌+县域公共品牌+企业子品牌"分级分层品牌管理的格局。推进"一个公共品牌、一套质量标准、一套管理制度、多个经营主体"的区域公共品牌管理体系建设，加强粮食品质控制标准化研究，开展区域公共品牌使用专项监测、品质监管和打假维权力度。

（二）培育壮大蔬菜产业龙头企业的基本思路

1. 蔬菜现代种业发展工程

以提升蔬菜种业创新能力和综合实力、保障蔬菜供种安全为目标，坚持"强优势、补短板"，提升合肥市蔬菜瓜果种业自主创新能力，构建产学研用相结合、育繁推一体化的现代种业体系，全面提升合肥市蔬菜种业市场竞争力。发挥合肥种业公司和规模蔬菜基地优势，培育集品种选育、种苗繁育、基地示范、技术推广为一体的全国蔬菜种业繁育中心，加大新品种、新技术、新模式、新材料的推广引用力度。

2. 蔬菜商品化处理及冷链物流提升

继续鼓励田头冷链和加工处理，加强企业主体和政府投入，在蔬菜优势生产区域规划建设或升级改造一批冷库、冷链和物流配套设施和采后加工、分拣，通过合理布局，逐步实现规模种植基地全覆盖。制定优势蔬菜单品采收和分级技术规范，实现长三角绿色农产品生产加工供应基地分拣、分级全覆盖。开展采后处理示范基地建设，2025年创建市级采后处理示范基地5个。

3. 加大精深加工企业扶持力度

支持市内蔬菜加工企业与蔬菜种植经营主体、基地对接，结合合肥市蔬菜种植品种，开展技术改造、产品研发和品牌培育，丰富蔬菜深加工产品种类，扩展产业附加值，延长深加工产业链。开展精准招商引资，营造良好营商环境，引进培育一批从事蔬菜加工的骨干企业。根据企业需求和生产情况，适时调整种植的品种，组织生产，确保原料满足需要。启动农产品加工企业发展规划工作，将符合条件的蔬菜加工项目纳入市级重大项目进行统筹调度推进。

4. 培育一批知名品牌

开展蔬菜生产标准化、特征标识化、主体身份化、营销电商化"四化"试点，建立创品牌、推品牌、护品牌的品牌发展机制，培育创响一批具有影响力的产品品牌、企业品牌和区域公共品牌，如丰乐、江艺、荃银、柳风、千柳、岸念等。

（三）培育壮大农作物种子产业龙头企业的基本思路

1. 打造种业之都

主动争取安徽省政府的政策和资金支持，借力省政府平台对接农业部、中国农业科学院等"大院大所"，共同打造合肥种业之都和合肥现代种业创新高地。加大省、市财政对种业的支持力度，发挥合肥国家创新中心和种业企业集聚优势，积极引导种业创新资源、技术、人才、资本会集，以产业需求为导向，将合肥市建成集科研、生产、销售、科技交流、成果转化为一体的国家级种业创新高地，促进合肥市种业企业快速健康发展。

2. 做大做强种业企业

聚焦生产重大问题和育种关键技术瓶颈，支持科研单位与种业企业联合，开展良种联合攻关，深入推进水稻、玉米、小麦等农作物的良种联合攻关，加快培育一批具有自主知识产权的高产、优质、高效、多抗的突破性品种。重点支持一批有科研能力、有市场竞争力优势的种业企业，推动企业提高研发水平，做大产业规模，打响行业品牌。

3. 加大招引力度

深入开展"双招双引"，主动对接有投资意向的国内外种业企业，积极做好联络服务工作。进一步完善和落实人才引进政策，鼓励企业和科研单位积极引进高端领军人才，健全农业人才分类评价制度，助力种业发展。提升良种基地水平，积极创建国家种子产业示范区，建设郭河种业产业园，推进安农大"产、学、研、推"示范基地建设。

（四）培育壮大生猪产业龙头企业的基本思路

1. 发展高标准规模养殖，构建现代养殖体系

以"生猪良种化、养殖设施化、生产规范化、防疫制度化、粪污资源化、监管常态化"为引领，采取"引强、改中、小集聚"的方式，加快生猪产业现代化发展进程。一是"引强"。重点支持生猪龙头企业落地，尤其支持养、宰、销全产业链企业。二是"改中"。推动规模养殖场，从生产设施、治污设施、场舍环境等方面进行升级改造，提升种养结合能力。三是"小集聚"。通过"公司+基地"合作经营模式，统筹村庄撤并等措施，科学建设一批高标准养殖小区，为小散养殖户提供生产空间。此外，也可逐步探索"规模养殖场+中小养殖户"的合作模式，形成"养殖龙头+规模养殖场+中小养殖户+防疫专业合作社"的多级联动综合生产防控，支持龙头企业、合作社、家庭农场、养猪大户等联合组建产业联盟，示范带动中小养殖场（户）发展适度规模养殖，从整体上提升合肥市生猪养殖水平及生物安全防控水平。

2. 加强屠宰监管，促进供应端转型升级

鼓励有条件的养殖企业积极布局、延伸产业链，发展屠宰加工深环节，也可通过股份合作等形式引进优质品牌屠宰资源落地主产区，逐步形成与养殖规模相匹配的优质屠宰加工格局。通过"场厂对接""厂超对接"，进一步实现集中屠宰、品牌经营、冷链运输和冷鲜上市，保障肉品供应端的质量安全。

3. 落实产业扶持政策，切实稳定生猪产能

统筹利用好中央和省级财政支农资金，支持种猪场、规模猪场稳定和扩大生产，强化重大动物疫病防控工作，敞开式落实养殖机械购置补贴政策。加强县区级动物疫控机构实验室建设，确保具备重大疫病检测能力。各级农业信贷担保机构应简化流程、降低门槛，为规模养殖场提供信贷担保支持。金融机构应肩负起稳定信贷的责任，不得盲目停贷、限贷。尤其要完善能繁母猪和育肥猪保险政策，引导养猪场参加保险，提高保险金额和覆盖面，增强风险防范能力。

（五）培育壮大龙虾产业龙头企业的基本思路

1. 着力延伸产业链条

支持本地龙虾及虾稻米加工企业扩大产能，提升虾黄、胚芽米等虾稻产品深加工水平。认真贯彻农产品"走出去"战略，依托现有销售渠道，进一步引导和鼓励龙虾加工企业拓展北美、欧盟等境外市场，提升"合肥龙虾"全球知名度。推进龙虾交易市场建设，打造区域性龙虾交易中心。完善小龙虾线上线下供应链，鼓励龙虾网店及各种线上平台发展，拓宽市场渠道。到2025年，全市龙虾及虾稻米加工业产值达到60亿元；打造区域性龙虾交易中心3个，年销售额1000万元以上龙虾、虾稻米电商企业30家。

2. 构建融合发展体系

鼓励和引导各类虾稻产业主体，通过产业链接、要素链接、利益链接等方式组建联合体，打造包含一二三全产业链的虾稻产业发展共同体，带动种养殖户增产增收。鼓励和引导餐饮企业通过直接控股、资金入股、订单销售等方式，建立专属产品直供基地，开展龙虾、虾稻米产品的产销对接，实现产品直供、订单销售、利益共享。开展清水龙虾、生态稻米示范店认定，在餐饮门店开设专柜展示合肥规模虾稻基地和优质虾稻米产品。把"中国·合肥龙虾节"打造成合肥特色文化品牌、具有国际影响力的节庆活动。

3. 培育提升虾稻品牌

大力推进"合肥虾稻"公共品牌建设，实施"合肥龙虾"农产品地理标志授权制，实现虾稻品牌"双轮驱动"。支持生产企业开展"稻田虾""虾田米"品牌创建，建设一批具有合肥特色、优质安全、在国内具有较大影响力的知名虾稻产品。鼓励企业加强品牌宣传推介，积极参加各类农产品展示展销活动和产品质量评比活动，不断提高产品市场的认知度和美誉度。

（六）培育壮大草莓产业龙头企业的基本思路

1. 引培一批大型龙头企业

开展草莓生产标准化、特征标识化、主体身份化、营销电商化"四化"试点，建立创品牌、推品牌、护品牌的品牌发展机制，培育创响一批具有影响力的产品品牌、企业品牌和区域公共品牌，如长丰草莓等，全面推行统一标识、统一印制、统一使用的区域公共品牌使用制度。

2. 建设提升一批加工园区和产业集群

引导各类龙头企业向园区集中，建设产值超50亿元的草莓加工园区1个，促进原料

生产、精深加工、体验展示、物流配送有机衔接。积极推进绿色加工技术、装备集成应用，加快农产品产地初加工、精深加工转型升级，重点推进田头冷链物流设施设备建设，配备完善仓储、预冷、分级、分选、包装、保鲜、冷藏等产地初加工物流体系。支持苏亚、利马等企业，改造提升、购置引进草莓速冻装置、自动挑选机械、全自动包装机械，更新自动化新鲜草莓免洗机、草莓加工自动化流水线，提高分选、速冻等装备水平，提高产能、提升品质。突出产业环节穿珠成线、连块成带、集群成链，依托资源优势和产业基础，贯通"生产+加工+科技"，促进一二三产融合发展，建设优势草莓产业集群。

（七）发展壮大水产龙头企业的基本思路

1. 现代养殖模式提升工程

推广池塘工程化循环水、工厂化循环水养殖、稻渔综合种养、大水面生态增养殖集装箱式循环水养殖等先进技术模式，打造一批可复制、可推广的技术模式样板，辐射带动生态健康养殖技术模式的广泛应用，助力水产养殖业绿色发展。

2. 渔业产业链提升工程

引导和鼓励现有的水产品加工企业转型升级，加大对精深加工技术和工艺的研究，不断提升产品竞争力。引导和鼓励多元主体和社会资本投资冷藏仓储设施和冷链建设。引导规模基地与各大电商平台合作，实现产地直供。大力发展休闲观赏渔业，通过举办观赏鱼展、开捕节等活动，弘扬渔文化，实现渔业与旅游业的有机结合。

3. 渔业品牌提升工程

深入实施品牌建设示范行动，继续推进我市现有的黄陂湖河蟹、巢三珍等知名渔业品牌提升，引导和鼓励企业走出去，积极参加各类渔业展会、评选活动，打造区域公共品牌和企业知名品牌，加大宣传力度，提高品牌知名度，扩大市场占有率。

（八）发展壮大乳品产业龙头企业的基本思路

1. 引培大型奶牛养殖企业

提供良好的招商环境和政策，引进大型奶牛企业。通过发挥科技示范效应，带动奶牛养殖向集约化、规模化、现代化发展。

2. 建设提升一批绿色原料生产基地

坚持把优化调整产业布局作为奶牛产业转型升级的重要内容加以推进，按照"规模养殖、冷链运输、生乳加工、安全上市"的原则，通过规划引导、项目支持、强化监管等综合措施，积极推动乳品加工企业向养殖集中区域转移。同时，加快推进标准化规模养殖，密切产业链各环节利益联结，加强乳品加工流通体系建设，努力构建科学合理、安全高效的乳产品供给保障体系。

（九）发展壮大家禽产业龙头企业的基本思路

1. 推进家禽业产业化发展

引导和支持龙头企业带动家庭农场、专业合作社等新型农业经营主体共同发展，组建家禽业产业化联合体。引导帮助养殖场（户）与屠宰加工企业建立合作关系，形成利益共享机制。支持本土企业同国内外知名企业、知名品牌合作，引进管理、技术，扩大生产规模，发挥规模效益。

2. 支持禽产品加工产业发展

优化家禽屠宰厂布局，因地制宜整合和改造升级现有屠宰厂。引导鼓励本地家禽养殖企业拓展产业链条开展屠宰加工，或引进知名屠宰加工企业与本地相关企业合作，并给予用地等政策支持。力争在5年内全市年集中屠宰能力提升1倍，精深加工能力得到长足发展，大力提升牧业附加值。密切加工养殖产业链利益联结，努力构建科学合理、安全高效的禽产品供给保障体系。

3. 加强冷链基础设施建设

引导有条件的商场超市、肉品经销商、配送中心参与禽产品冷链配送业务，支持建设城区农贸市场冰鲜、冷冻禽产品专卖区，改善经营环境。支持禽产品加工企业建设冷库，配备使用各种新型冷链物流装备，完善产地预冷、保鲜运输等设施，扩大冰鲜、冷冻产品的配送范围。以"新鲜感"引导群众"美誉度"。

（十）发展壮大苗木花卉产业龙头企业的基本思路

1. 调整种植结构，促进产业转型升级

以市场为导向，调整种植结构，实现低端苗向优质苗转变，促进产业转型升级。

2. 培育壮大经营主体

加快培育壮大新型苗木经营主体，完善协会等经济合作组织，逐步形成"公司+协会+基地+农户"的产销一体化经营模式。加大招商引资的力度，继续引进国内知名龙头企业入驻，加快我市苗木花卉产业的提档升级。

3. 突出集约化销售模式

继续壮大中国中部花木城市场，充分发挥其交易平台作用。建成如裕丰花市、清溪小镇等集中苗木花卉交易市场。建立国家苗木信息交易中心，健全苗木花卉产业网络供销体系。

六、对策建议

（一）以规模化增强企业带动能力

1. 扩大优质农产品基地规模

一是粮食绿色生产基地。对当年新增粮食种植超过一定面积，且粮食总产量同比增加的县（市）区、开发区，按照新增面积给予补贴，用于奖励种粮主体。对新建及改扩建优质粮食绿色生产基地达到规定标准的，给予一次性奖补。

二是菜篮子种植基地。加强新建及改扩建蔬菜生产基地建设。对常年蔬菜（含食用菌）种植基地、新建高效现代化蔬菜设施栽培示范园、新建及改扩建相对集中连片蔬菜、瓜果育苗及生产设施大棚（连栋温控大棚）项目，均应按照一定标准给予奖补。

三是养殖基地建设。养殖场新（改、扩）建项目和废弃物资源化利用改造提升项目，达到一定投资额度的,按照不超过总投资额的50%给予奖补。

2. 培育壮大头部企业

一是加强双招双引。突出招大引强,建立招商引资重点项目库,招引一批产业链头部企业及上下游配套企业。充分利用长三角一体化机遇,主动对接沪苏浙地区和国内其他地区的食品加工业产业链,推动农产品加工业和食品产业转型升级,引进一批知名农产品和食品加工大企业来投资兴业,共建一批全国领先的农产品加工示范区(联合体)。市级层面每年至少开展一次招商引资项目发布和集中对接活动。县区层面每年至少开展一次龙头企业的专场招商引资活动。每个县(市、区)每年通过招商引资培育若干家规模以上龙头企业。借鉴链长制,市、县党政领导牵头分管重点产业链,每季度至少走访一次产业链重点企业和重大项目,协调解决项目建设中的问题。各级农业农村部门要建立农业产业化项目问题台账,及时交办有关部门,每季度通报一次办理情况。对重大招商引资项目可"一事一议"研究招商引资政策。

二是推进股权多元化。通过兼并重组、股份合作、资产转让等形式,支持组建大型龙头企业集团。每条产业链培育5家头部加工企业,加工产值占比达到20%以上,全市农产品加工转化率达到80%以上。每年培育若干家省级龙头企业和国家重点龙头企业。

3. 提升规模化经营水平

一是组建产业化联合体。推动产业深度融合,带动农业规模化、集约化经营。提升农业生产组织化程度,支持龙头企业牵头,农民合作社、家庭农场和农户跟进,社会化服务组织参与,组建农业产业化联合体,促进多种形式适度规模经营。农民合作社农户入社率达到50%以上,每个乡镇重点培育1~2个专业化服务组织。每年支持若干个省级示范农业产业化联合体,每个联合体一次性奖补100万元。

二是建设农事服务中心。对符合条件的新建及改扩建农事服务中心,按照投资额的30%给予最高100万元补贴。对利用育秧中心、烘干中心、综合农事服务中心等,连片建设高标准全程机械化综合示范区面积达5000亩及以上,耕种管收烘和秸秆处理6个环节机械化率达100%的,每个示范区给予实施主体100万元补贴。

(二) 以科技化增强核心竞争能力

1. 开展关键技术攻关

在生物育种、动物疫苗、饲料添加剂、果蔬保鲜、农产品精深加工及副产物综合利用等方面,实施联合攻关,解决一批产业链发展共性、关键技术难题。加大科技成果转化力度,支持科技人员以科技成果入股,建立健全科研人员校企、院企共建双聘机制,实行股权分红等激励措施。

尤其要重视农产品产地初加工、精深加工和副产品综合利用加工。在初(粗)加工方面,推进"粮去壳""菜去帮""果去皮""猪变肉";在精深加工方面,推动"粮变粉""肉变肠""菜变肴""果变汁",解决农产品精深加工、提质增效的问题;在农业废弃物加工方面,鼓励"麦麸变多糖""米糠变油脂""果渣变纤维""骨血变多肽",变废为宝,实现产品增值。

2. 提高企业自主创新能力

推进农业科研院所与龙头企业深度合作，加大企业科技创新和人才培养力度，建设一批产学研融合的企业技术创新中心。支持龙头企业申报高新技术企业，力争国家级龙头企业都建立研发机构，省级龙头企业都有科技和人才培养支撑单位。每年组织一次高校、科研院所与龙头企业对接活动，做好科研成果转化意向跟踪服务，项目化推进成果转化。

3. 解决种源"卡脖子"问题

加强种质资源保护，尽快完成农作物、畜禽、水产种质资源普查，建成一批省级种质资源库、省级保护圃（场、区）。培育一批水稻、油菜、蔬菜、生猪、家禽、龙虾、食用菌、草莓等高产优质新品种，提高合肥市种业市场占有率和优良品种自给率。市级财政每年设立2亿元种业专项资金，长期稳定支持种业之都建设。鼓励合肥种业龙头企业对外兼并重组，按照收购金额10%给予一次性奖补。

（三）以标准化增强质量保障能力

1. 推进生产设施标准化

加快发展设施农业，利用互联网、物联网、人工智能、大数据、节水节能等新技术、新设备，加快温室大棚、畜禽养殖圈舍、精养鱼池等农业设施标准化、智能化改造，创建一批国家级畜禽养殖标准化示范场。

2. 推进生产加工标准化

围绕重点农业产业链，按照"有标采标、无标创标、全程贯标"的要求，加快推进产地环境、投入品管控、农兽药残留、产品加工、储运保鲜等生产加工环节标准的制修订工作，完善相关技术规范和操作规程，构建从田间地头到餐桌的标准化生产加工体系。鼓励龙头企业制定企业标准，争做各级各类标准的起草单位。加快制定适应合肥市优势特色产业发展需要的地方标准。

3. 推进产品质量标准化

加强种子、农产品、食品安全标准研制和推广，以标准化控制生产、流通、存储等各个环节，实现全过程质量可控，力争农产品区域公用品牌、国家地理标志产品质量标准全覆盖。建立农产品质量安全追溯平台，实施农产品质量安全追溯"一码通"。

（四）以品牌化增强市场营销能力

1. 培育区域公用品牌

围绕合肥特色农产品优势区建设，整合资源、集中力量打造一批区域公用品牌，力争在全国有影响力的合字号农产品区域公用品牌达到5个以上。成立区域公用品牌企业联盟，建立区域公用品牌使用规范和进出机制。加强农产品地理标志保护。持续做好"长丰草莓""合肥龙虾""肥西苗木"等区域公用品牌的培育宣传，加快提升区域公用品牌影响力，遴选推介更多的区域公用品牌登陆央视等知名媒体平台，力争重要产业链均有区域公用品牌上榜。

2. 打造企业产品品牌

支持企业提品质、扩品类、创品牌，每条产业链遴选一批标杆企业，至少培育3个以上全国知名企业品牌。对"土字号""乡字号"特色品牌进行标准化打造,制定产品标准,保护传统工艺,凸显乡土品牌特色。对绿色食品、有机农产品和农产品地理标志产品的检测、认证费用给予适当补贴。

3. 大力拓展品牌影响力

坚持以地域产生品牌、以品牌影响地域,挖掘合肥生态、历史和文化价值,讲好"皖美好味道·庐州农产品"故事,提高合肥农产品品牌的知名度和辨识度。充分利用央视等媒体平台,持续做好区域公用品牌宣传工作。用好中央广播电视总台支持安徽"品牌强国工程"等宣传平台,坚持市场化方向,支持办好合肥农展、上海农展、合肥苗交会、中国丰收节、合肥龙虾节、长丰草莓节、肥东杭椒节等展会,持续扩大合肥农产品品牌影响力。

(五) 以集群化增强链条聚合能力

1. 打造平台聚链

大力发展优势农产品产业集群,打造一批农产品加工基地。以长丰县为重点,建立弱筋红麦、酿酒高粱规模化生产基地,打造酿酒企业原粮产业群。在一季稻产区,建立优质中籼稻生产加工产业集群;在环巢湖地区、庐江县庐南地区建立优质中籼/粳稻米收储加工产业集群。培育再生稻等特殊功能稻加工企业,建立环巢湖地区绿色(有机)、再生稻、渔稻、鸭稻等特色功能稻米生产和加工基地。在庐江县同大、白山、泥河、盛桥、白湖镇等建立优质糯稻主产区和以海神黄酒厂为主体的糯稻产业生产加工集群。

2. 推进集群成链

精准延链、补链、强链。在补齐精深加工短板的基础上,优质稻米产业重点补上功能食品开发和米糠、谷壳、秸秆综合利用等短板;生猪产业重点补上产地屠宰、熟食制品加工等短板,形成与养殖规模相匹配的优质屠宰加工格局。通过实施场厂对接和厂超对接行动,进一步实现集中屠宰、品牌经营、冷链运输和冷鲜上市;特色淡水产品(小龙虾)产业重点补上育繁养模式、新型连锁餐饮消费等短板;蔬菜(食用菌)产业重点补上菌种研发、机械采收、休闲农业等短板;家禽及蛋制品产业重点补上种禽、冷链配送等短板;现代种业重点补上品种自主选育等短板。

3. 加快融合延链

贯通一二三产业,培育一批农文旅融合、线上线下结合的新业态新模式。培育4个以上休闲农业重点县,建设一批小龙虾、草莓、香菇、苗木花卉等特色产业小镇。围绕小龙虾、草莓、苗木花卉等优势特色产业,打造一批农文旅融合发展的休闲农业园区或示范点。

深入推进"互联网+"现代农业行动,创新发展数字农业。鼓励龙头企业强化数字信息应用,择优支持一批新建或改扩建智能农牧渔场(园)等智能化、数字化建设,按不超过当年投资额的50%给予一次性奖补。建设数字种植业工厂,实现耕整地、播种、施肥、施药、收获等过程精准作业。建设数字养殖业工厂,实现养殖投入品、产出品、生产记录、人员、成本等精准管理。

支持龙头企业依托乡村优势特色资源,延伸产业链,开发生产性服务业和生活性服业，在乡村创造更多的就业空间，进一步提高农户的工资性收入。鼓励龙头企业通过提供技术指导、创业孵化、信息服务，带动小农户围绕产业链发展初加工、库房租赁、物流运输、门店加盟、直播销售等，以创业带就业，加快农民致富步伐。

（六）以多元化增强要素支撑能力

1. 增加财政投入

一是进一步提高专项资金兑付速度。指导各县市区加快贴息资金兑现审核，减少资金滞留时间。二是逐步加大资金扶持力度。针对经营企业反映贴息比例不高、减轻贷款负担有限等问题，建议根据财力逐步加大对新型农业经营主体的贴息补助力度，增加年度专项资金安排。对农业产业化龙头企业发生的用于生产经营的资金贷款利息按照实际支付利息的50%给予补助。

2. 落实税费优惠

对农业龙头企业从事种植业、养殖业和农产品初加工业所得按规定减免企业所得税。从县级以上政府及有关部门取得的符合条件的财政性资金，可作为不征税收入。对直接用于农、林、牧、渔业的生产用地免征城镇土地使用税。农业龙头企业发生的研发费用可按规定在企业所得税税前加计扣除。经认定为高新技术企业的农业龙头企业，减按15%的税率征收企业所得税。对从事种植、养殖生产以及农产品初加工目录范围内的用电，执行农业生产电价。

3. 创新金融支持

加大对龙头企业上市融资的扶持力度，对新挂牌或上市的龙头企业，在享受现有奖励额度的基础上再给予50%的额外奖励，力争每年储备1家上市后备企业，到2025年，苗木、草莓、生猪、禽蛋、小龙虾等具备一定基础的产业链实现上市企业零突破。地方法人银行机构对农业龙头企业的贷款增幅不低于企业贷款平均增幅，并积极拓宽抵质押物范围，接受农业生产设备、运输工具、厂房抵押贷款，探索开展圈舍和活体畜禽抵押、经营性粮油质押、养殖场抵押、乡村景区企业经营权和门票收费权质押、存单质押、应收账款质押贷款和订单融资。鼓励其他银行业金融机构参照以上范围，制定抵质押政策。农业担保公司对符合业务范围内的农业龙头企业的贷款项目，降低担保费率，将担保费率下调至1%以下，并扩大担保覆盖面。鼓励开发农业全产业链保险险种，推进农业保险进一步扩面、提标、增品。

4. 强化人才支撑

培育企业领军人才，将其纳入高素质农民和农村实用人才培训。加大人才引进力度，支持大学生、退役军人、农民工等群体返乡入乡创业，落实财政补贴、担保贷款、创业用地等政策。高校毕业生初次创办现代农业企业的，给予创业补贴；到农业龙头企业就业符合相关条件的，享受学费补偿或国家助学贷款代偿等政策。拓宽新型农业经营主体职称评审通道，细化企业技术人员、返乡创业大学生等主体评价标准。探索建立农业龙头企业用工对接机制。

5. 强化用地保障

市级每年安排一定比例的新增建设用地计划指标，专项用于保障乡村产业用地需求。

涉农县（市/区）每年安排不少于10%的新增建设用地计划指标，专项用于保障乡村振兴（含乡村产业）用地需求，优先保障点状供地项目需求。对农业龙头企业直接用于农产品生产和辅助生产的设施用地、从事规模化粮食生产所必需的配套设施用地，在不占用基本农田的前提下，按照设施农用地管理。探索推广乡村产业发展"点状供地"模式，实行县级点状供地备案。支持农村集体经济组织依托集体土地、山林、水面、厂房等资源，以使用权入股、联营、租赁等形式，引进各类市场主体共同兴办特色种养、农产品加工、乡村旅游休闲等产业，发展壮大村集体经济。对农产品加工类龙头企业在亩均效益综合评价中政策倾斜。要与规模以上工业企业相区别，实行单列评价或设置加分项，在类别认定中给予倾斜。

（七）以外向化增强发展空间拓展能力

1. 推动农业"走出去"

引导支持龙头企业积极参与"一带一路"、长三角一体化、长江经济带建设，融入以国内大循环为主体、国内国际双循环相互促进的新发展格局。引导各地、各类市场主体建立农产品产销对接合作机制。以优质粮油、苗木花卉、草莓、小龙虾、蔬菜等特色优势农产品为重点，扶持建设和认定一批农产品出口示范基地和企业，支持建设若干境外农产品营销平台和农业技术合作平台，支持龙头企业参加上海农展、中国进博会、中国国际消费品博览会、世博会等国内外展销会，扩大农产品进出口贸易。支持农产品加工企业"走出去"，在海外建立生产、加工和销售基地，培育跨国企业集团。

2. 构建流通新格局

立足国际国内两个市场，支持龙头企业巩固本地市场、开拓国内市场、进军国际市场。围绕种子、优质粮油、小龙虾、蔬菜瓜果、苗木花卉等特色农林产品，配套建设产地区域性专业市场和线上交易中心，打造一批在全国有影响力的农产品交易平台。加快发展订单直销、网络直播、连锁配送、电子商务等新型流通业态，支持建设一批跨境电商产业园。支持大型屠宰加工、禽蛋龙头企业和小龙虾等水产养殖加工企业配套建设冷库、零售网点冷柜和冷链物流基础设施，扩大配送销售半径。每年支持新型农业经营主体建设一批农产品仓储保鲜等产地初加工设施。择优支持一批新建或改扩建农产品仓储保鲜冷链设施，库容200立方米（含）以上的，按不超过当年投资额的50%给予一次性奖补。

本课题组成员名单：董春宇　郭冰　周　悦

合肥科技支撑农业高质量发展研究

安徽农业大学课题组

科学技术是第一生产力。党的十八大以来,习近平总书记高度重视农业科技,多次强调要坚持农业科技自立自强,加快推进农业关键核心技术攻关。安徽作为农业大省,提出实施"两强一增"行动计划,统筹质量和效益抓科技强农,统筹研发和应用抓机械强农,统筹补短板和锻长板促进农民增收,加快农业农村现代化步伐,推进乡村全面振兴,推动安徽从农业大省向农业强省跨越。

一、合肥农业发展情况分析及存在问题

农业是指国民经济中的一个重要产业部门,是以土地资源为生产对象的部门。广义农业包括种植业、林业、畜牧业、渔业、副业五种产业形式,狭义农业是指种植业,包括生产粮食作物、经济作物、饲料作物和绿肥等农作物的生产活动。

(一)合肥农业地理情况

1. 合肥农业地理现状

合肥地处中纬度地带,属亚热带季风性湿润气候,季风明显、四季分明、气候温和、雨量适中。年平均气温15.7℃,年均降水量1000毫米左右,年日照时间2000小时左右,年均无霜期228天左右。全市耕地面积721.38万亩。合肥市是全国重要的农副产品生产区,粮食作物以水稻、小麦为主,经济作物主要有油菜、棉花、瓜果、蔬菜等,畜禽养殖业发达,特色农产品丰富,全市累计认证"三品一标"农产品总数1057个,被授予"中国龙虾之都""中国坚果炒货之都"等称号。长丰草莓、大圩葡萄、三十岗西瓜、中埠番茄、燕之坊杂粮、富煌三珍水产、白云春毫茶叶、庐江花香藕、黄陂湖大闸蟹、合肥龙虾、肥西老母鸡等优质农产品深受消费者喜爱。

2. 合肥农业发展格局

合肥农业生产优势明显,耕地面积和粮食产量在长三角地区均名列前茅,农产品品种比较齐全,是我国农副产品的重要产区。未来合肥将构建"两圈一带,六廊多园"农业发展格局。"两圈"即中心城区都市农业圈、环湖生态农业圈;"一带"即江淮分水岭特色农业带;"六廊"即形成瓦东干渠、合蚌路、紫蓬山、浮槎山、江淮运河和兆西河六条现代农业产业廊;"多园"即建设若干个现代农业产业园。

合肥将通过充分利用长三角交通便利、气候适宜的地理优势，在保障粮食、蔬菜、肉类等基本农产品供给的基础上，大力发展都市特色产业、培育农产品品牌、保证农产品质量安全、扶持和培育产业链龙头企业，深入推进农村改革。

（二）合肥农业发展情况

1. 农业供给保持稳定

2022年全年粮食面积788万亩，粮食产量294.8万吨。全市蔬菜面积、产量分别为137.15万亩、251万吨，新建改扩建规模养殖场50个，生猪出栏达180万头，猪肉自给率突破40%。"米袋子""菜篮子""肉案子"供应充足。预计全年肉蛋奶总产68万吨，同比增长7%。渔业新增虾稻综合种养面积10.35万亩、绿色池塘标准化改造面积6059亩，预计全年水产品产量23.6万吨，同比增长3%。

2. 都市现代农业全省领先

围绕粮食、蔬菜、种业、生猪、龙虾、草莓、茶叶、水产、乳品、家禽、坚果、苗木花卉12个农业产业链，形成"农业+"多业态发展态势，打造长三角绿色农产品生产加工供应基地，全市规模以上农产品加工产值713亿元，增速2.5%，高于全省0.5个百分点。2022年休闲农业和乡村旅游营业收入约112亿元，同比增长10%。全年农村产品网络销售额达178.43亿元，同比增长39%。

3. 品牌和质量安全提供引擎

在农产品品牌创建方面，全市创建"洽洽瓜子""丰大面条""燕之坊"等农业类中国驰名商标、中国名牌产品25个，"凯利粮油""白云春毫""青松食品"等安徽省著名商标和安徽省名牌产品214个。有效"三品一标"总数760个，其中长丰草莓、牌坊杭椒、大圩葡萄、庐江花香藕等具有特定自然环境的特色果蔬农产品地理标志12个。长丰县草莓品牌效应持续扩大，培育创建了以"艳九天""田峰"等为代表的长丰草莓十大子品牌，其中"艳九天""蝶恋花"等品牌草莓荣获了"全国十大好吃草莓"荣誉称号。连续举办了17届长丰草莓文化节，积极组织莓农到上海、北京等一线城市开展长丰草莓推介会，长丰草莓品牌价值进一步提升，先后荣获了"中国草莓之都"、"中国设施草莓第一县"、国家地理标志商标等荣誉称号，品牌价值达73.66亿元。合肥市还建立主要农产品及重点基地农产品质量安全全程追溯制度，筑牢"防护墙"。全市入驻国家农产品质量安全追溯平台主体数2315家、省追溯平台2018家，12家企业开展区块链追溯应用试点。

4. 龙头企业示范引领

合肥正多措并举，努力让更多的农业产业化龙头企业成长为"产业地标"。量身定制政策，重点扶持老乡鸡、洽洽食品、富煌三珍等头部企业，培育一批年产值超10亿元、带动能力强的"大龙头"企业。安徽光明槐祥工贸公司拥有绿色种植、粮食加工、食品深加工和政策性储备四大主导产业，是全国大米加工50强企业。2022年公司示范区面积近5000亩，与农户签约面积超过3万亩。公司选择优质水稻品种，通过机械插秧，使用有机肥、灭虫灯等众多举措，既降低农业面源污染，又提升了稻米品质。通过加大宣传，加大市场开拓，做响"巢湖大米"品牌。燕之坊与全国各地农业合作社和大型国有农场签订订单协议，精选最优质的农产品开展深加工。与江南大学、国家粮食局科学研究院、合肥工业大学、安徽省标准化研究院等科研院所开展产学研合作，针对不同人群研发产品，搭配健康膳食方案。坚持线上线下并举，线下有 3000 多家专柜，专柜人员多持有公共营养师资格证，根据消费者状况给出合理膳食方案。线上主要与 20 多家主流电商平台合作，同时开展公益知识讲座。

5. 农业农村改革有序推进

围绕农村资产资源要素盘活利用，不断健全改革机制、积极探索实践。全市实施"三变"改革的村居达 1288 个，占总村数的 91%；全市 50 万元以上经济强村数 573 个，占比 49.4%。促进农村产权交易市场建设，全市土地流转面积 442 万亩，流转比例 60%。规模经营主体蓬勃发展，全市家庭农场总数发展为 2.9 万家，农民合作社总数稳定到 6000 家。推进农村闲置宅基地盘活利用试点示范，盘活闲置宅基地 517 宗、闲置住宅 397 宗，面积 27 万平方米，吸纳社会资本约 4.34 亿元，带动 667 户农民就业，户均增加收入 5.8 万元。实施农民增收行动，全年农村常住居民人均可支配收入预计 2.86 万元，同比增长 6.8%。

（三）合肥农业发展存在问题

1. 农业基础设施建设不足

首先，虽然合肥市统计内的高标准农田已达 378 万亩，但是由于前期高标田建设亩均投入低，在"田、土、水、路、林、电、网、技"等方面需进行全面补齐，建设水平不高，限制了科技强农和机械强农的发挥空间。其次，资金项目投入有限。近年来，中央、省、市资金主要用于脱贫攻坚等方面，对高标准农田的建设投入较少。最后，建设完成的高标准农田后续管护工作不到位。"重建设、轻管护"的现象较为普遍，田间工程设施产权不清晰、建后管护责任和措施不到位等问题突出，很大程度上限制了农田水利设施功能的正常发挥。

2. 龙头带动能力不强

第一，农业产业链多而不强，确立的 12 条农业产业链，涵盖面虽广，但重点不突出，产业规模不大，有的甚至年产值不到 5 亿元，谈不上规模作用。第二，龙头骨干企业不大不强，全市 670 余家规模以上农业企业，90% 以上营业收入不超亿元，10 亿元以上企业仅 7 家，没有一家年产值 50 亿元以上企业，难以挑起龙头带动重任。第三，品牌不大不响，年经营额 10 亿元以上仅老乡鸡、洽洽食品两个，绝大多数年经营额几百万元，所谓品牌"自夸自乐"。第四，产业集群散而不凸，除草莓产业、苗木产业、色选机制造产业在全国有一定影响外，其他产业"名不见经传"。

3. 产业融合发展程度低

首先，新型业态不丰富，聚合力不强，产业融合载体少，创新创业群体不够强大，一二三产业融合、产加销一体、产业链完整的现代乡村产业园不多。其次，农村电子商务发展相对落后，农村电商暂未形成规模，农产品上行和上线农产品数量较少，本地农村电商企业对现代农业的推动作用不够，未建立具有影响力的特色农产品销售电子商务平台。

二、合肥农业科技发展现状

（一）合肥农业科技发展情况

提高农业质量效益和竞争力，关键在于科技与人才。合肥是科教之城，汇聚大批高校、科研机构，农业科技领域人才济济、成果不断。近年来，合肥市充分发挥科技、人才、管理等先进要素集聚优势，大力实施农业科技创新驱动工程，推动现代农业加速奔跑。

1. 种业科技厚积薄发

合肥市持证种业企业123家、育繁推一体化种子企业8家。全市种子企业销售收入突破100亿元。合肥市正坚持保种、护种、育种、引种、用种"五种并进"，加快推进"种业之都"建设，构建"百亿种业"产业集群，打造全国领先的种子产业新高地。2022年2月26日合肥市政府与吉林农业大学签署菌物科研合作框架协议，打造"中国菌物谷"，建设菌物种质资源库。中国科学院合肥物质科学研究院谋划建设合肥智能育种加速器平台，该平台计划每年创建新种质资源（突变体）500份，精准鉴定核心种质资源材料3000~5000份，抗逆基因型材料（病害、虫害等生物胁迫和旱涝、高温、冻害等）1000份，建立并丰富基因资源库。提升种业产业服务水平和能力：面向全国育种家提供服务时间不低于50%，总体育种效率提高10倍，育种周期缩短60%。运行团队和用户每年育成新品种100个，生物合成工程化菌种、品系10个。

2. 现代农业装备聚集发展

2020年合肥市政府与中科院合肥物质科学研究院共建合肥"智慧农业谷"，将建设智慧农业装备与技术产业园，旨在通过系列创新成果集中落地和转化，建立绿色智慧农业装备产业创新集群，带动和吸引长三角乃至全国的农业科技创新产业向合肥聚集。2021年合肥市肥西县现代农业装备特色产业集群（基地）入选安徽省县域特色产业集群（基地）建议名单。集群（基地）共拥有现代农业装备制造类企业53家，高新技术企业34家，涵盖智能分拣、物流机器人、智能仓储等领域。其中，以泰禾光电为代表的智能分选设备占全国市场份额的75%；雄鹰自动化搬运机器人销量位居我国工业机器人市场本土品牌前五强。

3. 智能农业技术深度应用

合肥通过"智慧农业谷"建设，将促进数字农业大发展，推动大数据、物联网、云计算、移动互联、人工智能、机器人、新材料等现代信息技术在合肥市农业产业的深度应用。目前，智慧农业谷已完成农业传感器、农业大数据、农业机器人、农业新材料等研究中心基本建设。中科方舟"高通量土壤成分智能检测机器人"已投产；中科九天"农残与重金属速测纸基传感器"小批量生产；中科物联水土原位养分与重金属监测传感器已通过中试；合肥打造龙虾、种业、草莓等优势产业互联网，建设长丰县"数字草莓"大数据平台、"合肥龙虾"大数据平台等；在农业大数据平台建设方面，合肥已建设智慧渔业、智慧农机平台。

4. 科技成果转化机制创新

2018年起,合肥市创设农业首席专家工作室,至今已建立50个专业工作室,集聚了737位省内外知名农业专家、教授。工作室打造农业科技"政产学研用金"合肥模式,完善"农业专家—农技人员—示范主体"服务,依托50个农业行业首席专家工作室,培养技术骨干1089人,培训农民23622人,辐射带动农民80017人,辐射带动周边农户,研发、推广、应用新产品、新技术、新模式、新装备"四新"1031个,有力促进了农业新技术、新模式、新成果的推广应用。建立了86个科技特派员工作站,探索建立了14个科技特派员薪酬与绩效挂钩试点,创建了国家级星创天地7个、现代农业产业联盟17个、企业技术创新中心2个,开展了101项主推技术和40项关键技术的研究与示范应用。

(二) 合肥农业科技发展存在问题

1. 农业科技投入不足

首先,从农业科技投入的整体水平来看,政府对农业科技研发的投入量少且分散。近年来虽然合肥市科技总投入和农业科技投入持续增长,但是农业科技投入占农业GDP的比重不足1%,远低于合肥全社会研发投入占GDP比重,无论与国内科技投入强度高的地区相比,还是与其他国家的科技农业投入强度相比,均显得偏低。合肥科技企业实力较强,但在农业科技上的投入依然较低。其次,农业高新技术产业的启动资金匮乏、建设资金到位不理想等,无法保障农业高新技术产业的顺利开展。由于农业科技投入大、周期长、风险大,再加上体制和机制等因素的制约,目前大多数企业科技投入很低,研发能力较弱。此外,多元化的农业高新技术风险投资体系和运行机制没有建立起来。

2. 科技创新能力有待提升

首先,2022年合肥市农业科技进步贡献率达到68%,相比2015年提高了6.5%,但与同属长三角地区的南京、杭州、上海相比,仍存在不小的差距,科技创新能力有待进一步提升(见图1和图2)。其次,近年来合肥市在智慧农业原始创新与战略性新兴产业方面研发了很多前沿技术,如农残可视化检测试纸、高通量土壤成分智能检测机器人等,但是在生物育种、农业信息化、农产品深加工、农机装备等农业领域的关键技术上仍有待突破。

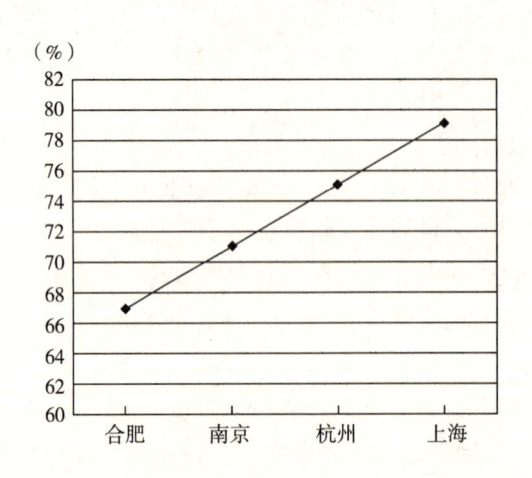

图1 合肥与长三角主要城市农业科技进步贡献率比较

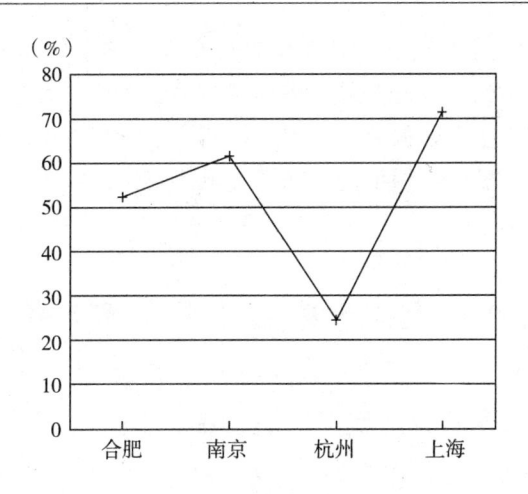

图 2　合肥与长三角主要城市高标准农田比例比较

3. 设施装备水平有待提高

合肥市农业机械装备水平在不断提高，但与长三角地区南京、杭州、上海相比，农业设施装备水平仍偏低，加快新技术、新设施和新装备的应用转化存在较大的发展空间（见图3）。特别是现代生物工程、人工智能、大数据和云计算等先进技术及装备在农业领域的应用水平远低于其他产业，农业科研、生产、加工、物流和营销等相关配套设施的改造升级相对滞后，"机器换人"面临着机制、资本和人才等多重瓶颈，在一定程度上制约了全市农业产业转型升级和高质量发展。

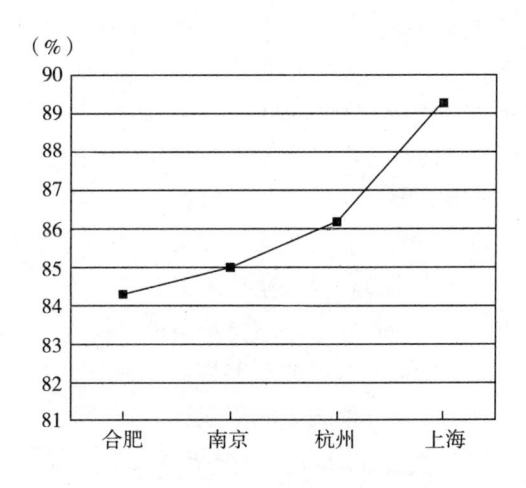

图 3　合肥与长三角主要城市主要农作物耕种收综合机械化率比较

4. 科技长入农业速度不快

第一，农业比较效益低，科技人才服务内生动力不强，市场配置人才资源造成很多"先天不足"和"后天流失"。第二，合肥市地处江淮之间，山、岗、丘、冲交织，地块小、落差大，不适宜机械化大面积作业，导致经营主体多，小农户多，"四新"推广慢。第三，科技资源整合不够，多家管理多支队伍和多方面项目，"算账多，使用难"，不能形成集成效应。第四，缺乏大规模、集群式的国家级农创中心、高新技术园区等创新平台，产业集聚功能、产学研融合等方面与国内先进地区相比仍有差距。第五，企业创新主体不强，研发投入不大，平台建设有较大差距。第六，科技特派员服务领域不够全面，一产人数较多、二三产相对偏少，服务的领域、地域不够全面完善，有待进一步加强全产业链的科技服务。

三、国内外科技支撑农业高质量发展的经验

（一）国外科技支撑农业高质量发展的经验

1. 日本经验

（1）信息化基础设施建设。日本注重实用信息技术的发展和应用，大力推行农业"数字革命"，发展智能农业。2004年日本总务省推出 U-Janpn 计划，以求构建世界新的信息社会的基本技术标准。一方面政府建立了全国性农业信息服务网络，实时将生产数据和消费数据发送给农户；另一方面实现了大型无人驾驶农业机具和微型机器人普遍参与农业经营，弥补了农业劳动力的不足。

（2）财政支持。日本农业科技创新投入体系由公共科研机构主导、企业科研中心重点参与、大学研究所紧密配合，为农业科技创新发展提供了科研经费和科技人才两方面的保障，促进了农业科技创新体系的完善和发展；并从政策、法律等方面加以支持，既为农业技术创新活动提供了保障，也提高了将新技术转换为实际生产力的转化效率。自2007年起，日本的农业科技投资已超过农业总产值的4%，远高于目前发达国家农业科技投资强度的平均水平2.37%。

（3）科技创新。日本农业科技创新主体由公共科研机构、企业科研中心和大学研究所三大系统组成，公共科研机构以应用研究为主，企业科研中心主要以面向市场化的开发研究为主，大学研究所则主要从事基础研究。政府在不同阶段从不同角度制定农业科技扶持政策，把国家对农业科技创新的支持法制化，为农业科技的发展提供了制度保障和法律保护。在技术引进时期，以立法的形式为农业技术引进和吸收提供法律依据；在自主创新时期，以法律规定加强科技研究的基础设施建设及促进科技成果推广，为自主创新奠定基础；在科技创新立国时期，制定具有特色的战略性、纲领性法律法规，并从人才、信息、基础设施等方面营造良好的环境，为新战略的实施提供法律保证。

（4）技术推广。日本建立了完善的农协组织与多元化的技术转移机构，政府对农协组织给予政策性支持，农协组织和政府设立的农业技术转移机构积极合作，将新技术成果及时向农户转移。而且，政府为了加强对农业发展和农民利益的保护，向农户免费提供新型生产技术，同时对采用新技术的农产品实施价格补贴，大力增强新技术的推广力度，保证新技术的生产效益。

（5）人才培育。日本形成了由政府主导、高校参与、企业配合的农业科技人才教育培训体系，把官产学合作教育机制作为一项基本国策，将企业、大学、科研机构和基础教育紧密结合在一起；地方政府和农协也加强了对农户的技术教育和运用新型生产技术能力

的培养，以提高农业人员高新技术需求与复杂发展环境相适应能力，大力推进农业人员的科技运用能力与新方式经营能力相结合的建设，逐步形成了农业科技人才培养的框架。

2. 以色列经验

（1）信息化基础设施建设。以色列的信息化农业包括以下三个方面：第一，农业生产内部的信息化。主要体现为通过计算机控制和软件处理，及时了解农作物的生长状况、温度、湿度、光照、灌溉、病虫害等基本信息，以便及时地进行调节，保证农业生产的正常进行。第二，国内农业信息的互联互通。主要包括国内农业生产资料市场信息、国内市场供求信息和价格信息、政府的相关农业政策、专业协会的活动信息、农业科技及其推广服务信息等。第三，国际农业信息。主要包括农业进出口国家相关的市场信息、政策信息、农业科技展览等。灵活、全面的信息渠道保证了以色列外向型农业的持续发展，同时也推动着现代农业在全球的领先地位。

（2）财政支持。以色列农业快速发展离不开政府的财政支持，以色列每年用于农业研发的投资超过农业总产值2.5%，其农业信贷投放量在1999~2014年持续15年居世界前20位，除政府直接投资、提供优惠贷款、自然灾害保险、承担出口风险外，政府还通过市场化参与投资风险基金等间接形式，积极引导民间资本、海外资本投资于高新领域，促进其快速发展。

（3）科技创新。以色列农业注重科技的创新与高科技的应用。以色列是现代节水灌溉技术的发源地和设备主要供应地，农业节水灌溉技术以滴灌为主，输水管网遍布全国各地，生产的灌溉设备80%用于出口。以色列育种技术处于世界领先水平，坚持基础性研究与融入市场并重，紧贴生产实际，突出育种的实效性和经济性，培育出了一系列符合农业生产需求和市场欢迎的新品种。信息技术广泛应用于以色列农业生产的全过程，将农业生产的各个环节有效连接起来，提高了以色列农业生产的效率和效益。

（4）技术推广。以色列国家农业技术服务与推广局负责全国农业技术推广工作，下设国家农技推广服务中心和9个区域推广服务中心。国家农业技术推广中心领导和指导区域推广服务中心的工作。区域推广服务中心直接参与新技术的推广示范和为当地农民提供技术服务。同时，国家农技推广服务中心与农业科技管理执行机构首席科学家办公室联系密切，业务上接受首席科学家办公室的指导。首席科学家办公室下辖的7个专业委员会分别与国家农技推广服务中心下设的14个专业委员会建立业务对口关系，每年召开8~12次农业科技信息交流和研讨会，提交所获得的最新信息及讨论交流问题解决草案。

（二）国内科技支撑农业高质量发展的经验

1. 江苏经验

（1）信息化基础设施建设。江苏省重视数字化平台、大数据中心和交易平台建设，省里围绕"六个1+N"加快建设农业农村大数据云平台，着力打造智慧种植、智慧畜牧、智慧渔业等10大板块，目前已形成8大类38个子类标准规范，建设数据库72个，数据项21亿条。扎实推进农业农村管理服务信息化，形成了覆盖种植业、畜牧业、渔业等35类60多个行业业务系统，耕地质量管理信息系统在全国得到推广应用；农村产权交易平台在同行业内活跃度最高、交易量最大，每天成交额超亿元。

（2）政策支持。在财政支持方面，2020年和2021年江苏省财政专项分别下达农业科技自主创新项目资金和亚夫科技服务项目资金4775万元、1.35亿元，支持提高江苏省农业科技自主创新和科技成果转化应用水平，2022年江苏省财政专项下达农业科技成果转化与集成推广项目资金2.2亿元，支持省级现代农业产业技术体系建设和现代农机装备与技术示范推广，为推动全省农业高质量发展提供有力的科技支撑。编制《江苏省"十四五"科技创新规划》，提出深入实施"藏粮于地、藏粮于技"战略，超前部署生物表型、农业合成生物、智慧农业等农业前沿技术和关键共性技术，加强种源"卡脖子"技术攻关，加快发展农业绿色发展关键技术，推进农业高新技术产业示范区建设，完善农业科技社会化服务体系，提高农业发展质量效益和核心竞争力。编制《江苏省"十四五"数字农业农村发展规划》，为促进数字乡村建设、实现信息化与农业农村现代化深度融合提供重要支撑。编制《江苏省农业生产全程全面机械化推进行动实施方案》《江苏省农机装备智能化绿色化提升行动实施方案》，明确"两大行动"，为江苏省"基本实现农业机械化"勾画了时间表和路线图。

（3）科技创新。江苏省实施农业科技创新四大行动，在种源关键核心技术攻关行动中，组建种业科技创新联合体，以"揭榜挂帅"方式组织实施种业创新重点项目，强化种质资源数据平台建设和共享服务，目前已育成优质、高效、多抗、宜机的农作物新品种60个。在乡村振兴科技支撑行动中，深入推行科技特派员制度，建设长三角农业科技成果转化交易中心，推动科技下乡和服务下沉。在农业碳达峰碳中和科技创新行动中，采取"揭榜挂帅"等方式，加强土壤碳增汇、农业温室气体减排、农业面源污染防控与固碳减排协同治理等领域的关键核心技术攻关和成果转化应用，组织实施农业农村领域重大关键技术攻关项目20项。在农业科技战略力量培育行动中，加快培育建设农业重大科技创新平台，持续推进作物表型组学研究重大科技基础设施、食品领域和兽用生物制品领域国家技术创新中心建设，积极组织实施国家农业科技重大专项和部省联动项目。

（4）技术推广。江苏镇江市农委坚持"1+1+N"的农技推广模式，即"1个首席专家（团队）+1个本地农技推广服务小组+若干新型农业经营主体"。这种模式是以高校专家团队负责研发，专业的技术推广人员进行一对一的指导，打通了新技术、新品种进入农户手中的"最后一公里"。江苏海安探索组建区域农业服务中心，农技专家积极入户走访调查，多渠道、多形式开展各类技术培训、技术宣传、监测调查和试验示范，以"全天候、保姆式、一站式"的农业技术服务，持续拉长农技推广"最后一公里"的短板制约。

（5）人才培育。江苏省"十四五"重点培育5类乡村人才队伍，其中包括农业农村科技人才。国家、省级重大人才工程及人才专项优先支持农业农村领域。鼓励成立乡村振兴顾问团。加强农业农村科技人才培养，提升关键领域的科技创新和转化能力。大力培育农业农村科技创新人才和科技推广人才，发展壮大科技特派员队伍，打通农业科技成果转化的"最后一公里"，按照功能专业化、服务网络化、运作市场化的原则，以特色产业为单元，构建政府部门引导、产业科技服务联盟牵头、高校科研院所支撑、各类涉农新型经营主体和科技特派员深度参与的特色农业科技社会化服务机制。

2. 浙江经验

(1) 信息化基础设施建设。浙江构建了数字乡村业务应用、应用支撑、数据资源和基础设施"四大体系";浙江智慧农业云平台已对接整合了农业物联网、农业产业化、农产品质量安全、农业机械管理、农技推广等十大农业资源数据库,初步形成了农业大数据中心,对科学指导农业生产经营管理、农业行政监管决策和社会公众服务发挥了积极的作用。

(2) 政策支持。浙江省编制《浙江省农业农村科技创新发展"十四五"规划》,以科技创新加速农业农村现代化进程。印发《浙江省实施科技强农机械强农行动大力提升农业生产效率的行动计划(2021—2025年)》,以数字化改革为牵引,通过全面实施农业"双强"行动,大力提升农业生产效率,促进农业高质量发展。

(3) 科技创新。"十三五"期间浙江省围绕农业新品种选育等七大领域开展关键核心技术攻关,累计实施重点研发计划490项,新品种选育专项共选育新品种289个,获省部级以上奖励62项,在省内外推广1207万亩,新增效益超10亿元。在全国率先开展重点农业企业研究院创建工作,已创建23家。不断提升农业创新平台载体能级,"十三五"期间共获批5个国家创新型县(市),新增国家级农科园区2家,共拥有涉农国家重点实验室(工程中心)等国家级创新平台7家。推动"星创天地"创建工作,打造集科技示范、创业孵化、平台服务为一体的农业农村创新创业平台。改革完善科技特派员制度,根据地方产业发展需求,精准选派科技特派员,推动科技特派员服务区域从欠发达地区向全省域拓展,选派领域从涉农专业逐步向机械、农机装备及电子商务等领域拓展。

(4) 技术推广。浙江推动"星创天地"创建工作,打造集科技示范、创业孵化、平台服务为一体的农业农村创新创业平台。改革完善科技特派员制度,根据地方产业发展需求,精准选派科技特派员,推动科技特派员服务区域从欠发达地区向全省域拓展,选派领域从涉农专业逐步向机械、农机装备及电子商务等领域拓展。浙江湖州围绕主导产业,以高校和科研院所为依托,以首席专家团队为技术支撑,以本地农技推广服务小组为纽带,以项目为载体,以"两区"和农业企业、农民专业合作组织为主要工作平台,按产业组建由1个高校科研单位专家团队+1个本地农技推广小组+若干个经营主体组成的产业联盟,创立了"1+1+N"的农科教、产学研一体化的新型农技推广模式,实现了高校科研与基地生产的对接。

(5) 人才培育。浙江省实施科技创新人才"六大引培行动",其中包括乡村振兴科技人才引培行动,旨在农业新品种选育、绿色生态种养殖业、健康食品与保鲜物流、农产品质量安全、农业生物智造、乡村生态宜居等领域,引进培育一批农业科技创新领军人才。同时优化调整涉农高校院所相关学科设置,引进国内外高层次农业科技人才,以重点研发项目、自然科学基金、重点研发机构等项目、载体多种支持方式,加速培养农业科技人才。

3. 台湾经验

(1) 财政支持。台湾聚焦农业技术水平的提高,将卓越作为精致农业的发展追求,着力打造卓越农业科技岛。20世纪90年代中期，台湾科技研究开发投入占GDP达到3%，其中农业科技投入占总投入的12.2%。

（2）科技创新。台湾利用农业科技优势，结合优越的地理条件，建立植物品种智财权保护制度，发展农业生物技术、兰花、观赏鱼、石斑鱼、植物种苗及种畜禽等重点产业。农业生物技术研发方面，台湾致力于建立"两个体系、一个平台"，即农业科技规划前瞻体系、基因改造产品安全管理体系和农业生物技术研发成果商品化平台，推动生物技术产业化和发挥生物技术科技园区功能。围绕兰花产业发展，台湾通过兰花生物科技园区建设及"兰花产值倍增计划"等为其创造良好环境。观赏鱼产业方面，2013年，屏东农业生物技术园区"亚太水族营运中心"建成并启用，为促进观赏鱼产业的发展提供了重要载体。另外，为加速植物种苗研发，台湾出台了植物品种开发与种苗验证的应用研究计划等多个行政方案，为提高产业经营效率和降低经营成本奠定了基础。种畜禽产业方面，为配合台湾打造"亚太种畜禽中心"，台湾采取了建立种畜禽研究团队、强化国际畜牧业合作等措施促进本地种畜禽产业发展。

（3）技术推广。台湾建立了"亚蔬中心"，将10多个国家和地区的农业研究精英汇聚于此。同时，建立了农业改良基地、农业科技研究院，联合众多不同级别的农学研究院，致力于对台湾蔬菜、水果、水产、花卉等农产品的改良与推广。

（4）人才培育。台湾已经形成了自上而下的农业人才培训体系，在使得台湾农业科技人才队伍不断壮大的同时，基层农户的农业种植与生产水平也在不断提高，加快了台湾农业科技转化成生产力的步伐。

（三）国内外科技支撑农业高质量发展的经验对比

国内外科技支撑农业高质量发展的经验对比如表1所示。

表1 国内外科技支撑农业高质量发展的经验对比

	国外		国内		
	日本	以色列	江苏	浙江	台湾
信息化基础设施建设	大力推行农业"数字革命"，发展智能农业	农业生产内部的信息化；国内农业信息的互联互通；国际农业信息	重视数字化平台、大数据中心和交易平台建设	（1）构建了数字乡村业务应用、应用支撑、数据资源和基础设施"四大体系"（2）浙江智慧农业云平台已对接整合了农业物联网、农业产业化、农产品质量安全、农业机械管理、农技推广等10大农业资源数据库	

续表

	国外		国内		
	日本	以色列	江苏	浙江	台湾
政策支持	(1) 形成由公共科研机构主导、企业科研中心重点参与、大学研究所紧密配合的农业科技创新投入体系，并从政策、法律等方面加以支持 (2) 农业科技投资已超过农业总产值4%	(1) 每年用于农业研发的投资超过农业总产值2.5% (2) 除政府直接投资、提供优惠贷款、自然灾害保险、承担出口风险外，政府还通过市场化参与投资风险基金等间接形式，积极引导民间资本、海外资本投资于高新领域，促进其快速发展	(1) 省财政专项支持提高江苏省农业科技自主创新和科技成果转化应用水平，支持省级现代农业产业技术体系建设和现代农机装备与技术示范推广 (2) 编制《江苏省"十四五"科技创新规划》《江苏省"十四五"数字农业农村发展规划》等	编制《浙江省农业农村科技创新发展"十四五"规划》，印发《浙江省实施科技强农机械强农行动大力提升农业生产效率的行动计划（2021—2025年）》	(1) 着力打造卓越农业科技岛 (2) 科技研究开发投入占GDP达到3%
科技创新	(1) 农业科技创新主体由公共科研机构、企业科研中心和大学研究所三大系统组成 (2) 政府在不同阶段从不同角度制定农业科技扶持政策，把国家对农业科技创新的支持法制化	坚持基础性研究与融入市场并重，紧贴生产实际，突出实效性和经济性	实施农业科技创新四大行动：种源关键核心技术攻关行动，乡村振兴科技支撑行动，农业碳达峰碳中和科技创新行动，农业科技战略力量培育行动	(1) 围绕农业新品种选育等七大领域开展关键核心技术攻关 (2) 在全国率先开展重点农业企业研究院创建工作 (3) 推动"星创天地"创建工作 (4) 改革完善科技特派员制度	利用农业科技优势，结合优越地理条件，建立植物品种智财权保护制度，发展农业生物技术、兰花、观赏鱼、石斑鱼、植物种苗及种畜禽等重点产业
技术推广	(1) 建立了完善的农协组织与多元化的技术转移机构，政府对农协组织给予政策性支持，农协组织和政府设立的农业技术转移机构积极合作，将新技术成果及时向农户转移 (2) 政府为了加强对农业发展和农民利益的保护，向农户免费提供新型生产技术，同时对采用新技术的农产品实施价格补贴，大力增强新技术推广力度，保证新技术的生产效益	以色列国家农业技术服务与推广局负责全国农业技术推广工作，下设国家农技推广服务中心和9个区域推广服务中心	(1) 镇江市农委"1+1+N"的农技推广模式 (2) 海安探索组建区域农业服务中心	湖州创立了"1+1+N"的农科教、产学研一体化的新型农技推广模式	(1) 建立了"亚蔬中心"，将10多个国家和地区的农业研究精英汇聚于此 (2) 建立了农业改良基地、农业科技研究院，联合众多不同级别的农学研究院，致力于对台湾蔬菜、水果、水产、花卉等农产品的改良与推广

续表

	国外		国内		
	日本	以色列	江苏	浙江	台湾
人才培育	（1）形成了由政府主导、高校参与、企业配合的农业科技人才教育培训体系 （2）地方政府和农协也加强对农户的技术教育和运用新型生产技术能力的培养，以提高农业人员高新技术需求与复杂发展环境相适应能力		（1）"十四五"重点培养重点培育5类乡村人才队伍，其中包括农业农村科技人才 （2）加强农业农村科技人才培养 （3）大力培育农业农村科技创新人才和科技推广人才	（1）实施科技创新人才"六大引培行动"，其中包括乡村振兴科技人才引培行动 （2）引进国内外高层次农业科技人才	形成了自上而下的农业人才培训体系

四、合肥科技支撑农业高质量发展对策

（一）发展对策

1. 突破关键科技问题，提升农业科技自主创新能力

以打造种业之都为目标，围绕现代生物育种领域，集合精锐、靶向突破。应用分子标记辅助育种、单倍体育种、种质资源遗传评价等生物育种技术，加快品种选育效率和提升种子质量；建设"智能育种加速器平台"，提升育种科学交叉创新基础研究能力，突破智能育种原创关键核心技术，输出育种加速标准化技术和产品。

发挥安徽农业大学安徽省种业"智库"的作用，构建生物育种工程技术、新品种研发与中试、生物育种大数据信息和综合服务等科技平台，开展分子设计育种、胚胎工程等关键共性技术研究。依托安徽农业大学皖中综合试验站、农业科技示范园等农业创新平台开展智慧植物工厂关键技术创新及集成示范、作物增产效应研究。依托合肥智慧农业谷开展农业传感器、大数据、新材料、机器人等智慧农业核心技术研究、转化和孵化。

2. 提升基础能力，打造农业战略科技力量

推进合肥市以农业科研、高校和企业为主体的国家级实验室、国家和部门重点实验室、省级重点实验室、省级工程技术研究中心等建设，打造高水平农业创新平台。

在安徽省现代农业产业体系的基础上，以农产品为单元，以产业为主线，按照全产业链配置科技力量，建立新型农业科研组织模式，及时发现和解决生产中的技术难题，促进农业产业现代化。在建设长丰县"数字草莓"大数据平台、"合肥龙虾"大数据平台等基础上，继续推进合肥优势农产品产业互联网建设。

3. 加强农业科技社会化服务，推进科技成果落地

推动工作机制创新，搭建科研探索和产业需求的桥梁。加强与合肥农业高校、科研院所的对接联系，常态化开展项目发现、挖掘、策划、转化和服务工作。促进农业科技双创

联盟发展，打造集智力与资源共享的合作平台，定期向农业院校、农业龙头企业等征集科技成果供给和需求信息。积极组织开展企业技术需求"揭榜挂帅"活动，利用全国乃至全球科创资源，协同破解企业、产业发展难题。

发挥农业科技园区的示范引领作用，优化园区管理体制，通过"政府主导+市场主体"来提升创新能力、强化示范引领、激发合作创新。加大引育农业科技主体力度，围绕园区主导产业招引高科技、高附加值项目，加强与农业高校、科研院所的合作，推动科技计划项目、创新平台和科技人才等创新要素进一步向农业科技园区集聚。完善农业科技成果市场化评价体系，构建农业科技成果交易转化平台，加强资源整合和信息共享，加强平台内外的沟通与联系，深入挖掘与梳理各类需求，通过线上线下结合，建立一个覆盖全市的农业科技成果转化联动交易网络。

4. 推动科企融合，促进科技经济一体化发展

强化现代农业产业科技创新中心建设，打造合肥智慧农业谷、中国菌物谷。以安徽省农业科技创新联盟、安徽省数字皖农科技创新联盟为依托，加强技术创新，促进科技成果转化。深化科技成果产权制度改革，探索建立激励有效、约束有力的调控管理机制。制定涉农企业自主创新的差别化优惠支持政策，推进科企深度融合、社会资本深度参与、科技人才向企业流动、创新要素向企业集聚，激发企业自主研发活力。

聚力培育种业行业领头雁，鼓励荃银高科、丰乐种业、皖垦种业等重点龙头企业做大做强，引导资源、技术、人才、资本等要素向优势企业集聚；鼓励种业企业开拓国际市场，提高全球种业市场销售份额；支持种业企业订单化种植，推进"种粮一体化"发展，实现产业链延伸增值。按照种植、加工、销售全产业链的发展思路，对接引进一批"增链、强链、补链"的产业链配套农业科技企业，逐步形成以现代种业、科学种植、农产品精深加工和现代农业服务业为特色的新型农业产业体系。

5. 强化乡村振兴人才支撑，培育新型职业农民

聚焦种业领域，依托智慧农业谷、中国菌物谷等重大创新科技平台"筑巢引凤"，大力引培国内外农业科技高层次人才，创建高层次创新创业团队。加大各类人才支持计划对农业高层次人才的差别化倾斜支持力度，扩大农业领域高层次人才规模，着力培养一批农业科技人才和农业创业人才。

围绕合肥市主导产业发展需求，探索"师带徒""直播演练""异地教学"等多种教学模式，推广一批先进适用技术，开展种养、加工、销售全产业链新型职业农民培训，组织学员参加各类大赛、合肥农交会、秸秆产业博览会等。深入实施高素质农民培训计划，面向现代农业园区、新型农业生产经营和服务主体，深入开展技术技能培训，着力培养返乡下乡创业创新者和农业后继人才。强化涉农职业教育和高等农业教育，推行送教下乡、弹性学制等培养模式，引导农业高校培养农业农村急需紧缺人才。

（二）保障措施

1. 谋划项目，强化要素保障支持

首先，认真研究当前经济政策，分析全省农业发展形势，立足合肥实际，在推进一二三产业融合发展特别是农业产业化发展中，对农业龙头企业的融合循环模式予以立项支

持。在重大专项和重点研发计划等项目中加大对农业龙头企业的支持力度。其次，引导鼓励社会资金流向农业科技，以市场为立足点，以农业龙头企业为着力点，以政策驱动为切入点，制定优惠的科技政策，使之成为政府财政对农业科技投入的有效补充力量。最后，出台无还本续贷、信用贷款配套政策，给予农业龙头企业大力支持，降低企业融资成本，提高农业企业获贷率，搭建政金企对接平台，精准组织融资对接。拓宽涉农贷款抵质押物范围，依法合规探索大型农机具、温室大棚、养殖圈舍、生物活体及农业商标、保单等抵质押贷款，开展经营性建设用地使用权、农垦国有农用地使用权、农村集体经营性资产股份等抵质押贷款业务。

2. 统筹全局，推动产业集聚发展

第一，立足合肥，放眼全国，总结伊利乳业外协建设奶牛养殖场、富煌三珍外协建设养鱼基地等经验，跳出合肥农业谋划农业，谋划总部置于合肥、外协合作生产的大规模大协作发展格局。第二，加强规划和政策引导，以农业科技园区为载体，围绕12大农业产业链，引导农业企业向主产区、优势产区、产业园区集中，多渠道支持各类主体发展壮大，加强龙头企业培育，聚焦主导产业，对产业链各个环节进行补助。第三，充分挖掘现代农业的生态价值、休闲价值、文化价值，加快实现与乡村旅游等现代特色产业的融合发展。第四，依托农村淘宝、益农信息社和新型农业经营主体，大力发展农产品电子商务和农业物联网应用，推广"生产基地+龙头企业+商超销售"等经营模式。

3. 分类实施，梯度培育科技型农业企业

进一步摸清家底，整合合肥市农业科技型企业特色优势，加快中小微企业入库步伐，开展"小升高"培育计划，提升企业自主创新能力，逐步培育一批具有自主知识产权、技术创新能力和科技成果转化能力较强的农业类高新技术企业集群。扶持以荃银高科为首的杂交稻、以丰乐种业为首的西甜瓜、以江淮园艺为首的瓜菜、以安徽国豪为首的油菜种子育繁推等争雄争冠，带动全市种业做大做强。

4. 系统推进，促进科技成果转化

建立多元的农技推广体系，不仅包括种植、养殖、田间管理技术，同时涉及产前、产后服务，从单一——产种养殖技术扩展到现代管理技术、"互联网+"农业，农村电商等"产、供、销"全程科技支撑。发挥新型农业经营主体在农技推广中的作用，鼓励科研院所、地方高校、农民专业合作社、村集体等开展多样化的农技推广服务，形成各种社会力量广泛参与、分工协作、服务到位、充满活力的多元化农机推广体系。

5. 引育并举，建设创新人才队伍

首先，实施种业院士引进培养计划，依托院士工作站等平台做好种业院士引进工作，不拘一格引进集聚海内外生物育种创新人才团队，加快企业领军型、复合型人才培养。其次，进一步完善科技特派员制度，构建省、市、县三级科技特派员服务体系，在实现全市行政村服务全覆盖的基础上，进一步完善绩效考核机制，落实人才激励政策，采用物质奖励、精神奖励、职务职称晋升、利润分享、提供学习培训机会等多种形式，激励优秀农业科技人才到一线创业。

本课题组成员名单：罗红恩　王　超　王　婧　叶　勇

合肥都市圈高质量发展思路和行动计划研究

安徽大学课题组

一、发展背景和基础

(一) 宏观背景

从最初的"合六巢",到如今的7城1县,从当初的省会经济圈到今日的合肥都市圈,崛起的合肥都市圈走过了不断壮大的历程。

"十一五"期间,安徽省委、省政府在全省第八次党代会上明确提出合肥要"提高经济首位度,形成具有较强辐射带动力的省会经济圈",这就是合肥都市圈的前身,到了2007年,安徽省又进一步确定了"规划建设以合肥为中心,以六安、巢湖为两翼"的省会经济圈。2008年5月,安徽省印发了《安徽省会经济圈发展规划纲要(2007—2015年)》,其中提到了提升合肥中心城市地位,推动合肥、六安、巢湖一体化发展,形成辐射带动力强、联系紧密的省会经济圈,使之成为全省乃至中部地区的重要增长极,促进安徽奋力崛起。2009年8月,安徽省委、省政府下发了《关于加快合肥经济圈建设的若干意见》,正式将"省会经济圈"更名为"合肥经济圈",并且划定了新的经济圈范围,合肥经济圈包括合肥、淮南、六安、巢湖四市及桐城市等周边地区,文件中还提到加快合肥经济圈建设,培育安徽核心增长极,在文化、旅游、会展、科教等领域打造一批冠以"合肥经济圈"的标志性项目。2010年1月,国务院批准将皖江城市带承接产业转移示范区建设上升为国家战略。其规划范围包括合肥、芜湖、马鞍山、滁州、六安、安庆、铜陵、池州和宣城,对合肥都市圈的产业结构和产业转移发展具有十分重大的影响。2010年11月30日,合肥经济圈党政领导第一次会商会议召开,会议围绕"共建·共享·同城化"主题进行了会商,会议讨论通过了《合肥经济圈城市党政领导会商会议制度》,签署了《合肥经济圈城市合作共建框架协议》(以下简称《协议》),形成了《合肥经济圈五市党政领导第一次会商会议纪要》。《协议》明确了合作的原则、目标、领域和机制。根据《协议》,五市将在规划编制实施、产业分工协作、旅游联合开发、文化事业和文化产业发展、农副产品深加工及市场建设、交通枢纽和通达能力建设、水利设施建设和环境保护、信息一体化建设方面深化合作,同时进一步推进招商联合行动、区域劳务协作、干部互派锻炼等合作。

"十二五"期间，2011年5月18日，合肥经济圈城市党政领导第二次会商会议召开，会议以"互动·互融·一体化"为主题，签署了《合肥经济圈五市党政领导第二次会商会议·淮南宣言》和《合肥经济圈轨道交通建设框架协议》《合肥经济圈区号统一合作框架协议》《合肥经济圈开展直购电试点工作框架协议》《合肥经济圈引大别山优质水资源项目合作框架协议》。2011年8月，滁州的定远县加入合肥经济圈。2012年12月29日，合肥经济圈城市党政领导第三次会商会召开，会议签署了《"交通1小时公路建设"合作框架协议》《合六产业走廊合作框架协议》《合淮工业走廊合作框架协议》《旅游合作协议》《对外开放联合招商协议》和《关于加强皖西大别山区生态保护建设为合肥经济圈提供生态保障的会商意见》。2013年4月16日，合肥经济圈城市党政领导第四次会商会召开。会议签署了《交通基础设施建设合作框架协议》《产业合作框架协议》《新闻宣传暨文化旅游合作框架协议》《人才交流培训合作框架协议》，讨论通过并签署了会议纪要。同年，滁州市加入合肥经济圈，合肥市规划局还牵头启动了《合肥经济圈城镇体系规划（2013—2030年）》编制工作。

"十三五"期间，安徽省十二届人大六次会议上提出了推动合肥都市圈一体化发展战略，加快合肥经济圈向合肥都市圈战略升级，创建国家级合肥滨湖新区，加快建设合肥长三角世界级城市群副中心，形成全国有重要影响力的区域增长极——国家级滨湖新区，规划范围包括庐阳区、蜀山区、包河区、肥东县、肥西县的部分区域，总面积491平方千米。2016年4月10日，合肥都市圈城市党政领导第七次会商会议召开，会议围绕"创新、转型、共享——共同推进合肥都市圈战略升级"主题，书面通报了第六次会商会签约专题和项目推进情况，合肥、淮南、六安、滁州、桐城五市市长就合肥都市圈下一步重点工作进行了发言，会议签署了《科技创新合作框架协议》《工业合作框架协议》《公路建设合作框架协议》等10个方面的合作专题框架协议。同年6月，国务院常务会议审议通过了《长江三角洲城市群发展规划》，其中提到了发挥上海龙头带动的核心作用和区域中心城市的辐射带动作用，推动南京都市圈、杭州都市圈、合肥都市圈、苏锡常都市圈、宁波都市圈的同城化发展，构建"一核五圈四带"的网络化空间格局。同年，安徽省印发了《长江三角洲城市群发展规划安徽实施方案》，其中提到了合肥经济圈扩容升级为合肥都市圈，增加芜湖、马鞍山市，完善都市圈协调推进机制，建设合肥都市圈，形成区域增长新引擎。2019年5月7日，合肥、淮南两市联合印发了《合淮产业走廊发展规划（2018—2025年）》，将淮南高新技术产业开发区和田家庵区、大通区、寿县等区域纳入合淮产业走廊发展规划，提出"选择特定区域作为核心区重点开发，有序推进中期发展建设"。2019年9月，合肥都市圈再次扩容，合肥都市圈建设领导小组通过了蚌埠市整体加入合肥都市圈的决定。此时，合肥都市圈的成员是合肥市、淮南市、六安市、滁州市、芜湖市、马鞍山市、蚌埠市、桐城市，而之前的巢湖市因为行政区划调整，分别划归合肥、芜湖、马鞍山三市管辖。2019年12月，国家印发了《长江三角洲区域一体化发展规划纲要》，其中提到了加快南京、杭州、合肥、苏锡常、宁波都市圈建设，提升都市圈同城化水平，加强南京都市圈与合肥都市圈协同发展，打造东中部区域协调发展的典范。《合肥都市圈一体化发展行动计划（2019—2021年）》提出，要推进基础设施、科技创新、产业协作、开放合作、生态文明、公共服务等领域一体化，加快都市圈同城化步伐，建设具有较强影响力的国际化都市圈和支撑全省发展的核心增长极。

"十四五"期间，淮南—合肥共建新桥科技创新示范区合作框架协议签约，有助于发挥有为政府与有效市场的作用，全面推动科技共创、产业共兴、生态共保、民生共享、人才共育等，2022年3月，安徽省印发了《安徽省新型城镇化规划（2021—2035年）》。《合肥市"十四五"交通运输发展规划》，强化合肥对都市圈周边市县的辐射能力，加强中心城区与市县、市县之间的市域轨道连接。G9912合肥都市圈环线获国务院批准同意，环线全长约284千米，环线辐射周边通勤1小时城市，环线建成后将有效缓解现有高速交通通行压力，疏解过境交通，增强区域联动协作发展新格局，进一步加强合肥与南京、武汉、杭州等城市互联互通，对合肥都市圈高质量发展有十分重要的意义。为进一步构建多层次、多模式、多制式的轨道交通系统，加速完善合肥都市圈轨道交通网，启动合肥市低运量轨道交通建设规划编制工作。

党的十九大以来，合肥都市圈综合实力、发展活力和竞争力日益增强，一体化程度持续提高，发展格局更加清晰。2021年地区生产总值达到27306亿元，接近安徽省的63.6%。经济实力雄厚，产业结构日益优化，在汽车及零部件、智能装备制造、信息技术等领域的战略性新兴产业集群不断聚集壮大，在都市圈工业产业（链）联盟基础上筹建了新能源汽车暨智能网联汽车、智能装备制造等7个专项产业联盟，16个省重大新兴产业基地持续发展。"水陆空铁"立体衔接联动的一小时通勤圈基本形成，干线铁路、城际铁路、市域铁路、城市轨道交通基本实现"四网融合"。科创优势突出，普通高等院校达到96所，国家级重点实验室达到11家，省级重点实验室171家，中国科学技术大学智慧城市研究院、中国科学技术大学技术转移蚌埠中心、淮南新能源研究中心等都市圈科技创新平台建设进展顺利，城市间科技成果转移转化渠道更加畅通。城镇体系完备，以合肥为中心的通勤圈、产业圈、生活圈正在形成，医疗、教育、文旅、人力资源等合作交流逐渐深化，产业人口梯度分布、优势互补、协同发展的空间结构更加清晰，城乡发展协调性稳步提高。跨界河流水污染、大气污染联防联控工作有序开展，水质实时监控能力不断提升，区域环境质量持续改善。与此同时，合肥都市圈综合实力、竞争力、同城化水平等与我国其他发达地区都市圈相比仍有不小差距，发展不平衡不充分问题较为突出，合肥中心城市辐射带动效应不足，城市间分工协作水平有待提升，城镇规模结构不尽合理，基础设施和公共服务设施还有明显短板，成本共担、利益共享、要素流动的一体化发展体制机制和常态化协调协商机制仍需健全。

当今世界正经历百年未有之大变局，新一轮科技革命和产业变革深入发展，国际分工体系面临着系统性调整，世界经济在新型冠状病毒常态化中脆弱复苏，和平与发展仍是时代主题，合作共赢仍是发展主流；我国全面建成小康社会胜利在望，即将开启全面建设社会主义现代化国家新征程，随着共建"一带一路"、长江经济带发展和长三角一体化发展等重大战略叠加效应的释放，合肥都市圈高质量发展迎来新机遇。

2016年4月、2020年8月，习近平总书记两次来安徽考察并发表重要讲话，作出一系列重要指示、提出一系列明确要求，为合肥都市圈高质量发展明确了方向。推动合肥都市圈高质量发展，有利于支撑长三角城市群建设，促进东部地区和中部地区协同联动；加速形成优势互补高质量发展区域经济布局；有利于发挥合肥中心城市辐射带动作用，助力构建"一圈一群一带"联动发展、大中小城市和小城镇协调发展的城镇化格局，谱写安徽高质量发展新篇章；有利于实施创新驱动发展战略，强化国家战略科技力量，增强自主创新能力，更好统筹发展和安全，促进全省经济社会均衡协调发展。

（二）发展基础

1. 区位优势突出

合肥都市圈是以合肥为中心的经济区域带，位于安徽中部，连南接北、承东启西，地处皖江城市带和皖北沿淮城市带接合部，紧邻长三角城市群，是长三角向中西部延伸的重要枢纽和西大门。合肥都市圈，是区域内面积和人口规模比较大的城市圈。区域跨八个地级行政区域：合肥、芜湖、马鞍山、安庆桐城、六安、淮南、滁州、蚌埠。总面积63423.3平方千米，占全省国土面积45.27%，常住人口3063.48万人，占全省人口50.20%。合肥都市圈内交通便利，集高速公路、高速铁路、国际机场、内河航运等多式运输于一体，新桥国际机场S1线、沪渝蓉高铁合宁段、沿江高铁建设、G9912合肥都市圈环线等平台通道建设全面推进，以合肥为核心、周边7市联动的现代化综合立体交通体系正日趋完善。"水陆空铁"衔接联动，合肥都市圈正在打造一张立体交通网络，构建"一小时通勤圈"。

2. 产业牵动性强

2021年合肥都市圈实现地区生产总值27306亿元，比上年增长8.6%，约占全省生产总值的63.6%。城镇居民人均可支配收入均在35000元以上，其中有5个市在40000元以上，最高的城市超过55000元。都市圈各城市聚焦产业发展，在科创和工业等方面的合作持续向纵深推进，新型显示、集成电路、储存芯片、人工智能等新兴产业和高端制造业在国家生产力布局中具有重要战略地位，拥有京东方、长鑫、蔚来、晶合等一批牵动性强、影响力大的龙头企业。在合肥综合性国家科学中心的加持下，围绕新型显示、集成电路、人工智能、高端装备制造、新能源汽车、智能家电等圈内优势战略新兴产业进行布局，并通过发挥合肥都市圈工业产业（链）联盟作用，积极推动产业链上下游互动合作、优势互补，打造世界级电子信息产业集群。在都市圈工业产业（链）联盟基础上，合肥都市圈筹建了新能源汽车暨智能网联汽车、智能装备制造等7个专项产业联盟。2021年全年，都市圈内16个省重大新兴产业基地持续发展，其中合肥生物医药和高端医疗器械、合肥集成电路、芜湖新能源产值增速分别高于全省36.6个百分点、30.6个百分点、16.8个百分点。

3. 创新资源集聚

合肥现代化都市圈拥有中国科学技术大学、合肥工业大学、安徽大学等96所高等院校，拥有中科院合肥物质科学研究院、中国电子第十六所、中国兵器工业集团第二一四研究所等一大批国家级研究机构，国家级研发平台182家，国家重点实验室11个，国家级创新型（试点）企业25家。合肥作为国家创新型城市，拥有人工智能、大数据等先进技术，科研成果颇丰，是国家重要的科研教育基地，科技部中国科技信息研究所发布的《国家创新型城市创新能力评价报告2021》显示，2021年合肥创新能力全国第九，稳居创新城市第一梯队。共建合作科技创新平台数量逐年提升，六安市纳入合芜蚌国家科技成果转移转化示范区建设范围,马鞍山科技成果信息化平台正式上线运行,全面对接安徽省创新馆,融入了安徽科技大市场省、市、县三级市场体系。

4. 自然资源丰富

合肥都市圈内各城市属亚热带季风性气候,四季分明,光照充足,无霜期长,光热水资源丰富。土地面积约为63000平方千米,约占安徽省土地面积的45%,承载能力强。都市圈北部有淮河,南部有长江,水产资源丰富。圈内地带性土壤主要为黄棕壤带,此地带位于沿淮平原与湖泊洼地以南,土地肥沃,农产品资源丰富,粮、棉、油产量均居全国前列。区域内矿产资源丰富,拥有丰富的铁、铜、煤炭等矿产资源。

综合判断,合肥都市圈战略地位逐年提升,发展能级大为增强,城市人口加速扩张,城市集群发展范围不断扩大,各要素加剧向中心城市流动和集聚。在全省战略的强势推动下,辐射带动作用得到发挥,与周边城市间协同合作成效逐步凸显,区域一体化高质量发展态势逐步清晰。

二、一体化背景下长三角都市圈发展比较

(一) 都市圈中心城市对比

对比上海、南京、杭州等其他长三角都市圈,合肥都市圈在经济总量、自主创新能力和一体化水平等方面存在一定差距,高层次人才流失严重,区域间产业合作成本高,重点项目推进难,是合肥都市圈融入长三角的重大挑战。《长江三角洲区域一体化发展规划纲要》指出,加快南京、杭州、合肥、苏锡常、宁波都市圈建设,推动上海与近沪区域及苏锡常都市圈联动发展,高水平打造长三角世界级城市群。上海、南京、杭州、合肥、苏州、宁波六市,作为长三角都市圈中心城市,发展潜力愈发凸显,拉动和辐射作用不断增强。2020年8月20日,习近平总书记在合肥主持召开扎实推进长三角一体化发展座谈会上强调,要紧扣一体化和高质量抓好重点工作,推动长三角一体化发展不断取得成效。在长三角更高质量一体化发展迈向新格局的关键节点上,通过城市间比较,进一步认清合肥的差距与不足、方向和目标,做到底数清、定位准、方向明、路子对,有助于回答好"新时代合肥发展之问",为长三角更高质量发展贡献合肥力量。

1. 增长速度较快,总量和人均差距依旧明显

(1) 从GDP看,相对差距逐年缩小。"十二五"以来,合肥经济厚积薄发,GDP总量由"十一五"时期的2701.61亿元连跨8个千亿台阶,到2021年达11412.8亿元,发展速度明显快于其他五市,差距逐年缩小。2011~2021年,合肥GDP年均增长14.00%,分别快于上海、南京、苏州、杭州、宁波5.66个百分点、2.64个百分点、5.40个百分点、3.34个百分点和4.02个百分点,2021年合肥GDP相当于上海、南京、苏州、杭州、宁波的26.4%、69.8%、50.2%、63.0%和78.2%,比2010年分别提高11.3个百分点、15.9个百分点、20.8个百分点、17.6个百分点和25.5个百分点(见表1)。

表1 六大都市圈中心城市面积及生产总值情况

城市	行政区域面积（平方千米）	2010年生产总值（亿元）	相当于合肥的倍数	2015年生产总值（亿元）	相当于合肥的倍数	2021年生产总值（亿元）	相当于合肥的倍数
上海市	6350	17915.4	6.62	26887.02	4.74	43214.9	3.79
南京市	6587	5010.4	1.86	9720.77	1.72	16355.3	1.43
苏州市	8657	9168.9	3.39	14504.07	2.56	22718.3	1.99
杭州市	16596	5945.8	2.20	10053.58	1.78	18109.0	1.59
宁波市	9816	5125.8	1.90	8003.61	1.41	14594.9	1.28
合肥市	11445	2701.6		5660.27		11412.8	

（2）从财政看，地方财政收入质量不高。2021年，合肥市地方财政收入无论是总量还是增速在五城市中均为末位。地方财政收入仅相当于上海、南京、苏州、杭州、宁波的10.9%、48.8%、33.6%、35.4%和40.7%。税收收入占地方财政收入比重是衡量财政收入质量的重要指标，合肥市税收收入占地方收入比重仅为75.7%，是六城市中唯一占比低于80%的城市，远低于苏州、杭州的86.3%和93.6%，上海市经济实力稳居全国前列（见表2）。

表2 2021年六大都市圈中心城市财政收入状况

城市	地方财政收入（亿元）	增长（%）	税收收入（亿元）	税收占比（%）
上海市	7771.8	10.3	6606.7	85.0
南京市	1729.5	5.7	1473.3	85.2
苏州市	2510.0	9.0	2166.7	86.3
杭州市	2386.6	14.0	2233.6	93.6
宁波市	2076.0	14.1	1723.1	83.2
合肥市	844.2	10.8	638.8	75.7

（3）从外贸看，开放度明显偏低。2020年，合肥进出口总额2597.2亿元，仅相当于上海、南京、苏州、杭州、宁波的7.5%、48.6%、11.6%、43.8%和26.5%，外贸依存度为25.9%，在六城市中垫底，分别低于苏州、上海84.8个百分点和64.1个百分点。2021年，合肥进出口在六城市中表现较好，始终保持两位数增长，进出口总额3558.2亿元，相当于上海、南京、苏州、杭州、宁波的8.8%、55.9%、14.0%、48.3%和29.8%，外贸依存度提升到31.2%，分别低于上海、南京、苏州、杭州、宁波62.6个百分点、7.7个百分点、80.3个百分点、9.5个百分点和50.5个百分点。虽然仍在六城市中垫底，但差距在不断缩小（见表3）。

表3 六大都市圈中心城市进出口情况

城市	2020年进出口总额（亿元）	2020年外贸依存度（%）	2021年进出口总额（亿元）	2021年外贸依存度（%）
上海市	34828.47	90.0	40549.2	93.8
南京市	5340.2	36.1	6366.8	38.9
苏州市	22321.4	110.7	25332.0	111.5
杭州市	5934.2	36.8	7369.0	40.7
宁波市	9786.9	78.9	11926.1	81.7
合肥市	2597.2	25.9	3558.2	31.2

（4）从人均看，主要指标总体靠后。合肥人均GDP、人均地方财政收入、城镇居民人均可支配收入、农村居民人均可支配收入等人均指标在六城市均居末位。其中人均GDP、人均地方财政收入、城镇居民人均可支配收入、农村居民人均可支配收入仅相当于苏州的61.1%、40.9%、69.2%和64.7%，相当于上海的62.5%、25.7%、64.6%和69.7%（见表4）。

表4 2021年六大都市圈中心城市人均指标情况 单位：元

城市	人均GDP	人均财政收入	城镇居民人均可支配收入	农村居民人均可支配收入
上海市	173603	31220	82429	38521
南京市	174457	18448	73593	32701
苏州市	177566	19618	76888	41487
杭州市	149917	19757	74700	42692
宁波市	153914	21892	73869	42946
合肥市	108427	8021	53208	26856

2. 工业后发优势明显，服务业相对落后

（1）工业比重处于中等水平，新兴产业具有相对优势。2021年，合肥工业增加值为2472.2亿元，相当于上海、南京、苏州、杭州、宁波的37.2%、68.7%、38.1%、74.3%和62.9%，工业占GDP的比重在五城市中处于中间水平，为35.6%，低于苏州、宁波的46.5%和45.9%，但高于南京、杭州、上海的35.2%、29.9%和24.7%。合肥新型显示器、人工智能、集成电路三大产业入选国家首批66个国家战略性新兴产业集群名单，上海入选4个，杭州入选2个，宁波、苏州各1个，南京没有入选。合肥战略性新兴产业增加值占规模以上工业比重再创新高，居于六城市首位，达57.4%。2020年宁波、杭州、上海、苏州战略性新兴产业占规模以上工业比重分别为29.7%、38.9%、40.0%和55.7%。

（2）服务业长足进步，但仍有差距。2021年，合肥服务业增加值占GDP比重突破60%，达60.4%，比2010年提高19.7个百分点，与南京、杭州、上海的差距由2010年的 9.5 个百分点、7.5 个百分点、16.6 个百分点缩小到 1.7 个百分点、7.5 个百分点和 12.9 个百分点。2021 年,合肥社会消费品零售总额为 5111.7 亿元,赶超宁波 10 个百分点,但仅相当于上海、南京、苏州、杭州的 28.3%、64.7%、56.6% 和 75.8%(见表 5)。

表 5　2021 年六大都市圈中心城市服务业状况

城市	服务业增加值（亿元）	服务业占 GDP 比重（%）	社会消费品零售总额（亿元）	合肥相当于其他城市比例（%）
上海市	31665.6	73.3	18079.2	28.3
南京市	10148.7	62.1	7899.4	64.7
苏州市	11787.2	51.9	9031.3	56.6
杭州市	12287.0	67.9	6743.5	75.8
宁波市	7241.6	49.6	4649.1	110.0
合肥市	6890.5	60.4	5111.7	100.0

3. 科教资源丰富,创新投入强度不足

(1) 科教资源丰富,人才储备充足。合肥是继上海之后第二个综合性国家科学中心城市,建成、在建、拟建国家大科学装置 9 个,是国家重大科技基础设施最为密集的区域之一。2021 年,合肥拥有普通高校 55 所,居六城市前列,仅次于上海,在校学生达 59.5 万人,居第 2 位,仅次于南京,分别为上海、苏州、杭州、宁波在校学生数的 1.1 倍、2.2 倍、1.2 倍和 3.0 倍(见表 6)。

表 6　2021 年六大都市圈中心城市教育和科技情况

城市	普通高校（所）	在校学生（万人）	全社会研发投入（亿元）	研发投入强度（%）	高新技术企业（家）	发明专利授权（件）
上海市	63	54.9	1819.8	4.21	20035	171982
南京市	53	77.8	587.7	3.59	7801	80323
苏州市	26	28.3	1633.5	7.19	11165	153761
杭州市	40	49.7	723.7	4.00	10222	113899
宁波市	15	19.8	378.9	2.60	3919	72390
合肥市	55	59.5	410.9	3.52	4578	53843

(2) 创新投入强度不足,成果转化仍需加强。2021 年,合肥研发投入强度(全社会研发经费支出占 GDP 比重)为 3.52%,在六城市中仅高于宁波的 2.60%;发明专利授权量为 53843 件,居六城市末位。上海、苏州、杭州、南京、宁波的发明专利授权数分别是合肥的 3.2 倍、2.9 倍、2.1 倍、1.5 倍和 1.3 倍。2021 年,合肥拥有国家级高新技术企业数 4578 家,同比增长 37.6%,仅高于宁波的 3919 家,远低于上海(20035 家)、苏州(11165 家)、杭州(10222 家)和南京(7801 家)(见表 7)。

表7　2021年六大都市圈中心城市市场主体情况

城市	新增（万户）	累计（万户）
上海市	52.01	318.97
南京市	29.55	168.06
苏州市	60.47	274.07
杭州市	27.72	163.91
宁波市	22.05	120.79
合肥市	31.31	134.68

（3）从市场活跃度来看，市场主体仍有差距。2021年，合肥实有市场主体总量再次突破100万户，比2020年增加了20.78万户，达134.68万户，但总量仍排在倒数第二，仅高于宁波13.9户，比上海、苏州、南京、杭州分别少184.29万户、139.39万户、33.38万户和29.23万户。

（二）都市圈整体对比

2018年11月，长江三角洲区域一体化发展正式上升为国家战略，长三角六大都市圈在长三角城市群内的作用愈发凸显。2020年，长三角城市群41座城市累计生产总值约为24.47万亿元，占全国的1/4，"一核五圈"17座城市约占整个区域的72.46%，都市圈已成为引领长三角经济协同高质量发展的主导力量。由于地理位置、发展阶段的差异，各都市圈发展演变过程不尽相同。其中，南京都市圈于2000年7月被明确提出，是长三角区域最早规划的都市圈，苏锡常都市圈于2003年被官方提出，杭州都市圈建设启动于2007年，宁波都市圈的提出晚于杭州都市圈。合肥都市圈在历经"省会经济圈""合肥经济圈"等身份后，2016年才加入"一核五圈"阵营。基于"五大发展理念"，从创新、协调、绿色、开放、共享五个维度构建包括38个具体指标的测度体系，运用熵权法计算指标权重对长三角六大都市圈2010~2021年经济高质量发展水平进行测度。

1. 总体描述

2010~2021年，长三角城市群整体及六大都市圈的经济高质量发展指数均明显提升，总体上保持增长态势，但增幅不同，如图1所示。六大都市圈经济高质量发展平均水平由大到小依次为：苏锡常都市圈、上海都市圈、宁波都市圈、杭州都市圈、南京都市圈、合肥都市圈。六大都市圈的平均水平为1.5152，上海都市圈、苏锡常都市圈在平均水平以上，发展明显领先其他都市圈。上海都市圈作为核心都市圈，其发展水平毋庸置疑。苏锡常都市圈中的苏州和无锡早已经跨入万亿俱乐部，常州的经济高质量发展水平近年来也取得较快的发展。苏锡常都市圈很好地接受了上海都市圈的产业辐射，同时二者之间的互动合作也比较密切，产业之间依存度非常高，从而最早实现了抱团发展。但由于上海都市圈包含的城市更多，部分城市的发展相对落后导致上海都市圈平均水平低于苏锡常都市圈的整体平均水平。六大都市圈经济高质量发展水平的年均增速由大到小依次为：合肥都市圈（10.09%）、南京都市圈（6.58%）、宁波都市圈（6.06%）、杭州都市圈（5.82%）、上海都市圈（4.25%）、苏锡常都市圈（2.82%）。六大都市圈的平均年增速为5.94%，杭州都市圈、上海都市圈和苏锡常都市圈的年均增速在平均水平以下,总体来看低水平的都市圈增速较高,高水平的都市圈增速相对较低,区域内不同都市圈之间的发展差距有所缩小,区域一体化发展趋势增强。

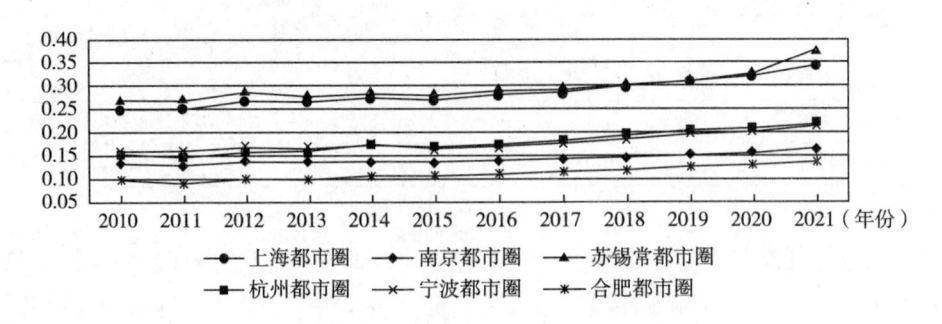

图1　长三角六大都市圈经济高质量发展水平

2. 分维度评价

(1) 从创新发展指数来看,2010~2021年,尽管合肥都市圈的创新能力不断提升,但仍居于长三角六大都市圈末位,苏锡常都市圈和上海都市圈的创新能力与其他都市圈之间的指数差距较为显著(见图2)。近年来,合肥凭借做强汽车制造、装备制造产业和发展光伏、集成电路等新兴产业不断提升自身经济规模和创新能力,与此同时合肥都市圈城市持续合作共建科技创新平台。例如,桐城市人民政府与合肥工大共建"合肥工业大学(桐城)产业研发中心",聚焦绿色包装和机电装备两大产业,在科技成果转移转化、企业创新能力建设、人才交流培养等方面不断深化合作,真正实现了校地融合、发展联动、成果共享。接下来,还将继续积极推进都市圈城市与中国科大、合肥工大、中科院合肥研究院等高校科研院所合作开展平台项目建设。在科技成果转移转化方面,合肥都市圈间的"渠道"更加畅通。在马鞍山,科技成果信息化平台正式上线运行,全面对接安徽省创新馆,融入了安徽科技大市场省、市、县三级市场体系。同时,六安市成功纳入合芜蚌国家科技成果转移转化示范区建设范围,正与合肥、芜湖、蚌埠一同打造具有安徽特色的科技成果转移转化模式。聚焦信息、能源、健康、环境等重点领域,合肥都市圈还征集梳理了35条圈内城市科技创新与产业发展急需攻克的"卡脖子"关键核心技术清单,各城市联合开展科技攻关。

(2) 从协调发展指数来看,合肥都市圈的协调能力明显提升,且合肥都市圈与长三角其他都市圈的协调能力差距显著缩小,2019年合肥都市圈的协调发展能力赶超南京都市圈(见图3)。近年来,合肥都市圈城市携手共进、协力协作,促进融合互动、融通互补,一体化、同城化的进程加速迈进,发展动能持续增强,在区域协调发展中不断彰显着核心增长极作用。例如,2021世界显示产业大会期间,合肥都市圈合肥、蚌埠、淮南、马鞍山4市共签约项目33个,项目总额超210亿元。都市圈工业产业(链)联盟持续壮大,有力推动都市圈企业交流合作、产业协同发展。

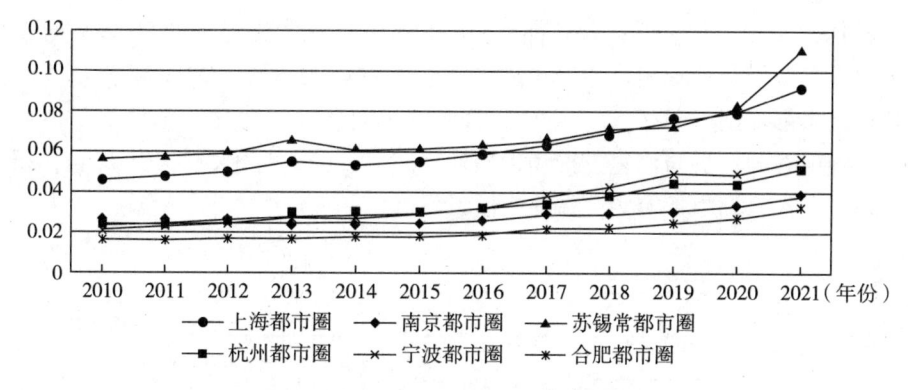

图 2　长三角六大都市圈创新能力评价

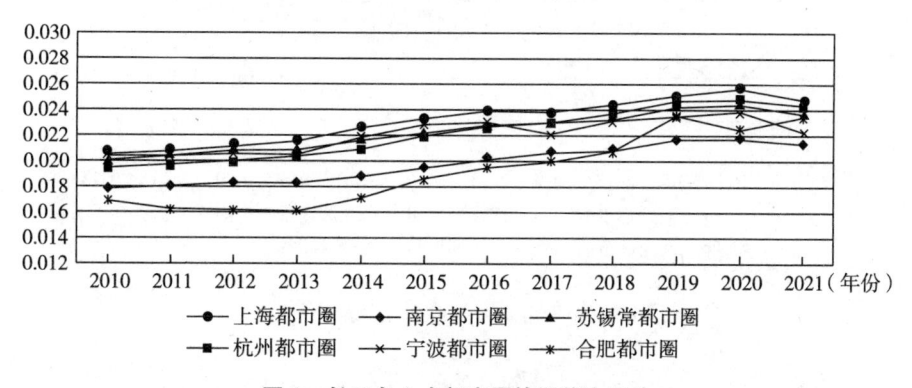

图 3　长三角六大都市圈协调能力评价

（3）从开放发展指数来看，合肥都市圈的开放能力稳步提升，与南京都市圈和杭州都市圈的差距不断减小，上海都市圈和苏锡常都市圈的开放能力远远高于长三角其他都市圈，相对而言，近年来对外开放能力受到中美贸易摩擦和新型冠状病毒等外部环境影响较大（见图4）。围绕开放发展，合肥都市圈开辟了"合新欧+滁州""合新欧+芜湖"等都市圈城际定向班列，2021年为江淮、奇瑞、美的等企业发运定制班列共94列，为都市圈城市出口发运1.2万箱、货值9亿美元货物。

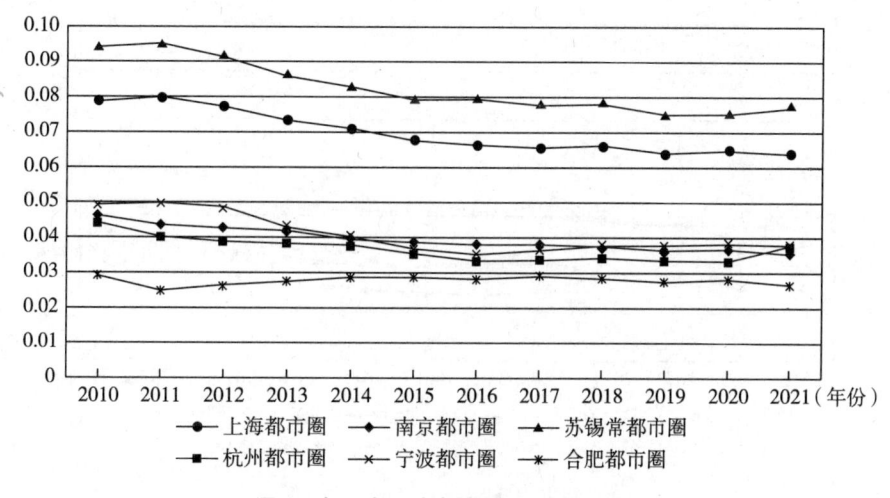

图 4　长三角六大都市圈开放能力评价

（4）从绿色发展指数来看，合肥都市圈的绿色发展能力在过去的10多年间一路波动式攀升，明显缩短了与长三角其他都市圈的绿色发展能力差距，2019年合肥都市圈的绿色能力赶超南京都市圈（见图5）。当前，合肥都市圈各市坚持"一把尺子"抓环保，加快实施环巢湖生态的保护与修复，推动生态环境共保联治，共建绿色生态屏障，积极开展区域生态环境合作，助力都市圈一体化高质量发展。

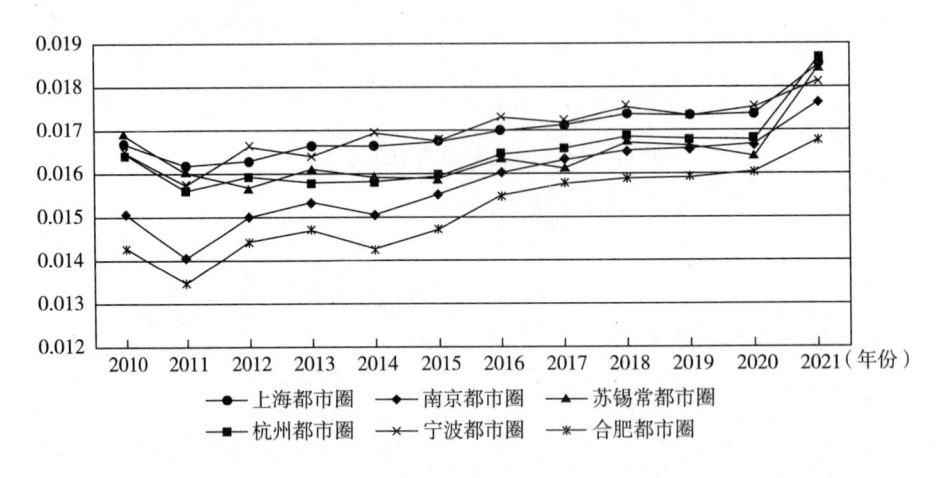

图5　长三角六大都市圈绿色能力评价

（5）从共享发展指数来看，上海都市圈和苏锡常都市圈依然遥遥领先，合肥都市圈居于长三角各都市圈末位，且与其他都市圈的差距有待进一步缩小（见图6）。在公共服务方面，合肥都市圈城市也付出诸多努力，例如，合肥与六安利用自助终端、异地代收代办等渠道实现"开设单位住房公积金缴存账户"等15个高频事项"跨市通办"，社会保障卡补领、换领、换发事项办理时限由6个月压缩为"异地即办"；在文化合作方面，合肥与淮南等市"一码通域"在文化场馆、旅游景区等多场景应用试点。

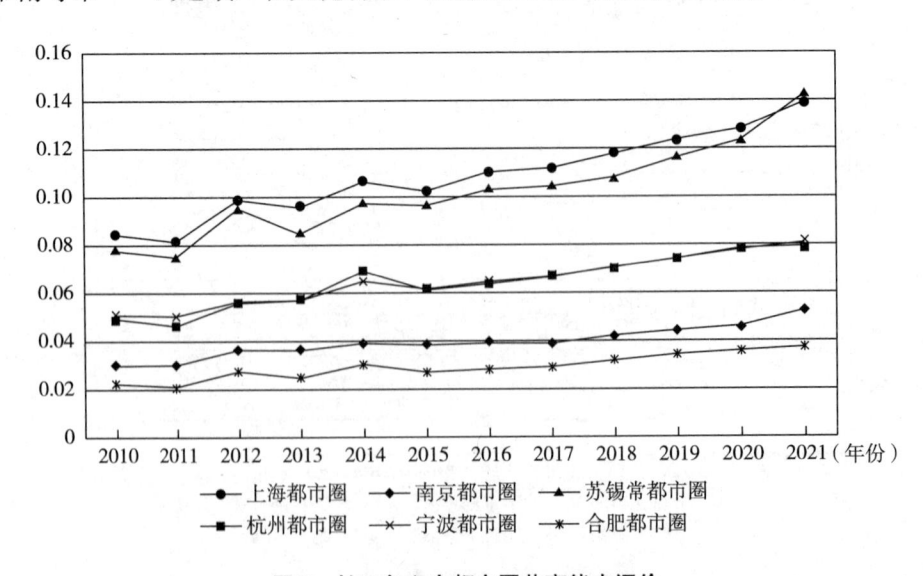

图6　长三角六大都市圈共享能力评价

（三）基本结论

长三角地区是我国经济最具活力、开放程度最高、创新能力最强的区域之一，尽管合肥多年来经济总量显著提升，实现了从省会到长三角副中心，从科教基地到综合性国家科学中心的历史性巨变，但与长三角先发城市相比，在经济总量、产业层次、科技创新等领域仍有差距，还需进一步固优固强、补短补缺，努力推动更高质量发展。从长三角六大都市圈对比来看，尽管10年来合肥都市圈经济高质量发展水平有了明显提升，但整体水平仍然有待提高，合肥都市圈的高质量发展指数以及创新发展指数、协调发展指数、开放发展指数、绿色发展指数、共享发展指数等子指数在长三角六大都市圈均处末位，因此合肥都市圈更应该注重经济高质量发展理念的贯彻执行，特别是都市圈内发展相对落后的城市要强化五大发展理念的协调发展，着力解决制约经济高质量发展短板。

三、合肥都市圈发展质量的量化与评估

（一）合肥都市圈高质量发展量化分析

1. 指标构建

新发展理念塑造新发展格局，引领城市走向高质量发展。以合肥为中心城市的合肥都市圈历经多年发展，逐步形成核心城市与周边城市同频共振的一体化发展格局，但仍然面临着创新程度不高、产业基础薄弱、产业分工失调、区域发展失衡等一系列问题。合肥都市圈高质量发展背景下，各城市发展质量如何？合肥作为中心城市是否形成有效辐射带动作用？仍需进一步量化评估。参考新发展理念核心要求，分别从创新、协调、开放、绿色和共享五个维度对合肥都市圈下各地级市进行评估，同时考虑到实际发展和数据可比、可信、科学、全面等原则，构建城市高质量发展综合评价指标[1]，利用熵值法进行赋权评价（见附件1）。

2. 高质量发展指数分析

根据综合指标体系计算合肥都市圈内城市高质量发展指数，得分如表8所示[2]。整体而言，圈内各城市的高质量发展指数呈稳步上升的趋势，合肥市作为都市圈的核心增长极，其发展指数呈现出引领型增长的态势。

从年均值来看，合肥市作为中心城市的地位不可动摇，芜湖市和马鞍山市位于第二梯队，其次是蚌埠、滁州、六安和淮南得分相对最低。具体而言，一方面反映出合肥市凭借自身独特的区位优势、政策支持以及科技创新等优势形成新一批战略性新兴产业基地，以科技、产业、政策创新为抓手，推动了自身高质量发展。另一方面体现在合肥市与其他地

---

[1] 依据不同评价指标计算得分存在不同，本书基于报告得分探究其得分背后的发展趋势和经济意义，不对具体得分数字做过多阐述。

[2] 因桐城市为县级市，指标难以全部收齐，且在量上不具有可比性，这里只包括了都市圈7个地级市。

市的差距呈现扩大的趋势。区域间高质量发展指数极差从2010年的1.09扩大到2021年的1.75，一体化程度不高，"两极分化"严重并呈现扩大的趋势。淮南市和六安市发展严重滞后，其原因可能在于自身产业基础薄弱，亦可能是受到中心城市的虹吸影响较为严重。

从年增长率来看，以2010年为基期，六安市发展速度最快，其次是合肥市、蚌埠市、马鞍山市、淮南市、芜湖市和滁州市。相对于芜湖市和马鞍山市受到南京都市圈的双圈共振影响，六安市和淮南市高质量发展水平增长离不开合肥市的辐射带动作用。合肥市在提高城市首位度的同时应积极延长产业链，深化地区间产业分工合作，提高产业链韧性，促进"产业+创新"双链融合。落后城市如淮南市和六安市应瞄准产业定位，进一步形成产业优势互补的配套帮扶机制，提升其一体化程度和高质量发展水平。

表8 合肥都市圈各城市综合得分

年份	合肥市	芜湖市	马鞍山市	蚌埠市	滁州市	六安市	淮南市
2021	2.6489	1.5677	1.3044	1.1467	1.1022	1.0823	0.8975
2020	2.4688	1.4838	1.2245	1.0817	1.0865	1.0246	0.8977
2019	2.4143	1.4391	1.1817	1.0627	1.0610	1.0082	0.8648
2018	2.1851	1.3948	1.1295	1.0357	1.0063	0.9274	0.8322
2017	2.0500	1.3762	1.1227	1.0208	1.0460	0.8774	0.8119
2016	1.9104	1.3013	1.0417	1.0678	0.9875	0.8232	0.7740
2015	1.8722	1.2594	1.0240	1.0135	0.9440	0.8174	0.7251
2014	1.9042	1.2744	0.9968	1.0188	0.9856	0.7931	0.7497
2013	1.7438	1.1221	0.9650	0.9302	0.9353	0.7399	0.6958
2012	1.8069	1.0885	0.9303	0.9464	0.9900	0.7577	0.7211
2011	1.6491	1.0179	0.8638	0.8613	0.8756	0.6740	0.6386
2010	1.7713	1.1808	0.9628	0.8363	0.8565	0.7149	0.6744
均值	2.0354	1.2922	1.0623	1.0018	0.9897	0.8533	0.7736
增长率（%）	49.55	32.77	35.47	37.11	28.69	51.40	33.08
排名	1	2	3	4	5	6	7

3. **分维度评价**

通过不同维度的对比分析，进一步探究各地区发展失衡以及落后的原因，如图7所示。整体来看，合肥市各维度得分均位于第一梯队，其他各市则呈现出不同形式的变动。

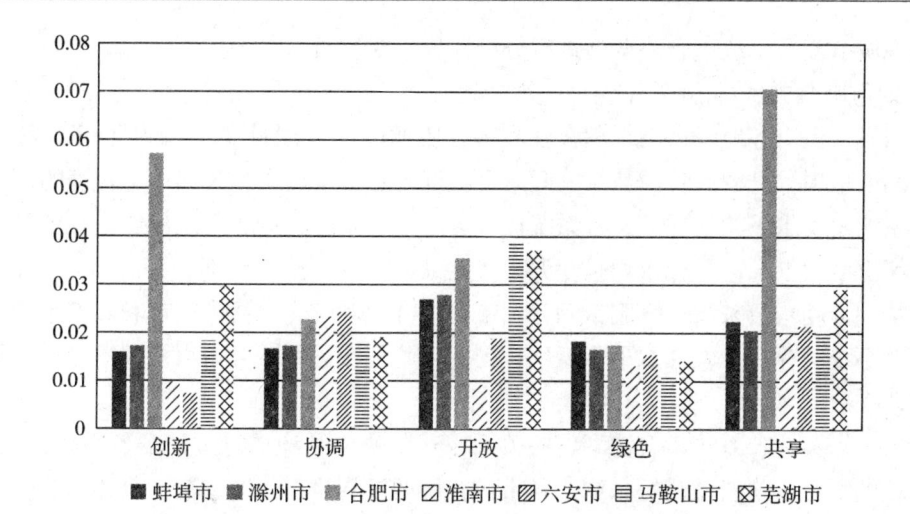

图7 合肥都市圈内各地级市不同维度均值

（1）创新能力方面，淮南市和六安市发展最低，科技创新水平不高是拖累两市更高质量发展的根本原因。芜湖市、马鞍山市、滁州市和蚌埠市依次为于第2位、第3位、第4位、第5位。

（2）开放程度方面，淮南市和六安市仍然处于落后梯队，导致其陷入"产业规模较小→创新能力较低→产业培育能力较弱→发展模式落后→经济发展缓慢→外资企业引进困难→产业规模培育困难→创新动力不足"等恶性循环中，其他各市位次基本保持不变。

（3）协调发展方面，各市普遍得分较为均匀，六安市、合肥市和淮南市的得分相对较高，表现为区域城乡发展、产业集聚协调水平较高。而滁州市、马鞍山市、蚌埠市的协调水平较低，体现在产业结构不合理、产业专业化集聚水平较低等方面，需进一步完善产业合理布局，提升产业专业化分工协作。

（4）绿色发展方面，淮南市和马鞍山市的得分较低，其产业发展仍然面临着污染物排放强度较高、环境治理程度亟须进一步加强，尽快推动产业"集约化"转型，淘汰落后产能。与之相对应的是，合肥市、蚌埠市、滁州市绿色发展程度相对较高，但总体而言仍有提升空间，在关注产业清洁化、低碳化发展的同时，应注重提高区域生态环境承载力、加强居民环保意识和城市基础设施绿化建设以达到人与自然和谐共生，共建共享的更高追求。

（5）共享水平方面，除合肥市外，整体得分均较低，落差较大，"两极化"严重，体现在医疗卫生服务、建成区绿化水平、公共教育以及社会养老、失业、医疗保障覆盖率相对较低等多方面因素。

（二）合肥都市圈各市耦合协调度分析

1. 耦合协调模型

城市高质量发展其本质要求创新、协调、开放、绿色、共享五大系统互利共生、协同发展，从而实现"五位一体"的耦合协调关系。基于此，本书将耦合协调关系定义为一定时空范围内，五大系统相互依赖、相互促进、共同发展的良好关系。根据耦合协调度模型计算各城市五大系统耦合协调度进行分析评价（见附件2）。

2. 耦合协调关系评价

依据模型得出各地级市系统耦合度和耦合协调度（见附件3）。整体而言，各城市的耦合协调度呈现上升的趋势。从系统间耦合程度来看，淮南市呈现出一定程度的下降，即不考虑系统发展水平的情况下，各系统耦合度呈现一定的失调，反映出经济发展过程中各系统间摩擦度的上升。其他市均呈现波动式上升趋势，但波动并不大，在一定合理区间范围内。从耦合度均值来看，合肥市和芜湖市的耦合程度较高，而淮南市和六安市的耦合度较低，各系统间存在低发展水平下低耦合问题，亟须在创新、开放以及共享等层面补齐短板，协调发展。

本书重点关注各系统耦合协调度的关系，其反映出经济运行过程中各系统相互促进、相互依赖的程度。从变动趋势来看，各市耦合协调度均呈现上升趋势。具体而言，合肥市耦合协调程度最高，实现了良好协调向优质协调的过渡，芜湖市和马鞍山市位于第二梯队，均实现良好协调。其中，马鞍山市实现了从轻度失调向良好协调的跨级跳跃。蚌埠市和滁州市位于第三梯队，相对于滁州市，蚌埠市从勉强协调过渡到了良好协调，滁州市尚未跨越至良好协调。淮南市和六安市则位于末位，处于勉强协调阶段。整体来说，合肥都市圈耦合协调度并不高，各城市除合肥市外，均存在一定程度的失调发展，经济发展过程中存在顾此失彼或是"单极发展"的问题。

（三）合肥市辐射范围分析

1. 合肥都市圈辐射性质判定

（1）辐射性质与空间计量模型。选取传统经济收敛模型作为基准模型，通过优化变量使其适用于分析城市群内中心城市辐射性质的判断，基准经济收敛模型见附件4。

（2）辐射性质分析。回归结果如表9所示，经济收敛性 β 均为负，表明合肥都市圈存在较为严重的经济收敛，区域间经济增长差异大，但并不显著。值得注意的是，在地理位置权重中，高质量发展指数增长率10%显著收敛，进一步证明了合肥都市圈内高质量发展水平落差大，区域间失衡现象严重。空间变量系数 ρ 均显著为负，这意味着，现阶段合肥都市圈内合肥仍处于"极化效应"为主的阶段，对周边城市存在一定的虹吸影响，其"反哺"回馈尚小。这与安徽省优先发展省会城市的战略谋划密不可分，同时也反映了合肥市作为合肥都市圈中心城市，其城市经济发展水平与形成明显辐射引领带动作用仍有较大的距离，其辐射性质更多地表现为虹吸效应而非扩散。从空间权重影响看，相对于经济权重，合肥都市圈高质量发展的极化效应受到地理因素的影响较为严重，应加快交通基础设施建设，突破各城市间地理区位屏障，实现各区域一体化发展。

表9　合肥市辐射性质判定

指标	人均GDP增长率		高质量发展指数增长率	
	经济权重矩阵	地理权重矩阵	经济权重矩阵	地理权重矩阵
β	-0.489 (0.83)	-0.367 (0.78)	-3.564 (4.21)	-4.926* (5.62)

续表

指标	人均 GDP 增长率		高质量发展指数增长率	
	经济权重矩阵	地理权重矩阵	经济权重矩阵	地理权重矩阵
ρ	-0.384*	-0.406**	-0.312***	-1.194***
	(0.159)	(0.237)	(0.095)	(0.34)
N	77	77	77	77

注：*、**、***分别表示在10%、5%和1%水平上显著。

2. 合肥市辐射范围测度

（1）引力模型与经济联系强度。通过中心城市辐射性质分析，整体而言，作为合肥都市圈中心城市的合肥市目前仍然处于"极化效应"阶段，经济发展呈现一定的收敛和虹吸影响。但是就其辐射范围以及对于各城市的辐射影响并未进行深层次分析。经济意义上的辐射指的是经济发展程度较高地区对于发展相对落后地区展开的资本、技术、劳动力等要素的流动。合肥市"极化效应"是否伴随着辐射作用？辐射能力及对各城市的辐射强度究竟如何？借助引力模型并进行改良，测算合肥市与其他城市经济联系强度（计算公式及结果见附件5）。

结果表明，合肥与六安、淮南、滁州的经济联系强度相对较强，发达的交通系统为其经济联系强度做出了巨大贡献，六安市到合肥市高铁最快28分钟到达，淮南市到合肥市高铁最快26分钟到达，但城市间的地理位置与经济联系并不存在必然的相关性，比如芜湖与蚌埠到合肥的最短公路里程数近乎相等，但由于芜湖早于蚌埠加入合肥都市圈，与合肥有更强的产业协作能力和经济联系效率，故芜湖与合肥的经济联系强度较蚌埠要高出很多。受南京都市圈的影响，合肥与马鞍山的经济联系强度并不高。整体来说，合肥市与其他城市的经济联系程度存在较大落差，经济发展较高的前三市，合肥市与马鞍山市、芜湖市的经济紧密程度要弱于六安市和淮南市。在合肥市仍处于"极化效应"阶段，落后地区亟须打破对中心城市的路径依赖，提升自生产业发展实力。合肥市亦应积极强化与马鞍山市和芜湖市的经济联系强度，通过交通基础设施建设，疏通产业链，深化产业分工合作，从而形成多点开花的生动格局。

（2）引力模型与交通联系强度。交通基础设施建设是都市圈高质量发展，走向一体化的"筋骨血脉"。国内外对城市间交通联系的研究多利用城市间铁路和公路客运班次数据。根据合肥都市圈的实际客运情况，增加交通流数据作为因子构建"复合型"引力模型，以城市间每日普铁、高铁、公路客运往返班次加和作为交通流替代数据，用来表现城市间客运双向交通流，并用城市之间的时间距离代替传统的空间距离，变静态因子为动态因子，通过对城市的人口规模、经济总量、交通流等各因子进行综合计算，以更真实、直观地反映城市间的相互联系与作用。通过以上改进，得出包含人口经济数据和城市交通流数据的联系模型（见附件6）。

基于数据时效性和可得性，研究以2021年合肥市与各城市交通运输班次综合为对象。如表10所示，合肥市与六安市的交通联系程度最高，其次是淮南市、芜湖市和蚌埠市，而与滁州市和马鞍山市交通联系程度最低。淮南市和六安市作为距离合肥市较近的两个城市，其交通一体化程度自加入都市圈以来一直呈现上升趋势，与此同时，其经济联系强度亦呈现快速上升趋势。合肥市对马鞍山市的交通联系最低，两市交通联系强度受南京都市圈的辐射影响较为严重。通过对比经济和交通联系度，值得关注的是，合肥市与滁州市的经济联系度相对较高，但是交通联系度却相对较低。其原因在于合肥市与滁州市并未建设直达高铁，合肥市到滁州市需要经过南京市中转。基础交通设施建设落后阻碍了两市之间创新要素的互通，不仅不利于合肥市创新增长引领作用的发挥，也阻碍了两市经济高质量发展一体化进程的推进。

表10　2021年合肥市与各城市之间交通联系强度

城市	芜湖	蚌埠	淮南	六安市	滁州	马鞍山
合肥	582.96	185.61	935.66	1259.75	10.03	6.86
芜湖		1.02	12.8	5.69	2.56	475.54
蚌埠			97.53	1.62	88.8	0.49
淮南				1.62	0.5	0.05
六安市					0.24	0.1
滁州						1

（3）辐射范围测定与威尔逊模型。通过威尔逊模型可以测算中心城市对于周边城市的辐射范围，其模型设定见附件7，结果如表11所示。从高质量发展指数上，合肥都市圈的辐射范围呈现出逐年扩张的时序趋势。各维度均呈现较高幅度的增长，虽然合肥市仍然处于"极化效应"阶段，对周边城市存在一定的虹吸影响，但是其辐射强度在不断扩大，一定程度上反映了合肥市辐射带动能力的提升。然而，值得注意的是，在创新能力辐射范围上，合肥市的辐射强度增长并不高（29.05%），一方面体现了合肥市作为科创型城市在合肥都市圈的核心地位。另一方面也表明都市圈内创新要素向合肥市不断涌入，形成的单极化现象严重，其创新成果对于周边城市的辐射带动作用较为缓慢，未能形成创新引领带动。未来合肥市仍需加强与周边城市的创新合作平台建设，疏通创新要素培育、成果转化到市场化应用的创新机制。各城市亦需完善人才引进政策，加强跨市新兴产业园区和创新走廊的搭建，加深合肥都市圈创新一体化更高质量的融合。

结合合肥市到各市的空间地理距离，虽然合肥市辐射强度呈现高幅度上升态势，最大辐射半径值为2018年的91.66千米。除对六安市（75.07千米）和淮南市（87.04千米）覆盖面积较广外，对于蚌埠市（120.05千米）、芜湖市（118.45千米）、马鞍山市（115.05千米）、滁州市（109.08千米）的覆盖率较低，仅仅跨越了合肥区域行政管辖范围，其区域联动性有待进一步提升。与此同时，受新型冠状病毒影响，自2019年后，合肥市的辐射引领作用受到较为严重的冲击，呈现出收缩的态势，亟须强化合肥市作为中心城市的核心引领作用。从各维度看，都市圈辐射作用的提升主要来源于创新、协调和共享等维度，但是绿色以及开放等维度的辐射范围呈现出收缩的态势，有待进一步提高，尤其是要加强外商直接投资、工业污染排放治理等开放与绿色层面的辐射带动力量。

表11 合肥市高质量发展及不同维度下对圈内各市的最大辐射半径（千米）

年份	总得分	创新	协调	开放	绿色	共享
2010	53.61	116.08	12.51	104.56	37.55	63.75
2011	55.49	131.70	9.40	100.96	36.01	72.60
2012	76.00	164.82	12.83	117.90	45.74	112.74
2013	61.84	143.42	9.41	99.98	38.20	86.07
2014	60.77	128.99	14.80	87.58	32.98	90.66
2015	49.96	110.40	15.25	73.39	28.41	70.56
2016	61.84	137.56	21.53	86.96	37.62	85.31
2017	70.44	154.37	27.10	95.86	38.92	94.32
2018	91.66	189.81	37.94	120.99	48.69	126.61
2019	90.00	179.63	50.25	107.90	43.25	122.66
2020	76.82	156.12	34.42	89.13	35.49	105.12
2021	69.18	141.79	33.97	73.82	30.05	92.96

(4) 辐射范围的进一步修正。由于区域间经济发展并不平衡以及产业分工协作模式存在差异等因素，导致合肥市在发挥辐射作用时难以做到等幅辐射。因此，有必要对合肥市辐射范围进行进一步修正。根据断点理论，当中心城市与相邻城市的吸引力达到平衡时，即为中心城市最大辐射范围，该点为断裂点。一系列断裂点构成城市腹地边界，其模型设置和结果见附件8。

总体来说，合肥市到各断裂点的距离呈现增长的趋势，辐射强度也逐步提升，但是其增长幅度并不高。从辐射范围增长率来看，合肥对六安市的辐射范围增长最高为（7.7%）。六安市作为最早加入都市圈的城市，其发展受到了合肥都市圈高强度辐射能力的带动作用程度较高。其次依次是淮南市（2.58%）、蚌埠市（1.59%）、马鞍山市（1.32%）和芜湖市（0.51%）。值得注意的是，合肥对于滁州市的辐射范围出现下降的趋势，意味着两市之间在经济高质量发展过程中存在一定的脱节。通过两市交通联系度分析，合肥市与滁州市交通联系度较低，并未实现高铁、公路和铁路的互通互联，这也解释了合肥市对滁州市中心辐射范围下降的原因，亟须加强两市合作交流平台建设。从断裂点场强角度而言，合肥市对六安市、淮南市的场强最高，而与芜湖的场强最低，表明在城市腹地边界地带，合肥市发挥辐射作用的强度也不一致，对于各市的辐射带动能力存在明显差异。

图8反映中心城市到断裂点的距离与两城市间空间距离的比值，比值越大说明该城市相对于其他城市受到的经济辐射范围越大。整体来说，合肥市对于各城市的辐射范围相较于地理空间直线距离要低，处于40%水平范围，辐射范围增长缓慢，再一次证明了合肥作为中心城市虽然高质量发展指数逐年上升，但是就都市圈的整体辐射范围而言，增长十分缓慢，并且各维度辐射强度存在明显差异。

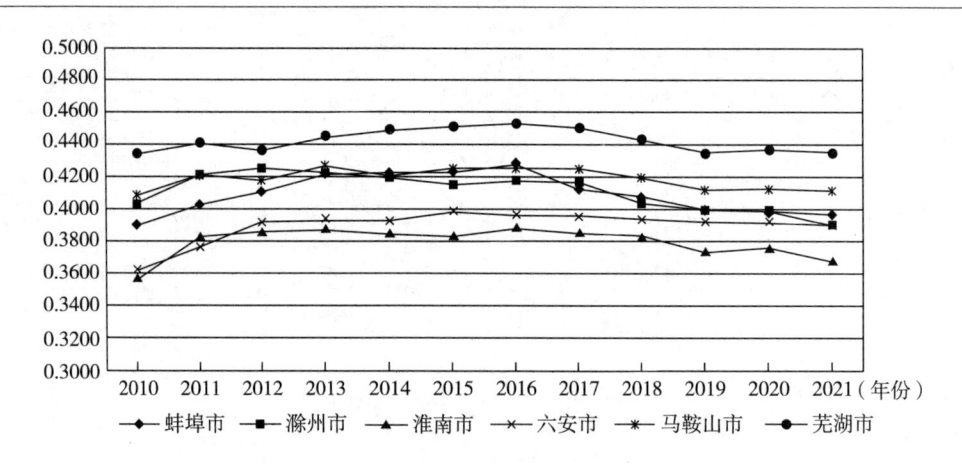

图8　2010~2021年合肥到断裂点处距离与两地空间地理距离的比例

（四）基本结论

综合上述分析，就合肥都市圈高质量发展现状及中心城市合肥市辐射性质、范围及强度的量化分析和评价，主要有以下几个方面结论：

1. 合肥都市圈内各城市高质量发展质量逐年上升

合肥市发展质量最高，符合其作为中心城市的角色定位，芜湖市和马鞍山市紧随其后，而淮南市和六安市的发展质量有待进一步提升。此外，不同维度下各区域发展质量存在明显差异。

2. 从各系统耦合关系来看

合肥都市圈整体耦合协调度并不高，合肥市耦合协调度跨越入优质协调范围；芜湖市、马鞍山市以及蚌埠市处于良好协调范围，马鞍山市实现了跨级提升；滁州市、六安市和淮南市处于勉强协调阶段，存在一定程度的失调问题。其中，以淮南市和六安市最为严重，处于低发展水平下低耦合阶段。

3. 从中心城市辐射性质分析

合肥市仍然处于"极化效应"，表现为对于周围城市的虹吸而非扩散，相对于经济发展模式差异，地理距离屏障是造成合肥都市圈"极化效应"的重要因素。

4. 从中心城市辐射范围来看

合肥市高质量发展对于六安和淮南等城市具有较高强度的辐射效应，但是对于滁州、芜湖和马鞍山的辐射作用偏弱。即合肥市正处于"极化效应"和"辐射扩散"共存阶段，一方面受到各种资源要素的涌入，形成区域范围内的增长和极化，另一方面也发挥着作为经济增长极的辐射带动作用。

5. 从高质量发展辐射范围来看

作为中心城市，合肥市的辐射范围虽然呈现上升趋势，但是增长幅度并不高，这也佐证了合肥市目前正处于资源"极化"和经济辐射共存的阶段。对于马鞍山市和滁州市的辐射带动作用较弱。

6. 从辐射强度来看

合肥市辐射强度逐年提升，但是不同维度的辐射引领存在差异，作为科技创新城市，合肥市的科技创新引领增长率较低，亟须加快跨区域的创新合作和产业平台建设。

7. 从断裂点辐射范围来看

合肥市到各城市的辐射范围，对于六安和淮南的辐射范围增长率最高，对于滁州市的辐射范围存在一定程度的降低，以及一定程度的脱节，各市的一体化程度不高，仍需要从多角度提高区域一体化程度。

四、合肥都市圈高质量发展面临的短板与挑战

(一) 区域发展不平衡不充分不协调

都市圈整体经济基础薄弱、区域间发展不平衡不充分问题仍然突出，都市圈进一步高质量发展面临着"内部区域发展不协调"和"外部区域发展差距明显"两大阻碍。

1. 都市圈内各市经济发展差距较大

虽然都市圈各市总体上产业结构转型升级各有长短，但产业结构重合度系数较高，城市间产业同构现象较突出，整体技术创新能力和产业高质量发展任重道远。现阶段合肥市仍然处于"极化效应"阶段，合肥市对于周边城市存在一定的虹吸影响，尚未实现对周边地区的"反哺"回馈。合肥、芜湖、马鞍山3市经济发展水平明显高于其他5市，目前还处于资源和要素从欠发达城市向发达城市集中的阶段，"虹吸现象"进一步制约了较落后地区的经济发展，行政区划上经济差异的存在迫使一些城市地方保护主义现象增多，阻碍了经济互动活动的融合和地区间产业协作。

2. 工作协调机制不完善

都市圈内矛盾和利益协调机制尚不健全，现有的沟通协调体制机制难以有效推动区域主体之间的良性竞争合作，城市间仍存在较强壁垒门槛，共建共享机制建设滞后，区域内较强的行政性垄断和市场垄断提高了要素自由流动的成本，"地方局部利益置于全局利益之上"问题还若隐若现，妨碍市场统一和公平竞争。各地区技术交流与产业合作，同时教育、就业、医疗等存在的较强壁垒门槛，提高了劳动力生活成本，降低了各市人才要素的集聚能力。都市圈内地区间发展规划在决策、协调和执行等阶段缺乏有效沟通渠道，难以实现一体化规划统筹，"1+3"协商推进机制尚待完善，各部门协商会议和交流机制急需打破时间和空间限制。

3. 城乡收入和消费水平差距较大

随着经济总量的增长，城乡居民收入水平和消费水平大幅提高，但同时城乡发展仍存在较大差距。城乡居民收入差距过大会限制居民购买力，导致有效需求不足，从而降低社会整体消费倾向，阻碍经济的持续健康发展。图9结果显示，从2010年到2021年，合肥都市圈内各主要城市城乡居民收入比值逐渐下降，但下降幅度较小，城乡发展不协调问题依然严峻。从图9中可以看出，都市圈中城乡居民收入比值从大到小依次为：淮南市、六安市、滁州市、蚌埠市、马鞍山市、合肥市和芜湖市，其中淮南市、马鞍山市和合肥市比

值下降速度较快,且淮南市与合肥市城乡居民收入比值出现较大波动,但截至2021年,各市城乡居民收入比值仍在1.7以上,部分城市甚至超过2.4,这说明缩小城乡收入差距依然任重道远。而伴随着城乡发展不协调,都市圈内各地区城乡消费水平也存在较大差距,从图10结果得知,2010~2021年,都市圈内各地区城乡消费差距呈缩小趋势,但城乡消费不协调问题依然存在。各市城乡居民消费比值仍在1.5以上且波动较大,截至2021年,蚌埠市与马鞍山市城乡消费水平比值仍高于2,说明应进一步促进都市圈内各地区消费水平提高,缩小城乡差距。

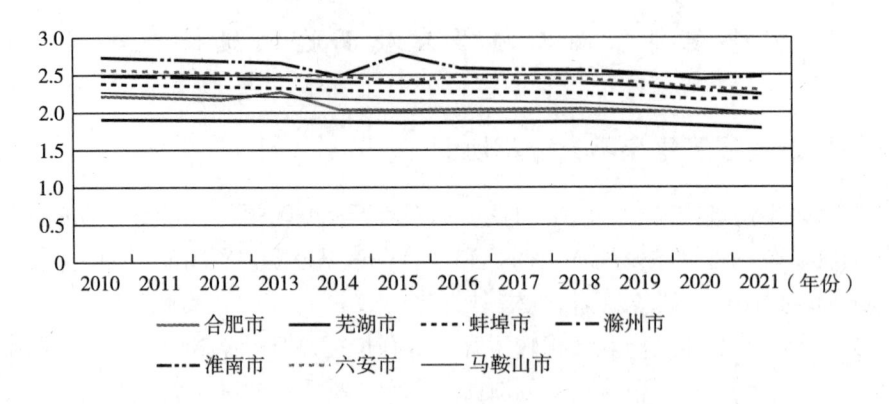

图9　2010~2021年合肥都市圈城乡收入差距

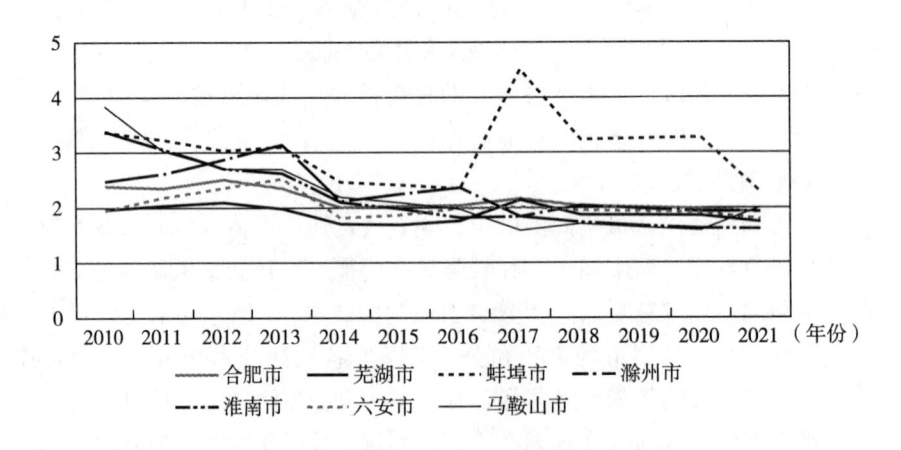

图10　2010~2021年合肥都市圈城乡消费差距

(二) 网状快速交通格局尚未实现

交通一体化是都市圈高质量协同发展的"先头兵"。虽然进步很大,但合肥都市圈内部城际交通建设依然缓慢,网状快速交通格局尚未实现,多层次、高品质的现代轨道交通运输体系仍需持续建设。

1. "1小时通勤圈"仍未实现

在轨道交通方面,随着商合杭、合安高铁相继开通运营,合肥与芜湖、桐城实现高铁互通，但以合肥为中心，目前能实现 1 小时内到达的城市仅有蚌埠市、六安市、淮南市、芜湖市和桐城市，仍有滁州市、马鞍山市相关运输项目尚未建设完成，"1 小时"通勤圈仍未完全实现，且以芜湖、蚌埠为都市圈交通枢纽副中心的建设步伐缓慢，使得轨道交通辐射面受到局限。

在高速公路方面，合肥与都市圈内主要市县的城际线路连接尚未完全实现，在都市圈高速公路网络建设过程中，合肥都市圈环线建设尚未实现"闭环"，合肥绕城高速公路通行压力仍然较大，且部分干线公路与城市道路尚未有效衔接，"断头路"现象依然存在，都市圈内国省干道路网建设和现有公路仍需改造提质，进一步扩容城际公路主通道，提升通达能力。

在航空航运方面，重点建设项目仍需进一步持续推进，如合肥新桥机场二期改扩建工程、肥东白龙通用机场建设、蚌埠民用机场建设等。此外，引江济淮工程建设任务仍需按时按质完成，确保顺利达成通水、通航条件。

2. 城市间物流成本依然较高

交通网络的不完善阻碍了生产要素资源的自由流动，加大了要素利用成本，降低了资源利用效率，阻碍了人流、物流、信息流的快速流动。近 3 年来，因为严格疫情管控的原因，更加提高了区域内城市经济关联合作的时间成本，降低了各市技术、人才、能源等要素集聚能力，进一步降低了城市间的产业合作能力。

（三）产业链存在"断点"，产业合作机制不顺

1. 一体化产业链存在"断点"

在"链长制"的持续推动下，合肥市 16 个重点产业成立市场级产业链专班，围绕显示产业、整车产业等重点产业，建立起相应的全产业链条。但在"芯屏器合""集终生智"全方位产业布局中，仍存在产业链断点问题，特别在生物医药、高端文旅以及线上平台经济等部分产业和项目谋划推进能力不足，签约落地较少。同时都市圈内各地区地理位置相近，要素禀赋相似，产业结构重合度较高，产业链供应链多处存在"断点"问题，圈内链式布局难以展开。

2. 产业合作平台建设迟缓

加快合六经济走廊、合淮蚌产业走廊建设，积极建设合芜、合马、合铜、合滁、合桐发展带，是合肥都市圈扩容提质的必然要求。但在传统产业转型升级和承接长三角产业过程中，各地区产业发展"各说各话"现象还比较严重，产业合作平台一体化建设缓慢。且存在较大产业重合度的产业结构模式难以在产业合作方面形成高质量互补，核心城市辐射带动作用难以发挥的同时可能加剧了地区之间的无序竞争，欠发达城市处于产业链的底端，企业产品附加值低且自主创新能力和动力不足，制约着关键核心技术的提升，限制了地区竞争力的提升，进一步阻碍了都市圈内产业集聚和产业集群发展，不利于区域经济向更高层次迈进。

3. 创新发展协作体系不完善

都市圈以合肥为核心，构建了一批高能级平台体系，建成投产了一批具有国际竞争力的重大产业化项目，集国家创新型试点市、国家资助创新示范区、综合性国家科学中心于

一身，提高城市自身创新能力的同时积极发挥创新平台的外溢效应。但是都市圈整体创新发展协作体系不完善，科技成果转化效率较低，主要体现在：

（1）关键核心技术"卡脖子"问题依然严峻。工业"四基"水平不能适应高质量发展需求，创新链整体效能偏低，缺乏高精尖人才，人才规模大而不优，企业拥有的核心专利技术远低于长三角其他发达区域，缺少拥有自主知识产权的核心技术，多数产业处于价值链末端位置。

（2）"政产学研用金"六位一体的科技成果转化交易机制尚未实现。目前都市圈内技术创新仍以政府主导为主，企业处于"产学研"结合的从属被动地位，研发投入力度不足，同时高等院校的科研能力难以充分利用，企业对于高校研发经费支持力度较小，难以形成有效合作，科技成果转化率较弱，无法将创新优势转化为产业优势。

（3）区域内创新能力差距较大，缺乏关键有效的资源整合平台，抑制了创新知识和创新信息的扩散和流动，地区间产业合作机制不顺，合肥是都市圈核心城市，但合肥都市圈并不能看作是"合肥的都市圈"，更高层次的协调机制尚未有效运行，合肥市对圈内兄弟城市无法充分发挥产业带动和创新辐射作用。

（四）生态文明建设迟缓，绿色发展任重道远

都市圈建设面临着资源利用水平低、循环经济发展滞后、绿色低碳生活方式和消费意识缺乏、跨区域生态文明建设联动机制不健全等问题，绿色经济发展任重道远。巢湖流域水质改善，长江、淮河生态保护，大别山区水环境生态补偿等工程初显成效，但绿色发展格局仍需持续性建设。随着人口红利的消失和人口老龄化的加剧，再加上资源、环境、劳动力方面的局限，高耗能、高排放传统产业的竞争力不断降低，产业转型升级迫在眉睫，急需节能降耗新技术、新工艺的研发与应用，但都市圈中环保型绿色产业发展滞后，许多绿色低碳环保型设施都需要依赖进口，在发达国家绿色壁垒下，制约着绿色经济发展。

都市圈绿色城市建设难度高、任务重，多座城市绿色公共空间不足，存在政府职能不完善、基础设施建设不配套、绿色环保意识不足、环保法制观念不足等问题。虽然都市圈一体化进程在加快，但区域内重复建设现象依然严重，资源利用水平低，造成了资源浪费，区域间环境联防联治机制不健全，依然存在较强的行政壁垒，且环境执法力度不足，尚未形成统一完善的环境执法机制。

（五）经济复苏之路并不平坦

2020~2022年的疫情严重影响了居民生活和经济活动，2023年，中国经济按下"复苏键"，但复苏之路并不平坦，俄乌冲突、美欧银行危机等事件给中国经济增长的外部环境带来变数。

1. 供给修复过程缓慢

表11显示出2019年后合肥市最大辐射半径呈缩小之势，疫情影响是其重要原因。3年疫情促使部分地区采取了区域封锁和交通管制等隔离措施，限制了原材料、劳动力等生产要素的供给与流动，造成了要素阶段性短缺、原材料价格快速上涨、企业生产成本大幅提升等问题的出现，特别对中小企业形成了持续时间较长的巨大冲击。2023年之后，经

济走上复苏之路，但供应链、产业链、创新链的修复是一个缓慢的过程。

2. 需求偏弱暂难扭转

受银行业危机影响，国际经济环境的不确定性在增加，受出口景气指数下滑拖累，我国减持美债的规模也在加大，政府主导的对外投资持审慎态度，FDI输出景气指数下调。

五、合肥都市圈高质量发展行动计划

（一）总体要求

1. 指导思想

以习近平新时代中国特色社会主义思想为指导，全面贯彻党的十九大和十九届历次全会精神，深入落实习近平总书记对安徽作出的重要讲话指示批示和《中华人民共和国国民经济和社会发展第十四个五年规划和2035年远景目标纲要》重点任务，坚持稳中求进工作总基调，立足新发展阶段，完整、准确、全面贯彻新发展理念，构建新发展格局，以深化供给侧结构性改革为主线，加快推进都市圈基础设施一体高效、创新体系协调共建、产业专业化分工合作、公共服务共享共建、生态环境共保共治、城乡融合发展，把合肥都市圈建设成为全国领先、区域领跑的现代化高质量都市圈，助力长三角世界级城市群发展，为服务全国现代化建设大局提供重要支撑。

2. 基本原则

（1）坚持中心带动、协调共进。树立一盘棋思想，处理好中心和区域的关系，增强合肥市辐射力和引领力，提升城市核心竞争力，发挥圈内其他城市比较优势，补齐发展短板，优化区域功能布局，明晰各城市功能发展定位，形成优势互补、分工协作、独具特色的协调发展新格局。

（2）坚持深化改革、创新共建。充分发挥市场在资源配置中的决定性作用，以强化制度、政策和模式创新为引领，把创新驱动发展摆在核心位置，推动科技创新与产业深度融合，促进人才和科研资源共享，整合创新资源，实现高效配置，打造区域创新共同体，推动各类要素合理流动、高效集聚。

（3）坚持集约高效、绿色共保。践行"绿水青山就是金山银山"的理念，突出水资源刚性约束，强化能源消费总量和强度双控，推进山水林田湖草一体化保护和修复，推广绿色低碳生产生活方式，共同打造绿色发展底色，开创绿色发展新局面。

（4）坚持市场主导、开放共赢。构建以共建"一带一路"为重点的全方位对外开放格局、全面拓展对外开放空间，打造高水平内陆开放平台，培育国际合作和竞争新优势，营造市场统一、规则互认、要素自由的发展环境，构筑互惠互利、合作共赢的开放发展新机制。

（5）坚持均衡普惠、民生共享。坚持以人民为中心的发展思想，增加优质公共服务供给，持续保障和改善民生，引导资源在都市圈范围内均衡配置，使改革发展成果更加普惠便利，在发展中提升居民获得感、幸福感、安全感，促进人的全面发展、实现人民共同富裕。

3. 发展目标

（1）总体目标。到 2025 年，合肥都市圈高质量发展水平明显提升，合肥中心城市辐射带动能力进一步提升，非省会功能有序疏解，基础设施一体化程度大幅提高，现代公共服务、社会保障等领域同城化取得重大进展，融城融合发展格局基本形成，成为全省高质量发展、高水平治理、高品质生活的标杆。经济实力、科技实力、综合竞争力显著提升，GDP 年均增速 6.5% 左右，经济总量突破 3.5 万亿元。到 2035 年，现代化高质量合肥都市圈发展格局全面形成，圈内同城化、全域一体化基本实现，城乡区域发展差距和居民生活水平差距显著缩小，区域协同创新体系基本建成，基本公共服务实现均等化，基础设施互联互通全面实现，人民生活更为富裕，现代社会治理格局基本形成，辐射力和引领力大幅提升，成为独具特色、富有魅力的现代化都市圈。

（2）具体目标。自主创新能力全面提升，优势产业竞争力显著增强，R&D 经费投入强度达 4% 左右；中心城市与各城市之间发展格局更加清晰，内部分工更加协调，常住人口城镇化率达到 80% 左右，周边城镇发展水平和承载能力明显提升，网络化、多层次、综合立体交通网基本建成，区域基础设施互联互通基本实现，"一小时通勤圈"全面形成；生态环境质量更加优良，见山望水的生态保护格局基本确立，多层次区域生态网络不断健全，跨界水污染、大气复合污染等问题明显改善，城市空气质量优良天数比率保持在 85% 以上，跨界河流断面水质达标率达到 100%，城市安全韧性大幅提升，城乡人居环境明显改善；基本公共服务更加便利，率先实现基本公共服务均等化，公共文化产品和服务供给更加丰富，劳动年龄人口平均受教育年限稳步提高，人均预期寿命达到 80 岁；营商环境大幅提高，诚信社会建设成效明显，市场主体活力全面激发，统一开放、竞争有序的市场体系基本建立，生态补偿和环境损害赔偿、重大自然灾害防御、重大疫情防控和公共卫生应急管理等协调机制更加完善。

（二）亩均人均论英雄，做优做强核心城市

1. 提质优化内外联系通道

安徽省近期正式出台了《安徽省"十四五"新型城镇化实施方案》，《合肥都市圈发展规划》也正在编制完善中，合肥综合性国家科学中心、中国（安徽）自由贸易试验区合肥片区、合肥滨湖科学城、东部新中心、运河新城建设将提速。为适应都市圈高质量发展需要，"十四五"期间，合肥必须进一步扩大交通通信版图。

（1）高质量拓展对外交通通道，高标准开工建设沪渝蓉高铁合宁段、合武段，加快建设合新高铁。

（2）织密圈内立体交通网络，加快推进实施巢马城际、合肥新桥机场 S1 线等铁路；推进合肥、阜阳、池州等机场改扩建，建成砀山、肥东等一批通用机场；优化合肥火车站、合肥南站、合肥北城、合肥西站等联运旅客换乘流程，实施换乘设施便捷化改造，具备条件的毗邻地区城际道路推进客运公交化改造。

（3）加快信息基础设施建设。科学布局支撑数字化发展的新一代信息基础设施，促进各地区网络基础设施高效互联互通，积极争取国家级互联网骨干直联点落地合肥。加快 5G 网络和量子通信网络设施建设和商用步伐，推进 5G 基站和配套设施落地，推进城镇

地区高速光纤网络全覆盖,支持打造智能"双千兆"宽带示范城市,扩大量子通信网络体系覆盖范围,加快建设天地一体化信息网络合肥中心,形成天地一体化信息服务能力。

2. 整治提效土地利用

与长三角其他都市圈核心城市相比,合肥 GDP 总量增长速度明显,但若以"亩均论英雄",合肥高质量发展任重道远,土地是不可再生的稀缺资源,未来合肥需要花大力气整治低效工业用地。

(1)突出国土空间规划引领。深化"多规合一"改革,构建多中心、网络化、集约型、保护和开发一体化的国土空间总体格局。以存量为主体,增量、存量并举,优化工业用地空间布局,科学确定低效工业用地整治范围和目标,连片整治一批低效工业用地,促进工业空间结构优化。

(2)提质升级产业平台。科学布局、合理保障"千亿"级产业平台、开发区、创业园等重点园区用地空间。通过创新驱动、动能转换、拆除重建、设施更新等途径,因地制宜实施"一园一策",加快提升平台能级,以产业平台为重点,开展亩均效益提标行动。出台亩均效益产出指南,将亩均效益纳入综合评价体系,将项目建设、投入、产出、节能、环保等要求纳入投资建设协议管理,健全用地全生命周期联合监管机制。

(3)完善工业项目准入制度。落实市场准入负面清单,实施淘汰落后攻坚行动。鼓励各园区和产业平台进一步细化行业标准,重点保障"芯屏汽合""急终生智"等优势主导产业、战略性新兴产业高质量发展,以及空天信息、量子信息、类脑科学、精准医疗等前沿领域的未来产业发展需要,对符合条件的重大制造业项目优先纳入省重大产业项目予以用地保障。

(4)完善低效用地收回再利用机制。探索政府统一收储再开发机制,鼓励企业依法依规通过适当提高开发强度、开发地下空间、增加建筑容量等方式增容提质,工业用地原则上不得分割转让,对已关停或企业无意愿再开发的低效建设用地,支持国资平台对土地使用权人予以合理补偿后收回,因地制宜统一收购整合再开发、再利用。

(5)设立专项资金保障"腾笼换鸟"。开展制造业"腾笼换鸟、凤凰涅槃"行动,在符合国家和省有关规定的前提下,允许各区县每年提取土地出让收入的0.5%以上作为"腾笼换鸟"专项经费,为提高区县积极性,鼓励有条件的地方提高提取比例,建立工业用地收储专项资金,以支持工业用地盘活、企业整治提升、保障性租赁住房建设、产业园区配套设施完善等。

3. 实施新时代人才强市建设

人才是城市活力的源泉。全球性的人口红利即将消失,合肥要在"抢人"大战中出新招、出奇招,做优做强引人、育人并举的人力资源服务,高效保障就业和人才流动配置。

(1)建立健全新时代人才评价标准。健全以创新能力、质量、实效、贡献为导向的人才评价体系,除对学历有明确要求的岗位外,破除"唯论文、唯学历、唯资历、唯奖项"的不良倾向,一般招聘可以降低学历要求或者不设置学历要求。职称评聘和人才评价强化品德评价正向激励作用,实行学术造假和职业道德失范"一票否决制"。完善评价标准和权重,注重"六个方面"做出实质性贡献的人才识别:关键核心技术攻关;经济社会和环境绩效提升；急难险重工作冲在前面；弘扬传承中华优秀文化；甘于生产实践技术革新一线岗位；长期扎根基层建功立业。

（2）引、育并举壮大人力资源服务业。统筹资源支持人力资源服务业发展，引导人力资源服务机构按规定享受补贴，有序承接政府转移的人才引进、人才流动、人才服务等项目；鼓励并推动人力资源服务企业快速扩大规模实力，支持其规范通过上市、发行集合信托或公司债、企业债、中小企业私募债等进行融资；支持人力资源服务企业设立博士后科研工作站或创新实践基地，培育形成一批知名企业和著名品牌等。

4. 进一步释放创新创业效能

（1）提升科技创新基础能力。依托合肥综合性国家科学中心，深化与企业、高校、科研院所的合作，深化科研院所改革，推动企业、高校和科研机构加强产学研合作，探索建立具有国际一流水平的联合实验室或研究院，形成基础研究经费的多元化投入格局，明确利益分享和风险分担机制，联合开展关键核心技术攻关，实现政产学研合力创新，加快区域科技成果转化。

（2）共建内聚外合的开放型创新网络。积极融入全球创新网络，加快推进创新平台建设，建设世界级大科学设施集群，充分发挥企业在创新活动中的主体地位，支持创新型领军企业组建创新联合体，在战略性、基础性、前瞻性重大科学前沿领域加大联合投入，长周期、大力度支持大型研究项目，实现深层次科学研究突破。加大对"双创"示范基地的投入，完善创业培育服务，打造创业服务与创业投资结合、线上与线下结合的开放式服务载体，打通学科间、院校间、机构间的界限，加强科技资源交流共享，打造主要面向市场和应用的成果转化平台。加强检验检测公共技术服务平台建设。构建军民融合服务创新平台，推动先进技术双向转移转化。

5. 向扩大对外融合要动力

（1）高质量融入长三角一体化发展。按照优势互补、协同发展原则，推进与长三角在交通、能源等基础设施建设以及科技、金融、信息平台、生态保护等重点领域的合作，加快构筑一体化的区域综合交通运输体系。主动参与长三角在科技要素、人力资源、信用体系、市场准入、质量互认和政府服务等方面的对接，构建统一开放的市场体系。重点瞄准以跨国公司、国际基金为主的外商投资企业、发达的私营资本和上市公司及境内投资公司，与其他城市共建长三角"互融、互通、共享、共赢"的现代产业体系。

（2）积极融入国家区域发展战略。依托长江黄金水道，加强与武汉、长沙、成渝城市群等协作联动，发挥承上启下、通江达海的关键作用，推动上中下游协调发展、沿海沿江沿边全面开放，共同构建长江经济带发展新格局。进一步密切与上海、重庆航运中心和沿江主要港口的联系，建立沿线港口合作机制，促进长江港口联动发展，高起点、高水平推动综合交通运输体系建设。进一步加强与京津冀、珠三角、东北老工业基地等地区合作，共同探索产学研一体化创新发展模式、国有企业改革体制机制创新、接续替代产业扶持机制。

（3）深度融入全球经济体系。积极参与"一带一路""区域全面经济伙伴关系协定（RCEP）"建设，鼓励企业参与境外展。聚焦基础设施、加工制造、能源资源、现代农业、服务业等领域，以企业为主体，加强与有关国家和地区开展多领域务实合作。实施内外销产品"同线同标同质"工程，实施贸易投资融合工程，吸引国内外优质资源要素落地，推动更多优质企业"走出去"，巩固扩大传统优势产品市场份额，提高自主品牌产品、高技术产品和高附加值产品的出口比重。充分利用世界制造业大会、中国国际进口博览会等重大展会，优化出口商品结构，支持企业开展境外专利申请、商标注册、设立国际营销中心、产品认证和品牌国际合作，提升"合肥"品牌影响力。

（三）做好"1234"，提高都市圈一体化发展水平

经过15年发展，历经扩容，合肥都市圈也将迎来新一轮发展上升期。做好"一小时通勤圈""两个合力""三大要素活力""四向发力"这个"1234"，合肥都市圈一体化高质量发展未来可期。

1. 加速形成"一小时通勤圈"

党的二十大报告中提出，"以城市群、都市圈为依托构建大中小城市协调发展格局"，对新时代都市圈建设提出新要求，也绘就了都市圈发展的美好蓝图。2023年以后，合肥都市圈要加快建设互联融合的快速公路交通网、便捷高效的轨道交通网、综合质优的水运航空运输网，加速形成各个城市之间"一小时通勤圈""一日生活圈"，都市圈内各城市在公安、人社、医保等多个民生领域的事项逐步实现"都市圈通办"，在教育、医疗、文化旅游、技术交流、招商引资引智等方面的合作更加紧密。

2. 开启双向奔赴"两个合力"

（1）在政府协商合作机制方面，切实发挥好决策层、协调层、执行层三级运作机制作用，打破行政壁垒，为城市之间合作提供制度保障。实质性推动都市圈各专业委员会工作，聚焦科技创新、产业发展、交通基础设施建设等领域，搭建高水平区域分工协作体系，推动联合编制有关专项规划、空间规划，做好项目推进等工作。以"最多跑一次"改革为统领，打造高效透明的政务环境，重点推进经济调节、市场监管、公共服务、社会管理、生态环保等领域的数字化应用，提升开办企业、建筑许可、获得电力、不动产登记等方面的便利度，推进都市圈各市政府治理体系和治理能力现代化。

（2）在市场机制方面，为激发市场主体活力，根据都市圈产业合作的基础和协同需求，成立合肥都市圈智能制造发展联盟、城市广电协作联盟、公共博物馆合作联盟、物流标准化联盟、律师协会、高校学科发展联盟、人力资源提升共享联盟等，为加强都市圈相邻区域合作，探索共建合肥和六安、淮南、蚌埠等市特别合作区。

3. 激发"三大要素活力"

充分发挥都市圈内城市的比较优势，在各自资源禀赋和产业基础上，围绕构建现代产业体系发挥要素优势。核心城市合肥要发挥丰富的科教资源和人才储备优势，依托高校、科研院所、实验室和企业，做成长三角区域有重要影响力的技术密集型产业中心区；滁州、六安、桐城拥有丰富的劳动力和文旅资源，在全国劳动力资源渐趋稀缺的大背景下，可以将劳动密集型产业做成具有核心竞争力的增长龙头；蚌埠、淮南、马鞍山、芜湖具有较强的工业基础和优势，可以通过吸引高端投资，发挥资本集聚带来的溢出效应，提升资本密集水平加快传统产业的改造转型和升级。

4. 合纵连横"四向发力"，协同联动

以圈内产业园区合作共建、市际毗邻地区合作、一体化发展产业廊道等为主要抓手，增强主要节点区域功能和联动发展能力，依托合淮蚌高速公路、京台高速公路、京福高速铁路、京九高速铁路、江淮运河等交通干线，沿京九通道，构建蚌埠—淮南—合肥—桐城纵向发展轴；依托商合杭铁路、长江黄金航道、沪陕高速公路、合宁高铁高速、沿江高铁高速、312国道等交通廊道，沿沪汉蓉通道，构建六安—合肥—马鞍山—滁州横向发展轴，推进都市圈实现合纵连横从"四个方向"对外辐射和协同联动。沿横向发展轴往东，联动芜湖、马鞍山、滁州等地，推动合肥都市圈与南京都市圈协同发展。沿横向发展轴往西，联动六安市西部地区一体化发展。沿纵向发展轴往北，联动淮南北部及蚌埠等皖北地区一体化发展。沿纵向发展轴往南，联动安庆、铜陵等地一体化发展。

5. 推动7城1县均衡发展

一体化不是一样化、单一化的，当然也不能是统一化、合并化的。习近平总书记指出，高质量发展是共同富裕的基石，是要在做大"蛋糕"的基础上分好"蛋糕"。因此，都市圈高质量发展应有之义是圈内城市经济社会发展过程的高水平协调和发展成果的高质量均衡。

（1）打破行政壁垒促进创新要素有序流动，引领构建长三角区域"创新共同体"。

（2）深化合芜蚌国家自主创新示范区建设，促进合肥、芜湖、蚌埠进一步增强综合承载能力和服务功能。

（3）支持淮南、马鞍山加快调整改造，促进资源型城市可持续发展，继续扶持资源枯竭城市转型。

（4）加快培育和发展其他城市，加强产业和公共服务资源布局引导，增强特色产业和人口集聚能力。

（5）推动小城镇发展与疏解大城市中心城区功能相结合、与特色产业发展相结合、与服务"三农"相结合。

（6）推进产业和城市融合发展，加快合六经济走廊、合淮产业走廊建设，全力推动合肥新桥科技创新示范区（合淮合作区）建设，积极支持合肥、淮南申创国家级临空经济示范区。推动有条件的开发区由单一生产功能向城市综合功能转型，加快城区老工业区、独立工矿区搬迁改造。

本课题组成员名单：江三良　张心怡　鹿才保　李宁宁　宁馨雨　范蓉蓉

附件1 高质量发展评价指标

通过建立指标矩阵和标准化处理,得到38个三级指标的权重如下:

附表1 城市高质量发展评价指标及权重   单位:%

一级指标	二级指标	三级指标	权重
创新(31.83)	创新投入	R&D人员数	8.55
		R&D内部经费支出	6.04
	创新产出	专利授权数	4.97
		发明专利数	6.01
		突破式创新程度	2.41
	创新环境	地区经济发展水平	1.50
		政府财政预算支持	2.35
协调(9.04)	区域协调	城镇化率	1.22
	城乡协调	城乡收入水平指数	0.67
	产业结构协调	产业结构高度化	1.17
		产业结构合理化	2.17
	产业集聚协调	产业专业化集聚	2.52
		产业多样化集聚	1.30
开放(22.89)	开放环境	市场化指数	1.03
	开放程度	外商依存度	3.19
		外贸依存度	2.67
		外商投资企业工业总产值	2.53
		实际使用外资总额	6.23
		货物进出口总额	7.24
绿色(8.42)	节能减排	工业废水排放强度	0.57
		工业二氧化硫排放强度	0.24
		工业烟尘排放强度	0.46
		能源强度	1.03
		PM2.5排放强度	0.62
		地区绿色全要素生产率	2.60
	污染治理	生活垃圾无害化处理率	0.30
		一般工业固体废物综合利用率	0.25
		污水处理厂集中处理率	0.34
	城市绿化	人均绿地面积	2.01

续表

一级指标	二级指标	三级指标	权重
共享（27.82）	基础设施服务	医院、卫生机构床位数	2.36
		建成区绿地面积	1.22
		每百人公共图书馆藏书	2.68
		医生数	2.84
		移动电话年末用户数	3.20
	人民生活	城镇登记失业人口数	0.3
		城镇职工基本养老保险参保人数	3.44
		失业保险参保人数	7.51
		城镇基本医疗保险参保人数	4.28

注：资料来源《安徽省统计年鉴》《中国城市统计年鉴》和 EPS 数据库。同时，为保证时效性，弥补指标评价的不足，本书在长三角中心城市比较处做了 2021 年的最新更新。

附件2 耦合协调度计算及评价标准

1. 耦合协调度模型设计

$$F_x = \sum_{i=1}^{m} p_i x_i \quad C = \left\{ \frac{F_{ino} \times F_{coo} \times F_{ope} \times F_{gre} \times F_{sha}}{\left[\frac{F_{ino} + F_{coo} + F_{ope} + F_{gre} + F_{sha}}{5}\right]^5} \right\}^{\frac{1}{5}}$$

$$T = \alpha F_{ino} + \beta F_{coo} + \gamma F_{ope} + \delta F_{gre} + \mu F_{sha} \quad D = \sqrt{(C \times T)} \tag{1}$$

其中，F_x 表示各系统下各城市得分，本书依次表示创新（F_{ino}）、协调（F_{coo}）、开放（F_{ope}）、绿色（F_{gre}）、共享（F_{sha}）五大系统得分，p_i 为权重，x_i 为各子指标得分。C 为耦合度，表示各系统间的耦合程度，但是难以反映系统各自的发展水平，如低发展水平下也会具有高耦合关系。由此引入协调度 T，α、β、γ、δ 和 μ 为评价系数，统一取为 0.2。D 为耦合协调度，取值范围 0~1，反映不同发展程度下各系统间协同发展作用和关联强度。

2. 耦合协调度模型评价标准

附表2 耦合关系评价表

D	耦合协调等级	符号
0~0.2	严重失调	Ⅰ
0.2~0.4	轻度失调	Ⅱ
0.4~0.6	勉强协调	Ⅲ
0.6~0.8	良好协调	Ⅳ
0.8~1	优质协调	Ⅴ

附件 3　各城市耦合协调度

附表 3　合肥都市圈内各地级市耦合协调度

城市	2010年	2011年	2012年	2013年	2014年	2015年	2016年	2017年	2018年	2019年	2020年	2021年	均值	趋势
蚌埠市	0.6277	0.5290	0.5436	0.4086	0.6365	0.6676	0.7193	0.6713	0.7477	0.7826	0.7988	0.8108	0.6620	Ⅲ→Ⅳ
	0.4300	0.4100	0.4304	0.3685	0.4873	0.5128	0.5586	0.5182	0.5509	0.5793	0.5821	0.6232	0.5043	
滁州市	0.6470	0.5584	0.7658	0.6650	0.7356	0.6811	0.6890	0.7250	0.7228	0.8072	0.8149	0.7792	0.7159	Ⅲ→Ⅲ
	0.4625	0.3847	0.5119	0.4669	0.5041	0.4803	0.5132	0.5422	0.5300	0.5756	0.5801	0.5655	0.5097	
合肥市	0.9106	0.9333	0.9450	0.9417	0.9679	0.9771	0.9782	0.9883	0.9917	0.9954	0.9955	0.9822	0.9672	Ⅳ→Ⅴ
	0.7705	0.7227	0.7524	0.7381	0.7788	0.7856	0.8033	0.8354	0.8667	0.9237	0.9131	0.9135	0.8170	
淮南市	0.7250	0.3996	0.6380	0.5592	0.5834	0.4475	0.4868	0.5104	0.5530	0.5415	0.5698	0.5849	0.5499	Ⅱ→Ⅲ
	0.3387	0.2695	0.3859	0.3604	0.3937	0.3506	0.3805	0.4120	0.4295	0.4448	0.4711	0.4690	0.3922	
六安市	0.6080	0.5254	0.6523	0.5747	0.6732	0.6121	0.5905	0.6025	0.6217	0.6356	0.6935	0.7160	0.6255	Ⅱ→Ⅲ
	0.3385	0.3338	0.3860	0.3707	0.4003	0.4198	0.4314	0.4590	0.4840	0.5272	0.5483	0.5755	0.4395	
马鞍山市	0.4875	0.5073	0.5567	0.5889	0.4506	0.6741	0.7070	0.7615	0.7817	0.7961	0.7948	0.7996	0.6588	Ⅱ→Ⅳ
	0.3659	0.3230	0.3615	0.3945	0.3393	0.4464	0.4675	0.5139	0.5324	0.5596	0.5658	0.6538	0.4603	
芜湖市	0.6667	0.7635	0.7844	0.7461	0.8649	0.8606	0.8871	0.9088	0.9224	0.9313	0.9400	0.9677	0.8536	Ⅲ→Ⅳ
	0.5511	0.4591	0.5094	0.5128	0.5941	0.6054	0.6295	0.6553	0.6748	0.6946	0.6997	0.7198	0.6088	

注：各城市第一行为耦合度，第二行为耦合协调度，最后一列为耦合协调趋势。

附件 4　基准经济收敛模型

$$\mathrm{LN}\left(\frac{y_{ti}}{y_{0i}}\right) = \alpha + \beta \mathrm{LN}(y_{0i}) + \varepsilon_i, \quad \varepsilon_i \sim N(0, \sigma^2) \tag{2}$$

其中，y_{ti} 和 y_{0i} 分别表示 t 期和基期地区人均 GDP，$\mathrm{LN}\left(\frac{y_{ti}}{y_{0i}}\right)$ 表示 i 城市在 t 时期的人均 GDP 增长率，ε_i 表示误差项。β 表示地区经济收敛系数，当 $\beta<0$ 时，意味着经济发展水平低的地区拥有较高增长率，由于收敛模型仅关注经济收敛是否存在，并不区分引起这种收敛的原因是资本、土地、劳动还是技术进步，因此不需要引入其他控制变量。

为考察城市群内不同城市之间的相互影响，本书加入其他地区影响的解释变量，同时，引入刻画地区间相互作用的空间自相关变量。都市圈内城市，地理区位已不是影响经济发展最重要的因素，相邻地区的影响取决于经济规模。因此，以地区人均 GDP 为基础，借助 $N*N$ 阶空间经济权重矩阵构建对手地区。由于中心城市的经济份额在区域内处于主导地位，赋予其相应的权重也较大。这样模型（2）中的系数 ρ 就能刻画经济圈内部的相互影响，尤其是经济份额大的中心城市对周边地区的辐射效应。综上所述，本书采用 Elhorst（2003）空间计量面板数据模型，将模型（2）进一步推广到面板数据模型（3）：

$$\text{LN}\left(\frac{y_{it+1}}{y_{it}}\right) = \alpha + \beta \text{LN}(y_{it}) + \rho \sum_{j=1}^{n} W_{ij}\text{LN}\left(\frac{y_{jt+1}}{y_{jt}}\right) + \varepsilon_i \varepsilon_i = \gamma \sum_{j=1}^{n} W_{ij}\varepsilon_j + \mu_i \varepsilon_i \sim N(0, \sigma^2) \tag{3}$$

其中，ρ 作为空间变量系数，表示检验地区间相互影响的核心变量，当 $\rho>0$ 时，表示中心城市对周边地区辐射性质为"扩散效应"，反之为"极化效应"。$\text{LN}\left(\frac{y_{it+1}}{y_{it}}\right)$ 和 $\text{LN}\left(\frac{y_{jt+1}}{y_{jt}}\right)$ 依次为城市 i 和对手城市 j 的人均 GDP 增长率的自然对数；W_{ij} 为对手矩阵借助空间经济距离权重矩阵构建，由于合肥都市圈内交通基础设施并不完善，地理位置较远地区所受辐射影响较小，因此以空间地理权重矩阵加以比较；ε_i 为误差空间相关系数；γ 为空间误差项系数；与此同时，为缓解存在的内生性问题，本书以高质量发展指数增长率作为稳健性检验。

附件5 经济联系强度

1. 经济联系强度公式

$$R_{ij} = \frac{(\sqrt{P_i G_i} \sqrt{P_j G_j})}{t^2} F_{ij} = \frac{R_{ij}}{\sum_{j=1}^{n} R_{ij}} \tag{4}$$

其中，R_{ij} 表示合肥都市圈城市 i 和城市 j 之间的经济联系强度；P_i 和 P_j 表示城市 i 和城市 j 城镇常住人口数；G_i 和 G_j 表示城市 i 和城市 j 的经济规模，用人均 GDP 表示；t 表示城市 i 和城市 j 之间的地理空间直线距离。F_{ij} 表示 i 城市对 j 城市的经济隶属度，即城市的经济关联强度占区域关联强度综合的比重。

2. 各城市经济联系强度

附表4 合肥市与各城市之间经济联系强度

年份	蚌埠市	滁州市	淮南市	六安市	马鞍山市	芜湖市
2010	912.93	1225.83	1725.06	1152.46	1495.35	1361.10
2011	1217.71	1540.51	2102.35	1897.40	1980.48	1448.25
2012	1394.28	1756.87	2350.89	2140.48	2196.26	1647.58
2013	1504.46	1893.80	2571.73	2175.19	2410.55	1903.86
2014	1750.39	2164.00	2600.71	2575.07	2522.45	2095.65
2015	1907.33	2330.45	2426.28	2850.45	2646.91	2245.74
2016	2116.52	2573.43	3316.08	3134.91	2920.42	2476.67
2017	2824.48	4703.09	4652.33	4260.70	4748.22	3904.22
2018	2630.59	3228.71	4020.00	3773.66	3683.08	3037.06
2019	3163.03	4489.09	4724.39	4628.40	4220.14	3483.24

续表

年份	蚌埠市	滁州市	淮南市	六安市	马鞍山市	芜湖市
2020	3193.61	4667.53	4815.85	7301.17	3558.16	4402.37
2021	3318.45	5235.42	5375.89	8337.19	3994.83	5014.60

附件 6 交通联系强度计算公式

$$F_{ij} = \left(\sqrt{P_i G_i} \times \sqrt{P_j G_j}\right) \times \left(\frac{C_{ijt}}{T_{ijt}^2} + \frac{C_{ijg}}{T_{ijg}^2} + \frac{C_{ijb}}{T_{ijb}^2}\right) \tag{5}$$

其中，F_{ij} 表示两城市间的交通联系强度；P_i 和 P_j 表示城市 i 和城市 j 城镇常住人口数；G_i 和 G_j 表示城市 i 和城市 j 的经济规模（GDP）；C_{ij} 表示单位时间内两个城市间的普铁 t、高铁 g、公路 b 三种交通方式每天的往返班次加和；T_{ij} 表示三种客运交通方式分别所对应的联系时间（小时）。

附件 7 威尔逊模型

$$T_{ij} = K P_i P_j \exp(-\beta D_{ij}) \tag{6}$$

其中，T_{ij} 为区域 i 吸引区域 j 的资源数，P_i 和 P_j 依次表示区域 i、j 的资源强度；β 为衰退因子；D_{ij} 为区域 i 到 j 的空间地理距离，K 为系数。通过简化后的威尔逊模型，得出衰退因子计算公式如下：

$$\beta = \mathrm{LN}(P_j / T_{ij}) / D\_{ij} \tag{7}$$

确定衰退因子后，根据式（6）当中心城市的辐射能力强度衰减到一定阈值 γ 时，意味着近似没有辐射能力，基于此辐射半径公式可以转化为式（8）：

$$R = \mathrm{LN}(P_i / \gamma) / \beta \tag{8}$$

本书以高质量发展指数进行替代各区域资源强度，阈值 γ 以多年城市综合实力最小值的平均值代替；T_{ij}/P_j 是区域内各城市接受中心城市资源强度的比例，以前文测算的经济隶属度 F_{ij} 确定。

如附表 5 所示，根据式（7）计算出合肥市外其他城市衰退因子，对于合肥市衰减因子取各城市衰减因子均值得到。根据衰减因子，依据式（8）得出合肥都市圈辐射范围。

附表 5　合肥市对都市圈各城市衰减因子　　　　　　　　　单位：%

年份	蚌埠市	滁州市	淮南市	六安市	马鞍山市	芜湖市
2010	1.62	1.72	2.13	2.48	1.70	1.55
2011	1.36	1.51	1.94	2.22	1.54	1.74
2012	1.40	1.60	1.86	2.36	1.46	1.12
2013	1.31	1.45	2.04	2.24	1.44	1.49

续表

年份	蚌埠市	滁州市	淮南市	六安市	马鞍山市	芜湖市
2014	1.57	1.73	2.09	2.23	1.48	1.51
2015	1.77	1.94	2.32	2.91	1.79	1.89
2016	1.46	1.78	2.15	2.53	1.65	1.56
2017	1.38	1.52	1.94	2.31	1.49	1.74
2018	1.60	1.54	1.92	2.22	1.47	1.13
2019	1.26	1.45	1.91	2.14	1.41	1.48
2020	1.55	1.72	2.12	2.48	1.60	1.51
2021	1.79	1.93	2.36	2.74	1.78	1.83

附件8 断点模型和各城市辐射场强

1. 断点模型计算结果

$$D_{AX} = \frac{D_{AB}}{1+\sqrt{\frac{P_A}{P_B}}} \tag{9}$$

其中，D_{AX} 为中心城市 A 到断裂点 X 的距离；D_{AB} 为中心城市 A 到相邻城市 B 的空间地理距离；P_A 和 P_B 分别为 A、B 两市的城市规模，本书以城市高质量发展指数衡量。通过断裂点可以明确两座城市的影响边界，但是对于断裂点处的影响能力无法判断。基于此，需要进一步计算断裂点处的场强，如下：

$$F_A = \frac{P_A}{D_{AX}^2} \tag{10}$$

2. 各城市辐射场强

附表6 合肥与都市圈各城市之间的断裂点及断裂点处的场强

城市	2010年	2011年	2012年	2013年	2014年	2015年	2016年	2017年	2018年	2019年	2020年	2021年
蚌埠市	46.8941	48.3634	49.4045	50.6714	50.7148	50.8866	51.3566	49.6664	48.9494	47.8812	47.8151	47.6407
	0.0007	0.0007	0.0007	0.0007	0.0007	0.0007	0.0007	0.0008	0.0009	0.0011	0.0011	0.0012
滁州市	43.9229	45.9791	46.3973	46.1145	45.6409	45.2935	45.6233	45.4509	44.0978	43.4840	43.5030	42.4139
	0.0008	0.0008	0.0008	0.0008	0.0009	0.0009	0.0009	0.0010	0.0011	0.0013	0.0013	0.0015
淮南市	31.2890	33.4637	33.7758	33.7730	33.6351	33.4652	33.9315	33.6963	33.2928	32.6641	32.8172	32.0971
	0.0016	0.0015	0.0016	0.0015	0.0017	0.0017	0.0017	0.0017	0.0018	0.0020	0.0023	0.0026
六安市	27.1640	28.2763	29.5063	29.6109	29.4448	29.8674	29.7494	29.6888	29.6138	29.4682	29.4129	29.2737
	0.0021	0.0019	0.0021	0.0020	0.0022	0.0021	0.0022	0.0023	0.0025	0.0028	0.0029	0.0031

续表

城市	2010年	2011年	2012年	2013年	2014年	2015年	2016年	2017年	2018年	2019年	2020年	2021年
马鞍山市	46.8261	48.3062	48.0644	49.0769	48.2967	48.9122	48.8695	48.9306	48.1203	47.3585	47.5433	47.4421
	0.0007	0.0007	0.0008	0.0007	0.0008	0.0008	0.0008	0.0009	0.0009	0.0011	0.0011	0.0012
芜湖市	51.2414	52.1163	51.7608	52.7236	53.2990	53.3736	53.5577	53.3436	52.6059	51.6064	51.7273	51.5027
	0.0006	0.0006	0.0007	0.0006	0.0007	0.0007	0.0007	0.0007	0.0008	0.0009	0.0009	0.0010

注：每个城市第一行为数据断裂点，第二行为断裂点处场强。

长三角主要城市经济外向度比较研究

合肥区域经济与城市发展研究院课题组

习近平总书记在二十大报告中指出,要依托我国超大规模市场优势,以国内大循环吸引全球资源要素,增强国内国际两个市场两种资源的联动效应,提升贸易投资合作质量和水平。优化区域开放布局,巩固东部沿海地区开放先导地位,提高中西部和东北地区开放水平,加快建设西部陆海新通道。根据这一战略部署,向西开放将成为我国扩大开放的重点方向之一,为合肥提供了进一步发展外向型经济的契机。合肥是长三角城市群副中心城市,东接29万亿元长三角经济体,西连10万亿元长江中游城市群,也是"一带一路"重要节点城市,成为东中部两大板块的战略链接,为发展外向型经济提供重大机遇。

一、经济外向度的科学内涵和评价指标体系

(一) 经济外向度的科学内涵

经济外向度是一个国家或地区的经济与国际经济联系的紧密程度,衡量一个区域的开放规模和发展水平。经济外向度的发展历程是一个国家或地区的经济活动通过国际贸易、国际投资等方式,逐步融入全球生产价值链,利用国内国外两个市场两种资源,进入国际经济循环的过程。提升经济外向度,发展外向型经济,既是改革开放的基本要求,也是双循环新发展格局的题中之义,更是合肥等内陆城市谋求超越的重要抓手。

(二) 经济外向度的评价指标体系

合肥"十四五"规划中指出,要完善高水平开放平台体系,构建开放型经济新体制,用好国际国内"两个市场""两种资源",实现更大范围、更宽领域、更深层次开放合作。这对合肥发展外向型经济提出了新的更高要求。提升经济外向度,国际贸易和国际投资是抓手,基础设施是连通器,开放平台是载体,政府是后盾。必须做到贸易和投资规模大、结构优、基础设施畅通,开放平台能级高功能全,政府开放态度坚。本文根据经济外向度的科学内涵和数据可得性,以国际贸易、国际直接投资、开放基础设施、特殊贸易区域和政府态度五个维度的数据为基础,构建了一个综合性的经济外向度评价指标,对长三角主要城市的经济外向度进行比较(见表1)。

部分学者用外贸依存度作为经济外向度的衡量指标,即进出口总额占 GDP 的比值。

按照这一计算方法，2012~2022 年，合肥的经济外向度在长三角主要城市中每年都处于倒数第一。我们的经济外向度指标与外贸依存度相比，更加全面。不仅考察了城市在国际贸易领域的表现，也兼顾国际直接投资、开放基础设施、特殊贸易区域（贸易政策）、政府态度等维度，更加契合外向型经济的内涵。

表1 长三角主要城市经济外向度指标构建

系统层	指标层	单位	权重
国际贸易	出口占 GDP 比重	%	0.0621
	进口占 GDP 比重	%	0.0831
国际直接投资	外商直接投资占 GDP 比重	%	0.0315
	外商直接投资项目数	个	0.1548
	对外直接投资占 GDP 比重	%	0.1904
开放基础设施	水路货运量	万吨	0.0672
特殊贸易区域	自由贸易试验区	"有"取1，"没有"取0	0.2934
	综合保税区	个	0.081
政府态度	政府工作报告中词频占比①	%	0.0359

二、长三角主要城市经济外向度现状比较

（一）对标城市选择

依照长三角核心城市、万亿 GDP 城市等标准，选取上海、南京、苏州、无锡、南通、杭州、宁波 7 个城市与合肥进行对标，分析合肥发展外向型经济的优势和不足。其中，上海是我国的经济中心，南京、杭州与合肥都是省会，苏州、无锡、南通和宁波是实力强劲的地级市。根据各城数据和表 1 中的指标权重，计算得出长三角主要城市的经济外向度（见表2）。

表2 长三角主要城市经济外向度

城市	2013 年	2014 年	2015 年	2016 年	2017 年	2018 年	2019 年	2020 年	2021 年
合肥	0.0296	0.0365	0.0528	0.0534	0.0783	0.0701	0.0662	0.2931	0.2992
上海	0.6405	0.7078	0.6350	0.6577	0.5576	0.6687	0.6824	0.7240	0.8246
苏州	0.2619	0.2413	0.2297	0.2234	0.2305	0.2270	0.4354	0.4392	0.4836

① 我们收集了长三角主要城市 2013~2021 年的政府工作报告，选取了出口贸易、进口贸易、外资、国际市场、"一带一路"、营商环境、自贸区等 19 个与经济外向度相关的关键词，通过计算这些关键词在政府工作报告中出现的频率，来衡量政府对外向型经济的态度。

续表

城市	2013年	2014年	2015年	2016年	2017年	2018年	2019年	2020年	2021年
杭州	0.0850	0.1014	0.1400	0.1175	0.0997	0.1419	0.1097	0.4802	0.4348
宁波	0.1555	0.1686	0.1741	0.1716	0.1610	0.1752	0.1616	0.3856	0.3660
南京	0.1078	0.1088	0.0804	0.0764	0.0673	0.0793	0.3124	0.3082	0.3151
无锡	0.0850	0.1055	0.0793	0.0903	0.0982	0.1014	0.0868	0.0773	0.1152
南通	0.0679	0.0806	0.0631	0.0669	0.0579	0.0535	0.0508	0.0423	0.0488

（二）长三角主要城市经济外向度比较

1. 总体方面

合肥的经济外向度在8个城市中排在中下游位置，但近年来，随着合肥市政府对发展外向型经济的重视，尤其是自贸区的设立，使得合肥的经济外向度快速提升。

2. 横向方面

2021年合肥的经济外向度在长三角主要城市中排名第六，与先发城市差距明显。经济外向度从高到低依次是上海、苏州、杭州、宁波、南京、合肥、无锡、南通。上海作为我国的经济和贸易中心，经济外向度始终远超其他城市，苏州和杭州的经济外向度也在0.4以上，合肥尚未突破0.3，仅高于无锡、南通，分值仅为上海的36%、苏州的61%。

3. 纵向方面

长三角主要城市的经济外向度均呈现一定的波动性，其中表现最好的是合肥。除2019年略有下降外，其余年份均存在不同程度的提升。尤其是2020年安徽自贸区的成立，合肥片区作为安徽自贸区的核心，随着大量促开放政策的出台，合肥的经济外向度得到大幅提升。

三、合肥发展外向型经济的主要短板与挑战

通过与其他长三角主要城市的比较，结合实地调研结果，合肥在发展外向型经济过程中存在贸易竞争力不强、结构不优，对外资吸引力弱，开放平台能级低，自贸区制度创新不足，内外循环协同不足等问题。

（一）国际贸易竞争力不强，贸易结构有待调整

国际贸易是城市融入经济全球化的核心渠道，也是双循环新发展格局下发挥外循环的补充作用，应充分利用两个市场两种资源的基本路径。当前，外贸形势错综复杂，贸易成本不断上涨。一方面，人民币对美元汇率波动频繁，尽管本币贬值有利于出口，但也会增加相关企业的进口成本，削弱商品的市场竞争力。另一方面，俄乌冲突导致国际大宗商品价格上涨，也提升了企业的进口成本。更为严峻的是，海外需求下降，国际市场竞争加剧。受新型冠状病毒、全球性通胀和地缘冲突影响，全球经济衰退导致海外需求下降，企业订单不足。与此同时，越南、印度等国依靠廉价劳动力优势，抢走了部分企业的订单。

外贸环境的恶化给合肥等长三角主要城市的外贸企业均带来严峻挑战。同时，与其他长三角主要城市相比，合肥在国际贸易方面，存在贸易体量小、外贸主体相对较少，新业态新模式发展不足，数字贸易发展不充分等问题。

1. 国际贸易体量小

2022年，合肥货物进出口总额3611亿元，在长三角主要城市中排名第八。上海（4.19万亿元）和苏州（2.57万亿元）表现稳健，继续排名前二。宁波以1.27万亿元力压杭州（7565亿元）、无锡（7373亿元）、南京（6292亿元）排名第三。南通（3665亿元）和合肥受发展基础所限，排在最后两位。2022年，合肥进出口总额仅为上海的8.6%、苏州的14.1%，差距十分明显。

2. 外贸主体相对较少，仍需进一步培育

随着社会主义市场经济的日趋完善，企业作为从事国际贸易的主体，决定了城市的贸易竞争力。2021年合肥进出口实绩企业3435家，约为杭州的23%。其中，进出口金额超过1亿美元的企业数量仅占2%，同期，杭州进出口实绩企业14591家，增长5.6%，其中民营企业13082家，增长6.6%，占89.7%。

3. 外贸新业态新模式发展不足

与杭州、苏州等城市相比，合肥跨境电商起步较晚，跨境电商交易规模较小。合肥跨境电商交易额约占杭州的7.9%，省级外贸综合服务企业只有3家，而杭州市2022年已拥有7家省级外贸综合服务示范企业。外贸新业态新模式作为货物贸易新增长点的支撑作用还需进一步体现。

4. 数字贸易发展不充分

数字贸易的规模和质量有待提升，主要表现为企业主体少、贸易规模小和技术含量相对较低。根据扬子江国际数字贸易创新发展研究院发布的"2022年中国城市数字贸易指数（DTI）蓝皮书"，合肥在15个参与测量的城市中数字贸易综合指数排名第14，落后于上海（2）、杭州（6）、南京（7）、宁波（9）、苏州（13）。

（二）国际投资体量偏小，竞争日趋激烈，外部环境恶化

与国际贸易形势相似，国际投资环境也面临诸多不确定性。2022年12月，受疫情影响，人员往来不畅，跨国企业的管理人员无法正常出入境，实地考察和参加相关活动不便，投资进度放缓。另外，随着拜登政府加大对我国技术封锁和高技术产品出口管制（如美国芯片法案），企业在高新技术引进、高端设备采购上面临诸多限制，投资风险较大。此外，与其他长三角主要城市相比，合肥还存在投资体量小、结构不优、引/投资能力偏弱等问题。

1. 外商直接投资

（1）利用外资规模较小。2021年合肥实际利用外商直接投资金额在长三角主要城市中排第六，与先发城市存在较大差距。2021年，上海以225.5亿美元高居首位，且与第二名的差距加大，自2015年起，杭州正式超越苏州，位列第二，并一直保持到2021年。

（2）区域竞争加剧，外商直接投资激励政策较弱。2022年7月，合肥市政府出台了《关于印发稳经济一揽子政策措施的通知》，明确"加快推进重大外资项目积极吸引外商

投资",财政预算资金总量 800 万元。同期无锡、宁波等城市对单个符合条件的外资企业最高奖励分为 1000 万元和 5000 万元,是合肥的 1.25 倍和 6.25 倍。受制于经济发展水平和财政收入,合肥外资激励力度较弱。此外,长三角一体化存在虹吸效应,进一步放大了合肥的招商劣势。

(3) 投资环境有待进一步优化。国家发改委发布的全国营商环境评价 18 项分指标中,排名前 10 的指标合肥仅有 2 项(获得信贷第 10、劳动力市场监管第 9),远低于同期上海(18 项)、杭州(16 项)、南京(12 项)。合肥的信贷市场等软环境表现亮眼,但以基础设施为代表的硬环境与其他长三角主要城市相比,仍存在较大差距。

2. 对外直接投资

(1) 对外直接投资体量小。2021 年,合肥对外直接投资 4.1 亿美元,居比较城市第 7、仅高于南通(1.9),与上海(196.2)、苏州(32.5)、杭州(27.2)、宁波(24.3)等城市差距较大。

(2) 对外投资主体少,集中度过高。2021 年,阳光新能源(含阳光电源)为合肥龙头企业,共投资境外企业 54 家,占整个合肥市的 72%,累计境外协议投资额 11.6 亿美元,占合肥对外投资总额的 96%。

(3) 企业"走出去"意识不强,信心不足。合肥企业对外开放的理念不够深入,开放的眼光和战略思维较有欠缺,推动企业"走出去"体制机制相对不够完善。表现为对外投资主体数量少,投资金额小,投资目的地少,尚未形成规模优势。另外,对外投资结构不优。合肥企业在海外市场投资多处于低、小、散状态,抱团发展意识不够,技术水平相对较低。

(三)对外开放平台基础设施不完善,开放能级有待提升

合肥以大通道、大平台、大通关建设为抓手,打造以"四港三区一中心"为主体的开放通道和载体平台。当前,八大平台发展势头良好,经济效益明显提升,开放功能不断完善。合肥被国家发改委列为 12 个中欧班列内陆主要货源地节点城市和 23 个主要铁路枢纽城市之一,中欧班列的运行线路、开行频次和开行数量在长三角主要城市中均名列前茅,为合肥深度参与"一带一路"建设提供了便利的基础设施条件。但是,合肥开放平台仍存在基础设施不完备、开放能级不高等问题。

1. 基础设施不完备

合肥国际内陆港无自有生产经营场所和配套服务设施。合肥中欧班列面临与郑州、西安、重庆等中西部城市的激烈竞争,货源争夺进入白热化阶段。尽管合肥中欧班列在长三角地区走在前列,但在开行数量、运价等方面与郑州、西安、重庆、成都等城市差距明显。郑州和西安的班列公司更是在蚌埠、亳州开设办事处,通过降价、补贴等方式争夺长三角货源。合肥水运港受南淝河、裕溪河通航能力和南京长江大桥的限制,万吨级轮船无法到达合肥港,仅能通行 2000 吨级船舶,港口吞吐量与宁波、南京等沿海沿江城市差距明显。合肥新桥国际机场货运航线较少,空中交通网络与其他长三角主要城市也存在差距。

2. 开放能级有待进一步提升

海关总署自 2016 年起不再批准内陆城市铁路场站对外开放，合肥国际内陆港尚不具备铁路场站开放功能，无法申请进境指定监管场地。合肥航空港只有 4 个进境指定监管场地（水果、冰鲜水产品、食用水生动物、肉类），而南京有 6 个（水果、冰鲜水产品、植物种苗、食用水生动物、肉类、粮食），这与其他城市存在较大差距。合肥跨境电子商务港功能尚不完备，跨境电子商务进口货物大部分通过上海、南京等地一体化通关或通过卡航联运方式运抵合肥跨境电商监管场所。B2C 零售出口货物主要通过邮政渠道在合肥清关，然后运送至上海等地机场。

（四）自贸区起步晚，制度创新不足

2020 年 9 月 24 日，安徽自由贸易试验区（合肥片区）正式挂牌。由于起步晚，各项制度的制定尚不完善，政策实施的效果也还未充分显现。上海自贸区是 2013 年成立的，在制度创新上已经取得显著成效。江苏自贸区 2019 年设立，比安徽先行一年开展制度探索。尽管杭州片区和宁波片区 2020 年 9 月才正式挂牌，但 2017 年成立的浙江自贸区积累的发展经验可直接用于杭州和宁波的自贸区建设。对合肥而言，尽管有上海、浙江、江苏等自贸区的政策措施可借鉴，但如何结合自身的经济基础和发展定位，制定和实施有地方特色的制度安排吸引高质量企业入驻是亟须克服的问题。另外，合肥的辐射能力与上海、杭州、南京等有明显差距，经济腹地的广度也会直接影响自贸区的发展前景。

制度创新是自贸区建设的核心，中山大学自贸区综合研究院发布的中国自由贸易试验区制度创新指数（2021~2022）显示，合肥片区的制度创新能力在拥有自贸区的 6 个长三角主要城市中排名第六，在政府职能转变、贸易便利化水平、投资自由化、金融改革创新、法治化环境等细分领域的表现均存在不小差距。此外，合肥片区辐射能力和经济腹地的广度也不及上海、南京等城市。

（五）内外循环协同不足

双循环新发展格局要求坚持国内大循环的主体地位，以国内大循环带动国际循环，以国际循环促进国内大循环，以市场规模优势吸引国内外优质要素。目前，合肥的市场规模偏小，导致对国际循环的带动不足，对国际商品、资金、人才的吸引力不强。2022 年，合肥以 5022 亿元的社会消费品零售总额排在长三角主要城市的第五位，排在上海（1.64 万亿元）、苏州（9011 亿元）、南京（7832 亿元）、杭州（7294 亿元）之后，高于宁波（4897 亿元）、南通（3957 亿元）和无锡（3338 亿元），比杭州少 2272 亿元，比南京少 2810 亿元。市场规模劣势制约了合肥的区位条件，导致要素集聚空间不足。

四、合肥提升经济外向度的对策建议

围绕合肥发展外向型经济存在的短板与挑战，从以下五个方面提出对策建议：

（一）强化系统推进，着力提升贸易竞争力

做大贸易规模、优化贸易结构、发展贸易新业态是合肥提升贸易竞争力的三大目标，提升贸易便利化水平是关键保障。

1. 引进和培育"大优强"外贸市场主体

围绕合肥产业体系建设，积极招引培育贸易双循环企业和"链主"型企业，推动生产端、贸易端、消费端和科技端贯通发展，推动形成更多品牌并走出国门。

2. 支持跨境电商新零售模式

扩大跨境电商出口海外仓和包裹零售出口，支持安徽自贸区（合肥片区）内企业开展跨境电商零售进口部分药品及医疗器械等新业务。

3. 提升贸易便利化水平

加快推进以"智慧通关、智慧旅检、智慧保税、智慧检疫"等为主要内容的海关物联网示范区建设，提升通关效率。

4. 加快转变外贸发展方式

加强与长三角其他城市的产业链协同，提升价值链地位。深度参与国际分工，在促进本地企业最终品出口的同时，为出口龙头企业提供高质量中间品，间接进入国际市场。扩大民营企业出口，提高自主知识产权和自主品牌产品的出口比重。通过推动加工贸易转型升级，落实推进保税研发、全球维修。积极引进富士康等代工厂，促进合肥贸易规模提升，带动上下游企业发展，并通过技术溢出，提升相关企业的技术水平和市场竞争力。

5. 重点发展数字贸易

依托合肥先进计算中心"巢湖明月"等科研资源，提升数字贸易基础建设水平，建立健全统一开放、安全有序的数据开放和交易平台。

（二）引导双向投资，着力优化投资环境

坚持"引进来"与"走出去"相结合，"双招双引"与支持企业"出海"兼顾。

1. 加快引进重大外资项目

持续完善重大外资项目到资协调推进机制。加强政策引导，紧盯项目推进进程、遇到的困难和问题，加速项目落地及建设进程，强化项目落户全程跟踪督查，拓宽引资渠道。聚焦强链、补链、延链，开展先进制造业招商，大力促进外资总部经济和研发机构发展。

2. 支持企业开拓国际市场

加快促进国际国内市场认证衔接，鼓励企业赴境外参展，引导企业"出海"开拓一批重点市场。重点开拓"一带一路"沿线国家市场，推进中德、中日等国际合作园区和"侨梦苑"建设。

3. 扩大服务业对外开放

聚焦城市功能链，配合中央商务区、东部新城、运河新城及空港新区等重点片区规划建设，对接引进现代物流、金融服务、文化教育等高质量服务业项目。打造最优营商环境，主动对标国际先进，加大营商环境改革力度，持续优化市场化、法治化、国际化一流营商环境。构建"清单制+容缺受理+告知承诺"投资审批模式，最大限度精简行政审批

许可事项。推进空港国际小镇、运河新城国际社区、柏堰湖国际化社区等建设。

4. 畅通国际经贸人员往来

允许入境从事货物贸易、提供服务或进行投资的自然人的随行配偶及家属等相关人员在符合条件的情况下，获得一定居留期限，享受签证便利。

（三）聚焦开放平台建设，提升开放服务能级

以完善基础设施和提升开放能级为核心，加快合肥大通道、大平台、大通关建设，充分发挥政策集成优势。

1. 统筹提升高能级平台

统筹安徽自贸试验区合肥片区、服务贸易试点市、跨境电商综试区和进口贸易示范区4个"国字号"开放平台功能，加强与国际组织、投资机构、相关城市合作。

2. 强化港口建设

提升通江达海能力。加快推进引江济淮二期工程、打造江淮联运中心。优化水运港服务效能，完善港口5G智能网联信息化建设。加强与宁波、上海等沿海港口联动，积极打造国际贸易"始发港"。关注港口建设进度，争取港口的管辖权，提升合肥通江达海的能力。

3. 加快建设国家级中欧班列集结中心

重点围绕运输模式创新，打造合肥特色。推行"中欧班列+企业"模式，"中欧班列+跨境电商"模式、"中欧班列+冷链物流"模式，发展"铁公水"多式联运。

4. 打造合肥国际航空货运集散中心

增加定期货运航线，增强向上申请力度，申请粮食、木材等更多进境指定监管场地。完善口岸功能设施，提升机场基础设施保障能力。

（四）强化制度创新，加快自贸区提档升级

加快建设合肥片区成为对外开放的新高地。

1. 构筑以合肥为核心的开放内循环主动脉

支持片区先行先试。加强创新成果复制推广，积极探索监管方式创新，促进保税维修、保税研发等新业态提质增量，在投资贸易、产业开放发展、跨境金融、开放创新和人才跨境流动等方面形成更多具有首创性和复制推广价值的制度创新成果。运用互联网、大数据等技术手段提升行政管理效率。积极探索原产地规则、碳达峰与碳中和、竞争中立、劳动力标准、知识产权、数据跨境流动等领域改革试点，不断完善接轨国际的高水平开放经济新体制。

2. 推动片区联动发展

携手长三角其他城市自贸区联动创新，加强改革赋权共享、制度创新共试、政策措施共用、主导产业共建、创新业态共育方面的合作。

3. 促进平台经济协同发展

充分用好、做精世界制造业大会、集成电路大会等高溢出会展，招引更多产业关联度高、行业影响力大的展会项目，增强配置全球资源能力，打造"触摸世界的新窗口"。

4. 鼓励企业在园区落户

经认定符合条件的批发、零售企业,按照企业当年入库营业收入给予奖励。对制造业企业剥离贸易业务成立的独立法人,经认定符合条件的,给予奖励。

5. 加大开放力度

支持合肥片区按照"一项目一议"的方式,争取在电信、科研和技术服务、教育、卫生等重点领域实现更大力度的开放。

(五)立足国内大循环,增强"双循环"活力动力

坚持国内大循环的主体地位,以市场规模优势汇聚国内外优质资源,以高质量产品和服务融入国际循环。

1. 坚持促消费、扩大市场规模

以数字化改革为引领,着力提升消费质量,为消费者"敢消费,放心消费"保驾护航。推进长三角市场一体化和合肥都市圈同城化建设,拓展合肥市场空间,提升消费吸引力。

2. 以提升居民收入为抓手,提升消费能力

通过稳市场主体进一步提升工资性收入和经营性收入。加快提升就业容量,完善大众创业、万众创新有关政策安排。在产权制度改革上要有大的突破,显著提升财产性收入水平。加快实施乡村振兴步伐,提升农村居民消费能力。

3. 坚持强化创新,提升企业竞争力

依托合肥科创和人才资源集聚优势,加强自主创新,实现"创新—生产—再创新"的良性循环。打造长三角科技创新共同体,推进合肥、张江两大国家科学中心"两心同创",高位推进 G60 科技长廊建设。加快推进产业数字化、智能化和绿色化的改造升级,持续增强新兴产业能级,积极谋划布局未来产业,不断提升产业基础高级化、产业链现代化水平,加快打造世界级产业集群。

本课题组成员名单: 单　航　胡　艳　华德亚　彭承亮　彭紫薇　王玉慧　柯　鹏

第二篇

储备性课题研究报告

- 合肥传统家电产业转型升级路径研究
- 合肥市打造15分钟生活圈研究

合肥传统家电产业转型升级路径研究

合肥市质量和技术创新协会课题组

习近平总书记指出，要深刻把握发展的阶段性新特征新要求，坚持把做实做强做优实体经济作为主攻方向，一手抓传统产业转型升级，一手抓战略性新兴产业发展壮大，推动制造业加速向数字化、网络化、智能化发展，提高产业链供应链稳定性和现代化水平。改革开放以来，中国家电产业走过了从小到大、从弱到强的发展历程，当前正处在新一轮技术转型阶段。家电产业是合肥市的传统优势产业，在2011年就成为全市首个千亿产业，但近年来产业优势在缩小，亟须结合国家产业结构调整方向，抓住机遇，走出独具特色的智能制造转型之路。

一、家电产业转型升级阶段及特征

（一）家电产业转型升级阶段

得益于改革开放政策，经过40多年的发展，我国家电产业在"十五"末进入比较成熟的发展阶段，产品种类丰富、质量可靠、性价比高、产业链完备，并具备了较强的集成创新能力和一定的自主创新能力，并由此开始了产业转型升级之路。

1. "十一五"期间家电产业开始初步转型升级

依托国家实施的家电下乡、以旧换新、节能惠民等一系列政策，"十一五"时期是家电产业整合效果最为显著、产业集中度上升速度最快的时期。同时也经历了金融危机对行业发展的巨大冲击。2009年工业和信息化部印发《关于加快我国家用电器工业转型升级的指导意见》，指出金融危机爆发以来，国际市场需求的大幅萎缩暴露了我国家电行业核心技术和关键零部件研发能力不强、产品附加值低、缺乏较强影响力的品牌、节能和资源综合利用水平落后于发达国家等问题，迫切需要转型升级。

2. "十二五"期间家电产业进入整体转型阶段

2011年12月，国务院印发首个转型升级规划《工业转型升级规划（2011—2015年）》，2013年党的十八届三中全会提出加快转变经济发展方式，2015年中央财经领导小组第十一次会议在研究经济结构性改革和城市工作时首次提出供给侧结构性改革。伴随着国家政策的不断推进，家电产业开始了整体升级转型。这一时期家电产业以"转型"为主，主要通过提高资源利用效率和使用绿色环保材料、技术提高产品能效，家电工业的科技研发体系建设与人才队伍建设基本完成。

3."十三五"期间家电产业进入行业升级阶段

党的十九大强调贯彻新发展理念，建设现代化经济体系，2018年政府工作报告首次提出高质量发展，2019年政府工作报告中首次提出"智能+"。这一时期，家电产业以"升级"为主，主要通过加强技术研发、引进新兴技术向产业链高端不断迈进。"十三五"期间我国主要家电产品产量不断上升，出口规模常年稳居第一，但随着我国居民生活水平的不断提高，传统四大件的保有量已近触顶，家电产量增速逐步下降，虽然新产品、线上消费渠道和疫情等因素在短期内会刺激消费，但市场已趋饱和。

4."十四五"期间家电产业将进入数智化转型阶段

党的二十大指出高质量发展是全面建设社会主义现代化国家的首要任务，提出建设数字中国，促进数字经济和实体经济深度融合。当前中国已经进入以生产、商业数据模型优化为主的数字化发展阶段，伴随着大数据、云计算、人工智能、区块链等技术的加速创新，实体经济与数字经济不断深化融合，传统制造业正在以智能制造为方向加快转型升级。家电产业经过多年发展，产业转型升级和结构调整取得显著成效，经济运行质量明显提升，"十四五"期间家电产业将进入以数字化、智能化为标志的转型阶段，持续提升行业的全球竞争力、创新力和影响力。

（二）家电产业转型升级特征

1. 增长动力转换，要素驱动转为用户驱动

随着我国居民生活条件的提高，家电作为必需品的市场空间已近触顶，传统大家电的保有量连续多年处于滞涨状态，需求趋于饱和，伴随人口红利消失、政策红利不足、房地产市场低迷等诸多不利因素，家电市场已进入用户决胜时代。在我国人口结构和收入变化的新环境下，用户群体的多元化带来消费需求的多元化，导致产品应用方向的多元化。为了占领用户心智，应反向引领行业创新，驱动家电企业与电商、社交等TOC产品深度合作，解析用户行为、打造流量阵地、加剧用户争夺。

2. 用户需求晋级，功能型消费向品质型消费迭代

家电行业是一个由消费趋势引领的行业。2022年我国最终消费支出占GDP比重保持在50%以上，随着增加居民收入、改善消费环境等举措加快推进，中国消费潜力将进一步释放，用户对家电需求正从功能消费向品质消费转变。根据GFK发布的中国消费者调研数据，在家庭收入3万元以上的群体中，有82%的家庭愿意为了品质生活多花钱，高品质成为传统家电转型升级的重要方向。根据奥维云网检测数据，高端产品销售主要集中在线下渠道，正从各大商超的单边竞争向设计师带货、建材商场、品牌体验店等渠道多边竞争转变。

3. 零售方式翻新，从"单品"向"套购"升级

购买套系化家电拥有产品设计风格一致、与整体家居风格一致、成套优惠等优点，据GFK统计，一线城市及高收入家庭购买套系化家电产品意向明显，据苏宁易购联合奥维云网发布的研究，家电套购市场容量高达1538亿元。从"单品"到"套购"升级过程中隐含着用户从必需品满足转向情绪需求满足的消费特征，蕴含着场景解决方案的巨大市

场，家电产品将以"嵌入、娱乐、集成、懒人、颜值"五大新趋势为特征，模块化地融入生活场景，成为家电产业增长的新阶梯。

4. 海外市场扩展，战略收购向本土运营蜕变

企业跨国发展可以降低对单一国家市场的依赖，增强企业抗风险能力。受制于技术水平和品牌认可度等因素，早期我国家电海外发展主要采取贴牌生产、海外创牌和战略收购模式。随着我国家电企业海外影响力和技术积累的不断提升，目前已经进入到实现海外本土化生产和运营的时代。海外市场拓展更加注重产品本土化、供应链本土化、团队国际化和本土化，即开发满足当地消费需求和痛点的产品，并对当地市场进行前瞻性先行研发和规划，实现供应链本地化，组建具有丰富海外运营经验的团队，发挥中外管理人员的协同管理作用。

5. 线下份额萎缩，单一渠道结构向碎片化结构演变

伴随着家电市场从增量市场进入到存量市场，渠道终端也发生了巨大的变化。目前，消费者形成了网络消费习惯，家电线上销售占比进一步提升。根据中国电子信息产业发展研究院数据，2022年彩电、洗衣机、生活家电等重要家电品类的线上渗透率均已突破50%，生活家电的线上贡献率接近80%，即使是热水器等需要上门安装的大家电，线上渠道比重也占到50%以上。线上消费渠道受用户互联网行为方式影响明显，呈现以淘宝、京东两大电商巨头为主，拼多多、抖音、快手等平台和社交短视频APP多点开花的局面，而在各线上渠道内部，又呈现以官方旗舰店为销售平峰、直播主播大促为短期高峰的销售局面。

6. 生产方式进阶，崇尚人本化和多领域集成发展

经过多年培育，我国智能制造已经取得长足进展。当前，随着人工智能、数字孪生等新一代信息技术的发展，家电产业智能制造发展呈现出更加注重人本化和多领域集成发展的新趋势。人本智能制造即在生产过程中充分考虑社会制约因素，注重人机合作设计和人机协作装备的设计，使人与机器可以发挥各自优势，协作完成各项工作。多领域集成发展则是指在生产过程中，通过不断融入更多的制造资源、信息资源和社会资源，催生出预测制造、主动制造等数据驱动的制造新模式，使制造模式从单一化走向多元化，制造系统从数字化走向智能化。

二、合肥家电产业转型升级现状及困境

（一）合肥家电产业转型升级现状

合肥是世界上第一台变容式冰箱、第一台仿生洗衣机和中国第一台窗式空调机等诸多"第一"的诞生地，家电产业历史悠久。发展壮大则始于2005年合肥提出"工业立市"战略，400余支招商小分队先后招引了长虹、格力、美的等企业在合肥投产，至2011年家电产业成为合肥第一个千亿产业，并连续多年居全国之首，合肥成为"全国最大家电生产基地"。2022年，合肥市家电产业实现产值近900亿元，全市家电"四大件"总产量5750.6万台套，占全省的64.6%，全国的9.7%。

1. 政府高度重视

合肥在打造全市家电产业链方面已推行许多工作。2020年正式启动重点产业链链长制，聚焦12个重点产业（现已扩充为16个重点产业），由市委、市政府相关负责同志担任产业链链长，智能家电产业是其中之一。成立了智能家电产业链专班，现已完成5批109家重点企业入库工作，梳理建立了全市智慧家庭企业台账。合肥高新区成立"链通高新"产业联盟，下设十大产业联盟，家电产业联盟是其中之一，现已吸纳了近30家家电企业。

2. 产业链条完备

合肥已集聚了300余家家电企业，产业链条较为完善（见图1）。

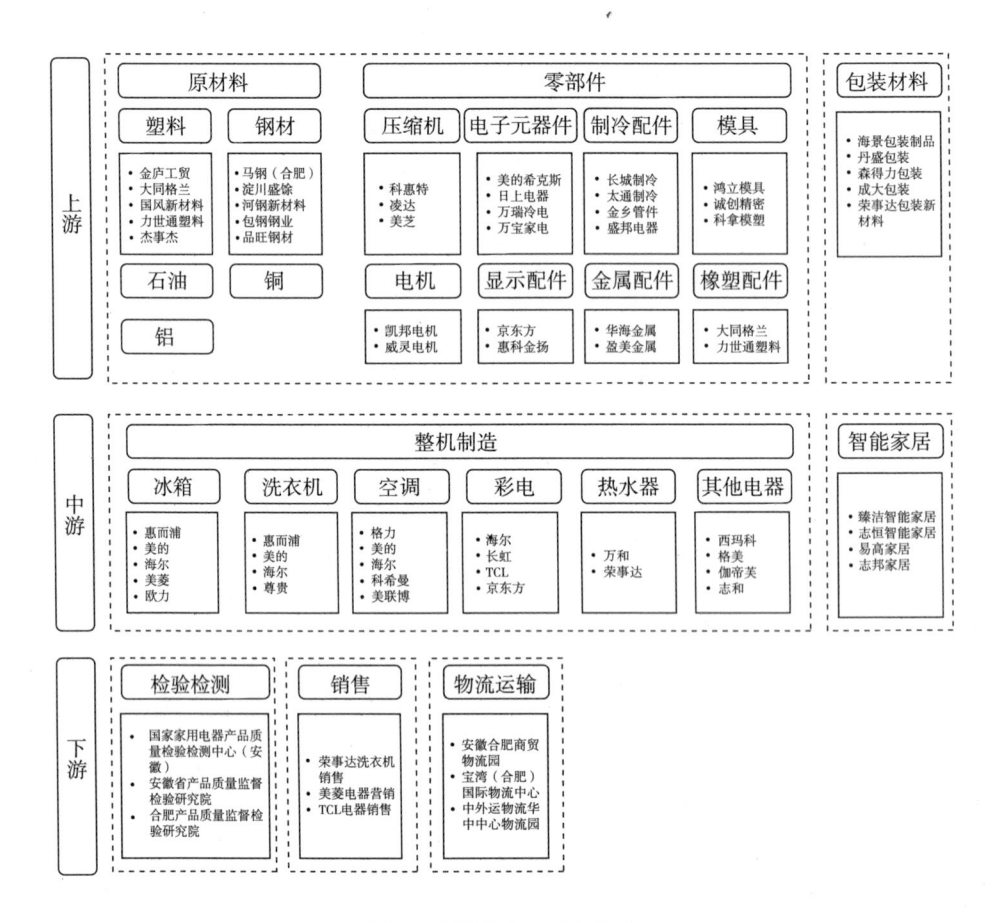

图1 合肥家电产业链图谱

（1）产业链上游。家电产业链上游主要涉及零部件生产和技术支持、解决方案等。合肥约有200余家零部件生产企业，约占本地家电企业总数的55%，产品基本涵盖了压缩机、电机、冷凝器、蒸发器等所有核心零部件和注塑机、钣金件、管材等绝大多数配套零部件，为全市家电生产提供了70%的本地平均配套率，其中核心配套率约为75%，白电产品产业链省内配套率达80%以上。重点企业包括凌达压缩机、凯邦电机、威灵电机、通得力电气、华海金属、万瑞冷电、德珑电子、长城制冷等，多为全球或全国相关元器件行业龙头企业子公司，可直接享受总部的最新研发成果，其产品质量和技术含量均较高。

(2) 产业链中游。家电产业链中游主要为整机生产。合肥有近70家整机生产企业，约占本地家电企业总数的23%，产品主要为冰箱、洗衣机、空调、厨房电器等。重点企业包括海尔、美的、格力、惠而浦、美菱、长虹、TCL等，几乎囊括了我国家电行业所有的龙头企业。但是只有惠而浦、TCL和美菱的总部位于合肥（其中TCL为冰洗总部），并在合肥设立了研发部门。对于海尔、美的、格力等行业巨头而言，合肥主要承担的功能为生产加工，主要产品为白色大家电，虽然生产能力排名前列，但原材料采购、销售和生产任务均由总部安排，自主权较小（见表1）。此外，合肥还拥有志邦家居、易高家居等智能家居企业，但目前其智能家居业务占企业营业额的比例很小。

(3) 产业链下游。家电产业链下游主要涉及物流运输和销售。合肥凭借优越的区位优势和发达的交通网络，在物流运输方面具有较大优势。销售方面，在主要龙头企业中，只有惠而浦、美菱、TCL的产品可自主销售，海尔、美的、格力的产品均由总部负责销售。

3. 生产能力强劲

合肥作为全国最大的家电生产基地，2022年四大件产量达5750.6万台，占全国10%左右，连续第12年位列全球所有城市排名前列（见图2）。

自2011年以来，合肥四大件总产量总体呈现上升趋势，在2017年达到峰值之后开始缓慢下降，其中2013~2017年增长较快，2020年、2022年受疫情影响，产量下降幅度增大。冰箱：2018年起冰箱产量出现明显下跌，综合分析来看，主要由于冰箱保有量触顶导致整体市场低迷。空调：空调产量呈现波动中下降趋势，从2012年起呈现缓慢下降趋势，2017年小幅上升后继续呈现下降态势，其中2017年产量提升的主要原因是当年夏季高温早且高温天气频次高，2017年7月全国空调零售量同比增幅超40%。彩电：彩电产量在2018年出现大幅度增长，之后呈逐年下降趋势，这与2018年全国电视产量同比增长14%的情况相吻合，产量增长主要由智能电视销量增长拉动，但是随着电视保有量不断上升和人们生活方式的改变，电视不再是新房装修的必需品，许多家庭开始以投影设备替代电视，电视产量逐年下滑。洗衣机：洗衣机近年产量节节攀高，主要由于产品升级，进入智能换新阶段，带动消费增长。

4. 空间布局集中，逐步向外拓展

(1) "一核一带"空间布局结构。合肥家电产业现已基本形成以高新区、经开区、肥西县为核心，新站区、长丰县、肥东县为环带的"一核一带"空间布局结构。其中，高新区家电企业约70家，集聚了美的、格力等整机生产龙头企业，电机、压缩机等核心配件企业，五金配件、注塑件等零部件企业，产品以冰洗为主。经开区家电企业约80家，汇聚了海尔、TCL、美菱、晶弘等整机生产龙头企业，模具、塑料制品、电子元器件等零部件企业，产品包括空调、洗衣机、冰箱、电视等大家电。新站区汇聚家电企业约20家，依托京东方，汇聚了电视机整机生产企业和显示器件零部件企业。肥西县家电企业80余家，以桃花工业园和肥西经开区为主要载体，产品主要以家电配件为主，包括钣金件、注塑机、冲压件、表面处理、五金配件、包装等。长丰县家电企业近20家，以双凤经开区为主体，集聚了万和电器和荣事达，主要生产电热水器和小家电，并吸引了开关、连接器、冲压件、钣金件等配件企业。肥东县有家电企业近30家，以合肥循环经济示范园为载体，汇聚了模塑、弹簧制造等零配件企业。

表 1 合肥市家电龙头企业布局情况

企业		美的集团	海尔智家	格力电器	惠而浦	长虹美菱	TCL 电子
总部所在地		佛山	青岛	珠海	全球总部：美国；中国总部：合肥	合肥	惠州
研发		集团在全球设有8大研发中心；合肥无研发职能	集团在全球设有10大研发中心；合肥无研发职能	集团在全球设有152个研究所，1411个实验室，1个院士工作站；合肥无研发职能	在世界拥有七大研发中心之一	合肥	拥有10条家联合实验室；合肥设有研发部门
生产基地		在全球拥有35主要生产基地	在全球拥有30个工业园，122个制造中心	在国内外建有77个生产基地，其中空调生产基地15个	在全球拥有70多个生产基地	拥有4大国内制造基地，印度尼西亚空调和巴基斯坦冰箱等海外制造基地	在全球设有22个制造基地
合肥主要产品		洗衣机、冰箱	空调、洗衣机、冰箱，其中合肥冰柜产能占集团70%以上	空调；合肥是国内中东部最大和第二大专业化空调生产基地，仅次于珠海格力	洗衣机、冰箱等电产品；电机、程控器等部件	空调、洗衣机、冰箱、冰柜、厨房电器、生活电器	洗衣机、冰箱、烘干机等，其中冰箱、洗衣机只有合肥一个生产基地
合肥基地权限	上游采购	总部统一集中采购	总部统一集中采购	自主采购，但供货商开发权在总部，合肥拥有建议权	自主采购	自主采购	自主采购
	中游生产	总部下订单	总部下订单	总部下订单	自主安排	自主安排	自主安排
	下游销售	总部安排销售	总部安排销售	总部安排销售	自主销售	自主销售	自主销售
企业动向		集团未来将重点发展数字字创新业务，并孵化1~2家上市公司	总部有计划在合肥等地建research开发中心	总部有计划将商用空调和大机组类的研发迁移到合肥	计划建物流仓储基地	—	计划扩大产能（350亩）

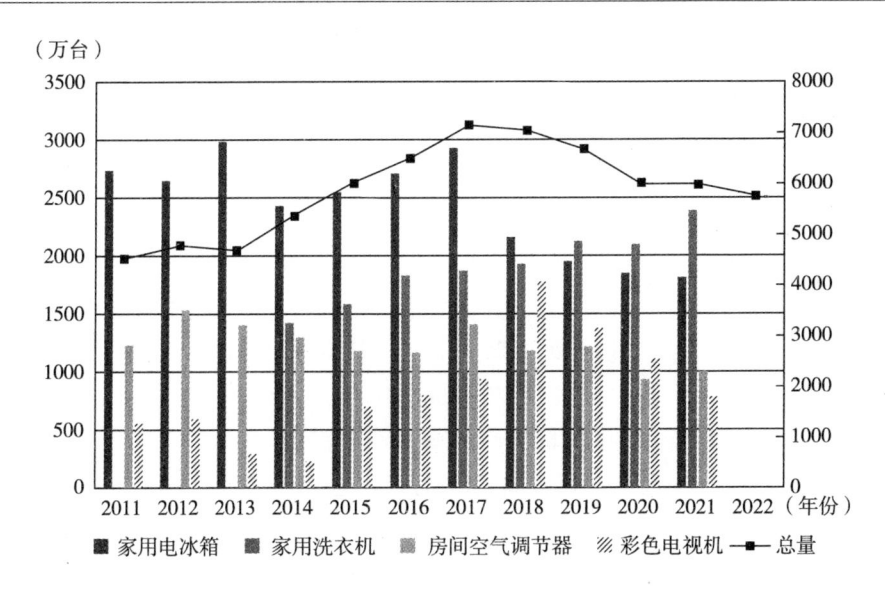

图 2　合肥近 10 年四大件产量

（2）产业新城配套能力不足。为了缓解市区及周边地区土地存量有限的问题、促进家电产业集聚发展，合肥现已在巢湖炯炀镇规划了总占地约 25065 亩的中国·合肥智能家电（居）产业新城。该区域土地价格优势显著，水路交通便捷，已有部分家电玻璃、钣金等零部件企业入驻，但由于园区标准化厂房建设尚未完工、配套设施尤其是生活配套能力较弱，龙头主机企业进驻意愿不强。

5. 长三角区域城市同质化竞争较小

长三角范围内，以家电为主要产业之一的城市共计 6 个，其中安徽省有合肥、芜湖、滁州，浙江有宁波、台州。6 个城市中，仅宁波的家电产业与合肥家电规模具有可比性，但二者在产品上差别较大，合肥以冰洗为主，宁波以小家电为主。滁州、芜湖、台州的主要家电产品与合肥存在重叠，但只有芜湖空调产量高于合肥，产业总规模落后于合肥。综合来看，合肥家电产业在长三角范围内同质化竞争压力较小。

（二）合肥家电产业转型升级困境

1. 产业定位转变后继乏力，政策倾斜力度不足

合肥家电产业有 50 多年的发展历史，诞生了诸多的世界第一，但是近年来，合肥产业政策向新能源汽车和新一代信息技术等"高精尖"产业倾斜力度逐步加大；部分县区、开发区对家电产业重视程度不够，认为家电类项目吸引力不强，2022 年上半年新增家电项目 41 个，投资额 105 亿元，新增项目数和投资额均仅位列全省第五。在政策帮扶力度不足的情况下，不仅在合肥连续举办了十三届的中国（安徽）国际家用电器暨消费电子博览会于 2022 年迁至芜湖举办，美的、格力、志邦等企业也先后在芜湖、滁州、马鞍山等地建设新项目。

2. 成熟类家电增长缓慢，新兴家电拉力微薄

合肥家电产品以白色家电为主，白电中又以冰箱和洗衣机为主。2021 年合肥冰洗产

量总计4199万台，占当年"四大件"总量的70%，而大家电的使用寿命通常较长，如冰箱和洗衣机的使用寿命为8～12年，加上前期房地产市场疲软和局地疫情反复限制消费，大家电的人均保有量已接近饱和，行业增长缓慢。而以智能家居、小家电等为代表的新兴家电在合肥规模仍较小。根据小家电上市公司排名，排名靠前的苏泊尔、小熊电器、格力、美的等企业，均未在合肥设厂，或暂无在合肥开辟生产线的计划。合肥目前仅有荣事达电子电器集团、荣电集团、西玛科等企业从事厨卫电器和小家电生产。以西玛科、惠而浦为代表的集成灶、洗碗机、微波炉等厨房电器，产量只有几十万台；以格美、舒尔环保科技为代表的空气清新机等健康家电产量更小；以居博士、大德中电为代表的智能家居系统销售收入尚未过亿。可见，合肥家电产业缺乏新的增长点。

3. "橄榄型"产业结构弊端凸显，产业发展节奏放缓

近年来，合肥以"积极承接产业转移"为发展重点，忽略了自主品牌的培育工作，该政策确实吸引了一众头部企业在合肥设立生产基地，使得合肥家电产能位居全国第一。但也因为如此，合肥家电产业以生产为主要功能，订单、研发、营销等均受制于总部，产业结构呈现为研发、市场两头在外的"橄榄型"，这导致了合肥家电企业对于自身发展的话语权极低，也加大了政府管理难度。与研发设计和销售服务相比，生产端不仅利润较低，而且还要承担环保压力，我国实现碳达峰、碳中和的时间紧、任务重，而家电制造企业是耗能大户，2021年9月以来，全国多地出现电力供应紧张，10多个省份出台了"限电限产"指令，包括合肥在内的多个地区受到影响，部分家电企业实施"做三休四"的停工措施。预计未来几年内家电企业将被率先纳入履约周期中，减排、回收、提能效给家电企业带来新的挑战。除此之外，"两头在外"的产业结构还增加了合肥本地的税收风险。

4. 传统优势逐渐弱化，产业亟须破局

合肥近年产业层次稳步提升，引进了京东方、蔚来、比亚迪、武田制药等企业，并在用地等方面给予支持，客观上对本地家电企业扩大规模和外地企业招商的用地空间造成了挤压。与此同时，为了服务新能源汽车、人工智能、集成电路等高新技术产业发展，合肥出台了多项高端人才引进政策，但家电制造属于劳动密集型行业，本地家电企业研发功能较弱，对高端人才的需求较少，中端技术人才和一线工人缺口较大。一方面，许多一线工人资源被把控在劳务中介手里，不仅抬高了用工成本，而且许多劳务中介对工人虚假承诺福利待遇，导致企业增加许多劳务纠纷；另一方面，合肥本地工人流失较严重，对于省内工人的吸引能力不如其他长三角先发城市，导致在家电生产高峰期常常出现各大企业"抢人大战"。而技术人才通常学历中等、已经成家立业，合肥对该类人才在购房、子女教育等方面政策倾斜较小。

5. 省内外城市追赶加剧，对合肥产业造成挤压态势

广东、青岛几乎占据了我国家电企业营业收入排名前十的所有总部，不论是在产业配套方面还是在政策扶持方面都有较大优势。其中佛山以粤港澳大湾区建设为契机，与广州、深圳、香港、澳门形成联动的创新网络，实现技术、人才、资金等生产要素高度集聚。青岛拥有世界第五大港——青岛港，对外开放资源遥遥领先合肥，2021年出口额是合肥的15倍，在此基础上，近年来青岛把加快打造智能家电等五个全国一流产业集群作

为高质量发展的产业总抓手，出台了专门的家电产业工作方案和投资导向目录。另外，省内多个城市近年来家电产业规模快速扩大，对合肥追赶加剧。其中芜湖与合肥相比具有更低的用工和土地成本，并不断加大政策支持力度，在其推动制造业发展的若干政策里，对家电产业制定了详细的奖补政策，已吸引了美的投资50亿元建设美的厨热智能产业园等大项目，现已成为华东地区最大的空调生产基地、美的除总部顺德之外最大的生产基地。老牌强市和后起之秀的追赶加剧，对合肥产业造成挤压态势。

三、合肥传统家电产业竞争力分析

（一）对比对象的选取

根据国家统计局2021年四大件产量数据，排名靠前的省份主要有广东、山东、安徽、浙江等。研究根据上述省份的"十四五"规划，分析了各省家电产业重点布局的城市，依据城市人口、GDP总量与合肥相似的原则，最终选择青岛、佛山、宁波作为对比城市。

（二）产业总体规模对比

2021年，合肥家电产业主营业务收入突破千亿元；青岛市智能家电集群企业主导产业工业总产值2620亿元（不含第三产业）；佛山家电业产值超3000亿元；宁波家电工业总产值达1200多亿元。目前合肥家电产业规模落后于佛山和青岛。

根据各市"十四五"规划，到2025年，合肥计划培育形成2000亿级的智能家电（家居）产业集群，全力打造全国重要的智能家电制造业高地、全球具有影响力的家电产业基地；青岛提出家电产业产值规模突破3000亿元，全力打造世界先进智能家电产业集群；佛山计划打造超6000亿级智能家电产业集群；宁波提出智能家电产业链产值达到1800亿元。预计在"十四五"末，合肥家电产业规模将落后于佛山和青岛，且落后幅度将进一步扩大（见图3）。

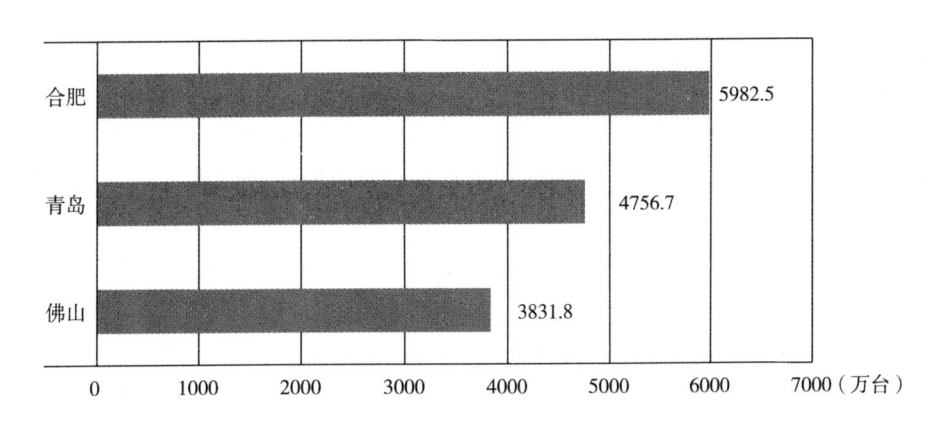

城市	产量（万台）
合肥	5982.5
青岛	4756.7
佛山	3831.8

图3　2021年合肥、青岛、佛山四大件总产量

（三）主要产品产量对比

近10年合肥与青岛、佛山、宁波四大件产量对比如图4所示。

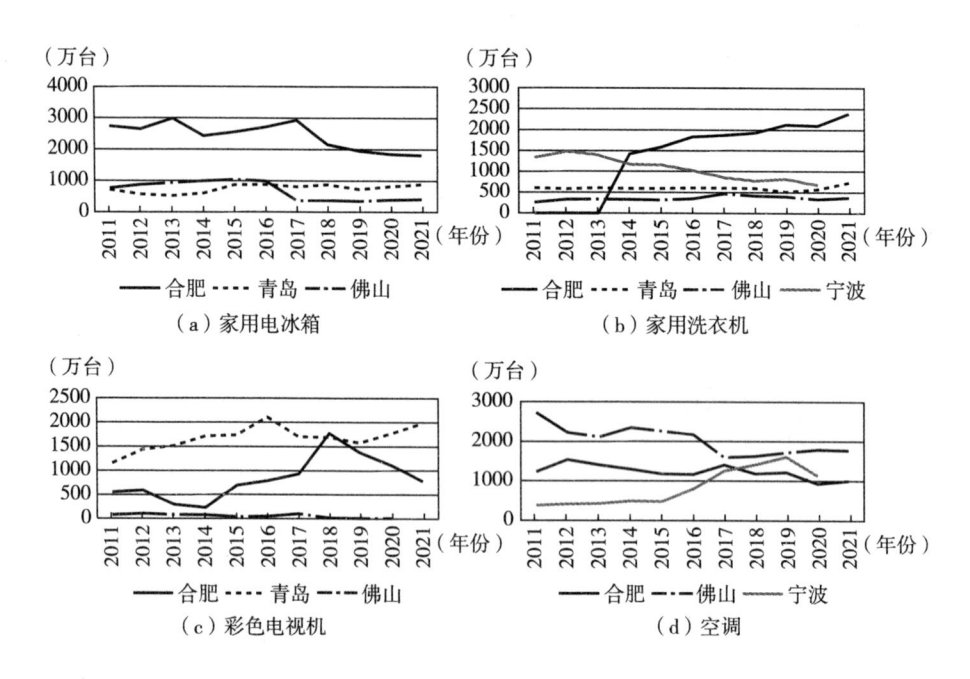

图4　近10年合肥与青岛、佛山、宁波四大件产量对比

1. 冰箱

合肥冰箱产量大幅领先青岛、佛山、宁波；但3个城市中，只有青岛的冰箱产量总体为上升趋势。近年来，合肥与青岛的冰箱产量差距正逐步缩小，且合肥冰箱产量的波动程度明显高于青岛、佛山。

2. 洗衣机

合肥洗衣机产量大幅领先青岛、佛山、宁波；宁波呈现明显的下降走势，青岛和佛山产量波动小，其中青岛自2019年起产量出现较明显上涨，但涨幅低于合肥。

3. 电视机

青岛电视机产量明显高于合肥，主要是由于青岛拥有电视行业龙头企业海信。2018年合肥产量短暂超越青岛后，产量下落，与之相对的是青岛电视产量逐步上升，这主要是由于2019年青岛发布了超高清视频产业发展四年行动计划，提出建成具有全球影响力的超高清视频产业高地，目标产业总规模超过1000亿元。2015年起合肥引进了惠科金扬等相关项目，产量开始明显高于佛山。

4. 空调

合肥空调产量整体低于佛山，2011~2017年，由于佛山空调产量下降，合肥与佛山差距逐步缩小；2017年后，佛山空调产量小幅上涨，再次拉开与合肥的差距，主要由于近年美的空调市场份额不断上涨所致。宁波2018年起空调产量大幅上涨并领先合肥，主要原因是宁波奥克斯投资建设的智能工厂建成投产，以及当年浙江大范围棚户改造拉动消费需求，2020年受疫情影响空调产量产生下落。

（四）品牌塑造情况对比

根据中商产业研究院整理发布的2021年中国家电行业上市企业市值排行榜，我国家电行业共87家上市公司，总部位于青岛的有海尔等三家企业；总部位于佛山的有美的等10家企业；总部位于宁波的有德业等6家企业；总部位于合肥的有惠而浦等3家企业。值得注意的是，在排名前10的企业中，佛山、青岛、宁波分别有1家企业入围（佛山美的排名第一，青岛海尔排名第二，宁波德业科技排名第九），合肥家电企业排名最高的是惠而浦，仅位列第40名。

（五）产业创新能力对比

1. 专利方面

合肥以美菱、惠而浦为主体，累计申请专利近3000件；青岛以海尔、海信为主体，累计申请专利8万余项；佛山以美的为主体，累计授权专利5.7万项；宁波以奥克斯、公牛、方太为主体，累计申请专利近1万项。

2. 行业标准方面

合肥美菱制定了中国"家用深冷冷藏冷冻箱"产品标准，并参与了3项国家标准的制定；青岛海尔累计参与74项国际标准的制/修订，及560项国家/行业标准制修订工作，海信主持参与并发布30项国际标准、156项国家标准、231项行业标准；佛山美的累计参与制订或修订技术标准1347项，其中国际标准41项，国家标准514项，行业标准277项，地方和团体标准515项；宁波奥克斯首推空调行业"极地标准"，公牛参与制定并起草了插座行业新国标文件。

3. 创新平台方面

合肥家电产业拥有国家级、省级、市级企业技术中心和工程研究中心30余个，品牌家电企业实现企业技术中心全覆盖；青岛拥有家电行业唯一一家国家级制造业创新中心——国家高端智能化家用电器创新中心；佛山美的在全球拥有10个国家级企业技术中心、设计中心及博士后科研工作站，19位长期合作的院士和8个院士工作站（室），超过60个省部级企业技术中心、工程中心、设计中心或重点实验室；宁波家电产业拥有2家国家级企业技术中心、1家国家工业设计中心和高端智能家电制造业创新中心、家电模具国家工程技术研究中心等产业创新平台，并有3家企业被评为国家级制造业单项冠军示范企业。

整体来看，合肥家电产业在创新平台方面具有一定优势，尤其比产业规模领先的佛山优势明显，但是企业专利和行业标准落后较多，本土企业的行业话语权亟待提高。

（六）推动产业发展的主要做法分析

1. 合肥市

（1）大力承接产业转移。抢抓长三角一体化发展重大机遇，整体融入长三角产业分工协作，积极承接电冰箱、空调、洗衣机、彩电、厨卫电器、小家电产品的研发、制造、集散。

（2）完善产业配套。积极引进并支持围绕智能家电（家居）产业发展相配套的关键零部件、先进制造成型、先进材料、高端半导体等领域行业"专精特新"或"独角兽"落户。

（3）推动企业智能化转型。以企业为主体，政府通过加强政策引导和补贴，推动企业开展智能化转型。已有美的灯塔工厂入选世界经济论坛（WEF）第 8 批全球"灯塔工厂"名单，海尔 COSMOPlat 全世界第一家引入用户全流程参与体验的工业互联网平台。

2. 青岛市

（1）提高产业定位，出台利好政策。青岛把加快打造智能家电等五个全国一流产业集群作为高质量发展的产业总抓手，出台了相关工作方案和智能家电关键零部件投资导向目录，提出打造"1468"产业发展体系。

（2）明确场景化、生态化转型赛道。以行业龙头企业为主体，提供家电家居"硬件设备+云平台接入+应用和服务"的完整解决方案，并引进和培育了歌尔研发总部、小鸟看看、量子云等以智能硬件、虚拟现实为主的企业，为构建智能家电产业生态打下基础。

（3）注重创新力量整合。组建了国内家电领域唯一的一家国家制造业创新中心，整合了本地龙头企业创新资源，并吸引了外地智能、安全领域企业，将制造业领域的创新力量串珠成链，塑造技术长板。

3. 佛山市

从单个地区"单打独斗"升级为跨地区的"产业集群"。佛山联合广州和惠州两市积极共建超高清视频和智能家电产业集群，已成为全国首个跨区域跨领域建设的先进制造业产业集群，其主要做法可以概括为"一张蓝图、两套机制、三个统一"。"一张蓝图"即三地共同编制了产业集群实施方案，强化顶层设计。"两套机制"即三地政府签订战略合作协议，细化落实集群建设工作的任务和分工；并创新建立以行业协会为依托的"1+2+N"的粤港澳大湾区全域联动一体化发展工作机制。"三个统一"即统一资金管理、统一专项行动、统一品牌形象，联合策划举办系列活动，集中打造对外展示品牌形象和外界识别产业的窗口。

4. 宁波市

（1）把细分领域做大做强。推动骨干企业"放水养鱼"行动计划，面向家电腰部企业，开展精准扶持，引导中小型企业向"专精特新"方向发展，并举办国际展会，为众多网红小家电产品搭建内联外通的发展平台。

（2）加强区域品牌建设。慈溪在全国首创全网营销平台，在多个电商平台上建立慈溪家电馆。

（3）打造智能家电（家居）云平台。构建面向智能家电（家居）产品的统一云平台，为智能家电产品提供产品上云、远程控制、数据分析、解决方案等定制化平台服务。加快推进宁波智能家电（家居）产品互联互通，整合宁波家电终端数据，提升家电企业协同制造和资源整合能力。

整体来看，合肥家电产业发展模式主要为项目引进，青岛、佛山、宁波主要发展模式均为本土培育。具体来看，青岛从顶层设计、平台服务、创新环境等多个环节入手，正着手优化家电产业转型的整体生态；佛山基于优越的产业基础和溢出效应，已开始实践跨区域发展；宁波主要结合自身民营企业活跃的特点，引导腰部企业占领细分领域（见表2）。

表2 合肥市家电产业与其他城市对标比较①

城市	合肥	青岛	佛山	宁波
产业规模（2021）	主营收入突破千亿元	工业总产值2620亿元	产值超3000亿元	工业总产值达1200亿元
发展目标（2025）	培育形成2000亿级的智能家电（家居）产业集群，全力打造全国重要的智能家电制造业高地、全球具有影响力的家电产业基地	产值规模突破3000亿元，全力打造世界先进智能家电产业集群	打造超6000亿级智能家电产业集群	智能家电产业链产值达到1800亿元
四大件产量（2021）	5982.5万台	4756.7万台	3831.8万台	1807.12万台（2020年洗衣机、空调产量）
2021年中国家电行业上市企业市值排行	惠而浦（第40名）融捷健康（第64名）长虹美菱（第65名）	海尔智家（第2名）海信视像（第16名）澳柯玛（第46名）	美的（第1名）、新宝股份（第12名）、海信家电（第17名）、小熊电器（第27名）、佛山照明（第38名）、万和电气（第48名）、顺威股份（第73名）、德奥（第83名）、雪莱（第86名）	德业股份（第8名）、富佳股份（第34名）、德昌股份（第35名）、朗迪集团（第76名）、齐精机械（第78名）、圣莱达（第81名）
创新能力（专利数量）	3000余件（美菱、惠而浦）	80000余件（海尔、海信）	57000余件（美的）	约10000件（奥克斯、公牛、方太）
发展模式	项目引进为主	本土培育为主	本土培育为主	本土培育为主
转型升级方向	①依托长三角，大力承接产业转移。②推动企业智能化转型	①提高产业定位，强化顶层设计。②明确转型赛道，引进和培育新兴技术企业。③整合本地创新资源	联合广州和惠州两市积极共建产业集群，已成为全国首个跨区域跨领域建设的先进制造业产业集群	①把细分领域做大做强，为企业搭建展会平台。②加强区域品牌建设。慈溪在多个电商平台上建立慈溪家电馆

5. 结论

综合分析合肥传统家电产业竞争力，可以发现：

（1）合肥家电产业规模落后佛山、青岛，预计在"十四五"末差距将进一步扩大；

（2）合肥主要家电产品产量遥遥领先其他城市；

（3）其他城市本土品牌多且品牌市值高，合肥家电自主品牌培育工作滞后；

（4）合肥创新能力领先佛山，但目前本地企业的行业话语权较低；

（5）国内几大家电城市都在推动家电产业向智能家电、智能家居方向升级。合肥家

---

① 产业规模数据来自各市相关部门官网；发展目标数据来自各市"十四五"规划；主要产品产量数据来自各市统计年鉴；上市企业市值排行数据来自中商产业研究院；创新能力数据来自各企业年报；转型升级方向根据公开资料整理。

电产业未来应重点培育本土企业,由单纯地追求产量向扩量重质转变。

四、合肥传统家电产业转型升级的路径思考

(一) 以优越的创新资源激活"生产基地型企业"发展动能

充分发挥合肥创新资源集聚优势,发挥"中国声谷"人工智能技术、科大讯飞语音平台技术、高校、科研院所等技术优势,积极聚集国内外优秀创新资源,构建合肥家电产业技术创新体系,通过创新研发政策、加大科技招商力度、打造"家电+AI"典型应用场景等,推动海尔、美的、格力等龙头企业向总部申请更多高端产能落地合肥。

(二) 以卓越的产业服务促进高成长型企业发展壮大

以美菱、科希曼、西玛科等总部在合肥且具有较大成长空间的企业为重点,汇集一批优质高效的工业互联网、节能环保、质量提升等咨询服务机构、研究机构和涉企行业协(商)会等,建立企业转型供给资源池,为家电企业提供转型咨询、诊断评估、设备改造、软件应用等一揽子转型升级服务。引导企业把握行业发展趋势,丰富产品类型,创新营销方式,开辟海外市场,发展智能制造。

(三) 以完善的产业政策提升产业吸引力和友好度

谋划出台家电产业综合性支持政策,重点加大资金支持和提高人才待遇。系统加强人才建设,更侧重高端技能人才培养,从技术工人培养、评价、使用、激励和保障等各个环节着手,整合各方资源,形成立体效应。出台包含家电产业在内的制造业转型升级发展奖补政策,引导各类产业投资基金向制造业转型升级领域倾斜,鼓励金融机构针对包含家电在内的16条重点产业链,推出金融创新产品和服务。

五、合肥传统家电产业转型升级政策建议

(一) 优化传统家电产业结构

1. 拓展产业发展深度

为惠而浦、国风塑业、长虹美菱、杰事杰等国家级企业技术中心与中科大、合工大等高校牵头搭建合作渠道,结合合肥市关键共性技术研发"揭榜挂帅"工作,支持围绕家电芯片、压缩机、电子元器件等关键零部件,保温绝热材料、冷冻油、制冷剂替代材料等关键原材料开展关键基础技术和新产品的产业化攻关,强化"补短板""锻长板"技术研发,开发"填空白"产品。依托合肥先进计算中心建设,结合高新区、包河区区域经济大脑建设经验,建立将上下游产能、原材料、人等全面联通的高效平台,优化产业配套半径,提升协作配套水平,通过对工业数据的全面深度感知,形成智能决策辅助,实现精准招商,以及对企业服务的"一网通达"。

2. 拓宽产业发展广度

引导长虹美菱、尊贵电器、亚摩斯等企业加强对北美、欧洲、澳新、南亚等海外市场拓展，积极利用跨境电商、C2M等新模式，培育新的增量市场，鼓励企业加快股份制改造和上市工作，支持和鼓励自有品牌出海，强化全球品牌战略，支持有条件的企业进行跨国品牌收购和海外创牌。依托航空口岸、综合保税区、保税物流中心和保税库等建设，不断完善物流和仓储等跨境物流基础设施建设，支持外贸企业、跨境电商企业等在合肥中欧班列沿线布局建设运营海外仓，增强集结、分拨、配送功能。充分发挥合肥市家用电器与电子信息行业协会、合肥市智能家电技术创新联盟、高新区"链通高新"产业联盟等平台作用，不定期开展企业培训、项目对接等活动，加强行业资源互惠互享，搭建企业合作渠道。同时在招大引强上不断取得新突破，健全制造业投资政策和服务体系，优化利用外资结构，引进一批世界知名跨国企业总部。

3. 优化产业发展空间

融入长三角产业集群。大力推进"招大引强"，瞄准浙江三花、火星人、苏州科沃斯、银河电子、上海飞科等家电行业龙头企业主动出击，招引优质项目，力争在合肥设立第二总部、研发中心等；强化合肥长三角副中心的区域产业集聚能力，支持各县（市、区）与上海、宁波等地开展形式多样的战略合作。推动长三角合作中创新人才、就业和产业的动态匹配和双向迁移，灵活运用"飞地""虚拟研发中心"等，推动家电产业创新成果异地孵化、本地转化。提升产业辐射能级。依托合肥都市圈协同发展，充分调动都市圈内土地、能耗、铸造产能等资源，探索在都市圈内建立"统计分算、税收分成"利益分享机制，开展家电产业和项目的联合靶向招商，建立城市间家电产业重大事项、重大项目共商共建机制，推动跨地域智能家电（居）平台互联互通、资源共享，统筹规划商品流通基础设施布局，推动内外贸融合发展，畅通市场网络。坚持市内差异化协同发展。明确各区域发展重点，加强各县（市、区）产业协作，完善市区企业准入退出机制，引导形成以高新区、经开区为核心，以肥西县、长丰县、肥东县为支撑，以巢湖家电新城为未来发展增长极的"一核一带一极"家电产业格局。其中，高新区、经开区以整机制造为主，重点发展空调、洗衣机、冰洗等白色大家电和智能家电（居），走智能化、高端化发展路线，鼓励企业提升产品科技含量和附加值。肥西县、长丰县、肥东县以家电配件生产加工为主，重点引进PCB、显示模块、二极管类、高频变压器、电感、滤波器等产业链缺失环节，不断提高本地家电配套率。加快提升巢湖智能家电（居）产业新城等县域配套服务建设，增强对企业入驻的吸引力。

4. 壮大产业规模

加快企业梯度培育。按照"创新型中小企业—省专精特新企业—省专精特新冠军企业—国家级专精特新小巨人企业—国家级单项冠军企业"成长路径，加快优质家电企业梯度培育。鼓励企业加快股份制改造和上市工作，支持有条件的本土企业进行跨国品牌收购和海外创牌。健全产业链群主企业与中小企业融通发展机制，鼓励中小微企业围绕大企业生产需求，提升协作配套水平，定期开展大中小企业合作项目推介会，推动供需双方就地链接。引导企业顺应行业的发展趋势，发展高品质、高性价比、细分场景下的新兴家电，提升产品外观设计，拓展网络营销与电子商务等零售模式。探索构建"产业公地"①。探索以"产业公地"的思维打造家电产业生态，重铸家电产业与人工智能、集成电路、新材料等合肥优势产业的关系。出台"产业公地"专项政策，重新缔造大科学装置、创新平台、科研人才等要素的紧密关系，以创新资源之间的交流合作打通家电与智能语音、芯片等产业间合作的通道，以人工智能等优势产业构筑家电龙头企业在肥设立研发部门的溢出效应。促进产业链重构升级。鼓励企业提高产品质量和稳定性、可靠性，形成国产替代进口的能力。建立产业备份系统，丰富重要产品的供应渠道，提高产业链抗风险能力。引导传统家电与家居、家政、建筑等行业融合发展，培育引进家电生态链企业，深度融入"泛生活"场景，重构合肥家电产业生态体系。

（二）增强传统家电制造能级

1. 创新赋能产业转型

提升企业技术创新能力。依托综合性国家科学中心、"科大硅谷"、"中国声谷"等创新平台，结合国家基础学科研究中心创建、安徽科技大市场建设等，支持企业开展转型升级技术研究，指导有条件的企业做好项目备案，规范研发费用，积极建设产业创新中心、技术创新中心、制造业创新中心等；支持鼓励高校、科研机构遴选应用型、技术型人才到企业兼职、挂职；鼓励西玛科、雪祺、培恩电器等企业建设企业技术中心、工程研究中心和工业设计中心，构建多层次技术创新体系。促进企业技术协同攻关。联合建立关键核心技术攻关项目库，运用"揭榜挂帅"等方式支持龙头企业牵头对关键核心技术、产业共性技术等进行产业化突破。支持产业链上下游企业、研发机构等单位组建联合体，组建体系化、任务型的创新联合体，围绕技术改进、产品研发、品质提升等开展协同创新，承担或参与国家科技重大专项、科技创新2030—重大项目、国家重点研发计划等。

创新研发政策。充分发挥合肥创新优势，对在本地研发、本地转化的科技成果实施研发费用减免、科研装置共享、建设费用奖补、税收优惠等全流程优惠，推动企业向总部申请更多高端产能。加大科技招商力度，主动对接企业在合肥设立研发中心、院士工作站、高新技术产业化基地等。鼓励本土企业收购或投资设立海外研发机构，加强重大关键技术引进和合作。

2. 数字赋能产业转型

持续深化智改数转。支持格力、美的、海尔等整机企业发挥"头雁效应"，依托企业工业互联网平台、合肥产业平台等与产业链供应链中小企业深度互联，带动中小企业协同发展和数字化智能化转型，打造数据互联互通、信息可信交互、生产深度协同、资源柔性配置的产业链供应链。推动企业进一步加大技术改造力度，引导支持家电规模以上企业全面进行生产线全线改造，培育"四化"改造示范生产线。发挥美的合肥"灯塔工厂"建设经验，力争形成"灯塔效应"，组织本地家电企业交流学习建设成果和经验，遴选全市

---

① 产业公地：是指根植于企业、大学和其他组织之中的研发与制造的基础设施、专业知识、工艺开发能力、工程制造能力等。这些能力共同为一系列的产业成长和技术创新提供基础，实现各个主体之间的共融共生。

本地基础较好的企业建立"灯塔工厂"培育库，做好跟踪培育。支持企业围绕用户需求和应用场景，构建多设备接入、多场景联动的智能家电应用场景，为用户提供多样化的家电场景解决方案。通过产业联盟结对合作等方式，加强科大讯飞、仙湖半导体、华云数据等企业与家电企业交流合作，推动数字孪生、人工智能、5G、大数据、区块链、虚拟现实（VR）/增强现实（AR）/混合现实（MR）等新技术在家电制造环节的融合应用，将单个设备、系统或业务环节的数据进行系统性集成管理，实现跨部门、跨系统和跨业务环节的集成优化，发展平台化设计、精益化管理、网络化协同、柔性化生产、个性化定制、服务化转型等制造新模式，建设一批数字化智能化示范工厂、车间。

3. 绿色赋能产业转型

研发轻量化、模块化、集成化、智能化等绿色设计共性技术，采用高性能、轻量化、绿色环保的新材料，开发具有无害化、节能、环保、高可靠性、长寿命和易回收等特性的绿色家电产品，提升产品节能环保低碳水平。发挥供应链核心龙头企业的引领作用，开展产品全生命周期管理，带动上游零部件供应商和下游回收处理企业，实行可持续的绿色供应链管理。强化绿色生产，构建绿色物流和绿色回收体系，提高对供应商绿色设计、清洁生产和绿色包装的要求，应用物联网、大数据等信息技术，建立绿色供应链管理体系。建设培育一批绿色工厂。针对肥西、长丰等地的零部件企业，推动生产过程清洁化转型，对绿色改造意愿强、基础好的企业提供免费清洁化诊断。出台全市开发区循环化改造实施方案，推动构建全市开发区原材料和产品、物流运输、能源、用工等"内循环"，推动制造业绿色循环发展。

4. 品质赋能产业转型

加强品牌建设。落实"三品"战略和安徽工业精品培育行动计划，支持一批技术创新能力强、经济效益好、诚信度高的中小企业，通过品牌建设培育工程，打造区域特色品牌。逐步收回荣事达的品牌授权，将其转让给有条件的本土企业运营，以"国潮""民族品牌"等消费热点为突破口，焕新品牌影响力。鼓励家电企业参加CES、IFA、AWE、世界制造业大会、显示产业大会等国内外重要展会、推介会，集中展示最新成果和发展水平，加大品牌输出力度，不断扩大合肥家电品牌影响力。鼓励企业积极参与制定行业、国家和国际标准，主动参与"一带一路"、RCEP、自贸区建设等。

推动质量管理数字化。引导零部件企业和中小整机企业加强生产制造关键装备数字化改造，推广应用质量管理系统（QMS），通过购买第三方服务开展数字化质量验评、质量控制、质量巡检、质量改进等，助力企业实现精细化质量管控，持续提升产品质量智能在线监测、检测。对通过应用机器视觉等技术和智能检测装备等新技术、新装备，有效降低不合格品率的企业进行奖补。

设备远程运维和预测维护。结合"灯塔工厂"、数字工厂建设，推广设备在线运行监测、预测性维护，降低设备故障率，保障生产质量，加强成果宣传。提升家电行业基础产品可靠性稳定性水平，联合检验检测机构和家电企业共同开展整机产品可靠性标准、产品可靠性设计和试验检测评价技术攻关。

(三) 强化转型升级基础支撑

1. 完善信息基础设施建设

聚焦5G、工业互联网、大数据等重点领域，构建"泛在互联、全域感知、数据融合、智慧协同、安全可靠"的新型信息基础设施体系。加快推动肥西、长丰、肥东等产业园区数字化基础设施建设，实施千兆5G和千兆光网"双千兆"工程，对接海尔、美的、格力等企业需求，优化数据中心布局，打造低时延、高速率、广覆盖、安全可靠的高质量公共网络，夯实制造业数字化智能化转型发展根基。

2. 强化能源电力保障

落实"碳达峰、碳中和"战略，结合高新区碳达峰碳中和先行示范区建设等工作，加快推进重点能源项目规划建设，推进电力源网荷储一体化和多能互补发展，全面提升能源电力保障能力，缓解企业夏季用电高峰限电停产问题，助推制造业"四化"转型。全面深化"亩均论英雄"改革，优化评价体系，加大评价结果运用，探索建立优质企业豁免机制，当年度亩均综合评价结果为A类的企业可免于执行有序用电、大气污染防治、应急停产或执行最低限产比例。

3. 加快工业互联网标识解析建设

进一步增强合肥工业互联网综合性标识解析二级节点平台的能力，加快建设和推广应用家电、家居等行业工业互联网标识解析二级节点，选取一批有基础、有需求的企业进行试点建设，围绕供应链管理、产品溯源、生产系统间精准对接等典型场景，开展工业互联网标识解析集成创新应用，推动已建节点结合企业特色面向两个以上行业提供标识注册、标识解析、标识数据服务等。加强原材料、生产、营销环节数字化溯源，强化全生命周期质量协同管控，实现产品全生命周期质量追溯。

4. 加强人才培养和企业家培训

深入实施"招大引强"，完善合肥市重点产业企业高层次人才分类目录，结合全市家电企业台账，定期更新家电企业名单。着力培养和引进一批数字化、智能化复合型技术人才，探索在合肥都市圈与周边城市、企业之间进行人才等级互认。明确高技能领军人才与高层次人才同等享受相应待遇，鼓励企业对高技能人才实行技术创新成果入股、岗位分红，推行职工技术创新专项集体合同。支持高等院校开展家电产业转型学科体系和人才培养体系建设，鼓励校企深度合作，建设数字化转型和智能化改造实训平台，开展"冠名班""订单班""定制班"等专业技能培训，积极组织开展市级高技能人才评选活动，评出一批"庐州杰出工匠""市级技能大奖"。组织开展面向制造业企业家的课程学习、走访交流，着力提高企业家对数字化、智能化转型发展的认识和意识。开展劳务中介专项整治行动，全面规范职业中介、劳务派遣等人力资源服务活动和用人单位招用工行为，切实维护人力资源市场良好秩序。

(四) 提高转型升级服务水平

1. 创新服务方式

加大制造业"四化"转型公共服务机构的培育和引进力度，汇集一批优质、高效、能解决实际问题的工业互联网、节能环保、质量提升等咨询服务机构、研究机构和涉企行业协（商）会等，积极做好供需对接，为家电制造业企业提供规划咨询、技术指导、专业培训、产业监测、信息安全、诊断评估、应用推广、政策宣讲、金融对接等一揽子企业转型赋能服务。鼓励赋能企业参照合同能源管理模式，带资为制造业企业实施转型项目，采取融资租赁等方式，降低中小企业融资负担与风险，依据转型项目产生的经济效益实行利润分成，形成长效服务机制。

2. 增强服务能力

培育一批扎根细分行业，熟悉企业转型需求的服务平台、企业，建立企业转型供给资源池，为家电企业提供转型咨询、诊断评估、设备改造、软件应用等一揽子转型升级服务，满足行业共性及企业个性需求。定期开展家电企业和服务平台对接交流活动，引导服务平台针对合肥企业的特点加强资源整合和技术创新，打通细分行业的数据链条，提升系统解决方案和产品的根植性、适用性和成熟度，提升服务中小企业的能力。大力支持家电龙头骨干企业加速服务化转型，实施信息化机构分离，开展独立运营，进一步提高家电企业转型供给能力。

3. 提升服务效能

发挥中央财政资金引导带动作用，加强政府在政策扶持、优化环境等方面对不同发展阶段企业的转型升级工作分别予以倾斜支持。按照"政府补一点，平台让一点，企业出一点"的思路，调动三方的积极性，并探索企业以转型收益支付服务费用等方式，降低企业转型成本。充分发挥产业联盟、协会等平台作用，开展企业培训、项目对接等活动，加强行业资源互惠互享，搭建企业合作渠道。

（五）优化产业转型升级环境

1. 完善工作机制

持续完善市领导挂钩联系家电产业链制度，研究协调产业链提升工作。依托智能家电产业专班，各部门和县区按照职能分工协同推进，实现市、（县）区、园区三级联动。依托行业协会和产业联盟等集成部门、专家、机构、智库等资源，对接产业链龙头骨干企业，支持产业链协同达产增效、市场主体做大做强，促进产业链与创新链、资金链、价值链、人才链、政策链有机融合。鼓励各区"因地制宜"制定差异化的转型升级行动方案与配套政策。

2. 灵活运用资本要素

出台包含家电产业在内的制造业转型升级发展奖补政策，引导各类产业投资基金向制造业转型升级领域倾斜，探索成立合肥制造业转型发展基金，争取国家制造业转型升级基金投资，强化合肥融担基金体系建设，对在本地自主研发的企业在人才引进、生产/研发设备升级、国产芯片软硬件研发、节能保鲜绿色等技术研究和新产品开发与推广等方面给予财政支持。鼓励传统家电企业向科技型、创新型企业转型，依托技术资产进行多元化融资。支持银行与创投机构建立战略合作生态联盟，开展投贷一体化服务，鼓励银行创新科创企业授信评价模式，建立"技术流"评价体系。政府部门与银行联合开发技术产权证券化产品，将科技型中小企业技术产权资产打包并发行证券进行融资。鼓励金融机构以制造业需求为导向，建立企业股权融资需求项目信息共享机制，充分利用培优基金等各类政府投资基金，开展多层次融资对接活动。

3. 加强宣传交流

建设转型升级标杆企业，做好制造业企业转型发展经验模式总结和成果宣传推广，打造合肥家电质量，塑造良好形象，提升家电品牌影响力。由政府牵头，组织权威单位举办家电创新产品（技术）大赛，对获奖产品和企业入驻合肥进行补贴，对本地获奖产品和企业进行补助。围绕产业聚集区，支持发挥行业协会、公共服务机构作用，打造产业链上下游中小企业品牌联合体，鼓励企业抱团参加展览展销、线上线下推广活动，加大产品宣传，提升区域品牌知名度。

本课题组成员名单：高程华、张岩岩、杨茹

合肥市打造 15 分钟生活圈研究

安徽大学创新发展战略研究院课题组

  2021 年 2 月春节前夕，习近平总书记在贵州省金元社区基层调研时强调，"坚持为民服务宗旨，把城乡社区组织和便民服务中心建设好，强化社区为民、便民、安民功能，做到居民有需求、社区有服务，让社区成为居民最放心、最安心的港湾"。根据商务部办公厅等印发的《城市一刻钟便民生活圈建设指南》以及《合肥市推进城市一刻钟便民生活圈建设试点三年行动实施方案》，明确"15 分钟生活圈"是指以社区居民为服务对象，服务半径为步行 15 分钟左右的范围内，以满足居民日常生活基本消费和品质消费等为目标，以多业态集聚形成的社区商圈。打造 15 分钟生活圈是引导居民低碳出行的重要途径，对于促进城市宜居宜业，满足人民日益增长的美好生活需要具有重要意义。

  本课题以大数据分析为研究手段，从人口、消费、公共设施、典型社区四个方面，对合肥市 15 分钟生活圈的发展现状展开系统分析，并结合实际调研，总结其中的主要特征和存在问题，通过学习上海、济南等城市打造 15 分钟生活圈的规划理念和实践经验，提出合肥市打造 15 分钟生活圈的原则、目标和标准，从而为合肥市完善社区公共服务、优化城市空间布局提供相应的政策建议。

一、概述

（一）概念界定

1. 生活圈

  有关生活圈的概念最早可追溯到日本，起初的设计初衷是为了缩小城乡差距、促进地区均衡发展。随后，相关规划研究扩展至韩国和中国台湾地区。新加坡虽然没有生活圈的概念，但其新市镇规划也体现了一些生活圈的理念，包括新镇中心要满足公众假日家庭一日活动所需，每个邻里单元容纳 2 万~3 万人，设邻里中心，涵盖日常基本所需，并与公交系统相连，重点配置服务老人儿童的设施等。

  生活圈是围绕人的日常生活所涉及的地理空间概念，为适应不同的行为活动，在不同的尺度上都有应用，从邻里、社区到镇村，均有不同的适用范围（见表 1）。2016 年，中共中央首次在对城市规划建设的管理意见中提出"打造方便快捷生活圈"的建议，同年上海先行制定"15 分钟生活圈"的规划，并取得一定成效，由此生活圈逐渐被公众所了解。

根据《合肥市推进城市一刻钟便民生活圈建设试点三年行动实施方案》，一刻钟便民生活圈是指以社区居民为服务对象，服务半径为步行 15 分钟左右的范围内，以满足居民日常生活基本消费和品质消费等为目标，以多业态集聚形成社区商圈。其中，基本消费是指就近满足居民日常生活必需的基本保障类设施，具有高频次使用特点，例如便利店、菜市场、快餐厅、美发店、药店、物流快递、诊所等设施，而品质消费则注重满足社区居民的多元化消费需求，塑造宜居宜业的空间环境，主要表现为品质提升类业态，如休闲餐饮、医疗保健场所、运动场馆、文化展览场所、娱乐场所等。

总体而言，生活圈反映了社区居民日常活动的场所和范围，是满足居民基本消费和品质消费的复合型空间单元。考虑到普通人一般的步行速度是 4~5 千米/小时，因此在 15 分钟内一个普通人可步行移动大约 1 千米的距离，其活动范围是 3~5 平方千米，在此范围内，人们的一些日常活动都可以通过步行方式到达。因此，15 分钟生活圈指以社区中心点为起点，在居民 15 分钟步行范围内可达的，并且购物、餐饮、教育、医疗、交通、养老等公共设施齐备的社区商圈。如表 1 所示，结合合肥市实际情况，本课题的 15 分钟生活圈是主要基于社区层面进行探讨，其服务面积为 1~5 平方千米，服务人口规模在 1 万~10 万人。

表 1 按照时间划分的生活圈类型

生活圈	可达距离（千米）	服务面积（平方千米）	人口规模（万人）	出行方式	承载功能
5 分钟邻里生活圈	0.3	0.1~0.3	0.5~1	步行	幼儿园、社区活动中心、便民设施等
15 分钟社区生活圈	1.0	1~5	1~10	步行为主	购物、教育、医疗、文化设施等
30 分钟村镇生活圈	—	50~150	50~300	综合交通	主要就业、高级别的商业服务等

注：根据《城市居住区规划设计标准（2018）》以及《上海市 15 分钟社区生活圈规划导则》整理。

2. POI 数据

POI（Point of Interest）主要是指依据城市特点增加的具有地理标识的一类空间特征物，主要包括与居民日常生活息息相关的各类地理空间实体，如便利店、医院、公园、图书馆、学校、超市等。POI 数据是空间大数据分析的基础性数据，目前在城市规划领域得到越来越多的应用。

本课题在参照国家住建部颁发的《城市居住区规划设计标准（2018）》以及相关文献的基础上，结合高德地图 POI 分类编码表，同时考虑到合肥市的实际情况，选取购物、餐饮、教育、医疗、交通、养老、文化、休闲、便民设施九大类共 31 小类服务设施作为合肥市 15 分钟生活圈的评价指标，具体如表 2 所示。

接着，基于高德地图平台，使用 Python 软件爬取收集合肥市的全量 POI 数据，其中每条 POI 数据包括各类公共设施实体的名称、类别、地址、经纬度等属性信息，经过去重、纠偏与空间匹配，最终得到合肥市范围内的共计 167117 条信息，从而为合肥生活圈规划提供必要的大数据支撑。

表2 合肥市15分钟生活圈POI类别表

一级指标	二级指标	示例
购物设施	便利店、专卖店、超市、综合市场	邻几便利店
餐饮设施	中餐厅、休闲餐饮、快餐厅、外国餐厅	栖巢咖啡
教育设施	幼儿园、小学、中学	南门小学
医疗设施	诊所、医疗保健场所、专科医院、综合医院	包河华苑诊所
交通设施	停车场、公交站、地铁站	三里庵地铁站
养老设施	养老服务机构、老年大学	南艳湖居家养老服务站
文化设施	文化宫、图书档案馆、文化展览场所	合肥工人文化宫
休闲设施	娱乐场所、运动场馆、公园、城市广场	逍遥津公园
便民设施	美发店、物流快递、药店、自动提款机	顺丰快递

（二）国内外典型案例分析

1. 熊市生活圈

熊本市位于九州中央西部，是熊本县的县厅所在地，在九州为仅次于福冈和北九州的第三大城市，截至2016年，其总人口约为72万人。早在2007年2月，熊本市就制定了《熊本市都市圈远景规划》，目的是增加都市圈的层次性。近年来，为了促进城市的旅游经济发展，改善城市的人居环境，熊本市政府制定了"以人为本"的生活圈设计指南。

熊本市生活圈包括"居住区—定住区—定居圈"三个圈层机构。其中，居住区是最小层次的生活网点，定住区以地域生活网点为核心，而定居圈则以中心商业区为核心。在发展生活圈的过程中，熊本市的典型做法主要包括以下三方面：

（1）根据实际发展需要不断优化生活圈规划导向。熊本生活圈的规划初衷是扩大文化商圈、带动观光旅游业等领域的发展，随着经济的发展和人们生活状态的变化，其生活圈规划逐渐朝着建立宜居宜业的生活环境、实现可持续发展的方向转变。此外，三个圈层结构承载着不同的功能，其中居住区集合了市民的日常生活服务设施（如便利店等），定住区提供必要的商业、行政、医疗、福利、教育等服务，而定居圈则提供高等级的商业、艺术文化、休闲、交流等服务。

（2）促进生活圈内不同圈层之间的交通联系。为推动城市低碳化、集约化发展，熊本生活圈建立了安全便捷、利于居民低碳出行的道路系统。其中定居圈间的联系主要依托轨道交通以及公交线网，定住圈间的联系尽可能使用公交车或自行车完成各项日常活动，而在居住区层面上，熊本市则以步行便利性为导向，在各主要生活网点之间设置步行绿道，形成便捷连通、舒适宜人的步行网络，并鼓励居民通过步行到达相应的生活网点。

（3）高度重视生活圈内的养老设施和休闲设施建设。熊本生活圈在规划过程中，十分重视人口老龄化现象，并采取了一系列针对性措施。一方面，导入居家医疗系统、建设福利设施和扩大幼儿设施，创建老年人与儿童融合生活的社区；另一方面，打造优良的居住环境景观，为居民提供日常休闲空间，注重提高老年人的身心健康，在强化居民归属感的同时还能激发城市的活力。

2. 上海15分钟生活圈

2016年上海在全国率先提出打造"15分钟社区生活圈"的实践计划，聚焦人民群众最关心的"衣食住行、生老病死、安居乐业"问题，努力完善基层社区的公共服务设施。2019年起，上海选取15个试点街道全面推动"社区生活圈行动"，重点提升教育、文化、医疗、养老、体育、休闲及就业等设施的配建水平和服务功能。至2021年，上海已完成180余个项目，长宁区新华路街道、普陀区曹杨新村等一批社区整体成效显著。

上海市15分钟生活圈包括"5分钟—10分钟—15分钟"三个圈层机构。其中，5分钟生活圈内布局养老设施、绿地公园、小型商场、儿童游乐场、幼儿园、小型商场、菜场等设施，10分钟生活圈内布局社区文化体育设施、小学等设施，15分钟生活圈内布局大型超市、社区行政设施、中学、社区卫生服务中心。在发展生活圈的过程中，上海市的典型做法主要包括以下三方面：

（1）充分考虑不同居民群体的生活需求。上海15分钟生活圈在规划过程中，为了满足居民对于家与设施之间、设施与设施之间的步行需求，根据居民的设施使用频率和步行到达的需求程度，以家为核心将设施划分5分钟—10分钟—15分钟圈层布局。基于居民日常活动特征，将高关联度的设施以步行尺度邻近布局，分别形成以儿童、老人以及上班族为核心使用人群的设施圈，如60~69岁老人日常设施圈以菜场为核心展开，同绿地、小型商业等邻近布局。

（2）鼓励公共服务设施的共享使用。为了构建一个高效复合、共享共赢的设施圈，上海市根据各类设施的布局要求和使用需求，鼓励综合设置各类设施，整合社区内可共享的功能空间，制定高效灵活的利用机制。例如，鼓励各类学校的图书馆、体育场馆等，在确保校园安全的前提下，积极创造条件向公众开放；鼓励老年学校、职业培训中心等与社区文化活动中心共享使用，共享培训教室、各类活动室等。

（3）注重提升公众的参与度。为了更好地促进公共服务设施精准配置，加强社区基层管理，上海市规划和国土资源管理局在制定15分钟社区生活圈规划导则时，十分重视提升公众的参与程度。通过互联网技术和实地访谈，掌握居民生活动态，了解居民实际生活需求，充分摸清不同居民群体的活动规律，从而精准地配置各类公共服务设施，改善街道的居住环境，使得社区居民的日常生活更加便捷。

3. 济南15分钟生活圈

构建"15分钟生活圈"是提高和改善城市民生的重要举措。2018年济南出台《济南15分钟社区生活圈专项规划》，旨在建设满足"人民美好生活需要"的社区生活圈。2019年，进一步发布《济南市15分钟社区便民商圈规划暨示范建设规划（2019—2021年）》，提出3年内建成114个"15分钟社区便民商圈"。

济南市15分钟生活圈包括"街道—邻里"两个圈层的生活圈体系。其中，街道级生活圈集中布置规模敏感的服务设施，包括初中小学、社区商业、行政事务、文化体育活动设施等，控制在10~15分钟步行范围内，按照5万~8万人服务规模来划定；而邻里级生活圈集中布置对出行距离敏感的服务设施，主要满足出行受限的老人、儿童高频使用设施的距离要求，步行范围在5~10分钟。在发展生活圈的过程中，济南市的典型做法主要包

括以下两方面:

(1) 采取差异化的生活圈建设模式。济南市着眼新旧城区服务水平差异,将街道级生活圈划分为老城区、新城区和新规划区三种类型。其中老城区生活圈街区尺度小,人群活动密集,主要采用沿街分散式布局的模式,形成空间集约、内容多元的街道级生活圈服务中心;新城区生活圈街坊尺度普遍偏大,鼓励采用一站集中式与沿街分散式相结合的布局模式,形成空间丰富、体验宜人的街道级生活圈服务中心;新规划区生活圈街坊尺度较小,空间建设余地较大,鼓励将同质设施形成"一站式"服务簇群,有利于产生规模效应。

(2) 多渠道筹集生活圈的建设资金。为了加强生活圈的后续建设管理和服务保障,济南市要求各行业主管部门共同参与,保障建设资金,完善以政府、开发单位为主,其他社区组织、驻地企业众筹共建的多元资金来源。具体来说,生活圈公共服务设施建设资金主要来源于政府、开发企业、居民众筹三方面,也可以通过 BOT(Build-Operate-Transfer,即建设—经营—转让)等方式筹集,具体的投建方式包括政府全额出资、政府补贴、政府回购、开发企业出资、众筹等。

(三) 经验启示

通过对上述案例分析,结合生活圈相关理论,从制度设计、功能引导、资金支持和公众参与四个方面得出以下四点经验启示:

1. 加强制度设计

根据上述案例分析可以发现,上海和济南在发展 15 分钟生活圈的过程中,均制定了相应的规划导则,这对于实现生活圈高质量发展起到主要的战略引领作用。对此,合肥市可将打造"15 分钟生活圈"纳入全市城市更新的工作中,明确将生活圈规划建设作为提升合肥市宜居水平、增进人民福祉的重要抓手,因地制宜制定专项规划和实施方案,明确工作目标、重点任务、实施步骤、保障措施等,积极稳妥地推进生活圈建设工作有序开展。

2. 注重功能引导

打造生活圈的根本目的是提高居民生活幸福感。对此,合肥市要坚持以人为本,把以人民为中心的发展理念贯穿生活圈建设工作始终,优先满足居民最关心、最迫切、最现实的需求。一是构建完善的慢行交通系统,根据居民生活需求适度建设休闲娱乐设施,打造功能多元、环境舒适的步行空间,引导居民低碳出行;二是在关注年轻人品质消费的同时,兼顾社区老年人等群体的特殊需求,以"一老一小"为重点,完善社区养老服务和普惠托育服务。

3. 强化资金支持

打造"15 分钟生活圈",资金支持是关键因素。一方面,要坚持政府主导、社会参与的原则,加大公共资源投入,积极争取上级支持;另一方面,要探索市场化运营模式,优化投入结构,多方筹集资金,采取政府和社会资本合作等多种方式,多渠道破解筹资难题。例如,可将社区公共服务设施建设项目所需财政资金纳入市、区年度财政预算安排,完善资金分配机制,加大公共设施建设专项资金支持力度,提高资金使用效益。政府可按照相关政策规定，及时对符合条件的公共配套设施建设项目给予支持或补贴。

4. 鼓励公众参与

上海市在打造15分钟生活圈的过程中，十分重视引导群众参与，促进公共服务设施共建共享。对此，合肥市可借鉴其发展经验，在打造社区生活圈时，广泛征求群众意见，听取相关部门、居民等建议，通过居民调查、实地走访和信息化手段，精准把握居民实际生活需求，积极做好采纳落实工作。例如，可构建科学、动态的公共空间，鼓励单位附属空间向社区开放。此外，要加强示范引领，强化政策宣传，及时挖掘、总结试点社区的典型经验做法，营造生活圈的和谐氛围。

二、合肥市15分钟生活圈的发展现状

（一）研究区域概况

1. 人口发展概况

人口规模在一定程度上反映了生活圈的构建基础和扩展空间。由表3可以看出，2022年合肥市户籍人口和常住人口分别为800.16万人和963.4万人，相较于2017年分别增加57.4万人和90.4万人。2022年合肥市城镇人口达815.4万人，占常住人口比重为84.6%，相较于2017年提高了7.4个百分点（见表3）。总体来看，近年来合肥市人口总量处于不断上升的态势，而人口规模的扩容和城镇化水平的增加势必带来更多的消费需求，从而为15分钟生活圈提供了巨大的发展空间。

表3　2017~2022年合肥市人口规模变化

年份	户籍人口（万人）	常住人口（万人）	城镇人口（万人）	城镇人口占常住人口比重（%）
2017	742.76	873.0	673.8	77.2
2018	757.96	893.0	707.7	79.2
2019	770.44	916.0	739.8	80.8
2020	781.53	937.0	770.9	82.3
2021	792.67	946.5	795.1	84.0
2022	800.16	963.4	815.4	84.6

注：2020年为普查数据，其余年份为人口变动抽样调查数。

表4给出了合肥市各区的人口年龄构成情况。整体来看，近年来合肥市人口老龄化现象趋势明显，劳动年龄人口规模有所萎缩，而低龄人口逐步增长。2020年合肥市常住人口为937万人，其中包河区、蜀山区和肥西县的人口占比最高，分别为12.99%、11.18%和10.33%。在年龄结构方面，0~14岁人口占16.52%，15~59岁人口占68.22%，60岁及以上人口占15.26%；与"六普"相比，全市0~14岁人口的比重上升1.9个百分点，15~59岁（劳动年龄）人口的比重下降3.4个百分点，而60岁及以上人口的比重上升1.6个百分点。分区来看，60岁及以上人口占比的有3个，分别是巢湖市、庐江县和肥东

县，表明合肥市人口老龄化现象的区域多分布在其四县一市。

总体来看，近年来合肥市人口发展呈现总量上升、老龄化趋势加深的态势。此外，各区县的老龄化水平存在一定差异。因此，未来合肥市在打造15分钟生活圈时，要尤其注重育儿设施和养老设施的建设，从而更好地满足社会经济发展的需要。

表4 合肥市各区县人口年龄构成情况（七普）

地区	常住人口数（万人）	常住人口占全市比重（%）	0~14岁人口占比（%）	15~59岁人口占比（%）	60岁及以上人口占比（%）
全市	937.0	100	16.52	68.22	15.26
瑶海区	86.20	9.2	17.59	69.55	12.86
庐阳区	69.73	7.44	18.6	67.08	14.32
蜀山区	104.72	11.18	16.03	70.83	13.14
包河区	121.75	12.99	17.18	70.58	12.24
高新区	26.99	2.88	15.43	76.16	8.41
经开区	55.79	5.95	16.1	75.74	8.16
新站区	46.65	4.98	15.0	76.76	8.24
长丰县	78.40	8.37	18.6	65.22	16.18
肥东县	88.48	9.44	15.46	63.5	21.04
肥西县	96.75	10.33	15.56	69.45	14.98
庐江县	88.82	9.48	17.22	60.77	22.01
巢湖市	72.72	7.76	14.03	62.26	23.71

注：根据《合肥市第七次全国人口普查公报》整理，数据统计时间截止到2020年11月1日零时，其中巢湖市统计涵盖巢湖经开区。

2. 消费发展概况

推动消费升级是打造15分钟生活圈的主要目的之一。根据合肥市统计局公布的资料显示，2022年合肥市社会消费品零售总额达5111.68亿元，在全国各个城市中位居第15，与上年持平，超越天津、西安、济南。再次位列全国前15强，表明近年来合肥市的整体消费能力得到很大的提升。

表5给出了2017年和2021年合肥市各区社会消费品零售总额分布情况。可以看出，相较于2017年，2021年合肥市社会消费品零售总额增加了2383.17亿元，增长率为87.34%；分区来看，尽管合肥四个主城区的消费规模在2017~2021年取得了一定的增长，但其增速均低于全市平均水平，其中瑶海区的消费规模增速最为缓慢。相比之下，合肥市下辖的四县一市的消费规模在2017~2021年增长十分迅速。其中2021年长丰县社会消费品零售总额达到334.02亿元，相比于2017年增长405.74%，增长速度最快。事实上，根据边际效益递减规律，对于经济欠发达地区而言，由于门槛效应的存在，初期的政策扶持和大规模基础设施建设可以显著促进该地区的经济发展。

因此，合肥市未来在打造15分钟生活圈的过程中，不仅要继续提高公共服务设施的供给水平，而且要注重分区域的消费能力变化。

表5 合肥市各区社会消费品零售总额分布情况

地区	2017年（亿元）	2021年（亿元）	增长率（%）
瑶海区	394.31	480.3	21.81
庐阳区	596.91	893.73	49.73
蜀山区	357.00	666.68	86.74
包河区	558.01	956.2	71.36
长丰县	66.05	334.02	405.74
肥东县	113.66	315.5	177.59
肥西县	110.12	254.2	130.84
庐江县	102.39	219.6	114.47
巢湖市	87.59	221.4	152.78
开发区总和	342.47	770.05	124.85

资料来源：合肥市统计局，开发区包括高新区、经开区、新站区和巢湖经开区。

（二）公共设施分布情况

1. 评价范围

根据前文所述，15分钟生活圈表示城市居民日常出行的范围，体现居民日常生活对公共服务的基本需求。由于普通人的日常步行速度是4~5千米/小时，因此在15分钟可步行大约1000米的距离。在划定生活圈范围时，通常以社区中心为起点，构建1千米标准圆的缓冲区作为15分钟生活圈的可达范围。然而现实情况下，由于道路、河流等地理实体的阻隔，居民出行往往不能以直线距离到达公共设施目的地（见图1）。

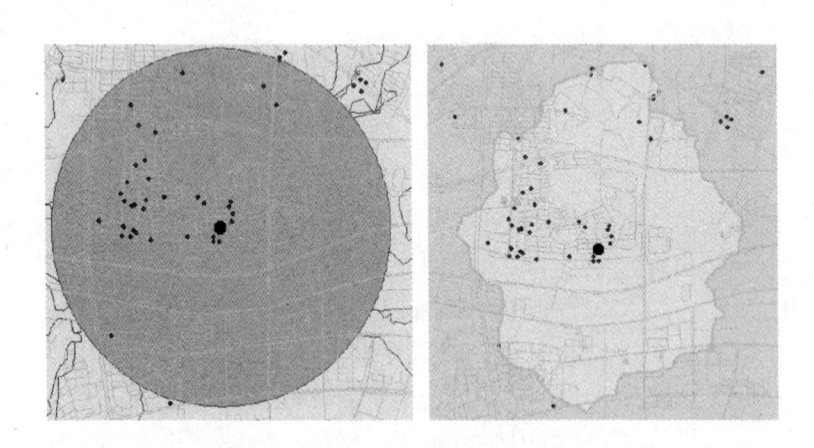

图1 15分钟生活圈出行范围对比

注：图中较大的黑点表示住宅小区的质心，较小的黑点表示周边的公共设施。

本课题采用基于真实路网的网络分析法，形成以小区中心点为中心的均匀点阵，同时调用高德地图的路径规划API接口，计算各POI点到中心点的步行距离。在此基础上，利用空间差值法，以50米为修剪面，得出小区周边1000米范围内任意空间位置到中心点的时间，并挑选不大于15分钟的距离作为15分钟步行圈范围，最终得到合肥市各住宅小区的 15 分钟生活圈可达范围。其中，社区边界数据源于合肥市行政区划筛选的与居住相关的住宅小区数据共计 6318 个，其中普通住宅 4786 个、商务住宅 1532 个。

2. 覆盖情况

基于前文所测度的全量 POI 数据，以上文构建的合肥市 6318 个小区质心及其 1 千米可达范围为基础，在 Arcgis 中使用按位置选择工具与包含合肥市便利店的 POI 点相交，得到包含此类设施的小区数量，最后除以该城区范围内的住宅小区总数，得出合肥市住宅小区 15 分钟生活圈内公共设施的覆盖率情况，如表 6 和表 7 所示。

表 6　合肥市住宅小区 15 分钟生活圈公共设施覆盖率　　　　单位：%

一级指标	全市	瑶海区	庐阳区	蜀山区	包河区	长丰县	肥东县	肥西县	庐江县	巢湖市
购物设施	89.96	94.73	97.01	92.28	92.32	74.12	77.63	83.30	85.38	85.47
餐饮设施	82.67	89.10	92.56	86.90	87.76	63.83	66.58	71.55	82.70	74.42
教育设施	51.36	59.11	68.03	53.15	58.24	29.80	35.73	34.05	36.53	41.34
医疗设施	70.87	80.14	88.01	73.69	75.44	45.10	48.01	58.69	53.25	64.15
交通设施	70.00	79.66	85.05	75.33	74.47	49.73	48.67	55.21	49.81	56.68
养老设施	17.94	13.91	36.62	15.79	25.12	5.95	9.64	13.20	11.02	13.95
文化设施	24.25	19.41	44.20	26.76	31.16	9.54	13.80	12.23	11.11	23.26
休闲设施	51.17	56.43	67.22	53.71	51.43	29.10	40.36	42.67	34.60	49.94
便民设施	84.09	90.63	94.67	88.05	87.76	63.10	67.48	72.67	73.45	78.49
均值	64.12	69.24	78.12	66.96	68.41	44.52	48.84	53.11	52.64	58.11

表 7　合肥市各区县 15 分钟生活圈公共设施指标覆盖率　　　　单位：%

一级指标	二级指标	全市	瑶海区	庐阳区	蜀山区	包河区	长丰县	肥东县	肥西县	庐江县	巢湖市
购物设施	便利店	93.10	95.64	98.51	94.76	95.14	83.60	80.72	89.32	90.96	90.70
购物设施	专卖店	92.61	96.86	98.51	94.76	96.31	78.46	82.26	85.24	87.29	87.34
购物设施	超市	87.24	92.94	94.84	90.14	89.41	70.74	75.84	78.45	80.23	82.17
购物设施	综合市场	86.89	93.46	96.60	89.45	88.44	63.67	71.72	80.19	83.05	81.65
餐饮设施	中餐厅	93.87	96.43	98.64	96.55	96.40	81.99	85.09	87.96	89.27	90.96
餐饮设施	休闲餐饮	91.20	96.43	98.37	94.69	94.17	77.49	78.41	81.75	83.05	85.01
餐饮设施	快餐厅	88.97	95.82	97.83	92.00	92.13	71.38	70.18	82.33	78.81	83.20
餐饮设施	西餐厅	56.63	67.74	75.41	64.34	68.32	24.44	32.65	34.17	79.66	38.50
教育设施	幼儿园	78.36	88.84	91.85	82.55	78.33	59.49	59.90	68.93	66.10	63.57
教育设施	小学	44.10	55.54	68.21	42.00	53.94	21.54	24.94	19.42	23.45	35.14
教育设施	中学	31.62	32.96	44.02	34.90	42.47	8.36	22.37	13.79	20.06	25.32
医疗设施	诊所	77.60	86.31	92.93	77.24	80.27	52.09	65.04	71.26	62.43	72.35
医疗设施	医疗保健场所	77.46	88.49	89.95	81.24	82.99	50.16	59.90	59.61	63.28	68.48
医疗设施	专科医院	67.79	79.34	88.86	70.90	76.19	36.33	40.62	55.34	37.57	56.33
医疗设施	综合医院	60.64	66.43	80.30	65.38	62.29	41.80	26.48	48.54	49.72	59.43

续表

一级指标	二级指标	全市	瑶海区	庐阳区	蜀山区	包河区	长丰县	肥东县	肥西县	庐江县	巢湖市
交通设施	停车场	87.39	94.42	97.69	95.59	92.61	65.92	66.32	78.45	61.58	76.23
	公交站	92.15	95.90	98.78	94.00	92.52	83.28	79.43	85.05	87.85	93.80
	地铁站	30.45	48.65	58.70	36.41	38.29	0.00	0.26	2.14	0.00	0.00
养老设施	养老服务机构	21.67	24.32	36.28	20.34	27.21	2.57	15.17	13.98	15.25	14.21
	老年大学	14.21	3.49	36.96	11.24	23.03	9.32	4.11	12.43	6.78	13.70
文化设施	文化宫	29.22	28.60	54.35	26.41	32.17	17.68	24.42	15.34	16.38	30.23
	图书档案馆	16.08	3.92	30.03	17.52	25.95	5.14	14.40	15.73	9.60	10.85
	文化展览场所	27.46	25.72	48.23	36.34	35.37	5.79	2.57	5.63	7.34	28.68
休闲设施	娱乐场所	78.63	89.19	91.03	85.52	84.35	47.91	56.56	66.99	60.45	61.76
	运动场馆	77.57	87.36	91.30	86.48	86.01	52.41	52.96	63.30	48.87	56.85
	公园	22.14	15.87	50.00	16.55	17.59	10.61	28.79	10.49	14.97	45.48
	城市广场	26.34	33.30	36.55	26.28	17.78	5.47	23.14	29.90	14.12	35.66
便民设施	美发店	88.79	93.64	97.69	92.07	93.00	69.77	74.81	79.61	79.10	84.50
	物流快递	89.54	96.43	98.10	93.66	91.93	71.06	75.58	79.22	79.66	82.69
	药店	84.92	90.06	96.33	88.55	87.17	65.27	73.26	73.98	74.01	80.36
	自动提款机	73.11	82.39	86.55	77.93	78.91	46.30	46.27	57.86	61.02	66.41

注：数据爬虫时间截止到 2022 年 7 月底。

以庐阳区华馨苑小区为例，如果该小区 15 分钟可达范围内存在购物设施，则称华馨苑小区被购物设施所覆盖。通过加总统计庐阳区各住宅小区在 15 分钟步行范围内，能够获取购物设施的小区数量共有 714 个，约占庐阳区住宅小区总数（736 个）的 97.01%。因此，庐阳区住宅小区购物设施的覆盖率值为 97.01%。

从全市整体情况来看，合肥市住宅小区 15 分钟生活圈的公共设施平均覆盖率处于及格水平，均值为 64.12%，具备很大的改善空间。具体来说，通过 POI 数据相交处理可知，以合肥市某住宅小区为出发点，在 15 分钟步行范围内能够到达各类公共设施的小区数量有 4051 个，占合肥市住宅小区总数（6318 个）的 64.12%。

从公共设施类型来看，合肥市住宅小区 15 分钟生活圈内购物、餐饮、便民设施的覆盖率较高，均值在 70%以上，而教育、养老、文化、休闲设施的覆盖率均不足 55%，说明合肥市在进行公共服务设施建设和配置的过程中对这些领域的需求关注度不够。就具体二级指标而言，便利店、专卖店、中餐厅、休闲餐饮、公交车站这些居民日常生活中几乎每天都会接触到的设施覆盖率更是高达 90%以上，几乎所有的小区在步行 1 千米范围内都至少有 1 处公交车站，说明在合肥 15 分钟生活圈内，居民常用生活设施的覆盖情况较好。此外，养老服务机构和老年大学的覆盖率均不足 25%，反映出当前情况下，合肥市老年人口很难在其活动范围内获得足够的养老服务和学习空间，随着合肥市整体老年化趋势的加深，这一方面亟待完善。

从区县的空间差异来看，合肥市四个主城区与下辖的四县一市之间住宅小区的公共设施覆盖率差距十分明显。具体而言，庐阳区是合肥市主城区的核心区，以其中的住宅小区为出发点，在15分钟步行范围内能够到达各类公共设施的小区数量有575个，占庐阳区住宅小区总数（736个）的78.12%。瑶海区、包河区、蜀山区次之，它们住宅小区的公共设施覆盖率依次为69.24%、68.41%和66.96%。而下辖的四县一市住宅小区的公共设施覆盖率则远低于主城区，特别是长丰县和肥东县的平均覆盖率不到50%，各项公共设施覆盖率均低于主城区。

（三）典型社区达标情况

1. 达标标准

为客观准确判断合肥市典型社区是否满足15分钟生活圈的标准，进一步构建"达标率"这一指标来反映。与覆盖率相比，达标率加入了居民日常生活中使用公共设施之间的替代性和使用频率的考量，其评价结果更加贴近实际。关于达标率的界定标准，主要考虑到两个因素：一是各类服务设施之间的相互替代性，如专卖店与超市或综合市场之间具有较强的可替代性；二是该设施是否为日常生活所必需，如便利店、中餐厅等。由此，如果住宅小区15分钟生活圈范围内存在A类设施，则称该住宅小区A类设施"达标"，反之为"不达标"。关于公共设施达标的界定标准如表8所示。

表8 合肥市15分钟生活圈公共设施达标标准

序号	设施类别	达标标准
1	购物设施	便利店存在，专卖店、超市或综合市场至少存在一个
2	餐饮设施	中餐厅存在，快餐厅、休闲餐饮、西餐厅至少存在一个
3	教育设施	幼儿园和小学同时存在
4	医疗设施	诊所存在，医疗保健场所、专科医院、综合医院至少存在一个
5	交通设施	停车场存在，地铁站或公交车站至少存在一个
6	养老设施	养老服务机构、老年大学任意存在一个
7	文化设施	文化馆、图书档案馆、文化展览场所任意存在一个
8	休闲设施	娱乐场所、运动场馆、公园或城市广场至少存在一个
9	便民设施	美发店、物流快递、药店、自动提款机同时存在

2. 总体情况

（1）从全市整体情况来看，合肥市住宅小区15分钟生活圈公共设施的达标情况较为理想。如图2所示，全市住宅小区公共设施平均达标项数约6项，其中9项设施全部达标的住宅小区占小区总数的15.89%，达标8项的小区占比最多，其值为20.88%，但也有5.05%的城市住宅小区公共设施达标数为0项，未来需要进一步完善相应公共设施的布局。

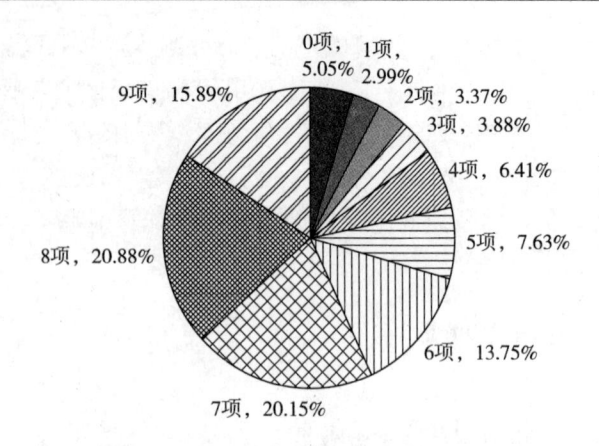

图 2　合肥市住宅小区的公共设施达标项数

（2）分区县来看，在 15 分钟生活圈范围内，庐阳区住宅小区平均达标项为 7.6 个，说明就平均情况而言，该城区各项公共服务设施配置齐全，社区居民很容易获得日常的服务。瑶海区、蜀山区、包河区住宅小区的平均达标项数分别为 6.7 项、6.4 项和 6.7 项，在这三个城区内也能较为方便地获取到相关的公共服务设施。而四县一市住宅小区达标项数较低，分别为 4.2 项、4.6 项、5.1 项、4.8 项、5.6 项，是未来合肥市公共服务配套建设亟待提高的区域（见图 3）。

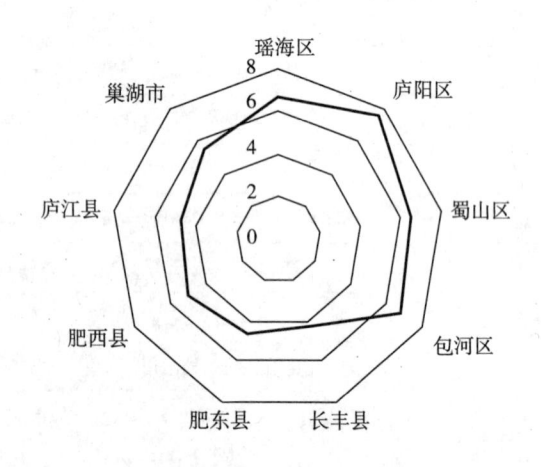

图 3　合肥市分区县住宅小区的公共设施达标项数

3. 案例分析

15 分钟生活圈是促进消费、保障民生的重要载体，根据《合肥市推进城市一刻钟便民生活圈建设试点三年行动实施方案》，自 2022 年起每年选择不少于 10 个商业业态较为齐全、商业设施和服务功能较为完善的社区开展便民生活圈示范建设试点。为更好研究合肥社区生活圈的概况，补齐相应公共设施的短板，选取 16 个典型社区进行案例分析。

表 9 展示了合肥市 15 分钟生活圈内的典型社区概况，其中序号 1~11 的社区为上述实施方案中的第一批试点社区，序号 12~16 的社区为四县一市的社区。根据前文表 1

的生活圈类型可知，一般而言，15分钟生活圈的服务人口规模在1万~10万人。而从表9可以看出，合肥市各社区的常住人口数具有较大的差异。具体来看，经开区芙蓉社区翡翠湖居委会的常住人口数最多，达40275人，这是因为翡翠湖居委会位于合肥大学城核心区域，安徽大学、合肥工业大学均坐落于此，大学生的集中也有利于带动周边商贸业的快速发展。相比之下，包河区包公街道雨花桥社区、新站区七里塘社区竹溪居委会、长丰县水湖镇富华社区、肥东县店埠镇中心社区、巢湖市卧牛山街道花园社区5个社区常住人口数均不足1万人，并不符合15分钟社区生活圈的服务标准，因而未来需要在营商环境、建筑容积率等方面做出适当的改进，以吸引外来人口的增加，提高社区居民的消费潜力。

表9 合肥市15分钟生活圈内的典型社区概况

序号	社区名称	常住人口（人）	包含小区数（个）	小区示例
1	庐阳区海棠街道建华社区	10090	3	橡树湾小区一期、二期、三期
2	庐阳区大杨镇雁栖社区	16000	7	万科森林城、旭辉庐州府、国贸景成
3	蜀山区笔架山街道绿怡居社区	16155	8	绿怡居小区、绿怡小高层、华邦世贸城
4	蜀山区南七街道丁岗社区	26000	9	学府春天、华林家园、银都水岸
5	瑶海区长淮街道长淮社区	13471	11	锦怡家园、庐州小区、长淮新村
6	瑶海区大兴镇漕冲社区	25776	10	新海家园、漕冲小区、龙兴家园
7	包河区包公街道雨花桥社区	4558	9	春雨花园、银屏南村、雨花公寓
8	包河区滨湖世纪社区琼临网格	18000	6	琼林苑、临滨苑、福徽苑
9	高新区天乐社区服务中心天乐社区	15380	15	望园别墅、园景天下、锦绣观澜
10	经开区芙蓉社区翡翠湖居委会	40275	11	金星家园、翡翠公寓、碧湖蓝庭
11	新站区七里塘社区竹溪居委会	4571	5	瑞星家园、皖江小区、七里塘花园
12	长丰县水湖镇富华社区	9251	12	香溢花城、供电小区、丰苑新村
13	肥东县店埠镇中心社区	5430	7	中心花园、城南新村、琥珀庄园
14	肥西县桃花镇长安社区	14289	7	桃花苑、好运长安、玉兰公寓
15	庐江县庐城镇塔山社区	25685	7	融和家园、塔山新村、越城花园
16	巢湖市卧牛山街道花园社区	8000	9	滨湖星辰、花园小区、左岸花园

资料来源：合肥市人民政府官网，笔者整理所得。截至2022年7月，合肥共有524个城市社区（居委会），本课题选取其中的16个典型社区。

接着，根据前文所测度的全量POI数据，对合肥市16个典型社区公共设施的分布和达标情况进行分类研究，结果如表10所示。

（1）购物设施：合肥市社区购物设施的分布较为集聚，除社区1、社区13和社区14外，其他13个社区的购物设施数量均在100家以上，表明社区居民可以方便地从便利店、超市等处购买到各类生活用品。特别地，由于社区1（庐阳区海棠街道建华社区）的面积仅为0.29平方千米，与其他社区的覆盖面积（1~5平方千米）相比，建华社区的服务范围相对狭小，因而未来在购物设施的布局上要尤其注重精细化、品质化的配置。

（2）餐饮设施：合肥市社区餐饮设施的分布具有较大的区域差异，在所研究的16个社区中，有6个社区的餐饮设施不足100家，其中4个社区处于四县一市的范围内，表明主城区中绝大多数社区的餐饮设施集聚程度较高，遍布大街小巷的各种餐馆和小吃店众多，社区居民可以方便地进行餐饮消费。相比之下，合肥四县一市多数社区的餐饮数量较少，餐饮品质不高，商圈的等级和影响力也有待提升。

（3）教育设施：合肥市社区教育设施的分布较为均衡。除社区13（肥东县店埠镇中心社区）外，其他15个社区均配备有2个以上的教育设施，表明社区居民可以在15分钟步行时间内到达相应的幼儿园或小学。以社区1（庐阳区海棠街道建华社区）为例，目前辖区有教学单位2所，分别是合肥45中橡树湾校区和长江路第二小学橡树湾校区，能够很好满足社区居民子女的入学需求。

（4）医疗设施：合肥市主城区居民获取医疗服务的便利性较好，相比之下，四县一市社区居民获取医疗服务的难度较大。以社区13（肥东县店埠镇中心社区）为例，该社区15分钟步行时间内可到达的医院仅有安徽医科大学一附院东城院区一家，社区周边缺乏必要的医疗诊所，未来应布局完善。整体来看，目前合肥市医疗设施主要集中在二环范围内，而长丰县、肥东县和巢湖市社区医疗设施相对缺乏，亟待加强诊所等医疗基础设施建设，使居民方便获取医疗服务。

（5）交通设施：根据高德地图POI数据统计，目前合肥市共有5925个停车场、5658个公交站以及135个地铁站点。具体来说，全市地铁设施在主城区中的连通性较好，目前大体形成以地铁1号线、2号线、3号线为主的交通网络，地铁站点基本集中在瑶海区、蜀山区、包河区，而公交站台也基本覆盖所研究的16个社区。以社区1（庐阳区海棠街道建华社区）为例，目前辖区共有3处交通设施，分别是橡树湾停车场、橡树湾公交站、四泉桥地铁站，使社区居民可以方便出行。

（6）养老设施：根据高德地图POI数据统计，目前合肥市共有85家养老服务机构、117所老年大学，养老设施在空间上并没有呈现明显的空间聚集。然而，相比上海、济南等城市具备上千家养老设施而言，合肥市的养老设施数量明显不足。在研究的16个社区中，有6个社区在15分钟生活圈范围内未配置任何养老设施，且有4个社区位于主城区。以社区2（庐阳区大杨镇雁栖社区）为例，目前该辖区内尚未按相关标准配置老年照料中心或居家养老服务站等，未来在打造15分钟生活圈过程中应当加以完善。

（7）文化设施：合肥市共有196座文化宫、99家图书档案馆和189个文化展览场所，社区文化设施的分布较为均衡。由表10可知，除社区2（庐阳区大杨镇雁栖社区）和社区13（肥东县店埠镇中心社区）外，其他14个社区均涵盖1处以上的文化设施。结合实地调研来看，合肥市多数社区均配置有必要的文化设施，但设施数量和服务等级并不高，很难满足社区居民的文化活动需求，未来还待完善。

（8）休闲设施：根据高德地图POI数据统计，目前合肥市共有2918个娱乐场所、1634个运动场馆、254个公园和190个城市广场。从社区层面上看，合肥主城区社区休闲设施基本在20个以上，而四县一市社区休闲设施均低于20个，表明主城区社区休闲设施建设取得了良好的发展，而四县一市社区休闲设施的配套建设仍有待加强。

（9）便民设施：增强便民服务能力是15分钟生活圈建设的主要目的之一。根据表10

的生活圈公共设施达标界定标准，便民设施要求美发店、物流快递、药店、自动提款机同时存在。从社区层面上看，16个社区均配置足够数量的便民设施，符合生活圈便民利民惠民的服务宗旨，做到业态发展和居民需求相匹配。

表10 合肥市典型社区15分钟生活圈内的公共设施概况

序号	购物	餐饮	教育	医疗	交通	养老	文化	休闲	便民	未达标设施类型
社区1	95	107	2	14	3	0	1	28	72	养老
社区2	119	93	4	24	8	0	0	21	78	养老、文化
社区3	200	189	5	28	10	1	5	71	164	—
社区4	293	468	12	33	9	0	5	88	227	养老
社区5	244	232	11	52	13	3	3	51	173	—
社区6	439	105	9	21	6	1	1	17	155	—
社区7	419	293	7	26	13	2	5	118	212	—
社区8	385	169	5	20	7	0	2	52	156	养老
社区9	131	89	8	29	8	3	5	33	71	—
社区10	245	401	10	23	14	4	6	87	228	—
社区11	287	336	21	61	13	1	4	59	264	—
社区12	278	152	15	28	13	1	4	13	138	—
社区13	16	17	1	1	3	1	0	1	14	教育、医疗、文化
社区14	45	37	4	3	6	0	1	9	23	养老
社区15	185	99	9	18	16	3	3	18	88	—
社区16	123	64	7	8	10	1	4	12	56	—

注：表中数据表示15分钟范围内可达的公共设施数量。

总体而言，从社区层面上看，目前主城区和四县一市差距巨大，就主城区11个试点社区而言，几乎在各项设施覆盖率上都高于四县一市的5个社区。例如，相比于社区3（蜀山区笔架山街道绿怡居社区），社区13（肥东县店埠镇中心社区）的公共设施建设处于明显落后状态，未来亟待加强。从设施类型上看，由于资本的逐利性特征，生活圈内购物、餐饮、休闲、便民设施四类设施的空间集聚特征十分明显，商家趋向于选择区位优越、人口密集的地段集中，而教育、交通、文化这三类设施的分布呈现相对均衡的特征，其主要原因是这些设施更多受到政府的规划和调控。此外，生活圈内养老、医疗设施较为缺乏，随着合肥老年人口的逐步增加，未来在打造15分钟生活圈的过程中应当加以完善。

三、合肥市15分钟生活圈的环境评价与存在问题

（一）环境评价

1. 公共空间品质有待提升

随着合肥经济的快速发展，人们对公共空间品质的要求不断提高，而社区广场、体育

场馆等地逐渐成为促进居民文化交流、激发生活圈活力的重要场所。通过前文 POI 数据的核算，结合实地调查发现，合肥市主城区大中型广场、市级公园相对较多，而供社区居民 15 分钟内步行可达的小型广场、社区公园、口袋公园则严重缺乏，使得只有居住在市级公园、大中型广场附近的居民才能享受到休闲空间的福利。相比之下，合肥市四县一市社区公共活动空间严重不足，文化、休闲设施的覆盖率明显偏低，难以满足居民进行邻里交往和户外活动的需求。此外，由于管理不善等原因，合肥市部分社区的公共空间未能得到很好的利用，公共空间品质有待提升。

2. 养老托育服务有待改进

随着国家"三胎政策"的出台和合肥老幼人口的增加，生活圈内还应当涵盖安全舒适的养老托育场所。具体来说，不同年龄层次的居民对生活设施的具体需求存在较大差异，如儿童和老人需要在步行较短时间内便可达到休闲活动场地、医疗服务设施等，针对老年人需要配置养老院、日间照料中心、老年大学等设施，针对幼儿需要配置托育所等设施。然而，目前合肥市十分缺乏养老设施和教育设施。在空间配置上，部分社区存在居委会封闭、设施空间闲置等问题，同时相关服务场所缺乏基本的阅读书架和活动空间。

3. 居民步行路权缺乏保障

建立完善的交通路网是打造 15 分钟生活圈的重要内容，在这当中，需要充分考虑到路权分配、居民步行等问题。通过实地调研发现，合肥市许多社区道路未设置人车分离的形式，步行道上也没有遮挡阳光、风雨的建筑挑檐、树木、雨棚等，这些因素极大降低了居民出行环境的舒适度。此外，合肥市 15 分钟生活圈内道路密度总体偏低，部分社区步行道宽度过小，一些支路的步行道常被机动车停车所占用，加上部分道路间断性施工的影响，导致居民的步行空间受到严重压缩，步行路权难以得到保障。

（二）问题分析

本课题基于人口、消费、公共设施、典型社区四个方面，对合肥市 15 分钟生活圈的发展现状展开系统分析，结合社区周边环境的实地调研情况，可以看出合肥 15 分钟生活圈建设取得了一定的成效，但也存在诸多问题，具体包括公共设施配置不足、公共设施分布不均、公共设施利用率低和部分社区管理不善四方面，下面分别论述。

1. 公共设施配置不足

根据高德地图 POI 数据统计可以发现，在合肥市 15 分钟生活圈范围内，并不是所有的社区都配有完善的公共服务设施。从公共设施的类型来看，传统的生活类设施，如购物、餐饮、便民设施的覆盖率较高，各社区基本形成较为成熟的配建机制，但是养老、文化、休闲设施的建设情况较差，平均覆盖率均不足 55%。根据合肥市民政部门统计，2020 年合肥市常住人口 937 万人，其中 60 岁及以上人口占比 15.26%，14 岁以下人口占比 16.52%，相较于 2010 年分别上升 1.6% 和 1.9%，表明合肥市人口老龄化现象趋势明显，且低龄人口呈现稳步增长的态势。然而，目前合肥包括养老院、日间照料中心在内的养老服务机构总数不足 100 个，专业的幼儿托育机构更是极为匮乏。因此，对公共设施配置不足的地方进行查漏补缺，是未来合肥市打造 15 分钟生活圈的基本要求。

2. 公共设施分布不均

根据社区15分钟生活圈的覆盖率和达标率结果，合肥市公共服务设施的分布呈现明显的"核心—外围"的分布特征。其中，主城区的公共服务设施的数量、种类、服务等级都远远高于四县一市。这是因为在经济要素虹吸效应的影响下，大量人群聚集在合肥主城区，因而公共服务设施的建设相对完善。以医疗设施为例，四个主城区15分钟生活圈内医疗设施的覆盖率均在70%以上，其中庐阳区的覆盖率高达88.01%，而同期长丰县医疗设施的覆盖率仅为45.1%。由于合肥老城区承载的城市功能过于集中，导致人流、交通流的大量涌入，在一定程度上加剧了该区域的交通成本和公共服务设施的承载压力，这在未来合肥市优化15分钟生活圈建设中应当加以重视。

3. 公共设施利用率低

当前，合肥15分钟生活圈内部分公共设施没有得到很好的利用。一方面，由于城市规划、道路施工建设等因素的影响，居民难以按照预期步行路线到达相应的公共服务场所，导致公共服务设施的实际服务半径较短。具体来说，一些非营利性的公共设施，如文化设施、养老设施，经过权衡利弊后，往往会布局在地理区位较差的位置，其配置层次和标准也较低，从而导致这些设施的服务范围有限。此外，一些社区采取"宽街道""大马路"的开发模式，缺乏必要的绿茵设计，导致居民的步行意愿不高。另一方面，合肥市传统生活类设施，如购物、餐饮类设施的服务功能较为单一，难以满足社区居民多样化、品质化的消费需求。随着城镇化进程的加快，大量劳动人口涌入城市，让原本配置不足的文化设施显得更加匮乏。

4. 部分社区管理不善

"管建不管用"是我国许多城市进行公共服务设施建设中的常见现象。目前，合肥市部分社区多关注公共设施的一次性投入建设，未能充分重视其项目实施推进、专业人员培训和后续运营管理方面的影响。除此之外，合肥部分社区居民缺乏保护公共服务设施的意识，社区活动中心脏乱差的现象屡见不鲜。通过实地调研发现，合肥市多数社区文化站呈闲置状态，公益性公共服务设施损坏严重，社区服务中心也缺乏维护公共服务设施的财政经费。因此，合肥市未来在完善15分钟生活圈建设的过程中，要尤其加强社区公共服务设施的管理、提高社区居民的维护意识。

四、合肥市15分钟生活圈的打造策略

（一）打造原则

1. 以人为市

合肥"十四五"规划指出，要提升城市发展质量，建设宜居宜业的人民城市。在打造15分钟生活圈的过程中，合肥市应继续推进以人为本的新型城镇化，围绕城乡居民美好生活需要，坚持保基本和提品质统筹兼顾，在补齐民生短板、确保均衡布局、满足便捷使用的同时，主动适应未来发展趋势，引领全年龄段不同人群的全面发展，促进社区融合，激发社区活力，不断提高人民群众的获得感、幸福感、安全感，实现"宜居、宜业、宜游、宜学、宜养"的15分钟生活圈建设目标。

2. 统筹协调

在合肥市15分钟生活圈内,各个城区之间、城市核心区与边缘区之间的公共服务设施分布都存在巨大的差异。对此,应坚持"政府主导、市场引导"的统筹协调原则,以系统化思维整合全市资源,按照科学布局、有机衔接和时空统筹的空间治理方法,努力缩小区域间设施配置差距,推进社区各类资源的开放共享和复合利用。此外,应充分调动本地企业、社会组织和社区居民多方位地参与社区事务,形成和谐的社区治理格局,鼓励居民绿色出行,增强社区经济韧性,最终实现人与社会、自然之间的协调发展。

3. 需求导向

随着社会经济的不断发展,居民的消费需求也会发生一定的改变,这就要求公共设施配置具有多样性的特征。对此,应当加强合肥生活圈现状评估和居民意愿调查,充分了解居民诉求,统一认识、明确目标、多策并举,以满足不同地区和人群的公共设施需求。此外,要根据社区居民的个体差异和不同需求来提升相应的公共设施服务质量,重点关注老人、儿童等弱势群体,加强社区的精细化服务和养老设施供给。

4. 因地制宜

在对合肥市15分钟生活圈进行规划时,要根据各社区的建设现状、特征及问题,因地制宜开展公共设施的配置。例如,如果该社区位于旧工业区,则可以依托现有的工业遗址或空地进行改造,设置成体育设施或休闲空间等。与此同时,要注重文化性、地域性等元素,加强社区的分类引导和差异管控,提供多样化、品质化的公共服务,从而塑造社区的独特魅力。

(二) 打造目标

合肥市在打造15分钟生活圈的过程中,应该以全体市民的获得感为最高衡量标准,实现"宜居、宜业、宜游、宜学、宜养"的优化目标,如图4所示。

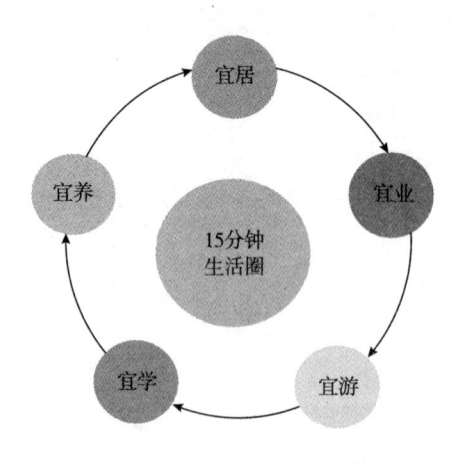

图4 合肥市打造15分钟生活圈的目标

1. 宜居生活圈

结合合肥市民的生活习惯,支持有条件的社区设置互助角、共享厨房等公共设施,建立智能联动、功能完善的生活圈一站式服务体系，提供就近便利、高效优质的社区服务。推进市政基础设施建设，实施生活垃圾分类，构建丰富多样、体验多元的社区休闲空间，营造整洁、舒适的社区人居环境。

2. 宜业生活圈

实行每个社区设置一处社区综合服务站，配置社区服务大厅、警务室、社区居委会办公室、居民活动用房、阅览室、党群活动中心等，保障社区基层办公，提供便捷高效的社区事务服务。提倡社区为就业人群创造更多的就业机会，提供更多便捷共享的运动、学习和休闲服务。

3. 宜游生活圈

倡导合肥市民绿色出行、文明出行，建设"公交进港湾、骑行在中间、辅道在两边，休闲在林间"的社区生态廊道体系。创建绿色低碳的社区道路系统，打造通达怡人的慢行网络，营造步行友好的社区街道，实现交通、人行、绿化、生态的和谐统一。

4. 宜学生活圈

实现合肥市基础教育均等化、普惠化，加快托育机构建设，关注未成年各年龄段、各方面的启蒙与培养。此外，生活圈要满足合肥群众的基本文化需求，通过举办各层次各类型的文化活动，营造浓厚的全民学习氛围，同时配置社区综合性文化服务中心、文化活动站等设施，提升社区人文体验。

5. 宜养生活圈

打造合肥特色养老，促进养老机构专业化运营，构建灵活共享和均衡复合的医疗养老体系，丰富居家养老设施内容，关注老人身心需求。具体来说，可配置老年人日间照料中心等设施，与社区综合服务站统筹建设，为老年人提供居家日间生活辅助照料、助餐、保健、文化娱乐等服务。

（三）打造标准

鉴于合肥市新老城区以及各社区之间的差异，参照国家自然资源部 2021 年 6 月颁布的《社区生活圈规划技术指南》，将合肥市 15 分钟生活圈按照老旧社区、新建社区以及特色社区三类进行分类规划，具体标准如表 11 所示。

1. 老旧社区

合肥市老旧社区的街区空间尺度较小，人群活动密集，空间资源紧张，社区服务水平提升难度相对较大。在打造 15 分钟生活圈过程中，可结合正在开展的城市更新工作，采取"微更新"模式，将规划重点放在促进公共设施混合使用、增设养老托育服务机构和构建慢行活动网络三方面，优先配置邻里小型球场、小型开放空间、老年人日间照料中心、四点半书房、林间步道等设施。

2. 新建社区

合肥市新建社区（新规划社区）的街道空间尺度一般较大，开放强度较高，公共空间及各类设施建设相对较好。在打造 15 分钟生活圈过程中，可采取"集中+分散布局"的模式，重点补齐公共设施短板和提升社区品质，将规划重点放在加强便民商业服务、完善街道社区服务功能和适当增加沿街公共设施三方面，优先配置便利店、生鲜超市、社区综合服务中心、社区养老中心、托儿所、沿街步行空间等设施。

3. 特色社区

合肥市特色社区可以结合本地的文化资源、地域特点等特征，强化相应的高品质设施配置。在打造15分钟生活圈过程中，采取"多元化"的模式，基于合肥市特色文化街区认定活动（如罍街、长江180艺术街区等），将规划重点放在加强品质提升型公共设施建设和完善商务住宅功能品质等方面，优先配置社区文化活动中心、文化活动站、社区艺术展览馆、老年大学、创业就业指导中心等设施。

表11　合肥市15分钟生活圈的打造标准

类型	打造模式	规划重点	优先配置设施
老旧社区	"微更新"	（1）促进公共设施混合使用，通过开发社区空地等增加居民公共活动空间 （2）依据居民生活需要，增设基本养老托育服务机构和便民商业服务设施 （3）适当设置林间步道，连贯各类配套设施，构建通达怡人的步行网络	（1）邻里小型球场、小型开放空间等 （2）老年人日间照料中心、四点半书房等 （3）慢行系统、非机动车棚及充电设施等
新建社区	"集中+分散布局"	（1）加强便民商业服务，以便民服务中心等一站式集中式布局为主 （2）完善街道社区服务功能，提供便捷高效的基本政务服务和养老托育服务 （3）适当增加沿街公共设施，建立高密度的慢行网络	（1）便利店、生鲜超市、便民商业网点等 （2）社区综合服务中心、社区组织孵化平台、党群活动中心、社区养老中心、托儿所等 （3）沿街步行空间、开放的健身步道等
特色社区	"多元化"	（1）根据人口结构、居民需求、地域特点等，加强品质提升型公共设施建设 （2）商务型住宅宜兼顾就业人群的就近居住以及生产生活服务需求，增配租赁住宅、就餐服务、职业教育等设施	（1）社区文化活动中心、文化活动站、社区艺术展览馆等 （2）老年大学、创业就业指导中心等

五、合肥市打造15分钟生活圈的对策建议

（一）科学规划，创新社区服务模式

当前，合肥市已建立一刻钟便民生活圈试点建设工作联席会议制度，为15分钟生活圈的打造和优化奠定了基础，下一步建议创新社区服务模式。

1. 建立市、区、街道、社区四级联动机制

各乡镇人民政府、街道办事处应协同做好生活圈规划实施工作，积极组织公众参与消费需求调查、公共设施设计等工作。充分发挥社区综合服务中心的作用，摸清城市商业网点底数以及社区人口结构、消费需求等因素，对公益性设施进行运营、管理和维护。各试点社区也应加强与相关主管部门的工作衔接，结合城市更新工作，全面评估社区生活圈的实际建设情况与服务要素需求，研判社区发展趋势。

2. 充分保障设施建设经费

充分发挥政府引导、市场主导作用，积极拓宽资金筹集渠道，鼓励社会力量参与15分钟生活圈建设。各级财政部门统筹保障便民生活圈建设经费，形成多级培育共担机制。在具体操作层面上，各区、开发区要积极发挥属地作用，研究出台配套措施和细化方案。在公共设施建设方面，应结合需求紧迫性、实施难易度和实施主体积极性等因素，形成分阶段建设目标和计划，落实实施主体和经费，结合老旧小区改造和乡村建设行动等政策要求，推动项目实施。

3. 推动社区服务数字化建设

建立智慧社区服务平台，推动品牌企业数字化转型，完善社区便民生活圈导视图，为社区居民提供线上线下融合服务。运用互联网等现代信息技术，整合生鲜配送、家政网络、养老服务等信息平台，向居民提供养老、托育、家政等公共服务。例如，蔬果店可通过发达的物流系统将居民在线上选购的新鲜食材直接配送到居民家中，通过物联网将老人的健康状况实施传输到医疗机构，在有需要时，医疗机构可快速做出反应和应对措施。通过这种社区服务模式的创新，可以有效缓解当前公共设施紧张的局面和设施资源空间分布不均衡的问题。

（二）因地制宜，分层配置公共设施

公共设施覆盖率是衡量社区服务水平的重要依据之一。根据《国家新型城镇化规划（2012—2020年）》，至2020年，城市社区综合服务设施覆盖率达到100%。然而，无论是从覆盖范围还是从设施类型来看，当前合肥市公共设施均存在较大的缺口，未来在生活圈打造过程中应当注重因地制宜，分层配置。

1. 合理规划商业网点布局

支持有条件的社区建设改造供销社、社区商业综合体、社区购物中心、便民商业中心等，完善"一站式"便民服务功能。缩小区域间设施配置差距，尽快补齐新规划社区公共设施短板，保障全市基础服务全覆盖。适当加大对微利业态经营的支持力度，对符合条件的商户按规定落实就业补贴和失业保险稳岗返还政策。

2. 构建邻里—社区两级生活圈体系

根据居民的生活需求和使用频率，建立"5分钟邻里生活圈"和"15分钟社区生活圈"两个层级的公共设施。具体而言，在5分钟邻里生活圈内，优先配置面向老人、儿童的基础服务设施和普通居民日常使用的高频服务要素，如社区养老院、便利店、菜市场等设施；在15分钟社区生活圈内，优先配置面向全体城镇居民的综合服务设施和品质消费要素，如超市、小学、中餐厅、体育场馆等设施，从而丰富居民的社区生活。

3. 促进公共设施开放共享

结合城市更新行动，统筹利用闲置厂房、仓库、公有物业用房，盘活闲置的社区公共资源。将功能关联度高的服务要素相对集中布局，促进共享办公、文化活动、体育健身等服务要素与商业服务用地混合布局，鼓励地上地下空间综合开发，倡导医养结合、文体结合。例如，可以将社区养老服务中心和社区文化阅览室共同建设，实现功能复合、共享使用；鼓励学校、单位附属设施等向社区开放共享、分时使用。

(三）优化环境，提高步行活动体验

居民在 15 分钟生活圈的日常活动中，步行是他们的首要出行方式。因此，在城市综合交通路网的规划和建设当中，要着重提高步行活动的安全性、通畅性和舒适性。

1. 提高步行活动的安全性

增加树木种植、改装建筑挑檐以遮挡阳光及风雨，加装安全护栏、增加道路无障碍设计以满足不同人群特别是儿童、老年人和特殊残障人士的出行需求。实行小区内人车分离，合理组织利用非机动车交通，扩大公共服务辐射范围。可利用街坊内巷弄空间、公共建筑底层架空的安全通道、不同地块之间的退界空间设置 24 小时向公众开放的公共慢行通道。

2. 提高步行活动的通畅性

结合社区范围，拓宽人行步道，利用城市支路、弄巷、街坊通道、滨水空间等为主体骨架，构建生活圈安全、便利、舒适的慢行活动网络。此外，要增强步行网络的连续性，打通断头路、丁字路，使居民出行道路更加畅通，进而有效提高公共服务设施的可达范围。提高慢行活动网络的衔接性，串联重要的公共交通站点、公共服务设施和公共开放空间，保障公共服务要素慢行可达。

3. 提升社区步行道的舒适性

为了给居民带来舒适的慢行体验，可开辟公共慢行通道，建设尺度合理、通行舒适的城市支路，设置沿街服务设施与活动空间，为居民提供更便捷的使用机会。设置环境宜人、适应街道功能活动的支路宽度与断面，根据实际需求和建设条件合理确定支路的红线宽度。就特色社区生活圈而言，可将步行道与休闲空间、生活设施进行串联，丰富街道巷弄系统，在有条件的步行道上对地面铺装、街道家具等进行多样化、艺术化设计，使步行道设施与社区风格相协调，更好体现各社区生活圈的文化特色。

（四）加强宣传，调动居民共建共治

在打造 15 分钟生活圈的过程中，努力实现全过程、分阶段的公众参与。让公众参与到 15 分钟生活圈规划和管理中来不能一蹴而就，需要社会长时间的培养和积累，并在实践过程中不断改进。

1. 分阶段引导社区居民参与到生活圈规划建设中

其一，在规划构思阶段，广泛征求在地居民、企业、社会团体和相关部门、专家等的意见，充分了解居民真实的需求。其二，在规划实施阶段，建立社区责任规划师制度，鼓励引导专业技术人员深入社区服务，运用智慧技术解决社区热点难点问题。其三，在规划评价阶段，鼓励多方参与制定方案，积极向公众宣传推广相关成果，针对居民的获得感等开展效果评价。此外，对于 15 分钟生活圈建设过程中涌现出的好经验、好做法，要及时利用《安徽日报》《合肥晚报》等新闻媒体进行宣传推广，从而实现"以人为本"的生活圈建设原则。

2. 持续改善社区营商环境

优化社会营商环境有利于引导生活圈内商户规范经营，丰富品质商业业态。对此，要

持续深化商事制度改革，推广电子证照应用，优化企业开办服务，简化店铺开业程序。落实生活性服务业增值税加计抵减及普惠性减税降费政策。落实社区团购规定，督促平台企业承担商品质量、食品安全保障等责任，维护线上线下公平竞争的市场环境。畅通投诉举报渠道，完善消费纠纷解决机制和消费者反馈评价机制。

本课题组成员名单：李彦（主笔）　张　桅　陈雨琪　陈张婷

第三篇

合肥科技创新赋能高质量发展名家论坛报告

- 育人才　争先进　创一流
- 集思广益　思维碰撞　建言献策
- 深耕"耐心资本"　培育"创新雨林"
- 科创金融如何助力科技创新
- 四业融合与可持续创新
- 小分子创新药物研发的机遇与挑战
- 科技创新与合肥高质量发展
- 加快构建合肥市科技成果产业创新生态的调研思考
- 勇当科技成果转化的开路先锋
- 促进合肥市外贸出口的政策创新建议
- 强化打造合肥"科里科气"城市气质的思考

育人才　争先进　创一流
——在 2022 合肥科技创新发展论坛上的致辞

安徽大学　程雁雷

尊敬的各位领导、各位嘉宾、媒体朋友：

为深入学习贯彻党的二十大精神，在新发展格局下充分挖掘合肥市科技创新特色资源和价值优势，进一步打造科技创新策源地，2022 合肥科技创新发展论坛在美丽的天鹅湖畔举行。我谨代表安徽大学，对本次论坛的举办表示衷心的祝贺！向出席本次会议的各位领导、各位嘉宾表示热烈欢迎和诚挚感谢！也借此机会对长期以来关心、支持和帮助安徽大学教育事业发展的各位领导和社会各界人士表示衷心的感谢！

习近平总书记在二十大报告中指出，要坚持创新在我国现代化建设全局中的核心地位。要保障国内大循环的畅通，必须坚持创新驱动发展战略，以创新突破关键技术，推进供给侧改革，满足人民群众日益增长的物质文化需求，实现高质量发展。党的二十大报告首次把"实施科教兴国战略，强化现代化建设人才支撑"作为专章，强调"必须坚持科技是第一生产力、人才是第一资源、创新是第一动力"，这为我校积极融入合肥市未来的创新发展，在教育科技和人才培育方面提供更有力的支撑上指明了方向。

合肥作为全国首个科技创新型城市、第二个综合性国家科学中心，连续多年位列国家区域创新城市第一方阵，在新发展格局中大有可为，且已正在大有作为。正如王清宪省长日前在首届世界集成电路大会上指出的，安徽将继续秉承开放合作、互利共赢的发展理念，深度对接全球资源，广泛开展产业协作，做大做强世界集成电路大会等开放共享平台，推动产业链各环节开放创新发展，在中国经济发展的新格局中携手共进。

党的十八大以来，合肥始终坚持把创新放在核心地位，不断健全创新体系，持续优化创新环境；倾力打造国资龙头，引领合肥产业创新。为打造具有重要影响力的科技创新策源地和产业创新中心提供助力，其中，合肥产投集团是典型代表之一。合肥产投集团作为合肥市打造科创名城的有力抓手，充分发挥国有资本在科技创新上的引导作用，通过组建科创集团和人才集团，开启了打造专业化、市场化、生态化的"科创+人才+资本"综合服务平台新征程。近日，合肥科创金融改革试验区正式获批，可以预见，合肥创新驱动的前景将更加光明，合肥的产投将越做越强。

合肥区域经济与城市发展研究院是合肥市人民政府与安徽大学共建的新型高端学术智库。2014 年以来研究院以"学术智库，服务地方，建言献计，决策参考"为宗旨，加强与合肥市人民政府相关政策研究全面融合与深度合作，充分发挥安徽大学智力资源和科研优势，提升服务地方水平，促进合肥"大湖名城、创新高地"建设。研究院坚持"顶天立地"，一方面承担国家级、省部级纵向课题，为国家经济发展建言献策；另一方面，也是更重要的方面，就是以"服务地方、提供智库支持"为己任。特别是近年来，研究院在科技创新、制度创新与体制改革、生态保护与绿色发展、长三角一体化等研究领域取得了突出成果，高质量地完成一系列政策咨询研究，并获得省、市相关领导的充分肯定，为合肥市、长三角乃至全国的对外开放与区域协调发展贡献了安大智慧。

昨天（11月24日）上午，省委书记郑栅洁来到安徽大学，为师生宣讲党的二十大精神，令全校上下深受鼓舞，倍感振奋。郑书记对我们提出了殷切期望，提出安徽大学要建成"孕育创新成果的高地、集聚拔尖人才的基地、传承优秀文化的阵地"的殷切期望，在培育时代新人上展现更大担当、在推进科技自立自强上实现更大突破、在培养造就一流人才上发挥更大作用、在提高办学质量上取得更大成效，奋力在全国高校中争先进、创一流，争当促进安徽物质文明建设的"生力军"、精神文明建设的"先锋队"。这也是对研究院的未来建设提出的要求。我真诚地希望各位专家对我校智库建设以及区域经济与城市发展研究院建设多提宝贵意见和建议，对我校今后的发展继续给予更多的关心和帮助！

祝本次论坛取得圆满成功！祝各位专家生活愉快，工作顺利！

谢谢大家！

集思广益　思维碰撞　建言献策
——在 2022 合肥科技创新发展论坛上的致辞

市政府副秘书长、市政府政研室主任　颜军

各位嘉宾、各位专家：

大家下午好！

在这天高云淡、北雁南飞的初冬时节，美丽的天鹅湖畔群贤毕至，智者云集，"2022 合肥科技创新发展论坛"隆重举办。在此，我向参加本次活动的各位领导、专家和嘉宾朋友表示诚挚的欢迎！

党的二十大报告指出，以中国式现代化全面推进中华民族伟大复兴，必须坚持科技是第一生产力、人才是第一资源、创新是第一动力，深入实施科教兴国战略、人才强国战略、创新驱动发展战略，开辟发展新领域、新赛道，不断塑造发展新动能、新优势。一直以来，合肥市坚持认真贯彻落实习近平总书记重要讲话指示要求，视创新如生命、将创新当使命、抓创新像拼命，并提出了"十四五"加快建设科创名城和全球科创新枢纽的目标。这次论坛聚焦合肥科技创新发展，为大家提供了很好的交流平台和机遇，这里我结合论坛的主题，抛砖引玉提出四点看法：

一是建好用好"国之重器"。我们深入践行国家重大创新战略，获批建设全国第二个综合性国家科学中心，国家实验室全国首批首挂，已有、在建和预研大科学装置 12 个，世界级原始创新成果接连涌现，科技创新影响力持续增强，跃居全球科技集群百强榜第 55 位、较去年提升 18 位。近期又先后获批国家首批国际先进技术应用推进中心、科创金融改革试验区。未来，我们将一如既往牢记"国之大者"，紧盯"四个面向"，奋力为国家实现高水平科技自立自强担纲承梁，把科技创新这个"关键变量"，转化为高质量发展的"最大增量"。

二是打造高能级转化平台。我们加快构建"源头创新—技术开发—成果转化—产业创新"的创新链条，启动"科大硅谷"建设，与大院大所大学合作共建新型研发机构 35 家，组建全国首个城市"场景创新促进中心"，持续完善"科技型中小企业—国家高新技术企业—科技型骨干企业—科技领军企业"梯度培育机制，平均每天诞生国家高企近 5 户，每周新增国家级"专精特新"小巨人企业 1.5 户，每月新增上市企业 1 户，每年净增市场主体 20 万户。未来，我们不断升级"科创大脑"功能，全链条、多维度链接创新资源，丰富拓展众创空间、孵化器、科技园区等平台载体，推动更多科技成果早日走向"应用场"。

三是汇集高端创新资源。我们坚持财政直投、国资领投、基金风投，以"只要值得，一定舍得"的大气魄汇聚科创资源、产业资源、人才资源。科技投入占财政支出比重超14%，居全国主要城市首位，打造总规模近2000亿元的"基金丛林"，带动战略性新兴产业项目总投资超4500亿元。新能源汽车等一批地标性战略性新兴产业享誉全球，集聚240多万各类人才。未来，我们将锚定科技创新和新兴产业两大赛道，坚持高质量"双招双引双创"，促进各类创新要素汇集，引育更多创新平台、专业人才、优质企业。

四是营造一流创新生态。我们改革性地塑造科技创新工作大格局，成立市委科创委，组建科创集团、人才集团，出台实施科技创新条例，"一盘棋"统筹推进科技创新工作。率先组建运行科学中心专项基金，创新"拨转股、股转债"研发投入模式，天使基金、种子基金失败容忍度提高到40%、50%。设立科技创新日，办好全国双创活动周主会场、世界制造业大会、集成电路大会、声博会等重大活动。未来，我们将坚持有效市场、有为政府，用足用活自贸试验区等政策机遇，全力打造最优营商环境，让"科里科气"的城市气质更鲜明。

各位专家、各位嘉宾，科技创新发展任重道远，希望大家集思广益、思维碰撞、建言献策。

最后，预祝本次论坛取得圆满成功！

深耕"耐心资本"　培育"创新雨林"
——合肥市天使基金、种子基金的实践与探索

合肥产投集团党委副书记、董事、总经理　江鑫

很高兴今天下午来参加论坛，今天围绕论坛主题"科技创新"，将产投集团关于如何推动科技创新、科技成果转化的一些思考和实践与大家进行分享。

一、合肥产投集团
——创新推进和战略性新兴产业的投融资平台

（一）合肥产投集团发展概况

产投集团作为合肥市的市属国有平台，从2015年成立，到现在已有7年的时间。在我们成立之初，就在思考我们的战略定位是什么，后来经过多轮讨论，决定了我们的战略定位是创新推进和战略性新兴产业的投融资平台。

产投集团的创新推进的重点是科技创新，而战略性新兴产业也是合肥市成为全国民营城市的重要点。这周我们看见了一条重磅好消息，国务院批准了上海、合肥等城市作为科创金融实验区的方案。这个方案对合肥定位是什么？有一句话大家可能会关注到，合肥要建设原始创新的策源地和新兴产业的聚集地，我们很高兴地看到当时确定的产投集团的定位，正好与科创金融实验区的总体要求是高度契合的。

产投集团目前的总资产超过800亿元，净资产超过300亿元，国内的信用评级是AAA，国际的信用评级为BBB。产投集团是多元化的一个产业集团，有四大产业平台：第一个平台是产业平台，有大家熟知的融入到国家战略的合肥长鑫存储、有上市公司国风新材料、科技企业离子装备、部省共建的中国声谷。第二个平台是资本平台，我们通过创新投资、产投资本、国正公司三家股权管理公司来运作若干只基金，支持合肥市的科技创新以及战略性新兴产业的发展。第三个平台是创新平台，产投集团通过搭建科创集团、中科创新院公司、工大智能院公司，嫁接了与合肥市的大院大所之间的桥梁，充分挖掘大院大所桥梁，让成果能在合肥落地生根。我们的创新平台有两家单位：微电子研究院公司和中科微电子创新中心。微电子研究公司主要服务于合肥市中小芯片设计企业；中科微电子创新中心是跟中科院微电所和中科大微电子学院合资合作的，主要关注先进工艺、存储芯片等方面。正是这两家公司形成了产投集团创新平台中支持集成电路产业发展的重要特色。第四个平台是开放平台。本文分析将重点放置于资本平台和创新平台。

（二）产投集团通过股权投资体系支持科技创新

产投集团搭建了股权投资体系来支持合肥市的科技创新，而这基于一个理论基础：科技型中小企业一般都是有一个生命周期的，在生命周期的不同阶段——种子期、初创期、成长期和成熟期，企业的发展特点、经营风险以及资金需求都是不一样的。我们认为必须有不同的产品、不同的基金以及不同的逻辑来支撑不同阶段的科技型企业。

产投集团通过种子基金、天使基金、创业投资引导基金和科创基金，不断迭代了不同的子基金，来支持全生命周期企业的发展。在种子期我们通过天使和种子基金来支持企业从无到有；在初创期和成长期通过 VC 基金（风投基金）来支持科技型企业从小到大；在成长期的末端和成熟期通过产业基金、PE 基金、并购基金来帮助在肥企业从大到强。

二、合肥市天使基金的实践
——聚焦早期，守护初创企业的"天使之翼"

（一）合肥市天使基金概况

早期的项目不确定性很大，带来的是投资的高风险与长周期，项目很少能得到市场化，尤其是后端资金的支持。2014 年，合肥市还缺少天使基金文化与市场化的天使投资机构，我们认为市场是缺位且失灵的，此时需要国有资金来补位解决市场缺位和失灵的矛盾。于是，2014 年合肥市天使基金设立了，8 年后的今天，合肥市天使基金已成为安徽省最大，乃至在全国位居前列的直投型政府天使基金。

据安徽省科技厅统计，合肥市天使基金投资的数量占全省目前已设天使基金投资数量的 60%，拥有绝对优势。全国包括深圳等很多先发地区都成立了引导型天使基金，而合肥市的直投型天使基金让资金直达企业，增强靶向性，更好发挥效应。基金的发展需要政策的支持，合肥市在机制创新方面做了很大的努力。

1. **让渡收益、共担风险**

若企业成功，天使基金将投资增值的部分让渡给团队；若企业失败，天使基金作为股东与创始人共担风险。

2. **市场估值、协议退出**

国资管理要求增资需以评估为基础，但早期的项目实际上大多是团队创业，无法进行评估，造就了根本冲突，所以导致了很多国有天使基金也无法完成投资。而在合肥市国资委的支持下，合肥市天使基金是按照市场化估值的，对国有基金来说，这一点是核心创新。协议退出是为了保证让渡收益于创业团队，而不是通过招拍挂网等繁杂方式。

3. **风险容忍、尽职免责**

合肥市天使基金在全省最早提出了风险容忍概念，并不断由最开始的 30% 上调至 40% 的风险容忍度，鼓励年轻的投资团队大胆投资，多投优质项目。

在政策支持下，合肥市天使基金的总体规模已经达到了 15.46 亿元，审批金额超过 15 亿元；设立的县区子基金 11 只，实现了对合肥市县区的全覆盖；直投项目已经超过了

290 家。

（二）天使基金特征

1. 投早、投小、投硬科技

投早：60%被投企业成立不到 2 年；85%的被投企业为首轮融资。投小：60%的项目投资时没有营业收入或不足百万元。投硬科技：50%项目获国家高企资质；101 家被投企业已获高企资质、48 家获得市级以上专精特新称号；80 余个大院大所孵化项目，3319 个累计新增知识产权；90%以上项目为"芯屏汽合""急终生智"的硬科技项目。

2. 覆盖全市、深耕县区、走出合肥——已覆盖合肥 11 个县区

一方面合肥市天使基金发展良好之后，各个县区也萌生了发展本区项目的诉求；另一方面对于产投而言，也需要挖掘各县区的项目资源。双方一拍即合，成立若干只县区子资金，实现了县区全覆盖。此外，合肥市天使基金已经走出合肥市，在阜阳、寿县、亳州等地区都有子基金，未来还会把团队做大，在全省更多的地方设立子基金。

3. 引人才、引资市、发展快、资金循环

（1）引人才：合肥市天使基金共招引高层次科技人才 800 多人。其中，招引院士 6 人、海归人才 100 余人、"百人计划"10 人、"千人计划"15 人；41 家企业获得省高层次科技人才团队项目资金支持，总金额 2.16 亿元。

（2）引资本：50%项目获得新融资。已投项目获股权、债权类融资、政府补贴共计 35.7 亿元，以基金投资额为基数，累计实现的资本放大系数达到 6.78 倍。

（3）发展快：助力企业高速发展。60%项目投资时营业收入不足百万元，67%项目营业收入超过 500 万元，15 家营业收入过亿元、10 家估值超 10 亿元。

（4）资金循环：项目退出资金循环支持。已有 36 家企业实现基金退出，80.5%为投资 5 年内顺利退出，累计收益率达 10.63%，实现财政金安全、循环利用支持更多高层次人才。

（三）天使基金投资典型企业案例

1. 合肥芯碁微电子装备股份有限公司

合肥市天使基金用实际行动贯彻了持续支持，先"共患难"，才"同富贵"的佳话。2016 年公司成立时没有营业收入，合肥市天使基金投资 600 万元；2018 年初，市天使基金"雪中送炭"二次增资至 1000 万元，帮助公司度过资金困难；2019 年，市创新投直接投资 2000 万元，助力公司加速发展；2021 年 4 月，科创板上市发行，是合肥市集成电路产业第一家上市公司，被誉为国内直写光刻设备第一股。

2. 恒烁半导体（合肥）股份有限公司

国内第二大 NOR Flash 存储芯片企业。2016 年底，市天使基金作为首家机构投资者投资 500 万元，配合、帮助海归团队落户合肥市庐阳区，其项目研发、团队搭建从零开始；2018 年底，市天使基金二次增资 500 万元，行业寒冬、项目困难之际"雪中送炭"，促成企业 3500 万元 B 轮融资；2019~2021 年，公司业绩连续 3 年高速增长，先后同杰理科技、华米科技、OPPO 等在内一线客户形成深度业务合作，2021 年度实现销售 5.76 亿元，实现净利润 1.48 亿元；2022 年 3 月，公司科创板首发过会，成为第二大 NOR Flash 生产销售企业。

三、合肥市种子基金的探索
——孵育种子，向"最初一公里"延伸

（一）合肥市种子基金概况

合肥市种子基金成立的背景：一是在合肥市基金体系中，尚无专项基金扶持高校、科研院所中处在转化初期但未设立企业的科研项目；二是部分科技成果无法得到支持并进入产业化，导致科技成果外流。在这样的背景之下，种子基金应运而生，做到能留尽留、能转尽转、能用尽用，在项目"最初一公里"介入支持，加大"扶早""扶小""扶优"力度。

合肥市种子基金是对天使基金的融合延续，秉承天使基金的运营模式：扎根合肥、直投基金模式、市场化运作（市场估值、协议退出）、让利创业团队。同时也进行了迭代创新：一是更早更小，投资的项目多为未成立公司或公司成立时间小于 1 年；二是更聚焦，关注科技成果"三就地"；三是风险容忍度由 40%提升到了 50%；四是投资周期更长，从 5 年延长到 6~8 年。

2022 年 5 月 26 日，合肥市种子基金正式发布，特点有：一是时间早，"第一只"扶持未产业化科技成果的基金；二是来源多，从"登门入室"、成果专班、科创路演到创新平台、双创比赛等；三是流程快，6 个月的时间开了 8 次立项会、7 次投委会；四是生态佳，"1+N"服务平台，即 1 只种子基金、N 个运营平台、N 只基金赋能等。

（二）种子基金特征

目前，合肥市种子基金投资团队有 60 余人，产投集团发挥集团统一协同作用，科创集团牵头，成员单位还有运营天使基金的创新投资公司、产投资本公司、国正公司以及中国声谷信投公司。5 家单位团队共同调研，增加触达项目的触角，同时把各家团队的经验运用起来，形成一种高度协同。

半年时间内，种子基金调研了 300 余个转化成果，跟进调研的项目有 150 余家，涉及的转化平台 20 余家，已立项审议的项目 61 个、投资决策项目 38 个、审议投资金额达 7400 万元，招引人才 200 余人。下面具体分析各阶段性成果：

1. 科技团队类型

投资项目中具有职务科技成果的科研人员达到 66%，这些投资的项目占 65%，具有自主知识产权的高端人才达 100%，优秀大学毕业生占比是 20%，各类大赛的获奖团队占 40%。创新人才聚集，项目团队实力雄厚，组成结构合理：高层次人才 200 多人、博士生导师 37 人、海归人才 45 人。其中，高层次人才中"两院"院士 6 人、教授及研究院员 81 名、副教授和副研究员 39 人，"百人""千人"13 人，"杰青""优青"11 名。此外，项目奖项成果累累，屡获国家级、省级奖项，彰显项目的科技"硬实力"，国家级奖项 13

个、省级奖项21个、创新创业奖项8个、其他奖项4个。

2. 来源院所分布

（1）校地合作，共建优质资源平台。做大增量，与国内重点高校以及大院大所全面对接；做优存量，摸排挖掘在合肥高校优质可转化成果。目前共有中科大（含先研院）25个项目、中科院物质院（含创新院）6个项目、合工大（含智能院）8个项目、其他知名院所如清华大学、北京大学、武汉大学、上海交大、天津大学等共8个项目。

（2）携手平台推动创新产品孵化。加强院所平台合作，促进科技成果转化，包括合肥综合国家科学中心能源研究院2个项目、哈工大创新院2个项目、北航创新院1个项目、中国声谷1个项目等。

3. 基金产业布局

合肥市种子基金布局覆盖合肥市战新产业，在集成电路、高端装备等地标产业领域不断取得新突破，在量子产业、空天信息等未来产业积极布局。排名第一的高端装备占比24%、生物医药和生命健康占比21%、集成电路占比15%、人工智能占比15%、新型材料占比10%、新能源和节能环保占比10%、量子产业占比3%、空天信息占比2%（见图1）。

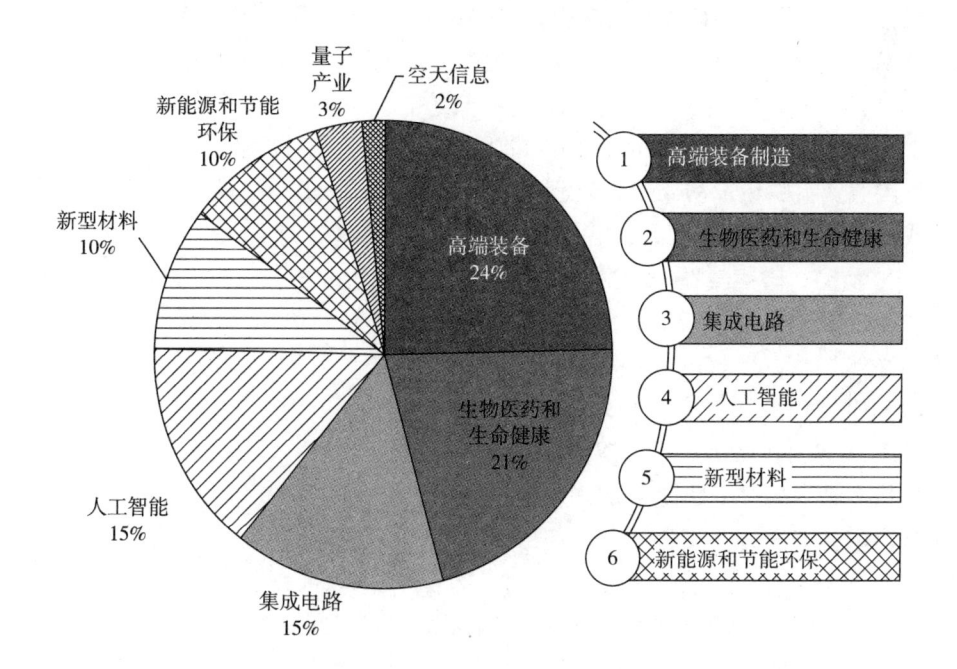

图1 合肥市种子基金产业布局

（三）典型企业案例

1. **安徽科昂新材料科技有限公司**

该公司的主营业务是X射线管及气凝胶产业化。合肥市种子基金2022年10月完成投资，同时，合肥市天使基金联动投资1000万元，下一轮融资投前估值4亿元。

2. **安徽瑞邦数科科技服务有限公司**

该公司依托日本工程院中国籍院士李哲院士的技术，主要关注人工智能及数字孪生在化工领域的应用研究，市种子基金于 2022 年 6 月完成投资。

3. 合肥乘翎微电子有限公司

该团队来自中科大微电子学院，核心成员获 IEEE 固态电路协会博士成就奖（集成电路奥林匹克）。公司成立于 2022 年 1 月，合肥市种子基金于 2022 年 8 月完成投资，此外，合肥市天使基金拟接力投资 1000 万元，后续还有多家资方参与：创谷资本、讯飞创投、高新科投、阳光电源、脉宽信息。

4. 合肥中科科乐新材料有限责任公司

该公司成立于 2022 年 8 月 18 日，主要聚焦聚烯烃弹性体产业化，合肥市种子基金于 2022 年 10 月完成投资，市天使基金联动投资 200 万元。

四、多层次基金体系的启示
——多措并举，推动科创产业融合发展

1. 投早投小，坚持价值投资和价值发现

重视对科技创新型早期项目的扶持，培养铺天盖地的科创小微企业；天使基金、种子基金等早期投资基金，具有更好的乘数效应；培育创新产业、培育创新人才、培育投资人才。

2. 打造"基金丛林"，形成联动接力效应

发挥国有资本引领带动作用，打造"孵化期""种子期""初创期"政府引导基金体系，形成联动；"联动投""接力投"，打好组合拳，加速初创企业在本地成长。

3. 找准赛道，聚焦战新地标产业

"芯屏汽合""集终生智"既是合肥市产业集聚的必然选择，又是专业化投资机构自身发展的必然选择；看好的方向始终保持"战略定力"，抢先布局、敢为人先，在产业"红利"释放的时候，"占位"并充分享受"红利"。

4. 培养人才，打造专业化投资经理团队

积极培育自己的投资团队；从创新投 10 余人的投资团队发展至科创集团、创新投、产投资本、国正资产共近 60 名投资经理；打造勤学习、有激情、肯付出、敢担当的团队氛围。

合肥产投集团一直在实验探索当中，当前的实验还是现在进行时。关于天使基金的实验已经取得了阶段性的成果，但还有很多内容需要不断补充完善；关于种子基金的实验才刚刚进行了 6 个月，未来的路还很长，希望我们可以和众多专家学者一起，总结梳理规律性，找出还需完善的不足之处。让我们携手共进，共同推进合肥市科技创新产业的发展。

谢谢大家！

科创金融如何助力科技创新

北京大学博雅特聘教授

光华管理学院金融学系系主任　刘晓蕾

非常感谢主办方给予机会，让我参加本次论坛，我从北大来到合肥，就是想学习"合肥模式"，用金融的方法探索有为政府和有效市场相结合，并从学理上把这个模式总结出来，归纳出成功的经验。一方面可以向全国推广，另一方面甚至可以向国外介绍经验。虽然我国走的是跟西方国家不同的道路，但是我们的道路有自己的学理基础，一样可以做得非常好。因此我是抱着这样一个心态来到产投学习，收获也非常大。

一、科创金融改革

《上海市、南京市、杭州市、合肥市、嘉兴市建设科创金融改革试验区总体方案》的发布，将合肥作为一个试点。对于用科创金融来支持科技发展，我还在一个学习的过程中，接下来介绍一些学术方面的内容。

二、科技创新的重要作用

新中国成立70多年来我们取得了"中国奇迹"，这是国内外都共同认可的。通常认为取得中国奇迹的理由一是投资，二是人口红利。从经济学用得最多的一个公式 $Y=aK^{\alpha}L^{1-\alpha}$ 来讲，右边的两个输入一是投资 K，二是人口 L，我们的优势是投资多和人口红利这两点。但是大家都知道目前经济发展中，过去的这两个发展方式都遇到了瓶颈，一是产能过剩的问题，二是人口老龄化的问题，人口红利逐渐消失。那么下一步发展怎么办？

因此，我们要想提高全要素生产率，即要重点关注公式前面的系数 a。即使投资不增加，人口也没有红利，但如果系数可以提高，经济仍然可以继续发展。

全要素生产率的提高有两个方法：一是科技进步，二是资源配置效率。资源配置效率就是要充分发挥市场配置资源的有效作用。如何配置资源，到底是拯救东北，还是发展长三角、还是京津冀，总得有一个分配。包括合肥这边的资源，决定聚焦在哪个行业其实就是一个资源配置的过程。

三、创新的衡量

今天我们讨论全要素生产率里科技进步的问题。科技进步在测量上一般有几个维度：一是 R&D，即我投入多少，二是 R&D 的产出，也就是专利。原来我们一般衡量专利的数量，现在越来越多谈的是质量。同样一个专利，有的质量很高，有的质量一般。还有一个就是新产品，即企业推出了多少新产品。

四、金融对创新的支持

金融说到底可以开启创新思路，那金融对创新有什么支持，最典型的是制度支持。我用香港 18A 举例，当时国内科创板也同样修改了规则，因为生物医药企业上市是非常难的。

我举香港的例子，因为香港这个市场相对来讲是一个国际化的资本市场。香港原来医药企业也是不能上市的，后来做了修改，就是所谓的"18A"，影响非常大。只要被定为生物医药企业，即使不盈利也可以上市。我列举了一些内地生物医药企业在香港港股上市的情况。结论就是创新需要金融制度的支持。

股权和债权是两种金融最典型的模式，而知识创新通常研究的就是股权和债权。这个研究使用了全球 35 个发达国家的数据，基本结论就是说股权融资更有利于鼓励创新。这并不奇怪，因为股权是有上升空间的，所以是希望创新的。而债权通常来讲害怕风险，所以企业的债权人通常不太愿意让企业去承担风险。所以总体来说想要鼓励创新，还是应该以股权的形式去创新。

当然任何东西都不是唯一的，比较典型的例子就是硅谷银行。它是在硅谷圈里支持所谓这些新企业，但它是个银行。也就是说，银行是用债权形式去支持创新企业，并且做得非常成功。因为在国内不能注册独立的商业银行，硅谷银行在上海有合资，且取得了成功，特别是它的股票指数。公司跟着债权发生很多创新，但是公司本身除了银行以外，其实还有一个 FOF，其实在衡量企业的时候就跟股权投资一样，对这些企业认知是比较精准的。另外它是股债统筹，因为自己有股权的基金，另外在债权里面还做了一些创新。有的时候债权会要求加一个默认，类似于一个期权或者可转债，这个企业未来如果做得好，也可以有一部分股权的支持。

所以用这种创新的债权也不是不可以的，在国外至少是有非常成功的尝试，但我们确实处在这个过程中，因此还需要一些摸索和创新。

五、总结

我总结一下，科技创新需要政府理论、政府引导，加上自下而上的改革。因此，金融的作用需要良好的制度安排，当然股权比债券更有利于创新，但也不是说完全不考虑债权。我们各种创新的金融产品，包括债权、保险、信托都可以进行知识创新。我相信合肥作为一块试验田，在这方面能够取得特别突出的成就，谢谢大家！

四业融合与可持续创新

中国科学技术大学管理学院教授、
国际金融研究院副院长　翁清雄

各位嘉宾，各位朋友，非常高兴能在这里做一个交流。我个人的研究领域更中观一些或者微观一些，所以对今天的话题很感兴趣，过去也一直非常关注产业集群和人才的问题。

2022年上半年，安徽省支持我们成立了一个"四业融合研究中心"，四业融合跟创新有很强的关联，所以我们今天就围绕这个主题来谈一谈为什么安徽省要重视四业融合的问题。

实际上"四业融合研究中心"已被写入安徽省政府文件，作为下一年度下一个阶段在教育领域工作的一个重要的突破方向。今天的场合有很多朋友在这里，我也想通过分享来接受一些互动和反馈。我主要从几个方面来谈一谈"四业"到底是什么，以及它们为什么需要融合，之间的关联是什么？这样的一些融合和关联对我们的创新意义和价值等，以及合肥市未来在这一领域、在这个方向上有没有可能进一步做好融合，进一步推进我们的创新。

一、四业融合与创新

区域的创新实际上是一个整体的生态体系，需要多元的主体来参与。比如说企业、高校和政府，这几个主体的互动是非常重要的。我们说的四业首先是产业，其次是专业、创业和就业。过去的创新是高校在做，企业有需求，二者之间有非常明显的脱节，而企业的需求与高校所提供的供给在一定程度上存在不一致，比方说目标不一致、定位不一致、区位不一致。还有在转化过程中高校更注重基础，而企业更注重实际的应用，也就是能不能量化，能不能量产，能不能变成利润。

一是人员问题。实际上这里就需要创业这个中间机制，也是我们产投之所以存在的一个很重要的原因。怎样把高校的创新成果、高校专业的科研发展，最终通过创业的方式来支持整体的产业发展。

专业本身如果要变成产业，需要一个过程，这个过程就是创业的一个逻辑。所以我这里讲的产业发展，既是创新创业的重要驱动性，也是创新创业的根本落脚点。在这个过程中，产业和中小企业的发展之间是有互动关系的，比方说产业集群这一概念的出现。集群包括现在合肥市的很多孵化器，将投资机构之间的联系关联，再加高校，就能够更好地支持创新走向创业，创业走向一个大的企业的发展。

二是满足产业的发展需求问题。本身也应该是高校专业设置和科技创新的一个重要出发点。科研要"研人民所需，研国家所需"。我们做的研究要与产业发展，以及与经济发展中心之间关联起来，所以就需要在产业本身和专业设置之间形成互动关系，比如说我们到底在研究什么？现在有很多项目，科研人员大部分做创新、做研究是跟着项目走的。我们的项目设计本身应该与产业之间有关联，但实际上是很少的，也就是说我们的项目本身的需求，过去是缺少基于产业发展的需求去驱动。比方说合肥市有多少个科研项目，是基于合肥市产业发展的需求去投入的，我觉得这是一个很大的困惑。

三是实际上也是很重要的人才问题。我提一个观点：合肥市要发展，人才肯定是重要的，但人才怎么来。我觉得要做两个事情，一要为产业发展去做人才的前期评估，而不是说拍脑袋搞这十大新兴产业，就一定能做起来，很多产业是做不起来的，因为合肥市不见得有这方面的人才支撑。当我们对一个产业发展去做决策的时候，实际上是需要对人才支撑做评估的。这个评估怎么来？一个是存量，一个是增量，而增量来于高校。二要动态地看待人才问题。现有我们觉得有机会在国内成为第一梯队的产业，还需要持续的支撑产业发展产生竞争优势，人才的会聚优势就是重要的。人才怎么会聚？比方说合肥市发展得好，要看一看合肥市哪些产业哪些企业发展得好，而这些产业企业发展得好的背后，实际上跟科研机构以及科研机构背后的人才和创新输出是相挂钩的。这一点如果没有科工大这样的高校存在，很难做到。因为学校是这些人才存在的一个重要载体和增量输出的一个重要基地，我们要能够持续输出这方面的相关人才。这是我们讲四业融合为什么要去考虑四个方面之间的一些关联存在的原因。

我们现在从几个方面分别来看一些数据，一些研究是怎么讲这四业之间的关系的。

二、学科专业与产业发展

学科专业与产业发展。过去有不少研究去考虑为什么有些城市某些产业都发展得很好，背后的驱动因素到底是什么？这些城市有什么特殊的密码？以长三角生物医药为例，生物医药产业到底哪些城市发展最好？

我做了一个地理上的关联分析，我们看到在创新网络里面，一些城市很重要的点是与生物医药相挂钩的高校密集，而高校以及医学院的密集存在是支撑产业发展的一个重要依据。所以高校本身是我们高新技术产业的一个创新源头，通过知识生产、人才输出，然后进行创新创业。

举个我们自己学院的例子，每年培养的MBA/EMBA学生接近千人，专业学位在校的有2000人左右。在这个过程中，我们每年都会组织创新创业的一些相关论坛，而且这些学生有一个共同的特点就是，他们已经有了一些工作经验，而且很多人有一定的创业想法和念头，而高校里有相关专业的博士生，也就可能得到一些很好的技术支撑。所以在这个过程中，很多从高校出来的创业项目实际上能够非常快地发展起来。

前不久人社厅要拍摄"创业在安徽"系列电视节目，我们受邀和节目组一起筛选项目。产投、科大硅谷投资、中安创谷都推荐了很多项目，我们筛选了好几遍，发现主要有两类项目比较成功，大家比较看好。第一类是我们的大学生，与过去大学生不一样，现在很多是博士在读学生，他们的创业项目很被看好，发展得很快。第二类就是高校老师。我们讲到2022年底先做9个项目3期。这9个项目不是科大的老师负责，就是科大的学生负责，基本上是这样的情况。

反过来就告诉我们什么？高校它本身既是创新的主体，也是创业和产业发展的一个重要任务、一个基础。所以长三角的生物医药企业发现双一流高校占据了创新网络的一个非常中心的位置、非常中心的问题。

三、产业集群和创业活动

我在博士阶段快毕业的时候，申请了一个国家精英项目叫"产业集群与产业集群内的创业活动的一些关联性"。为什么要考虑这个？因为在这个项目之前，我们做了一个研究，产业集群人才流动的问题，发现在产业比较集聚的地方，相关人才流动很快，但是发展得也很快。

首先，在观测观察解释好这个现象之后，我们发现另一个问题也很有趣，越集中的地方创业越容易走出来。按道理跟我们原来的假想是不一致的，因为集群集中的地方企业越多，竞争就越激烈。为什么集群集中的地方反而新生的创业企业就多了？所以这里面有几个东西，比如说有榜样的示范作用。合肥现在就很好，我们现在就有科创委，这个就非常好，因为高校的老师，如果我个人去做一点创业项目，一开始我可能有点难为情，结果看到这个县医院是我们科大的很多校领导带头做一些应用型的，把自己的科研成果变成有市场价值受市场欢迎的一些项目，其他人跟着去，这叫作示范效应。产业集群的示范效应在这里面就形成了一个非常好的创意示范效应，包括我们现有的很多孵化器也有这个功能。

其次，集群还有一个特点，它有上下游的商业机构，企业越集中的地方，机会越多，这个机会不仅来自商业机会，也来自人才基础。我若有这个机会，没有人才基础就不行。举一个具体的例子，为什么很多IT类企业在深圳发展很好，合肥为什么很少有大的互联网企业。因为互联网发展不仅需要想法，还需要一流的互联网运营人才，这一部分一流人才不在合肥，那么合肥想把这个事情做起来是很难的。

所以，产业集群不仅拥有集群内的商业机会，而且帮这些创业企业凝聚了相关人才，还有在这个过程中逐渐形成了创新的网络。所以说产业的发展，尤其产业集群，为创业企业提供了一个很好的生态体系。

生态体系的概念近年用得比较多，腾讯每年组织一个商学院的论坛，2022年我去分享的论坛叫"科技+商学"。里面有一个重要的点是要形成一个生态。过去我们做这个事情的时候，更多的是一群企业家在一起上课，但是很难形成一个上市公司不断成长的生态。上市公司要成长需要各个领域的角色都在里面扮演应有的角色。所以我们讲创业生态在产业集群里面能够自发的产生，还有专业活动发展本身也能够塑造本地产业集群，促进集群的知识溢出。

最后，创新企业主与本地企业的关联能够驱动产业的转型和变革，这是产业和创业二者之间的关联。这一点我主要讲创业支持政策，比方说我投哪些创业企业，实际上是要看合肥市在哪些产业未来是有优势的，不仅要看这一家企业怎么样，实际上还要看整个区域产业发展的可能优势在哪里。

四、人才布局与产业优势

人才布局，就是人才布局与产业的优势。我一开始说要形成优势，产业需要人才的支撑，产业的规划要考虑人才的储备是否充足。我在上人力资源战略课的时候，有一个案例非常经典。我们从微观的角度去看一看，然后回到宏观的角度。某国的一个非常大型的钢铁厂，当时雄心勃勃，要建世界上最大的钢铁厂，所以找了一个交通非常便利的地方，投资了很多钱在那里建钢铁厂，但是钢铁厂建好之后才发现方圆10公里之内找不到人，而远的地方的人不愿意到这个地方来。所以，产业的发展并不是我们拍板觉得行就行，人才愿不愿意去，愿不愿意集聚，需要一个长期积累。

比方说到合肥来，大家可能马上就想到合肥有科大。所以我们说人才布局、人才结构一定程度上影响了产业能走多远。

产业本身要围绕优势的方向去做，产业本身有利于促进人才进步的聚集。为什么合肥这几年有些方向发展得很快，实际上就是聚集效应，发展得越快，会吸引越多的人才，会产生更好的发展优势，积累更好的发展优势。还有新兴产业的规划和布局，人才的布局需要同步考虑，高校专业设置有没有去考虑。在考虑人才布局的时候，考虑合肥市要给哪些高校，哪些专业设置专项奖学金。

比如说现在重点发展人工智能，需要合肥市重点发力，把全国最有潜力在人工智能发展起来的硕士博士研究生都吸引到合肥来。这一拨人才毕业之后就有很大的可能留在合肥，支持合肥发展，所以这是我们说的人才水平。比如讯飞就很难，我想在招引人才这一块的时候是很困难的，相较于那些在深圳、杭州、上海的企业来讲，合肥只有一个平台。就跟到高校是一个道理，如果对合肥有感情，又在合肥毕业，当然首先考虑加入合肥的企业，实际上人才布局和产业之间是很不匹配的。

五、四业融合促进持续创新

第一，跟踪四业的动态变化趋势。第二，高校专业设置需要与地方的产业发展相关联，需要地方政府来影响高校，根据产业规划来布局基础研究的领域和科研项目的建设，这是政府需要做的。第三，制定政策来重点扶持重点产业企业招引高层次人才，逐步形成四业联动的一种创新生态。

这是我今天的分享，谢谢大家！

小分子创新药物研发的机遇与挑战

中科院合肥物质研究院健康与医学技术
研究所所长、中科普瑞昇董事长　刘青松

非常高兴参加今天的论坛。我本人和我所在的单位是合肥市科技创新政策的获益者。产投集团是中科普瑞昇公司的第二大国有股东。今天我主要跟大家探讨一下生物医药当中受到众多关注的抗肿瘤药物的市场问题，或者说是产业发展的问题。

一、以市场需求侧为目标的科技创新

大家知道科学院在科学岛上都在做创新，我们也在做创新，我们的创新是以市场需求侧为目标的科技创新，所以我们在科学院系统做了一个比较大的改进，即把隶属于中科院系统的肿瘤专科医院合并到研究所当中。现在我的研究所有1200多人，其中300人从事研究，900人从事临床试验，这样就能把供给侧和需求侧结合起来。从我们的布局来看，中科拓苒主要做创新药，我今天主要讲创新药，中科普瑞昇则主要解决创新药后面面临的产业化问题，着眼于在更大的范围内支撑整个产业发展，获得了合肥市的大力支持。

大家提到肿瘤往往谈瘤色变，但是从产业的角度说，这又确实是一个非常重要的产业。在过去的5年中，全球抗肿瘤药物市场规模基本上保持着10%的年复合增长率，中国的发展趋势和全球保持一致，现在中国在全球占的比例已经接近20%。可见，这是一个很大的市场。国家层面也对健康领域相继作出了一些重大部署。党的十九大提出实施健康中国战略，党的二十大则进一步谈到了这个问题。国家政府各级各部门也都提出了相关的要求和规划，以及作出了一些战略上的重要部署。

二、我国生物医药产业发展

我国生物医药产业发展大致经历了四个时间段，2001~2006年是一个阶段，2007~2014年是一个转型的阶段，2015~2019年是我国生物医药产业从襁褓期到婴儿期的一个重要的阶段，2020年之后将是稳步发展的一个阶段，如何使产业成长是值得去考虑的问题。

国家从监管层面对我国生物医药产业的发展也作出了一定的部署，比如CDE明确要求要以临床价值为导向，解决了做药应该是 to C 还是 to P 的问题。虽然大家通常都会说自己旨在满足临床需求，但是如何把临床需求和资本需求结合起来，这是将来实现产业良性发展的关键因素。

纵观全国生物医药产业的发展,有一个非常重要的指标是临床试验登记数,目前我国药物临床试验登记数量首次突破3000项,虽然在全球来看占比不高,但是在纵向上已经是很大的发展了。每年获批上市的国产创新药虽然现在也不是很多,但是从以前几年获批一个到一年获批几个已经是很大的进步。另外,我们在不断探索药物类型,以前有小分子药,现在有大分子药,不断有新的药物出现,它们之间的竞争格局是我们做产业发展、布局、规划需要考虑的问题。可以看到,最近几年大分子药物由于基数小,所以增长速率比较快;2010年、2019年、2021年销售额排名前十的药物中,大分子和小分子药物均各占一半,没有发生太大变化;大分子和小分子药物也各自有其不同的优势和劣势,互相不能替代,而是互为有效的补充。

现在生物医药产业发展也存在比较大的困境,来自内部和外部两个方面。内部困境主要体现在医学技术研究有效供给不足上。所以,我们要加强基础研究,医学里面的基础研究也就是转化医学研究,真正研究治病需要什么东西,而不是实验室需要什么东西。真正有用的转化医学研究一定会产生有价值的专利,有价值的专利才能在市场上有真正的应用场景。或者也可以倒过来说,有真正市场应用前景的技术才值得我们去开发和研究。

其实现在大部分病仍然无法治愈,因此我个人认为在未来20~30年内,布局生物医药产业这一赛道是没有问题的,特别是随着老龄化的加速到来,这将是规模很大的一个产业。

中科拓苯主要做创新药的这一部分,现在有一个临床Ⅱ期、三个临床Ⅰ期,明年还会有几个新的药物进入临床试验阶段。

我想在未来,我们整个生物医药产业有广阔的发展前景,不仅仅是肿瘤,我们谈肿瘤是因为其产值占到了整个产业的80%左右,但是除了肿瘤之外,其他的疾病也是有很大需求的,特别是以高血压、糖尿病为代表的长期慢性疾病,新的疗法的出现将带来巨大的产业空间。

三、产业发展需要固本扶正

最后谈几点个人观点。一是辩证地认识当前我国生物医药产业发展所处的历史阶段,我个人判断是处于婴儿期,仅仅是有一点"虚胖",当然这是针对资本市场而言的,经过1~2年的快速发展之后,其实包括生物医药在内的所有行业现在都处于一个下行的周期。在正确认识我国产业当前所处的发展阶段的基础上,国家层面和政府部门应继续加大对生物医药产业的持续性扶持力度。

二是产业端要固本扶正,做真正有用的东西。不要做伪创新,特别是对产业而言。应该真正从应用场景出发回过头来看技术需要什么样的创新、需要做什么样的研究。党的二十大之后,科学院从上而下重新进行了梳理,我们到底要做什么样真正的研究,少喊口号、少说空话,做点真正有用的东西。真正有用的东西从哪里来?不是来自自我臆想,而是从市场中来,从国民经济发展的具体需求中来,从被"卡脖子"的技术上来。那怎样才能做好？要用好转化医学等各种工具。工具可以由全国层面提供，包括合肥的中科普瑞昇，最近正式获批科技部人类遗传资源保藏资质，成为全国第一家也是目前唯一获批的提供这样一种技术性战略资源的企业，希望未来能够成为合肥的骄傲。

谢谢大家！

科技创新与合肥高质量发展

合肥工业大学经济学院院长、
创新经济研究所所长、教授　洪进

今天我和大家分享一些我个人小小的思考——聚焦合肥的科技创新。我本人于1986年大学毕业，从上海来到合肥，迄今为止已经在合肥待了很长时间，现在可以算是合肥人。我见证了合肥从落后到崛起的过程。

一、全球的科技创新趋势

今天我简单地作一下分享，从全球的科技创新开始讲起。从全球科技创新的基本态势来看，科技创新主要集中在美国、东亚、欧盟等国家和地区，以中国、日本为代表，而美国比其余国家遥遥领先。这是各类指数、排名、数据一致呈现的基本特点。在最近的十几年中，亚洲，其中以中国为代表，在科技创新方面取得的成就，使得亚太地区在全球的地位越来越重要，其中东亚地区成长得更快一点，这与中国的崛起密不可分。并且，无论是基础研究、应用研究、高技术产业都呈现这种相似的发展趋势。以上是全球科技创新的基本状况。

二、中国科技创新的快速发展

从我国的角度来看，中国科技创新的快速发展是进入21世纪以后的事情。尽管我国很早就实行了改革开放，但是在中国"入世"之前的20世纪，由于受过去固有制度的约束，全社会R&D经费占GDP的比例基本维持在0.7%~0.8%的水平，这一比例超过1%的年份很少。但是现在这一比例已经超过2%，合肥已经超过了3%，这一比例已经和发达国家的水平持平。因此，从全社会R&D经费的角度上来看，中国已成为全球第二大研发经费投入国，和GDP的排名具有一致性。同时中国也已居全球创新指数第12位，当然，由于各类指数排名很多，因此这一排名数据仅供参考。

无论如何，中国整体科技实力的上升，包括我国高校科技实力的上升，是有目共睹的。新中国成立后，国家层面对我国的科学研究有一个总体性的布局，对今天产生了较大的影响。科学院几乎集中了全国最优秀的科研人才，而高校的科研实力直到20世纪90年代都不是很强。从地域布局来看，基础学科几乎都在北京，生化学科布局在上海，奠定了如今上海生物医药产业发展壮大的基础，合肥则抓住机会承接了中科大和中科院分院。可见，我国的科技创新具有一定的历史沿承性。总体而言，我国的科技创新发展到今天，实力有了明显的增强，在数量上有显著的增长，这从一些指标上表现得十分清楚，但是我国的自主创新能力还是有待加强，核心技术还是很缺乏。

全世界 R&D 经费总量持续增长，但是增长速度自 2018 年开始回落。其中，欧洲的表现一直不是特别理想，从 20 世纪 90 年代至今，欧洲的经济一直时起时伏。但是中美是比较活跃的，中国是新兴的国家，美国则为了保持自身领先的地位，美国和中国创新经费投入稳步上升。在研发支出占 GDP 比重方面，有一个基本的经验数据，如果一个国家的占比为 1%，则能维持现有的科技水平；如果占比低于 1%，该国的科技实力将会倒退；而到了工业化中期，通常这一比例要上升至 1.5%~2%。如果按这个标准来看，近 5 年中国 R&D 投入占比约 2.2%，较为超前，而美日欧 R&D 投入占比约 3.2%，一般而言过去韩国增长都是比较快的。人才也是一样的。因为中国十分重视创新，所以创新人才增速较快，但是每百万人研究人员数量还是没有进入第一梯队。目前对创新人才的投入从量上而言和我们当前的地位是吻合的，质还需要进一步提升。产出也是类似的情况，全世界的产出在波动，但是中国的产出增加非常快。现在我国的专利申请量已经居世界第一，美国排名第二，但值得注意的是，美国的非居民专利远超其他国家，说明中国专利的质量、全球性及影响力还有很大局限性。在高科技出口特别是制造业出口方面，中国也是很强的。但如果细致分析可以发现，这和 2000 年"入世"之后中国电子科技产业的发展有关联。众所周知，在我国出口企业当中台资背景的企业还是占了很大一部分，所以在我国高新技术产业显著发展的背后，尚存在一定问题有待弥补。企业创新也是这样的。中国企业 R&D 研发人员数量位居全球第一，这一点其实和中国高校招生结构有很大关系，中国招理工科的学生多，美国招文科的学生多，但是数量多并不意味着质量高。

以上是全球和中国总体的情况。合肥的经济成长、科技创新的成长和国家的发展是同步的，我们没有被甩下，尽管身处内地，但是我们抓住了机遇。合肥经济增长与创新专利的趋势高度拟合，虽然没有证明因果关系，但是至少说明科技的进步对合肥经济发展有重要的贡献，而合肥经济发展对合肥科技创新也有重要的作用，因此科技创新应该是我们要坚持的点。

三、合肥科技创新经历的重要阶段

从科技创新的角度，合肥经过了几个重要的阶段。第一阶段战略性的机遇是 1970 年中科大从北京辗转落户至合肥，20 世纪 70 年代末，中科院合肥分院落户合肥，到 80 年代初，合肥成为了全国四大科教基地之一。第二个重要节点是 90 年代末，江泽民同志前往科学岛视察并题词，2004 年合肥被批成为科技部第一个国家级科技创新型试点城市，后来在此基础上，陆续增加了发改委的创新型城市、合芜蚌试验区等。2000 年后，合肥进入了科技创新的快车道。同时，在过去白色家电、汽车、机械制造等产业基础上，发展壮大了一批产业工人队伍和技术人才队伍，逐渐推动合肥进入了一条不同寻常的发展道路，建立了科技和产业互动的发展模式。因此，最近几年的腾飞是合肥长期积累的结果。

近几年，合肥布局了"芯屏汽合、集终生智"八大产业，以科大为代表的科研群体也逐渐崛起，以量子、人工智能、核聚变为代表，使得合肥进入了一个了不起的发展阶段。时至今日，合肥被全国所关注，天时地利人和给了合肥一个前所未有的机会，但是我个人认为无论是从经济，还是从科技创新的角度，这只是合肥的第一次高峰，还不够稳定，因此其中也蕴含了一些风险。

这里罗列了一些大家熟知的东西。如今最重要的战略机遇期是合肥综合性国家科学中心的定位，这一定位的取得和刚才提到的这段历史是高度相关的。在产业方面，不管合肥布局了几大产业，实际上都有一个基础性的东西在里面，那就是信息科技，不管是传统产业改造还是数字经济，信息科技作为基础都具有一定的超前性。量子在将来一定是一个爆发性的产业，虽然具体时间还不得而知，但是对于信息科技和大数据等产业而言，量子将会给我们提供新的技术。在财政投入方面，合肥模式相较于深圳模式，在资源有限的前提下，合肥政府不仅"有为"而且"聪明"，能够最大化地利用好资金。合肥科技创新排名表现很不错，根据《2021年国家创新型城市创新能力评价报告》，合肥在全国72个创新型城市中排名第9，此处未包含北京、上海等直辖市。

刚才已经提到，近年来，合肥R&D经费投入稳步增长，R&D经费投入占GDP比重保持在3%以上。人才方面虽然增长较快，但是仍然是我们的短板。在创新产出方面，合肥市创新专利产出增长良好，技术合同交易总量也还不错。在产业方面，合肥主要是在两头发力，一头是基础研究，有一些点的突破；另一头是产业化落地，政府在其中发挥引导作用。

四、合肥创新发展畅想

最后对合肥的未来发展谈几点我自己的理解。第一点是激发和积蓄创新潜能，持续建设我国重要的科技创新策源地。自获批科学中心以来，我们一直在说合肥要成为创新策源地，那么什么是创新策源地，弄清楚这个问题十分重要。国家为何批准合肥建设综合性国家科学中心。实际上科学中心和科技创新中心还是有所区别，有一定学术用语的背景。获批科学中心意味着合肥的基础研究在全国的不可替代性和超前性，以科学岛、中科大以及部分合工大的研究为代表。因此，我个人认为基础研究的优势是合肥身处内地脱颖而出的关键所在，合肥为基础研究营造了良好的氛围，科学家、高校教授比在北京上海更受尊重，工作生活也比较踏实，以中科大为代表形成了自由研究的优良风气，我认为政府部门和全社会应该要认识到这种文化的宝贵之处，可以为其提供支持。硅谷著名孵化器YC，是全球数一数二的孵化器，它对孵化的项目融资比例进行约束，就是为了防止资本影响创始人的想法。所以，科技创新策源地就是要做出世界上第一次的科学发现和技术发明，这将带来非常好的价值和市场前景。

第二点是利用各方力量，构建高水平、协同性的创新人才蓄水池。实际上在竞争当中唯一重要的，也是最重要的就是人才，有了人才，就能吸引资金、识别机会。但是身处内地的合肥在这方面确实有先天劣势，因此应当加强对人才的关注。同时，一些特殊人才，特别是新兴产业的人才，不一定都愿意去北上广深这种大城市。美国经济学家理查德·佛罗里达在其著名的创意阶层的研究中,提出"3T(人才、技术、包容)"理论,有一类人才看重的是包容的环境。因此,合肥对于做科学研究的知识分子而言是比较好的地方,如何利用好这一优势是值得探究的。

第三点是完善科技创新体系,加强产业链和创新链的深度融合。对于这一点,刚才几位专家讲得都非常到位。我想再强调一点,就是从基础研究到产业转化是非常艰难的过程,成功率非常低。有一个基本的数据,全世界的专利库有史以来的专利真正能够进入商业化阶段的只有10%,其中能够商业化成功的还是只有10%,实际上绝大多数专利是不会被关注到的。因此,在这个过程中,每个环节都很重要,基础研究为成果转化提供了源头供给,好的成果得不到转化甚至被别人转化,就会导致相似的专利和技术流失。所以推进产业链和创新链融合非常重要。我个人认为现代经济增长最本质的东西是技术和资本的结合,但是在现实中这两方面文化往往是对立的,互相不理解,这就需要创新平台、政府部门、全社会共同努力营造一种优良的环境。

第四点是大家都熟知的,优化政府和企业的互动机制。我们一直讲技术创新的主体是企业,但是高校在技术创新中的作用也是值得关注的。欧洲在早期也认为企业是技术创新的主体,但是自20世纪90年代后期开始,慢慢地将大学看得很重要。实际上产学研合作成为了今天科技创新、产业发展和经济持续发展的重要推动力。

最后一点是合作,因为我们终究身处内陆,在资源和经济方面都存在相对的弱势,所以走向长三角、走向世界非常的重要。

谢谢各位!

加快构建合肥市科技成果产业化创新生态的调研思考

合肥市政府政策研究室　黄传霞　徐小中

习近平总书记在党的二十大报告中指出："加强企业主导的产学研深度融合，强化目标导向，提高科技成果转化和产业化水平。"企业是科技和经济紧密结合的重要力量，也是最活跃的创新创造力量。近年来，合肥市强化企业创新主体地位，围绕产业链部署创新链，合力推动科技和产业创新融合聚变，吸引促进创新要素高效流动，积极营造加快科技成果产业化的良好环境，企业产学研合作态势总体良好，企业的创新动力和能力显著提升。近期，市政府政研室会同市经信、科技、财政、市场监管等部门深入企业调研，梳理总结合肥市科技成果产业化成效和存在问题，借鉴深圳等先发城市经验做法，就进一步构建打造科技成果产业化创新生态提出建议。

一、合肥市科技成果产业化取得的成效

（一）育主体，创新企业持续壮大

建立"创新型中小企业—专精特新企业—专精特新冠军企业—小巨人企业—单项冠军企业"五企共育体系，为创新型企业提供资金扶持、投融资、人才培训、政策咨询和对标诊断等全方位服务，累计认定国家级"专精特新"小巨人企业140户，居省会城市第5。2022年前三季度，全市入库国家科技中小企业6405家，增长55.8%；首批上报国家备案公示高企2203家，增长34.3%，全年高企总数有望突破6000家；新增科创板上市企业3家，累计达16家，居省会城市第2。

（二）筑平台，创新能力显著提升

支持领军企业组建联动上下游、产学研的创新联合体，构建以企业技术中心、工业设计中心、制造业创新中心为核心的多层次制造业创新平台体系，获批国家制造业创新中心1家（全国共23家），国家级工业设计中心10家、数量居省会城市第2，重点工业企业实现技术中心全覆盖，助推企业科技创新能力显著提升。2022年，合肥新增省级"三首"产品133项，占全省50.6%。其中，本源"悟源"超导量子计算机打破国际垄断，国轩高科半固态电池单体能量密度居世界前列，合力前移式叉车获首届"中

国工业车辆创新奖金奖"。

（三）强攻关，关键技术实现突破

实施定向委托、"揭榜挂帅"等机制，引导企业与在肥高校院所联合，开展产业链"卡脖子"技术和关键共性短板技术攻关。近两年来，全市累计实施产学研合作项目147个，实现新技术成果落地近百个，其中，入围工信部"新一代人工智能产业创新重点任务入围揭榜"名单项目7个，乐凯科技与中科大、合工大合作，实现薄膜材料产业化成果发明专利达20项，打破关键光学薄膜产品国外长期垄断局面。

（四）抓落地，推广应用初具规模

出台市级"三新""三首"产品认定管理办法及支持政策，鼓励企事业单位为创新产品开放应用场景，全市近1600项科技成果实现产业化，省级首台套产品已有163项。鼓励产业链龙头企业与创新型中小企业形成稳定的合作关系，常态化开展"双需"对接会，推动20多家重点企业建立供需意向，促进创新产品落地应用。

（五）优环境，包保服务取得实效

坚持问题导向、企业满意导向，建立重点项目顶格推进机制、重点工业企业联系包保机制，累计联系企业700余次，协调解决问题214个。畅通绿色审批通道，全市工业项目全流程平均办理时间压缩到36个工作日，简易低风险项目压缩到20个工作日以内，国轩电池等一批项目实现"交地即办证、拿地即开工"。6月30日，比亚迪合肥基地整车成功下线，从开工到整车下线仅用10个月，刷新"合肥速度"。

二、合肥市科技成果产业化的制约因素

（一）科技与经济联系不紧密

调研发现，企业"短平快"的市场需求与高校院所"长弯慢"的研发不同步、企业工程化需求与高校工程化欠缺矛盾突出，很多企业强烈要求自建研发中心、培养研发团队。比如，国家"专精特新"小巨人企业——华升泵阀产品多为进口替代工业产品，存在有效技术供给不足，有意牵头建立相关产业新型研发机构，但合肥市新型研发机构多为高校、科研院所牵头建设，研究成果"论文不能写在产品上"，对企业产学研推动不足。

（二）协同创新对接渠道不畅通

科技成果与产业发展、企业需求缺乏有效联结。调研发现，合肥的高校院所中技术、人才等创新资源相对模块化，企业与创新资源存在信息壁垒，导致想创新的中小微企业没有办法很快了解和触达所需资源，造成"对接难"。目前，企业主要通过行业会议、论文检索等渠道获取高校、科研机构的科技成果信息，寻找合作对象，很难快速匹配合作伙

伴，技术需求传递与获取渠道受限。

（三）中介服务专业性不强

目前，合肥科技中介服务机构很难在产学研协同创新的链条中找到盈利模式，仅在信息发布、提供格式文本等行政事务性环节发挥作用，对技术需求和科研成果实质性评价、磋商等方面作用有限，且整个科技成果转化行业内没有系统的教材规范，对技术经纪人培养"蜻蜓点水"式的讲座式培训，导致技术经纪人专业性不强。

（四）要素匹配度不高

人才联合培养作用小，以高校人才培养为主的联合人才模式，注重理论研究，与企业需求、行业现状脱节，抬升企业人力成本。知识产权权属复杂，个人知识产权成果和单位所有成果很难界定，尤其是在高校任职的企业股东作为专利发明人容易产生争议，调研发现部分拟上市企业因该矛盾而出现较大程度让利。融资渠道相对缺乏，产学研项目多为合作方自筹资金，缺少健全的融资渠道，面对二次开发所需大量资金和市场不确定风险，企业难以主动承担。

三、先发地区经验做法

（一）深化体制机制改革，健全科技治理体系

上海市系统构建科技创新政策法规体系，围绕科技成果转化、科技金融等领域，出台"科创22条""科改25条"等70余个配套政策、170余项改革举措，保障"全创改"深入推进。北京市在全国率先对"科技成果转化"立法，要求政府设立的研发机构、高等院校，可将其依法取得的职务科技成果的知识产权，以及其他未形成知识产权的职务科技成果的使用、转让、投资等权利，全部或者部分给予科技成果完成人。

（二）强化第一要素作用，打好人才主动战

深圳市明确，加大保障性安居工程筹集建设力度，扩大人才住房和保障性住房供给，提高外籍人才签证和工作便利度，对引进海外高层次人才可获最高300万元补贴。武汉市宣布"先落户后就业"，实行大学生落户"零门槛"，提出大学毕业生可以低于市场价20%买房、租房，制定大学生就业指导性最低年薪标准。

（三）优化软硬环境，加快科技成果转化

广州市支持企业建立产学研创新平台，番禺区对于以成立科技型企业、建立或者联合建立示范性生产线或者工业性试验基地、技术入股、技术转让、授权使用等形式转化具有自主知识产权的科技成果的，给予相应奖励。

四、推动合肥市科技成果转化并产业化的相关建议

企业要想真正成为技术创新决策、研发投入、科研组织和攻关、成果转化应用的主体，需要从根本上解决创新动力和创新效率的梗阻，发挥企业在"出好题""答好题"和"判好题"中的市场导向作用。

（一）加快激励机制改革

一是建立以科技创新质量、贡献、绩效为导向的分类评价体系，加大成果转化、技术推广等评价指标权重，构建科技成果价值评估机制。二是建立"定向研发、定向转化、定向服务"的订单式研发和成果转移转化机制，完善在合肥高校院所科研人员将职务科技成果就地转化奖励机制。三是加大对企业培养人才的政策资助及扶持激励，着力提升联合人才培养适用性，实现人才培养与行业需求无缝对接。

（二）完善专业服务体系

一是深入实施"四千两百"行动，依托科创馆、科交会，加快打造省市县三级联动、线上线下互动的千亿安徽科技大市场。二是持续推广使用合肥市创业创新服务券，支持科技型中小微企业开展研发创新、成果转化等服务活动，着力发展科技服务机构。三是探索技术经理人从业佣金制，推进技术经纪（理）人信用积分、技术交易委托代理等制度，开展技术经纪（理）人职业培训和职称评定工作，提升科技中介服务专业化水平。

（三）建设创新转化平台

一是聚焦合肥市优势产业，与高校院所共建科技成果转化中心或产业技术研究院，依托羚羊工业互联网平台"科产"板块、知识产权运营中心、科技成果交易平台，打造汇聚各类创新要素的优势平台。二是支持产业链龙头企业联合高校院所建设一批新型研发机构、中试基地、科技成果转化服务中心，加快建设以企业为主体的新型研发机构体系，打造大中小企业共生的"企业生态"。三是加快建设合肥市知识产权运营中心，开展专利导航、知识产权风险预警、海外维权援助、知识产权快速协同保护等行动，提升企业知识产权风险防控能力。

（四）创新促进转化方式

一是探索科技成果"沿途下蛋"，开展"揭榜挂帅""赛马"等机制，构建新型科研攻关体制，聚力攻坚我市产业链供应链"卡脖子"和关键共性技术。二是加快建设"科技成果应用场景创新促进中心"，支持"三新""三首"产品应用，为关键核心技术提供应用场景和适用环境。三是全力打造"科创大脑"，加快建设科技成果库和企业技术需求库，构建基础研究与应用研究贯通机制，确保科技成果供需精准对接。

（五）强化金融资本赋能

一是加大政府引导母基金扶持成果转化力度，扩大市天使基金规模，提升科技成果转化项目，支持覆盖面。二是推广创新贷、科技保险、知识产权质押贷等科技金融产品，发挥百亿规模政府引导母基金和 5 亿元种子基金作用，构建完善市县两级引导基金体系，为企业科技成果转化提供精准金融服务。三是健全风险分担机制，开展"政银保评"知识产权质押融资，创新科技信用贷款等产品，鼓励保险机构开发科技成果转化险种，为企业科技创新保驾护航。

勇当科技成果转化的开路先锋
——安徽创新馆创新发展实践纪实

中央民族大学哲宗学院　张梦宁

安徽创新馆是集科技成果汇聚展示、路演发布、转化交易、专利运营、项目孵化、金融服务等功能于一体的科技综合体。2020年8月19日习近平总书记考察安徽创新馆并发表重要讲话，凸显了对科技和产业创新发展的高度重视，为安徽科技创新和安徽创新馆的建设发展指明了重点方向。笔者有幸在安徽创新馆实习见习，切实深刻领会了习近平总书记的创新情怀，亲眼亲耳感受了安徽创新馆不忘初心、牢记使命，勇当科技成果转化的开路先锋，以更大作为助力科技和产业创新发展，助力安徽融入长三角一体化发展和实现跨越式发展的决心魅力，感受到安徽坚持创新驱动发展、完善创新生态体系、打造创新高地的精神动力。

安徽创新馆于2019年4月24日正式开馆运行，是中国首座以创新为主题的场馆。几年来，已经在打通科技成果转化链条、推动创新链与产业链深度融合、破除制约科技发展体制机制的深层次障碍、探索科技成果转化交易的长效机制等方面推进了一系列改革创新，在着力推动基础研究和成果转化应用有机衔接，有效畅通研发、转化、应用各环节，集成创新打破科技成果转化藩篱等方面进行了有效探索。作为贯彻落实党的十九大精神的重要举措，合肥综合性国家科学中心的重要展示窗口，安徽省下好创新"先手棋"、走活创新"先手棋"的积极探索，安徽创新馆甫一设立，就着重思考如何跳出别人走过的路，形成自己的"创新首创"，如何把"创新首创"写在"安徽的大地上"，走出一条"很安徽"的创新之路、发展之路。

一、牢记谆谆嘱托，着力激发科技成果转化活力

2016年4月，是安徽发展史上永载史册的日子。习近平总书记亲临考察安徽，对安徽作为科技大省，抓科技创新动作快、力度大、成效明显予以充分肯定。指出，"当今世界科技革命和产业变革方兴未艾，我们要增强使命感，把创新作为最大政策，奋起直追、迎头赶上"，并量身定制了安徽"加强改革创新，努力闯出新路"的一大目标和"五个扎实"的工作任务。2020年8月，习近平总书记再次视察安徽，亲临合肥，8月19日下午参观了安徽创新馆。参观过程中，不时驻足询问，参观结束后现场发表重要讲话，对安徽在推进科技创新和发展战略性新兴产业上取得积极进展表示肯定。指出："安徽要加快融入长三角一体化发展，实现跨越式发展，关键靠创新。要进一步夯实创新的基础，加快科

技成果转化，加快培育新兴产业，锲而不舍、久久为功。"安徽创新馆知重负重、攻坚克难，经过两年多的发展，逐渐形成了"聚集展示、捕捉寻找、研发转化"的环形功能链，先后举办各类线上线下成果转化交易活动68场，发布推广成果转化项目500多个，为5000多家企业提供相关服务，促成技术合同额近45亿元，促成股权投资项目44个、金额2.2亿元，接待参观12万多人次，形成展品1400件以上。安徽创新馆已成为深入贯彻落实习近平总书记视察安徽重要讲话精神、体现安徽创新发展的"新地标"。

二、打造开放平台，着力强化科技成果供给质量

作为安徽创新的引领性工程和高能级平台，安徽创新馆以建设中的"四平台一基地"为基础和抓手，紧扣一体化和高质量要求，全面对接融入长三角，强化平台创新的开放属性和公益属性，在促进科技创新和高质量成果汇聚上展现新作为。第一，集中展示安徽打造的重大科技和产业成果，加快建设安徽科技创新产品首发地，与长三角高端科创机构谋划共建区域创新产品首发地，着力建设国内一流的科技成果推广平台。第二，加快引进培育一批市场化、专业化、国际化的科技服务机构，积极组建覆盖省、市、县三级并有效连接长三角的科技大市场，着力建设国内一流的科技成果转化交易平台。第三，深化与国内外特别是长三角知名院所机构创新合作，加快建设海内外高层次人才创业基地，成功获批国家技术转移人才培养基地，打造安徽科技创新领军企业（独角兽）训练营，着力建设国内一流的科技成果孵化平台。第四，引入深交所等省内外基金资源，依托各类商业银行，着力建设联动长三角区域的科技金融服务平台。第五，按照"人才+成果+金融+基地"的模式，着力建设国内一流的"政产学研用金"六位一体的科技成果产业化基地，促进科技服务与产业孵化联动高效发展。

三、锚定主攻方向，着力促进科技成果精准转化

当前，新一轮科技革命和产业变革加速演变，更加凸显了加快提高我国科技创新能力的紧迫性。安徽创新馆发挥集合科技力量的优势功能，聚焦集成电路、生物医药、人工智能等重点领域和关键环节，以产业、企业需求为导向，锚定实体经济转型升级发展主战场，不断开辟发展新赛道。第一，发起成立合肥知识产权发展联盟，进一步完善知识产权评价、技术转移、交易、金融服务、产业孵化等功能，便利汇聚高校院所、科技企业、中介机构和创业者力量，充分发挥科技中介服务机构作用。第二，围绕安徽主导产业、战略性新兴产业重点领域，开展分成果、分行业、分领域的专业性对接活动，深挖高校院所科技成果"富矿"，让更多成果在安徽转化落地生根，形成现实生产力，提升产业现代化水平。第三，聚焦"卡脖子"关键共性技术自主研发转化，着眼合肥国家综合性科学中心重大创新成果与量子信息、人工智能、集成电路、生物医药、能源环境等新兴和未来产业发展，大力引入国内外大院大所大企的技术、团队和资金入驻，争取设立引导牵引基金，强化科技成果的源头供给和精准有力转化，促进产业向中高端迈进。第四，完善畅通"苗圃—孵化—加速器"科技成果转化链条，组建混投式创新基金，深交所合肥创新基地

成功入驻，对接国内多家上市公司项目，破解科技型中小企业融资难问题。

四、实施精准匹配，打通科技创新的"两个一公里"

科技成果转化是一个世界性难题。从现实考量，科技成果的本地有效转化率并不高，科技成果供给侧、需求侧和服务侧等多方面与需求尚不匹配，还存在政策不足、体制不活、人才缺乏等方面的困扰，与深圳等科技成果转化做得比较好的先发城市相比，缺乏一大批懂技术、懂市场、懂融资、懂管理的高端职业技术经理人。下一步，安徽创新馆将坚定发挥好改革的突破和先导作用，坚持依靠改革破除发展瓶颈、汇聚发展优势、增强发展动力，以更大力度推进体制机制改革，打通基础研究原始创新的"最先一公里"和科技成果转化及产业化应用的"最后一公里"，把习近平总书记视察安徽创新馆作出的重要指示贯彻落实到位。第一，建立协同创新机制。全面落实省科技厅和合肥市政府合作备忘录，协调导入科技、金融等方面服务资源，争取从省级层面出台支持安徽科技大市场建设的系统政策场，加快建成以企业为主体、市场为导向、"政产学研用金"六位一体的科技成果转化服务体系，助力长三角科创共同体建设。第二，建立市场化运营机制。加快组建安徽科技大市场建设运营公司，建立有效的公司治理结构，组建统一的知识产权运营交易中心，高效推进全省科技成果集中转化，壮大市场运营主体。参照浙江、江苏等省成熟经验，开展技术交易委托代理制改革，建立完善公益性项目考核机制，引进国内外知名科技成果转化服务机构参与运营，不断提升安徽科技大市场建设发展和运营管理水平。尽快出台尽职免责办法，为科技成果转化提供法律和制度保障。第三，建立技术经理人培养机制。以科技部火炬中心批准的第二批国家技术转移人才培养基地为抓手，依托安徽科技大市场，牵头组建运营安徽省技术经理人培训基地，开展技术经纪人（技术经理人）职业资格认定试点工作，推行技术经理人资格认定与信用积分制度，与国内外知名高校与机构合作，建立健全安徽科技成果转化人才培养体系。引进国内外科技中介服务机构，建设高层次成果转化专业人才队伍。第四，建立项目经理奖励机制。鼓励技术经理人全程参与科技成果转化运营，并从成果转化收入中给予奖励，不断吸引和留住有志于科技成果转化的人才，激发科技成果转化的内生动力。第五，设立创新产品网上商城。在安徽科技大市场设立合肥创新产品网上商城，加快安徽创新馆建设线上线下融合发展并有效对接长三角的安徽科技大市场步伐，鼓励政府、企业率先采购本地创新产品，引导科技成果就地转化应用。

创新永无止境，发展任重道远。作为承载安徽创新发展的遗传基因、动力来源、前沿成果和未来展望的安徽创新馆，将一定牢记习近平总书记的嘱托，进一步增强科技创新的责任感、使命感和紧迫感，把握科技革命和产业变革大趋势，不断完善"政产学研用金"六位一体功能和机制，在推动自主创新和核心技术方面加大布局，在促进科技成果转化、培育新兴产业上加大力度，以创新的责任担当践行科技报国的理想，努力为全面建成小康社会，实现中华民族伟大复兴的中国梦作出应有贡献。

促进合肥市外贸出口的政策创新建议

合肥市政府政策研究室 房后启

2022年3月以来,受多种因素影响,合肥市进出口下行压力加大,4月当月出口增速转负。现结合企业问卷调查结果,就促进合肥市外贸出口提出建议如下:

一、企业预期总体较好

调研结果显示,70%以上企业预期今年出口继续增长,21%的企业预期增长20%以上。外贸出口结构较优。合肥市以工业品出口为主,机电产品占比高,高技术产品增速快。统计数据显示,2022年1~4月,合肥市机电产品出口额占比达75%,高新技术产品增速快于出口整体增速14.1个百分点。外贸伙伴较为多元。调研企业中,80%的企业兼有多个出口市场。2022年第一季度,合肥市前三大贸易伙伴为欧盟、美国、东盟,占进出口总额比重分别达16.5%、14%、12%。人民币汇率下降对企业总体有利。人民币汇率下降虽提高了大宗原材料、关键设备及零部件进口成本,但有利于出口企业提升竞争力。调研企业中,近80%的企业认为近期人民币汇率下降有利于出口,48%的企业认为利好较大。

二、部分问题不容忽视

成本增加。企业普遍反映与上年同期相比,原材料价格上涨、供应链不畅、人力和物流成本高等问题仍未完全缓解,近80%的企业反映成本增加,超70%的企业反映物流报价上升。

订单不足。受国外需求下降、订单转移等影响,有32%的企业反映订单不足,13.5%的企业反映订单下降20%以上。

三、对策建议

一是加快政策落地和制度创新。加快落实国家、省促进出口相关政策,抓好市物流运输行业纾困4条、开放平台发展专项政策、外贸及跨境电商促进政策落地见效。扩大"免申即享"范围,推动从"企业找政策"到"政策找企业",加密加快政策兑现。坚持

"通过高质量的制度创新建设世界领先的产业集群"导向，推进安徽自贸试验区合肥片区制度创新，在货物贸易、海关程序等领域先行先试。

二是帮助企业解决当前困难。扎实做好重点企业包保服务，专班工作直达一线。支持商协会组织出口企业与物流企业对接，提高议价能力。支持外贸企业用好进博会、广交会等重大展会，拓宽接单渠道。引导金融机构加大对外贸企业支持力度，扩大中小微外贸企业出口信用保险覆盖面。推动银行降低汇率锁定的费用和门槛。引导企业使用人民币结算，规避汇率波动风险。进一步缩短出口退税时间，降低进出口办税成本。引导本地骨干企业向总部争取更多出口订单，加快布局更多的新产线、新产品。

三是建强"一站式"外贸服务平台。鼓励现有外贸综合服务企业如"一达通"、一米国际等加大对中小微外贸企业的扶持。加快引进外贸综合服务企业，力争构建覆盖宣传推广、通关、外汇、退税、物流等"一站式"外贸综合服务支持体系，为企业提供优惠关税政策、原产地证书申领等服务，降低中小微企业出海门槛。

四是加快完善出口布局。产业方面，支持企业围绕核心技术、关键资源、知名品牌等，增强供应链优势和出口产品竞争力。

市场方面，推动完善跨境电商"线上平台、线下园区"服务体系，做大做强跨境电商主体，推动跨境电商综试区高质量发展；推动外贸业态模式创新，支持内外贸一体化发展；引导企业充分利用 RCEP 政策，拓展对成员国出口。

流通方面，加快建设国际航空货运集散中心，根据需求及时开拓航空货运直达航线。进一步拓展中欧班列线路，探索试点战争险、改变付款模式等，稳定客户信心。抢抓我省大力度支持海外仓建设的政策机遇，鼓励传统贸易企业、跨境电商和物流企业，在热门出口市场采用自建、合建、租赁等方式建设海外仓。

强化打造合肥"科里科气"城市气质的思考

中共合肥市委党校（合肥行政学院）　韩骞

城市气质是长久以来城市的遗传基因与资源禀赋结合后的文化沉淀和外在表现，在一定程度上影响着城市未来的发展方向。近年来，城市发展同质化现象日益凸显，塑造和凝练易于传播、个性独特、美誉度高的城市气质越来越受到重视。"科里科气"首次出现在官方媒体和公众视野，是在2021年6月12日央视《对话》栏目播出的特别节目《万亿城市新征程·合肥》中。同年，中共合肥市第十二次党代会报告中提出，让"科里科气"成为合肥最鲜明的城市气质，努力把科技创新的"关键变量"转化为高质量发展的"最大增量"。合肥市2022年政府工作报告中提到，聚力塑造创新优势，产业能级持续跃升，科创合肥更显"科里科气"。如何全面理解合肥"科里科气"城市气质的深刻内涵，明确下一步需要重点关注的问题领域，对于强化和打造合肥"科里科气"城市气质至关重要。

一、全面理解"科里科气"城市气质的深刻内涵

《辞海》里对"气质"一词的注解是：人的生理和心理相对稳定的个性特点和风格气度，常被理解为个体从内到外的一种人格魅力。人有气质，城市也是如此。一座城市的发展水平，不仅要看城市的经济发展、市政配套、生态环境，也要看这座城市一脉相承的文化底蕴和特征，这是一座城市的内涵和精髓，也是城市气质形成的基础。

（一）"科里科气"城市气质是创新基因和资源禀赋的外在表现

"科里科气"进一步拓展了合肥敢为人先的创新境界。合肥素以开时代先河的人物和创举著称，历经多年对尖端科技的超前布局和一张蓝图绘到底的决心，抢占科技制高点，具备了高质量跨越式发展的资源禀赋，释放了发展活力，实现了跨越赶超和争先进位。进入新发展阶段，合肥认真贯彻落实习近平总书记考察安徽重要讲话精神，抢抓新一轮科技革命和产业变革机遇，瞄准国家战略导向，聚力打造"基础研究+应用转化+产业创新"全过程创新生态链，奋力下好高质量发展先手棋。合肥一以贯之的坚守，创新基因在这片创新的热土上盛开了朵朵繁花，从高校和科研院所里萌发，在企业中发扬光大，成长为这座城市的资源禀赋，继而与"科里科气"的城市气质交相辉映。

（二）"科里科气"城市气质是"关注度高"到"美誉度高"的必要条件

近年来，合肥综合实力、创新能力、产业竞争力和城市影响力大幅提升，勇当我国科技和产业创新的开路先锋。在高质量发展的进程中，逐渐形成并强化的"科里科气"城市气质让合肥从"关注度较高"到"美誉度走高"，发展的"强磁场"效应不断显现，其"科创名城""养人之城"的形象深入人心。各类创新元素渗透到社会活动和各行各业中，与"科里科气"城市气质相互支撑。众多"风华正茂"的年轻人选择在"风雨兼程"的合肥，共创"风生水起"的辉煌。追逐梦想的青春合肥，营造了尊重科学、崇尚创新的社会氛围，与"科里科气"城市气质共荣共生。

（三）"科里科气"城市气质是区域竞争和"左右逢源"的现实需要

合肥走上创新发展之路，一方面是因为以科技创新为代表的全面创新是城市发展到一定历史阶段后继续深化改革的必然要求。只有持续深化供给侧结构性改革，把创新作为发展的第一动力，才能走好高质量发展之路。另一方面，合肥曾经作为中国经济版图中一个不太起眼的角色，规模不大、基础薄弱、产业单一，有着先天上的不足。进入新时代，合肥成为长三角和中部地区重要的一极，具有"左右逢源"的区位优势，拥有国家实验室和综合性国家科学中心称号。强化打造"科里科气"的城市气质将助力合肥在更大范围、更宽领域、更高层次上树形象、扩影响、争地位，全面提升城市核心竞争力、综合影响力，在城市竞争中突破重围，努力在新一轮区域竞争和合作中占据优势、赢得主动。

（四）"科里科气"城市气质是创新驱动和全面创新的内涵外延

半个多世纪以来，合肥的创新之路从产品创新开始，经历了产业创新、融合创新，直到包括科技创新、理论创新、制度创新、文化创新在内的全面创新，在新时代具有重要的价值。纵观合肥从"三五之地"的江淮小邑，崛起为具有重要影响力的创新之都，其变化呈现出科技创新在不断演进中所迸发出的磅礴力量。合肥将科技与产业深度融合，"让产业插上科技的翅膀，让科技最大程度产业化"。一方面推进企业研发机构、技术中心建设，鼓励企业建立科技孵化器，融合互联网、大数据、人工智能等新技术产业，加速主导产业迭代升级。另一方面，与科研院所合作，推进交叉前沿研究平台建设，探索尖端科学技术"沿途下蛋"的产业化路径，着力打造世界级的战新产业集群，进入创新驱动发展的快车道。"科里科气"作为合肥的城市气质，其内涵外延十分丰富，将随着城市的成长，不断挖掘提炼、丰富提升。

二、典型城市气质数据的分析比较

（一）热度词汇与词云图对比

这里选取深圳、杭州、长沙、合肥为典型城市，使用爬虫算法爬取今日头条"推荐"

频道的新闻文章、微博超话、微博头条中 2020~2022 年四城市的文章和评论,包括利用数据挖掘技术分析四城市关于气质的关键词和热度,得到四城市气质相关的 Top20 热度词汇排序(如表 1~表 4 所示)。

表 1　深圳城市气质 Top20 热度词汇

1	市场	6	年轻城市	11	法治政府	16	基础研究
2	改革开放	7	奔跑	12	公平	17	试验
3	科技	8	产业链	13	现代化	18	性价比
4	深圳速度	9	营商环境	14	文化设施	19	内卷
5	经济特区	10	企业	15	移民	20	金融

表 2　杭州城市气质 Top20 热度词汇

1	高质量发展	6	大美杭州	11	人民民主	16	产业生态
2	休闲	7	生态文明	12	文化名城	17	湿地
3	西湖	8	旅游	13	人文景观	18	亚运会
4	两个先行	9	电子商务	14	高品质生活	19	颜值城市
5	创新活力	10	互联网	15	移民	20	软实力

表 3　长沙城市气质 Top20 热度词汇

1	精美长沙	6	四精五有	11	三高四新	16	短视频
2	网红	7	强省会	12	志愿红	17	五纵五横
3	建设	8	颜值	13	未来	18	天天向上
4	长沙蓝	9	山水洲城	14	茶颜悦色	19	直播
5	造星	10	一江两岸	15	宜居	20	五一广场

表 4　合肥城市气质 Top20 热度词汇

1	创新	6	科学中心	11	特色街区	16	养人
2	科里科气	7	量子	12	风投	17	核聚变
3	鲜明	8	五大名城	13	融合	18	潜力
4	中科大	9	芯屏汽合	14	科创气质	19	巢湖
5	大建设	10	集终生智	15	战新产业	20	高颜值

(二)城市气质分析

分析四城市 80 个高频词,分别从科技创新、产业经济、社会环境、文化氛围四方面归类提取与城市气质相关的主题，得到四城市与各自城市气质最贴近的主题（见表5）。

1. 合肥的城市气质与科技创新联系最为紧密

合肥的城市发展史是一部从无到有，没有优势创造优势，从科技立城到科技兴城的科技造城史。由于其科技快速发展已名声在外，所以，如今用"科里科气"这样的表达形式来描述合肥的气质，语义简洁而又切合实际，可谓精准概括了合肥的特色和亮点。值得关注的是，与其他城市精挑细选的宣传词不同，"科里科气"是自下而上出现的，天然具有"网感"，非常适合在网络时代瞬间铺开，体现了城市发展的精气神，既有契合度，又有独特性。

表5 高频词分类

城市	科技创新	产业经济	社会环境	文化氛围
深圳	科技、基础研究、试验	市场、产业链、营商环境、企业、性价比、金融、深圳速度、经济特区	移民、法治政府、公平、内卷、现代化、奔跑	改革开放、年轻城市、文化设施
杭州	创新活力	高质量发展、电子商务、产业生态、两个先行、互联网	休闲、生态文明、大美杭州、人民民主、旅游、高品质生活、湿地、移民	西湖、文化名城、人文景观、亚运会、颜值城市、软实力
长沙	三高四新	造星、网红、建设、直播、短视频、茶颜悦色	精美长沙、四精五有、五纵五横、长沙蓝、强省会	颜值、天天向上、未来、宜居、山水洲城、志愿红、一江两岸、五一广场
合肥	创新、科里科气、科学中心、量子、核聚变、中科大、科创气质	风投、大建设、芯屏汽合、集终智生、战略性新兴产业	养人、五大名城、潜力	特色街区、鲜明、融合、巢湖、高颜值

2. 深圳的城市气质和产业经济联系最为紧密

深圳的显著特点是形成了资金资本密集、人才技术密集、大型科技企业生态密集的"铁三角"，并在这三个方面实现了互相涵养、自我循环、自我推动的状态，这种有机的"内循环"为深圳带来源源不断的创新活力：大型科技企业形成产业链聚集与协同，以及技术与人才外溢，人才在资金和风险投资的支持下创业，产业链配套协作的成熟又辅助了创业成功。

3. 杭州的城市气质和社会环境联系最为紧密

从自然馈赠的角度看，杭州所处的位置交通便利、气候优良，天然具备了休闲城市气质的三个必备条件——顶级的区位条件、温润的自然气候、良好的生态环境。同时，从城市发展的角度看，杭州还具备了优秀的城市管理、完善的城市配套、丰富的城市生活和著名的城市景点。因此，休闲的社会环境不是杭州新造出来的，而是古来有之的城市气质，是城市与生俱来的基因。

4. 长沙的城市气质和文化氛围联系最为紧密

"网红""造星"使得长沙成为全国各地大学生的暑期热门打卡地，不断助推长沙成为名副其实的网红城市。在繁华的背后体现了长沙各级政府部门创新服务、完善配套，不断优化营商环境的努力，政府的扶持不仅可以提升网红城市的形象，更能壮大产业链，带范效应。古老的长沙有着年轻的灵魂，创意赋予文化以新的内涵和价值。目前，长沙的文化创意产业呈现爆发式增长，文化产业总产值超过 2000 亿元，每年吸引 25 万以上的各类人才来创新创业，一些龙头企业从国内走向国际。

通过对四个典型城市的城市气质分析，可以总结出城市气质形成的三条路径（见表6）。

表6　三种类型的城市气质形成路径比较

	政策推动形成	自然形成	政策+自然共同促成
典型城市	深圳、合肥	杭州	长沙
初始禀赋	自然禀赋无优势，外部援助较多	自然禀赋优越，经济先发	自然禀赋较好，可自发形成地域特色
政府力量	早期介入，强有力的引领政策	后期介入，以提供服务为主	因势利导，政府顺势完善
气质发展	探索中逐渐形成	历史中传承下来	本地禀赋顺利转型更适合现代发展

三、强化打造"科里科气"城市气质进程中需关注的问题

（一）需进一步加强"科里科气"城市气质的系统谋划

1. 缺少现象级的"科里科气"城市气质政策氛围

各类科创政策很多，如《合肥科技创新条例》、推动经济高质量发展若干政策实施细则（科技创新政策）、科技成果"三就地"政策体系、《人才新政10条》等等，但大多针对科研项目、科创公司、科技人才，覆盖面较窄。

2. 缺少网红级的"科里科气"城市气质硬件设施

各类科创场所和硬件设施很多，如安徽创新馆、合肥科技馆、科学家精神教育基地、大科学装置集中区园区，以及未来的骆岗公园、科大硅谷等，但如同单颗珍珠散落在合肥这块"玉盘"上，没有协调地串联起来，导致社会影响力大打折扣。

3. 缺少顶流级的"科里科气"城市气质标识品牌

各类科创活动很多，如合肥科技创新日、科技活动周、科创夏令营、当科技遇到美等，彼此缺少合作和传承，影响范围小、时间短，形式和内容不够亲民和普及。

（二）需进一步缓解"科里科气"城市气质发展不平衡不充分的问题

1. 同质化明显

尽管合肥的创新基因源远流长，但"科里科气"本身是全新的概念，发展的时间还很短。由于城市的顶层设计中目前缺少"科里科气"城市气质的整体发展规划和脉络，因此各主管部门和科创主体等往往各自为战，综合效益不理想。

2. 区域发展不平衡

县（市、区）、开发区资源禀赋不同，科创活动主要集中在高新区、经开区、肥西县、包河区和蜀山区。由于各县、区目前缺少"科里科气"城市气质发展中明确的功能定位，因此无法形成联动，欠缺辐射带动作用。

3. 只在特定人群中流行

合肥的各类科创政策和活动均以引进和培养理工科为主的科技人才为目标和对象,但一座城市的高质量发展实际上离不开各行业的优秀人才。由于目前缺少"科里科气"城市气质推广中亟须的文化、艺术、体育等行业领军人才,因此往往只在特定的圈子内流行,无法全人群覆盖和普及。

四、强化打造"科里科气"城市气质的对策建议

(一) 加强组织领导,健全顶层设计

组建"科里科气"城市气质塑造专班,进一步健全顶层设计,强化政策引导,将城市气质强化工作纳入市委科创委办公室工作范畴,专班由市委科创委、市委宣传部、市发改、城乡建设、科技、规划、文旅、城市管理、科协等部门组成。编制专项规划和行动方案,深入调研、发掘、提炼"科里科气"城市气质的比较优势,科学编制《合肥市"科里科气"城市气质提升发展规划》等相关政策文件,制定总体推进方案和年度工作计划。深入实施全民科学素质行动,为全市强化"科里科气"气质创造良好环境和条件。

(二) 加大资源供给,创建示范引领

加大科技资源供给,充分发挥合肥智力资源集中、大科学装置集中、高等科研院所集中等优势,鼓励各创新主体结合科研任务向公众开放共享前沿科学研究资源。加大基础设施供给,目前合肥已有各类科技馆、博物馆、创新馆、美术馆、科学家精神教育基地等,要推动科技馆与博物馆、文化馆、主题公园等融合共享,构建服务科学文化素质提升的现代科技馆体系。加大资金政策供给,设立"科里科气"城市气质发展基金,推进科技志愿服务专业化、规范化、常态化发展,资助优秀作品,支持宣传、创作的领军人才或工作室。加大宣传氛围营造,充分利用抖音、微博、今日头条、小红书等流量 APP,通过城市形象符号的四大载体——BEST:BGM(城市音乐)、Eating(城市饮食)、Scenery(景观景色)、Technology(科技感的设施)建立"科里科气"的城市形象,塑造一个让合肥人产生归属感、自豪感,让城外人产生信任感、亲切感的城市网络形象的拟态环境。

(三) 协同创新发展,覆盖各类人群

加强科研与科普互促,坚持科技创新与科学普及协同部署推进,组建"科里科气"科普组织或研究院,将前沿科研知识转化为科普作品;举办"全民拍"系列科普活动,鼓励市民拍摄、制作短视频内容,通过线上发起话题、策划"挑战"等线上线下互动模式,营造全民科普的良好氛围。加强行业互通,引入市场化运营机制,鼓励跨行业交流,用资本的力量促进文化、旅游、体育等产业"科里科气"融合发展。加强区域协同,坚持全市"一盘棋",建立"科里科气"城市气质发展脉络,充分发挥先发区域辐射带动作用,通过数字化展馆、流动驿站、"博士进课堂"等方式,打破市、县区"科里科气"城市气质氛围的不平衡现象,同时加强向都市圈其他城市辐射带动。加强人才队伍建设,引

、艺术、教育、传媒等专业人才,充分发挥科技创新的比较优势,在人才引进、产……局、基础教育、文化艺术等方面与城市未来发展方向统筹兼顾,力争在城市排名中争……进位。

(四)打造标识品牌,讲好合肥故事

"科里科气"上云端,探索多元主体参与的运行机制和模式,鼓励各创新主体建设各类数字展馆、数字科技馆,创建合肥"科里科气"科创宇宙,在抖音等平台直播互动。"科里科气"游合肥,推出科技主题网红旅游路线,引入市场化营销机构,在各类旅游APP上推广,做好公众服务,打造科创周边产业。"科里科气"进剧目,将合肥本土的科创故事搬上舞台,以戏曲、话剧、"剧本杀"等多种形式开展创作并巡演,以强烈的视觉冲击力、舞台震撼力、故事体验感,打造文化传播名片。"科里科气"进课堂,大力弘扬科学家精神,让科学家精神贯穿于大中小学育人全过程,坚定合肥学子为建设科技强国贡献力量的担当。"科里科气"进基层,统筹组织科研工作者、科普志愿队伍等走进校园、乡村、企业、景点,开展丰富多彩的科普活动。"科里科气"来创业,目前合肥已有"'科里科气'科创荟"等创业活动,可进一步统筹并推广各类科技创新比赛、路演、展会等,打造"科里科气"的创业品牌。

后　记

本书是安徽大学与合肥市人民政府共建的合肥区域经济与城市发展研究院发布和管理的合肥市政府年度开放式课题研究成果荟萃，也是合肥市人民政府政策研究室支持以及安徽大学创新发展战略研究院资助的第 8 本 REUD 智库系列丛书《区域经济与城市发展研究报告（2022~2023）》。

2022 年获得立项的课题组构成面广，在相关领域均有不俗的实力，近些年来持续关注并研究合肥市快速发展过程中亟待解决的问题。本报告共计 22 篇，由 9 篇重点课题、2 篇储备性课题以及"合肥科技创新赋能高质量发展名家论坛" 2 篇领导致辞、5 篇专家发言以及 4 篇征文组成，主题多样，但都聚焦合肥高质量发展的现实问题，有较强的针对性和可操作性。其中不少已获合肥市政府主要领导和分管领导的充分肯定与批示，有效发挥了合肥区域经济与城市发展研究院作为合肥新型智库的咨政建言作用。

本书的出版十分感谢合肥市人民政府政策研究室、安徽大学创新发展战略研究院、安徽大学人文社科处的大力支持；感谢各课题组的辛勤付出；同时，也要感谢经济管理出版社张巧梅老师的辛苦付出。最后还要感谢研究院办公室陈静、吴战强老师为本书出版所做的相关服务工作。

本书若有不足、遗漏甚至错误之处，恳请广大读者和同行批评指正。

胡艳　黄传霞
2023 年 4 月